优婚与天才

——人才、教育及文化环境

YOUHUN YU TIANCAI
RENCAI JIAOYU JI WENHUA HUANJING

曾大兴 著

中国出版集团
世界图书出版公司

图书在版编目（CIP）数据

优婚与天才：人才、教育及文化环境/编著. —广州：世界图书出版广东有限公司，2013.10

ISBN 978-7-5100-6475-3

Ⅰ.①优… Ⅱ.①曾… Ⅲ.①人才研究—中国—文集 Ⅳ.①C964.2-53

中国版本图书馆 CIP 数据核字（2013）第 220700 号

优婚与天才：人才、教育及文化环境

策划编辑：张梦婕　丁　俭
责任编辑：钟加萍
责任技编：刘上锦　余坤泽
出版发行：世界图书出版广东有限公司
电　　话：020-84451013　34201967
经　　销：各地新华书店
印　　刷：虎彩印艺股份有限公司
版　　次：2013 年 10 月第 1 版
印　　次：2014 年 6 月第 2 次印刷
开　　本：787mm×1092mm　1/16
字　　数：340 千
印　　张：24.25
ISBN 978-7-5100-6475-3/G·1481
定　　价：48.00 元

目录 CONTENTS

▶ 上卷　成功与失败

▶ 中卷　教育与阅读

▶ 下卷　大环境与亚环境

序

大兴是我的老朋友，是我的好朋友，也是我的小朋友。我发起人才学，他发起文学地理学。两者异曲同工，殊途同归。

读到曾大兴先生的这本书，我的第一反应——人才学有火炬接力者了。他印证了香港《镜报》30年前的一个预言。

香港《镜报》1982年第2期发表司马浩歌的文章《雷祯孝与中国人才学》，里面说："人才学的出现无疑是中国现代思想史上一件有深远影响的大事。"回想起来，政府采纳人才学研究成果所形成的政策，例如老干部离休、人才市场或称人才交流中心、自学考试（后来改叫成人高考）、双向选择等等，稳定了30多年，对国家发展无疑起到了好的作用。

但是，《镜报》说，后来"人才学研究的方向发生了逆转，它的历史命运发生了逆转。面对此况，仍有不少人在埋头钻研，写下了大量的、有价值的人才学文章，尽管它们发表不了。人们期望，中国人才学的历史命运在经过艰难曲折之后会被重新认识。"

这些话好像是在为曾大兴的这本书写序，而且是提前写的。如果说33年前的人才学只是历史的呼声，那么，现在曾大兴的人才学则是丰富的考察、深刻的思考和充足的论证。

在人才学历史命运发生逆转之后，我本人也进行了很多反思。读古书三年写成一本《中国人才思想史》，得出一个简单的结论：中国不仅有一部人才思想史，也有一部奴才思想史。于是，1986年在《中国青年报》发表了我的文章《千里马与现代人》。人才学出现了与马才学的分野。

什么是马才学？那就是中国经久不衰地把人才比喻成千里马的学说。千里马的优点是每天能跑"千里"，弱点是"马"。千里，就是能干，有本事；马，就是习惯于让人骑，只是想遇到个好主人来骑而已。遇不到主人来骑，它就哀叹怀才不遇，穷困潦倒；遇到了有人来骑，它便"士为知己者死，甘效犬马之劳"。主人用鞭子抽它，它便谢恩领导的"鞭策"；主人把它当作器具使用，它便感激涕零领导的"器重"。当马，拍马，最后轮到自己骑马，再把别人当马骑。马才学，从姜太公到螺丝钉，两千多年继承发扬光大。

与千里马对应，中国还有另外一个经久不衰的人才形象，那就是孙悟空。我的老师方玄初说有三个孙悟空。大闹天宫的齐天大圣孙悟空，压在五行山下的妖猴孙悟空，戴个紧箍去取经的行者孙悟空。我想了想，好像还有两个孙悟空，一个是拜师学艺的美猴王，一个是取得正果的斗战胜佛。如果说大闹天宫是每个领域每个行业的创造者之必然壮举的话，那么被打压也是中国社会对创造者的必然对策。被打压之后，500 年不得翻身，经过反省，不得已接受了戴个紧箍去取经的现实。他戴着紧箍仍然可以七十二变，仍然可以打妖精，打不赢时还可以请观音菩萨帮忙，成为玉皇天庭可以接受的人物，同时又保留了自己的一些个性，拜佛时左顾右盼，生活中顽皮撒泼。

我当年在清华大学演讲的时候，有人问我，人才与人材，一个用才字，一个用材字，到底该用哪个？我说，我查了一下《说文解字》，那个"才"是指生命的发展，那个"材"是指有用但被别人掌握、被别人加工、被别人宰割的材料（木材、钢材、药材、棺材）之类。1986 年出版我的《中国人才思想史》时，我正式作了回答。如果用到人才学上面来，正好各自对应人才学和马才学，马才学正是古代的奴才学，被称为"人材学"。

可悲的是，不当奴才怎么活？要么饿死，要么被压到五行山下。

现在大家都不怎么提马克思了。但是，我读到他说的一句话，还是很有启发。他说："怎样在非人的境遇中得以合符人性地成长？"（《马克思恩格斯全集》第二卷第 215 页）

我近期发现，同一块土地生长不同的瓜果，同一个班级存在不同的人才。人才不一定只是那些出人头地的大腕、大款、大官，人才是那些在现实的严酷的环境中依然努力生存、努力实现自我、努力创造自己生活幸福的人们，是那些贫穷而不失尊严、富贵而不失良知的人们。正如《孟子·尽心上》所说："穷则独善其身，达则兼善天下。"此之谓也！

周星驰电影《长江七号》中儿子说理想："我要做一个穷人！因为爸爸说，只要有骨气，不吹牛，不打架，努力读书，就算穷，到哪里都会受到尊敬的。"

曾大兴先生对人才问题有很多崭新的发现。我前些年读到他的一本名为《英雄崇拜与美人崇拜》（中国文联出版社，1999 年版）的书，最欣赏他对中国北方和南方民歌中关于人才崇拜的概述。他说：北方重土地，南方重商业；北方重英雄，南方重美女；北方重政权，南方重金钱；……这些命题不一定属于人才学，但是太漂亮了，允许我夸夸可以吗？

他说到优婚，我又想给他补充一段古文故事。那是《国语·郑语》中"史伯论五材"之说，以远古为例："于是乎先王聘后于异姓，求财于有方，择臣取谏工，而讲以多物，取和同也。"古代圣王，都是从很远的外族部落娶妻做王后，到不同的地方探索进行比较，这都是在求取多样化的和谐。反过来，据达尔文的传记电影《造物弄人》介绍，达尔文近亲结婚，一个最爱的女儿早逝，带给达尔文终生的心灵创伤。

中国外国历朝历代只要有钱有势有名的人，多有老夫少妻或者老妻少夫的情形。我们并不主张老夫少妻，而且老夫少妻也确实有许多的社会问题和伦理问题。但是，纯从生命现象来看，你不得不承认存在这样的事实。男皇帝女皇帝自不必说，连康有为晚年就有过三位夫人，梁实秋晚年与比他小 30 岁的歌星韩菁清结婚，李宗仁与夫人胡友松相差 21 岁，著名作家小仲马 60 岁时和 18 岁的安里叶塔相爱，希腊总理帕潘德里欧 70 岁时与 35 岁的莉娅妮结婚，张大千与第四任妻子徐雯波相差 30 岁，最有影响的是诺贝尔奖获得者杨振宁 82 岁娶了 28 岁的翁帆。徐悲鸿、毕加索、卓别林、韩美林、王广德的晚年情侣或夫人都很年轻。如果谁有心去做统计，仅仅众所周知的故事就不计其数。

最近看到了奥巴马成长的纪录片。他是最典型的优生范例。非洲出生的黑人爸爸和美国出生的白人妈妈，生出了一个美国总统——奥巴马。而希特勒的父亲，是希特勒母亲的亲舅父，却生出了一个战争罪犯。

读到曾大兴的以下妙语，更是不禁要拍手称快：

"如果说，晚清时期的教育是患了老年痴呆症，那么中国当下的教育就是患了小儿麻痹症。""中国当下教育的根本问题，就是让教育沦落为考试的附庸，或者说是考试的婢女。考试本来是用来改进教育的，是为教育服务的。现在恰好颠倒过来，教育为考试服务，成了考试的工具。这样的教育是不可能提高人口素质的，相反，它只会让人变得更功利，更短视，更势利，更庸俗，更不道德，从而使人口素质更为低下。"

预祝曾大兴先生把人才学继续研究下去，举起人才学的火炬一代一代传下去。

愿我们每一个人，唯一的一生，过得好些，再好些！

雷祯孝
2012 年 1 月 25 日（正月初三）于深圳

（雷祯孝，国内知名学者，人才学与电影课的创始人）

自序

　　《优婚与天才》这本书，主要是讨论人才问题，同时还包括教育、文化环境方面的问题，由于这些文章的着眼点或落脚点都与人才有关系，所以我按其内在逻辑，把它们编为一集，交付出版。

　　我研究人才学，是受了人才学的创始人雷祯孝先生的影响。1985 年的夏天，我刚刚完成湖北大学古代文学专业唐宋文学方向的硕士研究生论文答辩，正在等待毕业分配。由于比较清闲，我就去图书馆找一些与专业无关的书来看。我发现了一本《人才学文集》（江苏科学技术出版社，1981 年版），其中有一篇就是雷祯孝先生写的《人才学概论》。这篇文章包含几个小标题，其中一个为"创造性来潮与自己设计自己"。读了这篇文章，我受到很大的震撼，如同得到一声棒喝。我想，我这些年来一直都在潜心攻读古典文学，这是为了什么呢？难道仅仅是为了拿一个学位，然后留在大学里做一个老师吗？也就是说，我读古典文学，难道仅仅是为了一只饭碗吗？如果仅仅是为了一只饭碗，那么大学老师的这只饭碗，也不是什么金饭碗、银饭碗呀！我想了好几天，觉得自己这些年的读书，多少还是有些盲目的。我开始意识到，我应该利用所学到的古典文学知识，在学术上有所建树。

　　这个时候，刚好湖北大学的研究生会要我给在校的本科生和研究生做一个报告。于是，我就拟了一个题目，叫做《知识爆炸与短线成才》。我的观点是，在一个知识爆炸的时代，我们只能撷取对自己的发展有用的知识，这样我们就可以少走弯路。所谓"短线成才"，并不是主张走捷径，而是主张正确地设计自己，根据自己的发展目标选择自己要读的书。我的这个观点，在今天来讲不过是个常识，但是在当时的研究生和本科生中，确实引起了很大的反响。

演讲结束后不久，我得知雷祯孝先生已应刘道玉校长之邀，从北京来到武汉大学，担任武汉大学高教研究所人才研究室主任。于是我就给他写信。他很快回复，告诉我他住在武昌卓刀泉附近的一个叫四眼井的村子里，约我一见。我和雷先生，可以说是一见如故。雷先生对我讲过许多观点，其中有一个观点，是我终生难忘的，这就是："不要老是孔夫子或马克思怎么说，关键是你自己怎么说。"雷先生的这个观点，用中国古人的话来讲，就是不要满足于"我注六经"，而要做到"六经注我"；用我的导师张国光先生的话来讲，就是"耻一字不出于己，命一笔欲高于人"。雷先生实在是一位思想家，他不仅是人才学的创始人，而且对历史和现实中的其他许多问题都有自己独到而精辟的见解。于是，我就成了他们家的常客，经常向他请教。他也视我为忘年交。1986 年春天，我协助他在武汉大学召开"中国首届人才学研讨会"。这年 9 月，我又和他联名在《湖北青年》上发表了《人才的道德评价环境》这篇文章。

我对雷先生说，我是学文学出身的，对文学方面的材料比较熟悉，我想从文学人才入手，来研究古今人才问题。我所讲的文学人才，既包括文学家，也包括文学家在文学作品中所描写的各类人才。我想通过对文学人才的研究，来总结人才成长、人才失败的某些规律。雷先生表示赞赏，认为这是一个不错的角度。从此，我就着手研究文学人才。1987 年 10 月，我一连写出了七篇文章的初稿，包括《中国历代文学家的地理分布》、《中国古代文学家的血缘关系》、《中国古代的文学沙龙》、《中国古代的文学社团》、《文学家与山水旅游》、《文学家的狂狷性格》与《文学追求的内驱力》。1989 年 12 月，《中国历代文学家的地理分布》一文在《社科信息》上发表。1990 年 4 月，这篇文章又被中国人民大学主办的《中国古代、近代文学研究》全文转载，引起了学术界的重视。许多朋友鼓励我就这个问题做更系统、更深入的研究。于是我就以此为题，申报了一个国家社会科学基金项目。1990 年底，这个项目获得批准。从此，我就从人才学出发，正式走上了文学地理学研究之路。

2011 年 11 月 11 日至 13 日，"中国首届文学地理学研讨会"在江西南昌成功举行，来自全国各高校和社会科学院的六十多位专家学者，一致联名倡议建立"中国文学地理学会"，并根据有关程序，选举产生了"中国文学地理学会筹备委员会"。鉴于我较早从事文学地理学的专门研究，有关论著在学术界有一定的影响，会议推选我为筹委会主任委员。"中国首届文学地理学研讨会"的成功举行，以及"中国文学地理学会筹备委员会"的成立，标志着文学地理学这个新兴学科正式得到学术界的认可，也标志着文学地理学的研究从此进入自觉的、新的发展阶段。《中国社会科学报》、《南昌晚报》等多家中央和地方媒体，对此均有热情洋溢的报导。《南昌晚报》还对我个人做了专访。学术界和新闻界的朋友问我，为什么会从事文学地理学的研究？最初是受了谁的影响？我很明确地回答：我研究文学地理学，最初是为了解决文学人才的地理分布这一问题；我之所以要从事这一问题的研究，最初是受了雷祯孝先生的影响。

从 1987 年至今，我先后主持的文学地理学项目有"中国历代文学家的地理分布"（1990）、"文学与气候之关系研究"（2008）两个国家社会科学基金项目，还有"中国南北方民歌之比较研究"（1996）、"广东历代文学家的地理分布"（2004）、"广州历代文学家的地理分布及相关文学景观的调查"（2006）、"明清至民国时期广州府的文学家族研究"（2009）、"民俗地理与文学地理之比较研究"（2011）等五个省、市级社科项目，所完成的文学地理学专著有《中国历代文学家之地理分布》（1995）、《英雄崇拜与美人崇拜》（1999）、《文学地理学研究》（2012）、《文学与气候之关系研究》（2013）四部，所发表的文学地理学单篇论文则有 30 多篇。为了解决文学人才的地理分布问题，而从事中国历代文学家的地理分布之研究；由从事中国历代文学家的地理分布之研究，进而从事中国文学的地域特点与地域差异之研究。由于从事过这两个方面的研究，我开始思考文学地理学的学科建设问题，并倡导建立一门与文学史学科双峰并峙的文学地理学科。我走过的文学地理学研究之路大体如此。中国古典文学为我从事文学地理学研究提供了大量的材料，人才学则给了我理论上和方法上的启示。

在交代了我和人才学以及我和雷祯孝先生的关系之后，我要回到《优婚与天才》这本书上来。这本书实际上是《中国历代文学家之地理分布》之外的、与人才问题有关的 50 余篇文章、演讲、发言和访谈录的一个结集。全书分为上、中、下三卷，上卷探讨人才的成功与失败，中卷探讨与人才成长有关的教育与阅读，下卷探讨与人才成长有关的大环境与亚环境。由于我是从文学人才入手来研究人才学的，所以上、中、下三卷都有若干既与人才学有关又与文学有关的文章。

我坚持认为，人才的成长与成功，需要四个条件：一是良好的遗传，二是良好的教育，三是良好的文化环境，四是良好的机遇。

古今中外的优秀人才，一般都有良好的遗传。良好的遗传，一般都来自优婚。潘光旦先生在我国最早提倡优生优育，我对此表示赞同。潘先生讲优生优育，是为了提高人口素质；我讲优生优育，除了提高人口素质，还为了培养优秀人才。而且我还认为，优育的前提是优生，优生的前提是优婚。如果不优婚，优生就要打折扣；如果不优婚优生，优育也要打折扣。如何做到优婚？条件是很多的。我认为，首要的问题是尽量避免三同，即同龄不婚、同乡不婚、同学不婚。所谓同龄不婚，是指男女之间要有婚龄差。合理的婚龄差应该是 5 岁以上，即男人比女人至少大 5 岁以上。所谓同乡不婚，是指婚姻要有地域之别，即婚地差，要避免近亲繁殖和准近亲繁殖。有人统计，中国农民的婚配对象，平均不出方圆 40 里。其实不仅仅是农民如此，几乎所有的人群都存在这个问题。所谓同学不婚，既是为了婚龄差，也是为了婚地差。同学之间的年龄差是很小的。小学、初中乃至高中的同学，不仅年龄差很小，地域差也很小。大学的同学，地域差可能要大一点，但是年龄差仍然很小。

尽量避免三同，就是尽量避免准近亲繁殖。中国人的婚姻存在一个很普遍的问题，就是求同而不求异。古代的中国人，有许多就是表兄妹甚至表姐弟之间结婚，这是一种同血缘之婚，是一种典型的近亲繁殖。近亲繁殖的后果是很严重的，只是由于科学的落后，古人认识不到这一点而已。现代的中国人，基本上认识到了近亲繁殖的严重后果，但是并没有认识到准近亲繁殖也是不可取的，而同龄之婚，同乡之婚，同学之婚，其实就是准近亲繁殖。中国的历史在全世界是最为悠久的，但是中国的人口素质（包括身体素质和文化素质）在全世界并非最好，甚至还比较差。这里面的原因固然很多，但中国人的婚姻质量不高，无疑是一个重要的原因。现在许多学者讲中国人的婚姻质量不高，其实就是讲婚后不幸福，这是从婚姻社会学的角度来讲的。我认为，讲中国人的婚姻质量问题，不能仅仅从婚姻社会学的角度来讲，还应该从遗传学和人才学的角度来讲。许多中国人的婚姻，如果从遗传学和人才学的角度来讲，从一开始就是一个错误。所以我极力主张开展优婚研究，尤其是从遗传学和人才学的角度开展优婚研究。

《优婚与天才》这篇文章，原是我为自己主编的《小天才丛书》（湖北人民出版社 1992 年出版五本、广东人民出版社 1994 年出版五本）写的前言。责任编辑认为我的思想太超前，担心一般读者尤其是小读者们接受不了，把其中的优婚思想几乎全部删除了。现在借这本书出版的机会，我把它补上，恢复原貌。需要说明的是，"优婚论"不是"血统论"。"优婚论"是指应婚男女在年龄、地域、学缘等方面的优化组合，并不在乎男女双方的门第，而"血统论"的本质就是门第观念。优婚问题是一个非常值得研究的问题。由于我在遗传学方面缺乏系统的学习和专门的训练，所以我的这项研究还显得比较粗糙。我热切地希望同道之人继续从事这项研究。我把这篇文章作为这本书的书名，主要的用意就在这里。

人才成长与成功的第二个条件，是良好的教育。中国的教育曾经是很先进的。人类创造了三个伟大的文明。一个是农业文明，一个是工业文明，一个是信息文明。农业文明的代表是中国，工业文明的代表是英国，信息文明的代表是美国。在这三个伟大文明中，农业文明的历史最为悠久。中国作为农业文明的代表，她对人类文明的贡献是巨大的。中国能够创造如此伟大、如此悠久的农业文明，表明她的教育曾经是非常先进、非常发达的。中国教育的真正落后，是清代中期以后的事情。原因在于清政府的闭关锁国，使得中国不能汲取世界上其他国家的先进教育经验。中国教育的落后，导致中国经济的落后，进而导致中国军事的落后。落后就要挨打。挨打了才去总结教训。所以到了北洋军阀时期和民国时期，中国的教育进行了许多改革，一方面继承中国古代教育的优良传统，一方面又汲取了欧美和日本教育的先进经验，至民国中后期，就形成了一整套行之有效的教育思想、教育理念、教育方法、教育制度（包括考试制度）等等，培养了成千上万的优秀人才。中国半个多世纪以来的学术大师，全是民国时期培养的。无数的事实证明，民国时期的教育是清代中期以来最好的教育。建国以来的中国教育走了许多弯路，1949 年至改革开放（1979），是一味效法苏联；改革开放至今，则一味效法美国，以及与美国教育类似的其他国家。完全摒弃了中国古代教育的优良传统，完全摒弃了民国教育的优良传统。如果说，晚清时期的教育是患了老年痴呆症，那么中国当下的教育就是患了小儿麻痹症。

中国当下教育的根本问题，就是让教育沦落为考试的附庸，或者说是考试的婢女。考试本来是用来改进教育的，是为教育服务的。现在恰好颠倒过来，教育为考试服务，成了考试的工具。这样的教育是不可能提高人口素质的，相反，它只会让人变得更功利，更短视，更势利，更庸俗，更不道德，从而使人口素质更为低下。

每一个关心国家、民族的前途和命运的人，都会对中国当下的教育感到忧虑。每一个关注人才的人，都会关注中国当下的教育。《优婚与天才》中卷所收录的《大学中文专业应当成为文学人才的孵化基地》、《古代文学教学的目的与方法》、《让古代文学教学"活"起来》、《"还原"与"发挥"：古典诗词的教学方法》、《文学与多媒体》等多篇与人才培养有关的教育、教学文章，就是在这样的思想指导之下写成的。这些文章只涉及培养目标、课程设置、教学目的、教学方法、教学手段、学习方法等具体问题，没有涉及教育体制这一根本问题。这是本书的局限之一。今后有机会，我将就这个问题进行深入而系统的研究。

人才成长和成功的第三个条件，是良好的环境，包括自然环境和人文环境。就人文环境而言，又包括大环境（国家环境）、亚环境（地域环境）以及小环境（学校环境和家庭环境）。本人长期从事文学地理学的研究，而文学地理学的研究对象，就是文学与地理环境之间的关系。所以长期以来，本人对环境问题尤为关注。《优婚与天才》的下卷各章，实际上涉及人才成长与成功的人文环境问题，包括大环境（中国）和亚环境（广东及广州）。

人才成长和成功的第四个条件，是良好的机遇。良好的遗传、良好的教育、良好的环境，是人才成长的必要条件。人才能不能成功，最终取决于是否具有良好的机遇。人类最大的不平等之一，就是机遇不平等。诚然，机遇有两种，一种是别人或社会提供的，一种是自己创造的。但是，自己创造机遇，也还是有赖于别人或社会提供机遇因子。本书上卷探讨人才的成功与失败，除了探讨一般性的理论问题，还介绍了 20 来个具体个案，意在总结人才成功的原因与失败的教训。通过他们的成功和失败，我们不难发现，机遇是非常重要的。成功的人，在于成功地把握了相应的机遇；失败的人，则在于丧失了相应的机遇。中国的人才或潜人才是很多的，但是最后成功的人只占其中很小的一部分，最主要的原因就在于他们缺乏相应的机遇，以及把握机遇的能力。

总之，本书上、中、下三卷，有的直接讲人才问题，有的间接讲人才问题，其中上卷重点讲人才的遗传和机遇，中卷重点讲人才的教育和阅读，下卷重点讲人才所处的文化环境。从结构上讲，看似比较松散，其实都由人才问题这个主题贯穿始终，因而从逻辑上讲，还是有一定内在联系的。

2012 年 1 月 16 日初稿于湖北赤壁

2013 年 1 月 30 日修改于广州

上　卷
成功与失败

优婚与天才

——《小天才丛书》前言

　　《小天才丛书》是一套儿童文学读物。它用文学的语言和形式，介绍古今中外各行各业一些著名的天才人物在青少年时期的动人故事，旨在对小读者心智的开发和能力的培养有所帮助。世界上究竟有没有天才？天才的主要特征是什么？天才是怎样产生的？这是我们这套书必须回答的几个基本问题。

一、什么是天才

　　读完这套书，我相信大家会坚定这样一个认识：天才确实是有的。所谓天才，也就是在智力、创造力和心理素质方面都优于常人，并且在某个行业、某个学科卓有成就的那些人。世界上关于天才一词有两种不同的理解。L·M特曼认为，天才指的是在标准化的智力测验中成绩突出者，所以天才仅仅意味着智力水平高，仅仅是一种潜力，而不是成就。L·M特曼规定，智商在140以上者可谓"潜在天才"，这种人约占全人口的0.4%。从这个意义上讲，天才是指还没有机会因成就而取得社会声望的儿童。F·高尔顿认为，天才应具有由杰出实际成就反映出来的高度创造性，他们的成就应该有长久的价值而且不应是出身造成的（例如世袭君主）。天才应有独创性，能在完全生疏的环境中从事思想和工作，能够独立地为世界作出前所未有的贡献。中国人对于天才的理解与L·M特曼的观点颇为类似。20世纪30年代著名女作家萧红有一段关于天才的议论。她说："所谓天才，跟外国人所说的不一样。外国人所说的天才是就成就说的，成就达到极点，谓之天才。例如恩格斯说马克思是天才，而自己只是能手，是指政治经济学这门学说的。中国的所谓天才，是说先天有些聪明、才气。俗话谓之天分、天资、天禀，不问将来成就如何"（见聂绀弩《脚印·回忆我和萧红的一次谈话》）。萧红在这里所说的外国人关于天才的看法，其实就是F·高尔顿一些人的观点。

我们关于天才的看法，基本上与高尔顿的观点接近，只是我们更强调良好的心理素质。我们这套丛书关于天才人物的取舍，基本上根据这一尺度进行，即高智商、非凡的创造力和良好的心理素质，并且在某个行业某个学科卓有成就。

古代的中国没有科学的天才概念，人们对于天才的产生，也缺乏正确的认识。古人把天资聪慧的少年称为"神童"，朝廷开科取士，还专设"童子科"。这个"童子科"相当于我们现在的大学少年班，但年龄在10岁以下，人数很少，不是年年都开考，而且考上之后，一般都授予官职。人们认为"神童"的产生，完全是受之于天，或是祖先积有阴德，或是所在地方的风水好。由于认为神童的产生完全受之于天，所以不太重视对他们的后天教育。北宋时的著名文学家王安石写过一篇散文，叫做《伤仲永》。文章说，在江西金溪县的农村，有个姓方的农民生了一个儿子，取名仲永。仲永5岁的时候，尚未见过纸笔墨砚，忽然有一天，哭着要这些东西。他的父亲感到惊讶，找邻居借来给他。他立即写下四句诗，并且署上自己的名字。从此以后，命题作诗他都是立马而就。同乡人把他当作神童，掏钱向他求诗。他的父亲也把他当作摇钱树，天天带他出去作诗卖钱，从不考虑送他上学受教育。等到王安石认识他时，他已经13岁了。让他作诗，却名不符实。再过7年见到他时，他的资质已经与平常的人无异了。王安石因此深为惋惜，认为仲永之颖慧，乃是"受之天"，即天赋比一般的人要好；其终于与常人无异，则是"其受于人者不至也"，即没有得到后天的教育和培养。

古代一个地方如果出了天资颖慧的孩子，往往被人们视为异人、神人，小小年纪便受到地方官的举荐，得到朝庭的赐封，身居高位，不能接受应有的教育，不能接触实践、深入社会。"受于天"者不能"受于人"，天资聪慧者不能得到后天的教育和锻炼，于是这些孩子便很难有所成就。而一旦发现这些孩子长大以后无大作为，人们又说："小时了了，大未必佳"（见《世说新语·言语篇》）。这两句话很武断，即小时候天资颖慧，长大了不一定有所成就。这样一来，"神童"就被神秘化、非人格化了。

20世纪以来，国人对于天才又有另一种误解。如果说，古人的天才观是认定其"受于天"而不承认其"受于人"，那么，今人的天才观，便是只认定其"受于人"而不承认其"受于天"，即否认他们在智力、创造力和心理素质方面的遗传特征。有一个时期，"天才"二字成了忌讳。一提天才，便是"天才论"；如同一提遗传，便是"血统论"；一提地理环境，便是"地理环境决定论"；一提生产力，便是"唯生产力论"。而"天才论"，又被说成是否定劳动人民创造历史这个历史唯物主义的基本命题。谁都不能否认历史是劳动人民创造的。既然承认劳动人民创造历史，那就不能承认天才。这种非此即彼的思维模式，像个紧箍咒，桎梏中国思想界将近半个世纪。如果万一有天才，那也是"百分之一是灵感，百分之九十九是汗水"（爱迪生语）。实际上，爱迪生的原话是："天才是1％的灵感加上99％的汗水。但那1％的灵感是最重要的，甚至比那99％的汗水都要重要。"事实很清楚，如果天才真的只有百分之一的灵感，如果天才真的百分之九十九都是汗水，那么，古今中外该有多少人每天都在流汗，为什么就出不了那么多的天才？把爱迪生的原话加以阉割，这是一种庸人心理在作祟，是阿Q爷爷的精神胜利法在作祟。自己不是天才，就说世界上没有天才，那么自己正好心安理得地平庸下去。更为恶劣的是，用反天才论，正好去打击一批有才华有能力的知识分子。知识分子算什么？臭老九一个，往死里整！既然没有天才，当然也用不着提高人的素质，用不着优生和优育，大家都可以敞开肚皮生下一大堆孩子，连弱智人也不例外。生下之后，靠社会主义来养着。这一方面的沉痛教训，今天回忆起来，仍然叫人不寒而栗。

天才是有的。只要看看我们每天生活和涵泳其间的优秀的物质文明和精神文明，看看古今中外一些卓越人物的传记，看看这套《小天才丛书》，我们就会明确地接受这个观点。只是我们关于天才的理解，要力求做到科学一些，全面一些。既不能像古人那样，只承认其"受之天"，不承认其"受之人"；又不能像前些年的一些人那样，只承认其"受之人"，不承认其"受之天"。同时，也不能像 L·M 特曼一些人那样，只讲其智商，不讲其成就。天才，应该从三个方面来定义：一是智商高，创造能力强，心理素质好；二是后天受过良好的教育，并且有过特殊的机遇；三是在某个行业、某个学科卓有成就。

二、天才是怎样产生的

天才的天赋是不用怀疑的。这天赋，也就是在智商、创造力和心理素质方面的遗传。智商可以遗传，这一点已被人们公认。实际上，创造力和心理素质也是可以遗传的，尽管较之智商，这二者的后天可塑性更大一些。可以这样说，智商通过后天的锻炼，可以得到提高，但主要属于先天的遗传；创造力和心理素质可以遗传，但主要依赖于后天的锻炼。

父母对子女的遗传一半在生理方面，一半在心理方面。心理方面包括智商、创造力和心理素质。怎样使子女在心理方面获得较好的遗传，这是一个十分复杂的问题，它涉及遗传学、生理学、心理学等诸多学科，目前世界上这方面的研究虽然有些成绩，但是还远不能满足人们在这一方面的求知欲。已故著名学者潘光旦教授一生致力于优生优育的探讨和宣传，到目前为止，优生优育至少在理论上已被人们所接受。实际上，优生优育的前提，即是优婚。现在提出优婚问题，或许为时尚早。但是我们愿等待，等待人们的理解和认同。所谓优婚，也就是婚姻双方在生理和智力方面的优化组合。生理和智力条件好的人，应该努力做到与自己相近的人结婚。通俗地讲，男女双方在考虑婚姻问题时，不能仅仅考虑仪表、家庭经济状况和社会地位等问题，而应该重视心理的尤其是智力的因素。我一位朋友的母亲曾经对我说过，两个儿子在考虑婚姻问题时，她都要求他们把女朋友带到她这里来，她给她们出几个谜语，让她们猜，以此来判断她们的智力。智力好的她就欢迎，智力不好的她就劝儿子另行择配。可见，优婚还是可以做到的。我国封建社会的"门当户对"的婚姻观念，有其落后的一面，即这种婚姻主要是一种政治、经济的联姻，不太考虑当事人之间的感情因素，不过它也有某些合理的值得肯定的东西。比方说，它往往注意对方的知识程度和智力水平，注意对方的家学、家教和文化素养。大家都知道"东床快婿"这个成语，这个成语来自《世说新语》这本书，说的是东晋时的太傅郗鉴想为女儿物色一个好对象，他闻知丞相王导这一族人中出了不少人才，便委派门生去实地查访。王氏诸子弟知道太傅派人来择婿，都矩矩然作矜持状，唯有一人从容散淡地坦腹卧于东床，旁若无人。来人见此情景，回去报告说：王氏子弟"咸自矜持"，"唯有一郎在东床上坦腹卧"。郗鉴大喜，云卧东床者，正佳婿也！再去查访，乃是王羲之。这便是一种智力判断。凡智商高的人，总比常人要从容散淡一些，总有些不合流俗之举。琅琊王氏是豪门大族，郗鉴决定在王氏诸子侄中物色女婿，自然首先把门户的政治、经济因素考虑进去了。不过，在这个前提之下，再从中选择智商最高者这一点，尤显他的高明之处。

在处理婚姻问题时，充分考虑对方的智力因素，这是完全必要的，也不难做到。除了必要的智力测验，还有几个问题必须注意尽量避免，我在这里姑且称之为"忌三同"。这就是：同乡不婚，同学不婚，同龄不婚。

同乡婚配的弊端是显而易见的。我国农村人口的文化素质偏低，除了教育条件的落后，还有一个重要的原因便是同乡婚配。有人统计，中国农民的婚配，不出方圆40里。这只是个平均数，实际上许多婚姻，都是在一个自然村里结成的。有些亲家之间甚至只隔一堵篱笆墙，鸡犬之声相闻于耳。这种婚姻，实际上与近亲婚配，只是一个"五十步笑百步"的关系。同乡婚配几个来回，便成了近亲婚。近亲不婚，已为大家所接受；同乡不婚，则还没有引起多数人的注意。许多城里人也是这样。刘心武的《钟鼓楼》这部小说里，有好几对夫妻就来自同一个街坊。同乡（街坊）人处于同样的地理环境之中，虽然有贫富差别，但是感受着同样的气候，服用着同样的水土，遵奉着同样的习俗，秉承着同样的文化传统，甚至就读于同样的中小学，接受着同样的教育。这样环境中的人，无论是作为生物的人，还是作为文化的人，都有很大的相同或近似。一个村子的水缺碘，全村多数人都患程度不同的甲状腺炎；一个村子盛行巫风，全村多数男女都会有相同的信仰。同村（街坊）的人结婚，在生理结构和文化心理结构上只有同，缺少异，缺少新质，这就不利于种的进化。久而久之，便会产生退化现象。1992年3月16日的《中国妇女报》曾经刊载一篇文章，叫做《达坂城的姑娘为何不再漂亮》。大家都熟悉《达坂城的姑娘》这支歌，小小的达坂城也因它的美女和这支歌而名闻遐迩。文章说，漂亮的达坂城确实存在过，那是在清政府从陕甘宁各省移民达坂城屯垦之后。血缘关系很远的各省移民的通婚造就了漂亮的达坂城姑娘。时历200年，漂亮的达坂城姑娘被近亲婚配的习俗吞噬了。这种近亲婚配首先是从同乡婚配开始的，一个地方的人不愿再与另一个地方的人通婚，认为漂亮的姑娘不能嫁给外地人。文章介绍说：达坂城现有4乡1镇，东沟乡全乡近亲结婚率达11.2%。东湖村近亲婚配的夫妇30对，占已婚者的15.5%，近亲婚配者共生子女128人，其中夭折26个，盲、聋哑、痴呆、畸形者11人。西沟乡雷家沟小学20个学生中有11个弱智，其父母大多是近亲。

所谓同学不婚，道理也很明显。同学，尤其是那种从小学同到中学、又从中学同到大学的同学，最好不要婚配。两个人10多年间接受同样的教育，熏染同样的学风，如果两个人又有共同的兴趣爱好、共同的语言、共同的追求，其文化心理结构必然相同或相似。这样的婚姻缺乏互补性，至少在信息方面雷同，你知道的我也知道，语言交流方面没有新的东西，易生熟稔和厌倦，不利于感情的再生。有的知识女性反对青梅竹马式的婚姻，说是太熟悉了，不新鲜。这是有道理的。戴厚英的小说《人啊人》里，一对青梅竹马的夫妇，感情就十分不和融。重要的还不是感情的问题，而是种的同化和退化，因为这样的婚姻在文化基因方面难以产生新质。中国人的婚配，如同交友一样，往往求同不求异。如果这种同，包括智商方面的同，那还不错。可惜这种同，主要是个人道德、品性、趣味、价值观念、交流方式、社会地位、身份职业、家庭出身、经济条件乃至地域文化的同。中国各地的同乡会、同学会，中国人在世界各地的同乡会、同学会之多之盛，堪称世界之最。许多在校的大学生，就只喜欢和老乡在一块玩；许多大学教师，就只喜欢在校友当中求同存异，而对于非同乡，非校友，则视为异类，歧视之，排挤之。许多教育家都明白，大学里一个系一个专业的教师不能都是一个学校毕业的，这样会导致近亲繁殖，导致学术上的退化。同学结婚，也是一种近亲繁殖，可惜这个问题至今没有引起人们的注意。

所谓同龄不婚，是指婚姻双方的年龄不要相同或太近。一般来讲，男人在智力方面的成熟比女人要晚些，大致在 30 岁左右。有一首流行歌曲唱道："三十以后才明白。"孔老夫子甚至认为男人的成熟在 40 岁左右，所谓"四十而不惑"。女人呢，其最健美的时代在 20 岁左右。30 岁左右的男人和 20 岁左右的女人结婚，这个婚龄差是最好的。当然年龄的距离不能拉得太大，太大了，男女双方在生理和心理方面都难以适应。成熟男人的遗传基因通过健美女人的身体培育出来，这样的小孩往往既聪明又健壮。有个笑话说，有位漂亮的女演员想和戏剧作家萧伯纳结婚。她说："亲爱的，我们结婚吧。今后我们生的小孩一定像你这样聪明，像我这样漂亮。"萧伯纳回答说："如果这个孩子今后像我这样丑陋，又像你这样愚蠢，那可就糟了。"萧伯纳不喜欢这个女演员，这好理解。至于他的推断，至少在遗传学上是没有多少道理的。我曾经对古今中外一些著名的天才人物的血缘关系问题进行个案研究。我发现，在年龄差方面，巴尔扎克父母为 33 岁，罗斯福父母为 26 岁，弗洛伊德父母为 20 岁，安徒生父母为 14 岁，尼·奥斯特洛夫斯基父母为 25 岁，左拉父母为 26 岁，陀斯妥耶夫斯基父母为 13 岁，屠格涅夫父母为 7 岁；在中国古代，曹植父母为 6 岁，白居易父母为 26 岁，柳宗元父母为 12 岁，欧阳修父母为 30 岁，沈括父母为 8 岁。还有许多个案，限于篇幅，不便多举。我还发现，中国古代许多有雄才大略的皇帝，往往不是家庭中的长子，而且不是其父亲的第一个妻子生育的。这就表明，这些有雄才大略的皇帝往往是其父亲在智力成熟时的遗传。我这里列有一张表，大家有兴趣的话，不妨对照史书一观：

历代有雄才大略的皇帝出生和序齿简表

姓名	出生	序齿
秦始皇嬴政	不详	不详
汉高祖刘邦	不详	2
汉文帝刘恒	庶	5
汉武帝刘彻	庶	9
汉光武帝刘秀	不详	2
唐太宗李世民	嫡	2
唐玄宗李隆基	庶	3
则天皇帝武曌	不详	4
宋太祖赵匡胤	不详	2
元世祖忽必烈	嫡	3
明太祖朱元璋	不详	4
清圣祖玄烨（康熙）	庶	2
清高宗弘历（乾隆）	庶	1

为了不至于引起误会，我这里还想多说几句。我绝不是说，家庭里的长子就一定智商不高；也不是说，只有姨太太或后妻才会生出智商高的孩子。我的意思只有一个，即男人在智力成熟的时候生的孩子往往要聪明一些。封建皇帝结婚的年龄都很早，那时候他们还远没有成熟，所以他们的第一个孩子或者元配的第一个孩子，自然会受些影响。我们现在大都只有一个孩子，无所谓长幼；我们实行一夫一妻制，也无所谓嫡庶。我只是说，通过上述一些个案研究，可以得到一个启示，即男女的婚龄要有一定的距离，而且最好在男人智力成熟的时候要孩子。

当然，优秀的遗传只是产生天才的第一个基本条件，优秀的遗传只有通过后天良好环境的作用，才有可能促成天才的产生。后天的环境，简而言之，便是教育和机遇。关于教育的重要性，人们已经达成共识，我不再重复。下面我只谈机遇问题。

再好的遗传，再好的教育，都只是为天才的产生作准备，若没有机遇，再好的苗子也成不了大树。古今中外，不知埋没了多少天才的苗子，主要原因就在于没有为这些天才的成长提供相应的机遇，所以这些人终究只能算作"潜在天才"。他们难以获得卓越的成就，自然也不可能为人们所传诵。当然，好的机遇，还有赖于人去把握。机遇时常有，但智商不高、创造力不强、心理素质不好的人往往失之交臂。这样的憾事也是屡见不鲜的。就智商高、创造力强、心理素质好又受过良好教育的人而言，机遇显得尤其重要。没有机遇，"潜在天才"就会终生埋没。

机遇是环境提供的。环境有大环境，有亚环境，也有小环境。大环境是指国家环境。这个环境有地理的，也有人文的。地理环境往往通过人文环境对人才发生作用。人文环境，也就是一个国家的政治、经济和文化气候。歌德曾经说："如果有人不相信，莎士比亚的伟大多半要归功于他那个伟大而雄强的时代，他最好只想一下这样一个问题：这样令人惊奇的现象在 1824 年今天的英国，在今天报刊纷纷闹批评、闹分裂的这种坏日子里，能否出现呢?"（《歌德谈话录》）这里讲的正是一个国家在不同时期的文化气候，即文化环境。文化气候或环境不好，文化巨人是绝对不可能出现的。在我国，在"四人帮"实行文化专制主义、对文化人大开杀戒的日子里，连一个年年都是劳动模范的老舍也要被整死，还能期望第二个老舍或更好的老舍再生吗? 现在好些了，十一届三中全会以来，我们国家的政治开始走向民主，经济日益走向繁荣，人文环境总的来讲有所改善。可以预测，21 世纪的中国，将是一个人才辈出的时代；市场经济进一步发展和完善，必将推动政治生活的更加民主，必将出现文化和科学建设的高潮。到那时候，时代给人们提供的机遇会更多，人们可以在良好的人文环境中得到更加理想的发展。发展得好的人便是人才，人才中的尖子便是天才。人才辈出，天才就会出现。

可以肯定，21 世纪的人才将会在经济和科技这两个领域里大量涌现，优秀的政治人才也将主要从这两个领域产生。谁能富一个国家，富一方百姓，谁就是优秀的国家管理人才。文学艺术、哲学、社会科学方面的人才则要晚出一步，因为这些领域的人才的产生周期本来就要长一些，而且他们的出现更有赖于经济的发展、科学的进步和政治的清明与宽松。

至于这些人才究竟在哪些地方出现得多一些，也是可以预测的。这就涉及人才成长的亚环境问题了。所谓亚环境，是指一个地区的人文地理环境。现实是历史的延续，未来则是现实的延续，述古可以知今，察今可以知后。近几年来，我通过研究中国历代文学家的地理分布问题发现：中国古代人才的地理分布以宋朝为时代分水岭。宋朝以前，中国人才的分布重心在淮河秦岭以北，即地理意义上的北方。具体来讲，就是黄河中下游流域。这是因为在宋朝以前，黄河中下游流域一直是中国的政治经济和文化重心之所在，人才自然以那里为多。后来由于黄河流域水土流失严重，尤其是几次大的战乱，如永嘉之乱、安史之乱等，黄河流域的经济遭到严重破坏，人口大量南迁，人才也随之大量南下。东晋以后，长江流域得到了卓有成效的开发，中晚唐时期则一跃成为全国的经济重心，当时朝廷的财政收入十之八九仰仗于江南。哪里富裕，哪里安定，人才就往哪里迁徙，以至宋代以后，民间便有了"东南财赋地，江浙人文薮"的说法。尽管中国的政治重心一直都在北方，但是经济重心和文化重心已经移到了江南。明清以后，珠江流域发展迅速，所以近代的广东和福建人才很多。根据这一基本的历史走向和目前国内各地的经济发展水平，可以预测，在 21 世纪的中国南方，将以上海、江苏、浙江、广东和福建 5 省市的人才为多。这些人才有相当一部分是内地移民。这些人才多数是经济方面的人才。中国的北方，将以山东和北京的人才为多。北京的人才相当一部分由外省输入。北京是首都，是政治中心，文化和经济的发展也不错，能够为人才的成长提供许多别的地方所难以比拟的机遇。西汉时，首都在长安（今西安），故长安的人才较多；东汉时，首都移至洛阳，故洛阳的人才增多而长安的人才减少。东晋时，首都在建康（今南京），故建康的人才多；隋唐时，首都迁回长安，故长安的人才又多起来。元明清三代，首都在北京，故直隶（今河北）一带的人才为多。当时的人才中心有两个，南方在江浙，北方在直隶一带。首都在哪里，人才就往哪里集中，这是一条规律。山东这个地方的文化传统悠久，文化根基深厚，地理条件兼南北之长，有很多滨海城市，有广阔而肥沃的平原，经济发达，教育先进。古时的山东，一直是人才较多的一个地方。现在的山东，经济水平几可匹敌于南方的广东，而且各地的发展也比较平衡，又相当重视文化教育事业，所以山东在 21 世纪会出现很多人才。

其他省市，只要努力发展经济，注重文化教育投资，人才也会大量出现。

至于这些人才究竟以哪些家庭为多，这就涉及人才成长的小环境问题了。小环境，主要是指家庭环境。人才的出现历来有一条基本规律，叫做富而好学，穷而好战。富裕的家庭出才子，贫穷的家庭出将军。21 世纪的人才主体，将不再是军事人才，由于发生大规模战争的可能性不大，因而这方面的机遇不多。这样看来，21 世纪的人才，可能主要出现在这样几类家庭：一是富裕之家。富裕之家的创业者智商不低，他们的孩子会有较好的智力遗传。富裕之家的孩子可以接受最好的教育，而且有钱好办事，这类家庭的孩子获得深造和发展的机遇也会相对多些。二是移民之家。移民的特点是不满于现状，而且创造意识强烈。移民的智商一般都不低，故移民群体往往出人才。移民的走向总是由穷地而至富地，往往成为富裕之家。三是书香之家。这种家庭的智力遗传是好的，只要能适应时代潮流，经济上不坠于困顿，有条件供孩子受教育，同时为孩子创造适当的机遇，家庭的人才链就不会中断。

其他家庭自然也会出人才。只要尽力做到优婚优生优育，注重家庭教育投资，努力为孩子的成长赢得一个较好的内外部环境，人才何愁不出现？

只有人才的成批涌现，天才才可望脱颖而出。天才总是有的。我们这个古老而维新的国家需要天才，也会产生天才！

也许天才的苗子已经出现，他（她）就在我们的身边，只是我们还没有发现而已。也许他（她）还是一个顽童，正被某些老师和长辈训斥为"今后不会有出息"。怎样去发现他们？怎样去栽培他们？亲爱的朋友，请您读读这套《小天才丛书》。

1993 年元宵节于武汉

中国的智库及其存在的问题

——在广州市智库建设座谈会上的发言

"智库"，也称"思想库"或"智囊机构"、"智囊团"，是指由智者组成的专为某些人物或团体出谋划策的群体。

有人讲，"智库"是一种现代现象。这个说法不正确。"智库"古已有之。以中国为例，历朝历代的皇帝都有自己的"智库"。历史上那些比较有作为的皇帝，例如秦始皇、汉高祖刘邦、汉武帝刘彻、魏武帝曹操、唐太宗李世民、宋太祖赵匡胤、元世祖忽必烈、明太祖朱元璋、清圣祖玄烨，都有很高明的"智库"，通常大家只记得他们身边的某个谋士，例如秦始皇身边的李斯、刘邦身边的张良、曹操身边的郭嘉、李世民身边的魏征、宋太祖身边的赵普等等，其实这些人只是"智库"的一个代表。

中国古代没有"智库"这个概念，但是有"智囊"、"谋士"、"策士"这些概念。"智库"的作用是至关重要的，任何一个皇帝，无论多么具有雄才大略，如果没有高明的"智囊"、"谋士"、"策士"，都不可能成其大业。

中国古代有"养士"的传统。所谓"养士"，用今天的话来讲，就是智库建设。战国时期的四大公子，所谓楚有春申、魏有信陵、赵有平原、齐有孟尝，就是以"养士"而知名的。他们本身是诸侯王的谋士，而在他们的府上还养了许多谋士，多者达三千多人。

外国的情况也大体如此，不用多说。

智库的迅速发展，是 20 世纪 70 年代以后的事。有人估计，目前世界上共有3000 多家智库，这些智库对于推进全球化，推进各国的公民社会建设等等，发挥了重大作用。

据统计，中国的相关研究机构多达 2500 多家，专职研究人员 3.5 万人，工作人员 27 万人。其中，以政策研究为核心、直接或间接为政府服务的"智库型"研究机构多达 2000 家。

中国的智库数量很多，但就总体而言，质量还不够高。据美国宾夕法尼亚大学发布的《2008 年全球智库报告》，中国仅有 74 家智库被认可，而美国的这一数字是 1777 个。有人讲："2000 个中国智库，抵不上一个兰德公司。"还有人讲："中国还没有真正意义上的智库。"这些话可能有些偏激，让人听起来不舒服，但是换一个角度来看，也可以作为一种提醒，即中国的智库要加强质量建设。

智库的质量影响政府的决策水平和成效。中国人民大学公共管理学院的毛昭晖教授讲，从国际视角看，中国的决策失误率达到 30%，而西方发达国家却只有 5% 左右。在中国，因为决策失误所造成的损失，可以说是很严重的。全国人大常委会委员长吴邦国曾经讲，中国最大的浪费莫过于战略决策的失误。世界银行估计，中国"七五"到"九五"期间，由于投资决策失误造成的资金浪费及经济损失为 4000 亿~5000 亿元。

中国的智库主要存在以下几个问题：

第一，独立性不强。这里主要是指各级政府或政府部门设立的智库。

第二，商业色彩比较浓。这里主要是指行业协会或企业设立的智库，这一类智库基本上属于那种商业咨询机构。

第三，专业性有所欠缺。中国的智库，无论是政府设立的，还是行业协会或企业设立的，在人员构成上往往是退休的政府官员或企业高管占了很大比例。这些人虽然具有一定的实际工作经验，但毕竟不是专家，缺乏必要的专业训练和专业素质。

第四，知识结构不大合理，这是我今天要重点讲的一个问题。

中国的智库，在人员构成上，除了退休的政府官员和企业高管，就是专家。在这些专家中，从事经济学、法学、政治学研究的社会科学专家占了绝大多数，从事文、史、哲研究的人文学者非常少。这是一个很大的缺憾。人文学科在中国有着非常悠久的传统，至少有三千年的历史，中国古代的谋士、策士、智囊都是人文学者。而社会科学基本上都是从西方引进的，在中国的历史不超过一百年。一般来讲，人文学者的视野要开阔一些，看问题比较有历史感，比较有深度，思想也比较活跃，较少条条框框的限制。中国的智库，在吸取西方智慧的同时，还应该充分吸取中国智慧。

举一个例子。现在许多人都意识到了 GDP 这个指标体系的严重缺陷，因为它只能反映国内生产总值，不能反映国民幸福。正是在这个背景下，不丹的国民幸福指数 GNH 引起了人们的注意。2008 年，法国总统萨科齐设立了一个"经济运行与社会发展评估委员会"，邀请 27 位学者参加，简称"27 人委员会"。通过18 个月的工作，这个委员会完成了一个 300 多页的报告，简称《法国报告》。这份报告指出，测量幸福应该同时考虑以下八个维度：物质生活水准（收入、消费和财富），健康，教育，个人活动（包括工作），政治发言权和治理，社会联系和关系，环境（当前和未来状况），经济和物理的不安全状况。报告认为，这八个维度塑造着人们的幸福，其中很多是传统的收入测量所忽略的。但是，也有学者指出，《法国报告》的参与者绝大部分来自法国和美国，他们对发展中国家的考虑比较少。因此这一套指标体系，不大适宜于中国。与此同时，美国、加拿大也各自搞了一个指标体系，这两个体系也许适用于他们本国，但也不大可能适宜于中国。

比较而言，还是不丹学者卡玛·尤拉设计的那一套指标体系与中国的文化和价值观比较接近。卡玛·尤拉是一位著名的作家和画家，他从九个领域来评估国民幸福，包括心理健康、社区活力、文化、时间使用、政府管理、生态、生活标准、身体健康、教育。在讲到如何获得幸福时，卡玛·尤拉是从对两幅图画的解读说起的，一幅叫做《长寿六宝图》，一幅叫做《和睦四瑞图》。这两幅图画包含了很多中国元素，而卡玛·尤拉的解读则包含了许多中国智慧。不丹是喜马拉雅山地区的一个小国，它的南边是印度，北边是中国。不丹文化既受印度的影响，也受中国的影响。但是，不丹毕竟是一个经济落后的国家，它的人均收入只有 2000 美元。虽然不丹人的幸福指数很高，但它们的那一套指标体系，也不一定完全适用于中国。

中国的"新发展观"与建构和谐社会所要超越和改变的，正是以 GDP 为核心目标的发展观和多重失衡的发展模式。对于确立"新发展观"、建构和谐社会而言，能否有一套与之相应的评价体系来评估究竟做得好还是坏，同样是一个相当重要的问题。香港中文大学教授王绍光指出："有必要思考一整套符合中国人对幸福的理解的机制。如何测量亲情、友情，如何创造增进亲情、友情的环境，都还需要做大量的研究。"（王绍光：《什么是幸福仍然值得追问》，沈颢、卡玛·尤拉主编《国民幸福》，北京大学出版社，2011 年 4 月版，第 164 页）很显然，要建立这样一套适合中国国情、体现中国文化特点的国民幸福指标体系，必须有人文学者的参与。

而中国现有的智库，则以经济学者为主体。他们的宗旨，就是"只谈经济"。2008 年 10 月，出于对现有智库的不满，一大批学者上书中央，请求中央政府组建最高级别的智库。于是，由国务院总理温家宝亲自批准，由前国务院副总理曾培炎领衔的"中国国际经济交流中心"应运而生。这个中心的成员包括中国政、商、学界一大批在任和退休的部长级官员、中央企业和金融机构的负责人，以及国际著名的中国经济学家，有人称之为"中国超级智库"。这个智库的宗旨，就是"只谈经济"。

一个最高级别的智库，如果"只谈经济"而不谈思想，那么这个智库的级别再高，也只是行政级别，而不是思想级别。按照世界上最著名的智库——兰德公司的创始人弗兰克·科尔博莫的定义，智库就是一个"思想工厂"，一个没有学生的大学，一个有着明确目标和坚定追求，却同时无拘无束、异想天开的"头脑风暴中心"，一个敢于超越一切现有智慧、敢于挑战和蔑视现有权威的"战略思想中心"。如果一个最高级别的智库"只谈经济"而不谈思想，那么它又能为世界贡献什么呢？说到这里，我想到了乔良、王湘穗的《超限战》一书所举的一个例子：作者说，在香港回归之前，撒切尔夫人说了这样一句话——"你们根本不用担心中国，因为中国在未来几十年，甚至一百年内，无法给世界提供任何新思想。"这句话，可以说是严重伤害了中国人民的感情。过去的三千年，中国贡献给世界的思想还算少吗？为什么"在未来几十年，甚至一百年内，无法给世界提供任何新思想"呢？历史证明，中国是可以为世界贡献新思想的。如果我们的智库能够超越"只谈经济"的局限，广泛地吸收各方面的学者参与，包括人文学者的参与，敢于超越一切现有智慧，敢于挑战现有权威，就有可能为世界提供新的思想。

我想就广州的智库建设提三点建议：

第一，立足广州，服务全国，着眼于全世界。广州不仅是广州人的广州，也是中国的广州，也是世界的广州。广州的智库要为广州的经济、社会发展和人民幸福献计献策，同时也要通过自己的新思想来服务全中国，影响全世界。我刚才讲到的适合中国国情、体现中国文化特点的国民幸福指数的制订这一课题，广州就可以大有作为。如果我们老是研究 GDP 这个东西，就很难有思想上的创新。我们应该着力研究 GNH。如果老是讲 GDP，那真是前有标兵，后有追兵，压力大得不得了。如果我们讲 GNH 呢？如果我们在全国率先搞出一套国民幸福指数，就可以说是既无标兵、也无追兵了。

第二，广泛地吸收各方面的学者参与智库建设，尤其是人文学者。近年来，广州市委、市政府一再强调，要加强国家中心城市的建设，着力培育世界文化名城。根据广州得天独厚的地理环境，优越的气候条件，悠久的历史传统，以及雄厚的经济基础，还有人才的积聚效应，广州成为世界文化名城不是没有可能的。现在的问题是，要对已有的世界文化名城进行系统的研究，看看世界文化名城包括哪些类型，具备哪些基本要素，而广州大体上属于哪一种类型，具备哪些基本要素或有利条件。同时还要研究世界文化名城的历史走向，看看今后的世界文化名城可能会出现哪些新的品质，然后在此基础上制订科学的、理性的、切实可行的行动方案。方案制订出来之后，交给媒体和公众讨论。媒体和公众讨论认可之后，再交给人大表决。人大表决之后，就可以由政府来组织实施了。在这个过程中，人文学者，包括哲学家、历史学家、文学艺术家、人文地理学家、文物考古学家、古建筑学家等等，都可以发挥自身的专业优势，参与研究和制订有关方案。

第三，立足于当下，着眼于未来 30 年或 50 年。中国现有的智库还有一个缺陷，就是立足于当下，着眼于当下。于是，我们看到的一些方案往往是应急方案。例如需要拉动内需，就提出一个方案，鼓励大家买汽车；等到汽车多了，道路严重堵塞，又提出一个方案，建议限行或者限牌。这样的方案，就是典型的"头痛医头，脚痛医脚"，别说看不到 30 年或 50 年以后，就连三五年以后都看不到。还有，现在有人为了治堵，就建议省政府离开中心城区，搬到南沙去。但是有没有想到，如果今后南沙也堵了怎么办？省政府再往哪里搬呢？且不说南沙的地质条件根本不宜建那么多的高楼。

真正的智库，应该立足于当下，着眼于未来 30 年或 50 年。撒切尔夫人说："你们根本不用担心中国，因为中国在未来几十年，甚至一百年内，无法给世界提供任何新思想。"她的这句话虽然难听，但是可以说是揭示了智库的一个元命题，即智库是为未来服务的，30 年、50 年、100 年，而不是局限于为当下服务。因此我建议，广州的智库既要立足于当下，又要着眼于未来 30 年、50 年，甚至100 年。起码从现在开始，就要着手研究广州实现现代化之后所要面临的一些问题。

2011 年 8 月 19 日于广州

为失败者竖碑立传

　　——失败的本质与价值

一、失败的本质

　　从人才学的角度来讲，失败，是指在一定的历史条件下本来可以成功的事业受到挫折。我们可以从两个方面来予以界说：

　　第一，它是在一定的历史条件之下本来可以成功的。譬如钱宗仁的"汉字笔顺号码排字法"，这是一种适用于简化汉字和常用字的方法，符合文字改革的方向。钱宗仁只用几本字典和一堆废纸，将所有的汉字一笔一划地推敲、归类、排列，不到一年就做成了。但是由于无人审稿，他的书稿在商务印书馆的资料堆里尘封两年之后被退回。而就在这一年的全国科学大会期间，会议报道有人已发明类似的笔顺号码检字法，此后又陆续报道了更先进的方法（参见孟晓芸《胡杨泪》）。这是一个比较典型的失败案例。钱宗仁的选题方向和研究手段符合当时的历史条件，本来是可以成功的。他的失败就在于无人发现，无人承认。他的事业被出版界的官僚主义者扼杀了。在我们所熟悉的上古神话《夸父追日》里，"夸父与日逐走，入日；渴，欲得饮，饮于河渭。河渭不足，北饮大泽。未至，道渴而死"。这种失败就不属于我们所说的失败范畴。因为追赶太阳在当时和现在都是不可能成功的，人类不具备这个条件。

　　第二，它是事业，是创造性的人类活动，而不是其他。人生有许多追求目标，目标达不到，便可称为失败，例如爱情、金钱等等。不过这只能是广义的失败，而不是事业的失败，事业的失败是狭义的失败。爱情的失败会影响人的事业，在有些人那里，甚至会深刻地影响他们的事业，例如通常所说的失恋成才。但是，它本身并不是事业。又譬如金钱，如果追求金钱的最终目的不在于为社会、为人类做点什么，而只是单纯地中饱私囊，像柳宗元所写的"蝜蝂"那样，遇到什么东西都拿来背在身上，层层堆积，又喜欢爬高，直至最后坠地而死（柳宗元《蝜蝂传》）。这种失败，更不是我们所谓的事业受挫。

从行为科学的角度来看，失败是当事人的一种主观感受。一个人是否觉得失败，与他所预定的抱负水准有关系。预定的抱负水准达到了，便产生成功感；反之，便产生失败感。同一种结果，一个人感到是失败，另一个人却以为是成功。例如，两个人合写一本经济管理方面的著作，出版之后，产生了很大的社会影响。两个人都因此而同时被提拔为领导干部。甲感到很高兴，认为成功了；乙却很沮丧，以为是失败了。因为他们两人的抱负水准并不一样。甲希望由此而做官，乙则希望继续进行专门的学术研究，以为当干部会耽误他的学术研究，甚至担心今后会被名誉和权利所异化，以至最终丧失自己。

从哲学和历史的角度来看，失败又是一个动态的发展概念。在过去某一特定的历史条件下，被认为是成功的事业，现在条件变了，会被认为是失败。所谓"遽伯玉年50而知49年之非"，就是说，遽氏到了50岁，便意识到过去49年都失败了，尽管这种失败是广义的失败，但是它自然包含着狭义的失败。著名作家李準曾经感叹，每当他回忆起过去发表的一些作品，总不免感到汗颜。这是在他写有长篇杰作《黄河东流去》的特定历史条件下的感受，而过去的作品则主要指《不能走那条路》和《李双双》。这两篇小说在20世纪50年代曾经轰动全国，无论作家本人，还是其他的人，都曾经以为这是相当了不起的成功。应当指出，这种失败感是一种值得充分肯定的自我意识，是一种哲学意义上的否定，意味着更高层次的自我超越。有这种失败意识的人，会严肃地深邃地审视和反思过去的事业，参照别人的成功和失败，设计更加宏伟的蓝图，选择更加科学的方法，循着否定之否定的发展规律走向更辉煌的成功。缺乏这种失败意识的人，总是沉醉于过去的成功，在自己设计的那个封闭体系里作茧，无视历史条件的变化，无视科学的发展与时代的前进，无视他人更大的成功。其病因就是不能科学地总结过去，完成否定之否定的辩证过程。因此，从本质上来看，他实际上已经失败了。

从这个意义上讲，人才既要有充分的自信，同时又要有一种适度的失败感，尤其是在旧的成功之后与新的成功到来之前，失败感往往会成为新的成功的催生剂。

二、失败的价值

失败是成功的必由之路。有时候，在事业发展的特定历史阶段，失败比成功更有价值。不失败，便不清楚自己的底细；不失败，便寻找不到通向成功的正确方法与途径。明智的人并不希望自己的文稿百发百中，一律被新闻出版部门采用。如果你的文稿是由于关系或过去已经取得的名望，抑或是由于刊物稿源严重不足而发表，这并不能标志你的成功。从这个意义上讲，编辑部可以退回名作家、名教授的低质量的稿件。这样可以让刊物少出次品、废品，更重要的是可以让名作家、名教授产生一种失败感，促其警醒，促其完成否定之否定过程。这样的失败，是名作家、名教授走向新的成功的必由之路。对于一个未名人才或一个知名度等于零的潜人才来说，这种失败也是必要的，尤其当他对自己并无确切的认识与了解的时侯。这种失败，会帮助他意识到自己修炼的程度。这种时侯切忌侥幸。刊物发表一个不够质量的未名人才的文稿，从根本上来讲，并不能帮助他走向真正的成功，顶多有助于他获取一些身外之物。而弄得不好，这些身外之物会彻底葬送他的事业。

一次经过千辛万苦之后的真正失败，比一次侥幸的成功意义更深刻；一份浸透着血与泪的失败记录，比一份肤浅的成果总结更有价值。

没有不经由失败而获得的成功。就某一个人来讲，尽管他似乎一直都不曾失败，但他之所以成功，是得益于前人或同时代其他人的失败。为此，应该为失败者树碑立传。讥笑、挖苦、轻视失败者，当属世界上最彻底的蠢人。这种人永远不可能有属于自己的成功。成功是失败的儿子。

仅仅是允许失败，也不过是一种肤浅的平庸的宽容。应该从哲学的高度肯定失败。只给成功者发放奖金，而对直接导致他人成功的失败者却不理不睬；只给生蛋的母鸡米吃，而把公鸡赶得老远。这是愚蠢的土财主的奖励原则。

失败是一条线，成功不过是这条线上的一个点。在人类创造史上，和成功相比，失败总是占压倒多数。英国物理学家和数学家开耳文说："我坚持奋战 55 年，致力于科学的发展。用一个词可以道出我最艰辛的工作特点，这个词就是失败。"（引自 W. L. B 贝弗里奇《科学研究的艺术》，科学出版社，1979 年版）所以，既要尊重别人的失败，也要理解自己的失败。概而言之，失败的原因不外两条：一是没有碰上适当的机遇，即客观条件不具备；二是没有紧紧抓住已经碰上的机遇，即主观条件不具备。人才学的研究范围其实也不外这两大类：人才的机遇以及抓住机遇的能力。但是，过去只是从成功的角度来研究他们。我认为，人才学一方面要研究成功和成功的人，一方面也要研究失败和失败的人。成功是目的，失败是途径。我们过去只问目的，不问途径，这是一个极大的偏差。因此，要有失败论，要有失败人才传。要为失败者树碑立传。

中国共产党领导的从经济到政治到文化的全方位的改革，是一个前无古人的创举，我们期待着整体的成功，但是也必须理解和宽容局部的失败。有时候，局部的失败甚至是改革发展的必要环节，是整体成功的必要前提。不过，仅仅是理解和宽容依然不够，我们必须认真地切实地卓有成效地研究失败，研究失败的每一个方面和每一个导因，发掘失败的历史意义。这样，我们才能真正完成历史的超越。

1986 年 8 月 13 日于武汉

柳永成功的时代原因与个人原因

文学史上任何一种有生命力的文学样式，都是和它的代表作家的名字联结在一起的。如同我们讲到唐诗，总会想到王维、李白和杜甫一样，我们讲到宋词，就会想到柳永、苏轼和辛弃疾这些优秀的词人。北宋词坛如果没有柳永，词的命运也许完全是另外一种样子。这一点，已经是文学史的不刊之论了。

一、"凡有井水饮处，即能歌柳词"
——柳永的文学贡献与文学地位

柳永（约983—约1053），原名三变，字景庄，后改名永，字耆卿，福建崇安（今武夷山市）人，历北宋太宗、真宗和仁宗三朝，与词人晏殊、张先大体同时。柳永生前的政治地位远不及晏、张二人，然其文学地位却迥出二人之上。一个词人的文学地位的高低，是由他的文学贡献大小所决定的。那么，柳永的文学贡献主要体现在哪些方面呢？概括起来，有如下四点：

1. 词的题材领域的大幅度拓展

和柳永同时的晏殊、张先等贵族词人，虽然也留下了一些脍炙人口的佳作，但是在题材方面并没有超出西蜀词和南唐词的范围，多数都是娱宾遣兴、流连光景之作。真正大幅度地拓展了词的题材领域的是柳永。他第一次真实地、多角度地描写了当时朝野上下的晏安游乐与大都市的节物风光，把"仁宗四十二年太平"光景纳入自己的艺术视野[①]，可谓"升平气

---

① 祝穆：《方舆胜览》卷十，四库全书本。

— 24 —

象，形容曲尽"①。他第一次以平等的、同情的心态描写歌妓的悲惨生活和不幸命运，为歌妓的从良、自由和解放而大声呼喊。他第一次以慢词的形式咏史怀古，气势苍莽，感慨深沉，为此后的咏史词和怀古词导夫先路。尤其是大量的羁旅行役词的写作，把一个潦倒的知识分子的感慨不平之气与人生的失落感、孤独感，同苍茫、博大的自然景色有机地结合起来，大大地开拓了宋词的天地。也就是说，是他第一次在相当大的程度上，突破了词为"艳科"、"小道"的樊篱，突破了贵族词人流连光景、娱宾遣兴的狭窄的创作路数，在自己的作品中披露了更为真实的、更为深沉的情感，展示了更为广阔的、更为丰富的人生。

2. 词的语言的进一步丰富

唐五代以来，词的语言主要是两个来源。一是诗的语言，所谓"就唐人诸家诗句中字面好而不俗者，采择用之"②，如温庭筠、冯延巳、李煜、晏殊、张先、欧阳修诸人就是这样。运用诗的语言无可厚非，但是必须指出，作为"别是一家"的歌词，应该有自己的语言。过于诗化，过于雅化，只能令其在文人化、案头化的道路上越走越远，从而逐渐失去作为一种通俗的音乐文学的本色。另一个来源是市民口语，如唐代民间词，以及韦庄、尹鹗等人的部分篇什。就柳永的全部歌词来考察，于中自然不乏传统的诗赋语言，但是通俗、生动、泼辣的市井语言却占了多数。这就不仅从另一个方面大大地丰富了词的语言，使之获得了更多的生活感与现实感，找到了语言艺术的源而不是流；不仅亲切、平易、明白家常，使之赢得了更为广泛的读者和听众，而且昭示了中国文学及其语言的新的发展方向——由雅而俗，由贵族化而平民化③。

3. 慢词的大量创作及其一系列艺术法则的初步建立

整个唐五代时期，词的体式以小令为主，慢词总共不过十来首。宋初词坛，

---

① 陈振孙：《直斋书录解题》卷二十一，光绪九年，苏州书局刊本。
② 沈义父：《乐府指迷》，人民文学出版社，1981 年版。
③ 曾大兴：《柳永和他的词》第十一章第二节，中山大学出版社，1990 年初版，2001
年修订版。

词人习用的仍是小令。据统计，张先、晏殊分别存词 164 首和 136 首，他们所作的慢词分别为 17 首和 3 首，仅占其词作总数的 10.3% 和 2.2%；柳永存词 212 首，所作慢词竟达 125 首，占其词总数的 58.9%，居唐五代宋初词人之首。慢词虽发轫于中唐，但是正如张采田所云："大抵唐时慢词，皆乐工肄习，文士少为之者。"① 慢词本身自有其独立的音律句度和发展途径，非由小令随意延长而成。而且，宋代慢词亦非由唐代慢词直接变化而出，而必须结合当时的市井音乐，才能产生自己独特的韵律与声情，不同于宋代小令的直接渊源于唐五代，并且体貌多同。在这种情况下，一个词人是否作慢词以及作多少慢词，既与作者本人对当时的市井音乐的态度和熟悉程度有关，更与其自身的创新意识和创新能力有关。当时整个词坛的情况是这样的：唐五代以来的文人小令已经达到鼎盛，再也没有多少新的发展空间了，而慢词又只是在市井艺人口中辗转传唱，并且水平不高。如果不是柳永勇于摒弃贵族词人对民间艺术的偏见，大量地创制慢曲，填写慢词，从根本上改变唐五代以来小令的一统天下，宋词的命运，也许就不是我们今天所见到的这个样子。

为着配合慢曲在音乐上篇幅大大加长的特点，在吸收汉魏六朝抒情小赋和民间慢词之营养的基础上，柳永创造了慢词的铺叙手法，以赋为词，层层铺叙，一笔到底，始终不懈，又首创"领字"和"双拽头"等等，为以后的词人开启了无数法门。

4. 平民风格的重建与平民意识的发扬

词，本是起源于民间的一种通俗的音乐文学样式，中晚唐以来的文人染指之后，这种文学样式便渐渐地丧失了它早期的真率、通俗、质朴与刚健的平民风格，而在雅化、诗化的道路上越走越远。只是到了柳永，才真正把它从贵族的歌筵舞席再次引向勾栏瓦肆、山程水驿乃至一切有井水的地方，扩大了它的社会基础，恢复并加强了它的平民色彩。他以自己的真率、朴素、清新的词句，以对普

---

① 任二北：《敦煌曲校录》，中华书局，1962 年版。

通市民的生活、情感与命运的深切关注，以及发自内心的对于人生忧患的深沉感喟，一扫贵族词坛的典雅、雍容、无病呻吟和装模作样，闪烁着平民意识与人文精神的光芒。

这四个方面的杰出贡献正是当时的贵族词坛所缺乏的。宋词之开始具备自己的品格与面貌，即以这些重要的突破为表征。唐五代以来的文人词，如果不是经过柳永的全面改造，则充其量只能是在花间南唐的规模之内兜圈子，陈陈相因，黯无生气。既不可能有北宋词之博大，也不可能有南宋词之深刻。这一发轫于隋唐民间的通俗的音乐文学，不待走完它的全部路程，就被少数贵族词人过早地扼杀了。从这个意义上讲，我们称柳永为两宋词坛第一大功臣，应该说是恰如其分的。

柳永以一位真正的艺术家的胆识、才华和创新精神，为宋词的发展作出了不可磨灭的贡献。就其艺术影响的广度和深度来说，有宋一代无人能出其右。苏轼、辛弃疾英名盖世，但是他们的影响主要是在文人的圈子内，而柳永是属于全民的。史载"凡有井水饮处，即能歌柳词"[1]，有人烟的地方，就有柳永的存在。可见他的影响是不分地域、不分民族、不分阶级、不分贤愚良贱的。

毫无疑问，柳永是我国古代第一流的文学艺术家，是第一流的歌词作家，是大自然与人类社会的卓越产儿。按照人才学关于人才的定义，柳永是一个比一般人发展得更充分、更优越而又积极地影响了一般人发展的真正的人才。而人才的成功，乃是各种主客观原因综合作用的结果。那么，影响、促成和规定了柳永巨大成功的主客观原因主要是什么呢？

二、"中原息兵，汴京繁庶，歌台舞席，竞赌新声"

——柳永成功的时代原因

法国 19 世纪的著名批评家丹纳把对种族、时代和环境三大因素的考察，作

---

① 叶梦得：《避暑录话》卷下，文渊阁《四库全书》本。

为了解一件艺术品、一个艺术家乃至一个艺术家群的前提。从人才学的角度来讲，作为艺术家的成长与艺术品的诞生的外部因素，这三点是很有道理的，虽然我们在对柳永成功的外部原因进行考察时并不涉及种族这一因素，而主要是考察他的时代以及他所生活的环境。

北宋王朝建立之后，一方面在军事、财政各部门施行高度的中央集权，一方面则通过招抚流民、奖励垦殖等一系列比较开明的政策，恢复和发展农业生产。不几年，便出现了"四方无事，百姓康乐，户口繁庶，田野日辟"①的兴旺景象。随着农业经济的振兴，手工业也臻于前所未有的水平，无论组织形式、经营规模、专业化程度，还是生产总值，都远比唐代进步。而农业和手工业的发展，又直接刺激了城市商品经济的发展与繁荣，出现了像东京（开封）、成都、杭州、广州等一大批著名的都市。尤其是当时的首都东京，"八方争凑，万国咸通。集四海之珍奇，皆归市易；会寰区之异味，悉在庖厨"②。大街小巷店铺林立，交易货卖继之以夜。

与城市商品经济的繁荣结伴而来的，便是城市人口的剧增，可谓"添数十万众不加多，减之不觉少"。开封在唐时称汴州，以玄宗天宝年间的人口为最盛，"领县六个，有户十万九千八百七十六，口五十七万七千五百七十"③。至宋太宗时，仅开封府所属的东京人口即号称百万④。在这个庞大的都市人口当中，仅官营手工作坊的工匠就有八万多人，另有军队数十万人，僧尼道士女冠三万人，巫卜万人，商人两万户，妓女万家，以及大量的官府吏卒和其他城市游民。这就形成一个在帝室、贵族、官僚地主和富商巨贾之外的，以手工业工人、店员、小商贩、小手工业主、小吏、差役、兵士、妓女、僧道乃至乞丐等为主体的结构庞杂的市民阶层。这个阶层很快成为一种比较成熟的社会力量。这种力量集中体现在

---

① 《宋史·食货》，中华书局，1977 年版。
② 孟元老：《东京梦华录》，上海古典文学出版社，1956 年版。
③ 《旧唐书·地理志》，中华书局，1975 年版。
④ 《续资治通鉴长编》卷三十二，古籍出版社，1957 年版。

反对统治阶级的剥削与欺侮的政治斗争方面。例如：宋太祖开宝七年，东京的工商业者因为物价问题，展开了一场反对官府勒索与诬陷的斗争，"廛市之间，列肆尽闭"①。一场声势浩大的罢市活动惊动了朝庭，以至赵匡胤不得不亲自过问此事。广大市民在经营买卖方面要求摆脱封建束缚的斗争，表明他们已经形成自己比较独立的意志和追求。这种意志和追求体现在文化生活方面，便是以他们为主体的勾栏瓦肆文艺的蓬勃兴起。

终北宋一世，东京开封的市民文化娱乐场所非常之多。据孟元老《东京梦华录》载：东角楼"街南桑家瓦子，近北则中瓦，次里瓦，其中大小勾栏五十余座。中瓦子莲花棚、牡丹棚，里瓦子夜叉棚、象棚最大，可容数千人。"这些勾栏瓦肆里表演的伎艺节目相当丰富，有新声、小唱、嘌唱、般杂剧、讲史、小说、诸宫调、说三分等二十多种。尤其是新声，这一融中原本土音乐与西域胡乐之精华的市井流行音乐，对当时的歌词作者影响甚巨。我们不妨看看柳永本人的描述和感受："是处楼台，朱门院落，弦管新声腾沸"②；"风暖繁弦声脆，万家竞奏新声"③。可知这是一个多么繁富、多么神奇的音乐世界，而作为词人兼音乐家的柳永，竟是如此地为之流连忘返，心动神摇："坐久觉，疏弦脆管，时换新声"④。清人宋翔凤《乐府余论》指出："词自南唐以后，但有小令。其慢词盖起宋仁宗朝。中原息兵，汴京繁庶，歌台舞席，竞赌新声。耆卿失意无俚，流连坊曲，遂尽收俚俗言语，编入词中，以便伎人传习。一时动听，散布四方。"这段话，正好为柳永在歌词创作方面的成功勾勒出了一幅清晰的音乐文化背景。

这类勾栏瓦肆艺术一方面成为宋时各种通俗艺术（词、诸宫调、杂剧、小说）的策源地，一方面也为文学艺术家们的创作实践提供了全新的参照。当时许多画家脱离旧的以宗教内容为题材的窠臼，以绚丽多彩的画笔图写东京的市井风

---

① 《宋会要辑稿·食货》，中华书局影印本。
② 柳永：《长寿乐》，《全宋词》第一册，中华书局，1965 年版。
③ 柳永：《木兰花慢》，同上。
④ 柳永：《夏云峰》，同上。

俗。例如：著名画家燕文贵在太宗时"尝画《七夕夜市图》，状其浩穰之所，至为精备"①；另一位著名画家高元亨亦工于"京城市肆车马"，尝有"角觝、夜市等图传入世"②。多姿多彩的市井生活同样感召着词人。例如：宋初词人潘阆就描写过杭州市民的弄潮与观潮③，与柳永同时的词人张先也描写过吴兴市民的踏青与竞渡④。遗憾的是，这样的生活镜头在他们的全部作品中还只是吉光片羽，为数既少，画面亦不完整。更主要的是，他们的创作思想和审美情趣还没有完成根本的转变。他们仍然恪守着上流社会温柔敦厚、怨而不怒、哀而不伤的美学原则，仍然和婉，仍然典雅，仍然庄重，仍然雍容。他们大多数时候还是在自己的歌筵舞席、风亭月榭兜圈子，还在诗酒风流，还在无病呻吟，还在陈陈相因。就连词的基本体式，也还是谨守着西蜀、南唐以来的规矩，百分之八九十的作品都是小令。张先如此，晏殊更是如此。他们都还蛰居在一个相当封闭的艺术体系当中。只有柳永是一个例外。柳永第一次真实地多角度地图写了都市的繁华景象、节序风光和市井人物的晏安游乐，第一次深刻地生动地描写了以歌妓为代表的市民阶层的生活、情绪和命运，第一次不带偏见地满怀热情地讴歌了市民群众的价值观念、审美情趣和生活理想，从而既赢得了市民群众由衷的爱戴和尊敬，所谓"自成一体，不知书者尤好之"⑤，也因而形成了自己独特的艺术个性和全新的审美风格，成全了自己的艺术功业。

别林斯基曾说："一个时代的历史和社会精神可以把一个行动着的人的天赋能力激发到它最大的限度，也可以削弱和麻痹它，使诗人的成就比可能做到的更小。"⑥"一个时代的历史和社会精神"，亦即我们通常所说的时代条件，对于一个人的成功来讲是非常重要的因素，但不是唯一的因素。如何有效地利用时代条

---

① 《古今图书集成·艺术典·画部名流列传》，中华书局影印本。
② 《古今图书集成·艺术典·画部名流列传》，中华书局影印本。
③ 潘阆：《酒泉子》十首，《全宋词》第一册，中华书局，1965年版。
④ 张先：《木兰花·乙卯吴兴寒食》，《全宋词》第一册，中华书局，1965年版。
⑤ 王灼：《碧鸡漫志》卷二，《词话丛编》第一册，中华书局，1986年版。
⑥ 《别林斯基论文学》，上海新文艺出版社，1958年版。

件，顺应时代的潮流，反映时代的需要，从而实现自身的价值，却有待于每个人的天赋、机遇和努力。人才与一般人的差距就在这里。北宋太宗、真宗、仁宗时期都市生活的繁荣，市民文化的活跃，为当时所有的词人在艺术上的创新提供了很好的条件和气候，但是晏殊、张先诸人却恪守着传统，重复着前人，而柳永却因此完成了自己的艺术嬗变，促成了北宋词坛的第一次重大变革。个中原因，便只有从他个人方面来寻求了。

三、"忍把浮名，换了浅斟低唱"
——柳永成功的个人原因

柳永出生于一个典型的奉儒守官之家，父辈七人中，就有六人是进士。柳永幼时非常勤奋，每夜必燃烛苦读。柳永尝著《劝学文》曰："父母养其子而不教，是不爱其子也；虽教而不严，是亦不爱其子也；父母教而不学，是子不爱其身也；虽学而不勤，是亦不爱其身也。是故养子必教，教则必严；严则必勤，勤则必成。学，则庶人之子为公卿；不学，则公卿之子为庶人。"怀着这种"为公卿"的抱负，20岁左右时，柳永赴京师开封参加了第一次进士考试。出乎他的意料，这次考试失败了。《鹤冲天》这首词，就是这次失败的真实纪录。"黄金榜上，偶失龙头望。""偶"，就是偶然，出乎意料之外，超出一般的规律。行为科学讲，挫折是当事人的一种主观感受。一个人是否觉得受挫折，以及这种挫折对当事人的打击是轻是重，既与他的抱负水准（即对成功所定的标准）有关，又与他的知觉判断（即对挫折有无预料）有关。在此之前，柳永一直自视很高，以才学自负，以"龙头"自期，谓功名可立就，似乎根本就没有想过失败二字。所以一旦名落孙山，他的心理便发生严重的倾斜，表现在行为上，便是格外地沉不住气，歌呼叫骂，惊世骇俗。以"白衣卿相"抗礼皇帝的左肱右股犹不足以舒其怨愤，还要公然表示去"烟花巷陌""浅斟低唱"。作贱功名，菲薄卿相，亵渎礼法，这就捅了马蜂窝了。这种反抗虽然吐得一时之怨气，却为他下一次的名落孙山埋下了直接的祸根。宋人吴曾的《能改斋漫录》一书记载："仁宗留意儒雅，务本向道，深斥浮艳虚华之文。初，进士柳三变好为淫冶讴歌之曲，传播四方。尝有《鹤冲天》词云：'忍把浮名，换了浅斟低唱。'及临轩放榜，特落之，曰：'且去浅斟低唱，何要浮名？'"类似这样的挫折还先后出现过多次。直到仁宗景祐元年（1034），柳永才中了张唐卿榜的进士。而这个时候的他，已经是50岁左右的人了。

似乎没有必要具体罗列柳永一次又一次的挫折和失败。值得我们注意的是，一次又一次地遭遇挫折和失败之后的柳永，究竟在做些什么呢？宋人胡仔的《苕溪渔隐丛话》引严有冀《艺苑雌黄》云："柳三变……喜作小词，然薄于操行。当时有荐其才者，上曰：'得非填词柳三变乎？'曰'然'。上曰：'且去填词。'由是不得志，日与猱子纵游娼馆酒楼间，无复检约。自称云：'奉圣旨填词柳三变'。"

类似这样的记载还有不少。这就表明：柳永在多次遭受上流社会的轻侮和排斥，走投无路之际，只好带着一颗受伤的心，再次来到娼馆酒楼的歌妓们中间，为她们写歌词，同她们交朋友，以求得心灵的慰籍和平衡。联系当时的社会风气，这种行为本来是可以理解的，然而历来对柳永的误解也往往集中在这里。所谓"薄于操行"也好，"无复检约"也好，大抵都是因此而发。事实上，这个时候的柳永，是以一个不得志的清寒读书人的身份来到歌妓中间的，既不同于那些"春风得意"的青年士子的追欢买笑，更不同于那些"目中有妓而心中无妓"的达官贵人的诗酒风流。他带着一副悲悯的情怀，重新体验、重新审视这个人间地狱的一切。不仅看到了歌妓们美丽绰约的风姿，发现了她们出色的才华与善良的心地，更深切地体察了她们悲惨的哭泣与热切的梦想。他写下了许多闪现着人道主义光芒的歌妓词，既揭示了歌妓们的不幸命运，又为她们发出了自由的呼喊。他的重要艺术实践就是在这里完成的。宋人叶梦得《避暑录话》一书载："柳永，字耆卿。为举子时，多游狭斜，善为歌辞。教坊乐工每得新腔，必求永为辞，始行于世。于是声传一时。"正是这种既充满着坎坷，又带着许多传奇色彩的生活经历与艺术实践，使他在很大程度上摒弃了他所出身的那个阶级的许多偏见，接受了市民意识的熏陶和市民艺术的洗礼。他真实地再现都市市民的生活情景，深刻地描写风尘中的种种悲欢，不加掩饰地表达自己对歌妓们的同情、欣赏和爱恋，这就在很大程度上拓展了宋词的题材领域，扩大了宋词的社会基础，提升了宋词的人文品格。为了适应歌妓们的演唱需要和普通市民的审美情趣，柳永大量使用"不知书者尤好之"的市民语言，大量创作慢词慢曲，所谓"失意无俚，流连坊曲，遂尽收俚俗言语，编入词中，以便伎人传习。一时动听，散布四方"①。这就为当时陈陈相因的宋词语汇引来了一股活水，也使得发轫于唐代民间、此后则岑寂了一百多年的慢词重新获得新的生命。柳永因此成为北宋词坛的语言大师、音乐大师和慢词鼻祖。从这个意义上讲，柳永对宋词的一系列创造性的贡献，既是统治阶层不断排斥的结果，也是以歌妓为代表的市民社会热忱接纳的结果。

上流社会的排斥与打击，下层市民的接纳与支持，使他自觉地走上了一条与歌妓乐工合作的全新的艺术道路。这条道路成全了他前半生的艺术事业。如果说，柳永在50岁左右考中进士之后，能够像大多数的获得功名的人那样，真正地飞黄腾达起来，驷马高车，养尊处优，那么，他的艺术追求也许就会就此止步，不可能最后登上时代的制高点了。是做大官，还是做大词人？不管他的主观愿望如何，命运还是为他选择了后者。以后的事实是：他虽然取得了"功名"，但最终不过从六品（屯田员外郎）；虽然吃上了官俸，但依然宦囊羞涩。乃至后来死在润州（今江苏镇江）的一间驿站时，身上竟分文不名，无钱安葬，无地安葬，灵枢被扔在当地的一间寺庙里达20年之久②。这就是他中进士之后的官宦生涯。然而为了这个"蜗角功名"和"蝇头微利"，他年复一年地舟车劳顿，书剑飘零，不知付出了多少沉重的代价，洒下了多少思亲的泪水。

一切幸运都并非没有烦恼，而一切厄运也绝非没有希望。命运残酷地折磨了

---

① 宋翔凤：《乐府余论》，文渊阁《词话丛编》本。

② 叶梦得：《避暑录话》卷下，文渊阁《四库全书》本。

官场上的柳永，同时却慷慨地成全了词坛上的柳永。也就是在他蹀躞于衰柳枯杨的长安古道、风雨潇潇的旅店驿楼的时候，他迎来了自己艺术生涯的第二个黄金时期。苍茫博大的自然景观，深沉悲凉的人生感慨，被熔铸成一篇又一篇羁旅行役词的杰作。《雨霖铃》、《八声甘州》、《戚氏》等一系列千古不朽的慢词就这样诞生了。大自然赋予他的卓越才华，连同统治阶级强加给他的沉重不幸，为他浇铸了一座艺术的丰碑。

四、"变化多方"及其他
——柳永的创新意识与进取型道德

应该感谢那个值得缅怀又必须诅咒的时代，既为柳永在艺术上的成功提供了一个适宜的环境和氛围，又在政治上残酷地粉碎了他从小就编织的"为公卿"的梦想，使他在肮脏而险恶的官场上吃尽苦头，转而沿着一条艰辛的小路顽强地登上了艺术的高地。

更应该感谢包罗一切、创造一切的大自然，为人类孕育了这样一位敏捷、智慧、富于创新精神的天才人物。这一点，是我们考察柳永成功的诸多因素时尤其不能忽视的。

据宋人杨湜《古今词话》一书载："无名氏《眉峰碧》词云：'蹙损眉峰碧。纤手还重执。镇日相看未足时，忍便使鸳鸯只？薄暮投孤驿。风雨愁通夕。窗外芭蕉窗里人，分明叶上心头滴。'真州柳永少读书时，遂以此词题壁，后悟作词章法。一妓向人道之。永曰：'某于此亦颇变化多方也。'然遂成'屯田蹊径'。"从作品的情意内涵、语言和句式方面看，这首词十有八九是一首民间词。少年时的柳永能具此慧眼和勇气，把这样一首儒家经典之外的原不能登大雅之堂的民间歌词题写在壁，朝夕讽诵，这已经高出那些保守、封闭的贵族词人许多了，更何况他还能再进一步，于此而"变化多方"，可见他那开放型的个性心理在少年时代就形成了。这种开放型的个性心理与那种集中体现在《鹤冲天》等作品中的批判精神相结合，形成对于一个真正的艺术家来讲不可或缺的创新意识和进取型道德的形成，为他在艺术上的最后成功奠定了情商方面的大前提。

　　如果没有这种创新意识和进取型道德，他就会在生机勃勃的市民文艺面前无动于衷，满足于做一个封闭、保守、陈陈相因的小词人，谨小慎微，瞻前顾后，不敢越雷池半步；他就会在一个接一个的灾难面前委靡不振，形同槁木，像市俗所误解的那样，在花街柳巷醉生梦死，破罐子破摔。不！柳永之所以终于是柳永，就在于他既敏捷地抓住了时代提供的良机，又顽强地扼住了命运的咽喉，把悲剧的苦汁化作创造的甘泉。创新、进取、坚韧不拔，这就是作为杰出词人和艺术家的柳永留给我们的既深刻又简明的人生启示。

1987 年 4 月 26 日于武汉

李清照成才原因面面观

李清照（1084—1155？）是北宋末南宋初的著名词人，也是中国文学史上最富于独创性的天才女作家。李清照卓越的文学成就早为世所钦仰，尤其受到天下知识女性的倾心膜拜。值得我们注意的是，在那个扼杀了千千万万个天才女性的封建社会里，李清照何以能够突破封建大石的沉重压迫，脱颖而出，并且卓然成家？李清照成才的主要原因是什么？弄清这个问题，不仅可以了解古代少数女性文学天才成长的某些规律，对于我们今天的文学人才的培养也不无裨益。

一、"上之所尚在是也"
——李清照成才的时代原因

李清照是在封建大石的缝隙里长出的一棵灵芝。就一般情况而言，以男性为中心的封建社会不可能为任何女性天才的成长提供相应的土壤，但是，它在某个历史时期所形成的特定文化背景，却在客观上为个别女性文学天才的成长准备了舞台。李清照所处的宋王朝就是这样。从政治上来看，它比以往的多数封建王朝都要专制，不唯知识分子，就是皇帝的左右肱股都要受到前所罕见的钳制。在意识形态方面，宋王朝力图建立一套以儒教为中心、儒释道三教互补的新的思想体系，非常注重封建礼乐的建树。而在李清照的时代，统治中国近一千年的程朱理学已初步形成。这样，在唐代尚且能够做皇帝、做钦差大臣的女性，在宋代就全然丧失了政治上的出头之日。但是偏偏在专制的宋朝，出现了李清照和朱淑贞这样的天才女作家，其成就远在唐代的薛涛和鱼玄机之上，这个现象就耐人寻味了。

事物常常走向它的反面。宋代最高统治者旨在专制，但是为了达到专制的目的，又必须对那些曾经鞍前马后的大臣施以笼络。史家常讲的"杯酒释兵权"就透露了许多消息。在政治上剥夺大臣的权力，在生活上则给予尽可能多的甜头。既然皇帝亲口许诺，大臣们可以"多积歌儿舞女以终天年"，于是每个贵族之家都是丝竹之声不绝于耳，轻歌曼舞，灯红酒绿。武将附庸风雅，文臣更加飘飘然，朝野上下享乐之风弥漫。是否可以这样立论？诗起源于劳动，起源于劳动号子的"哼唷哼唷"？词则起源于享乐，起源于茶余酒后的缓歌慢舞？本来，城市经济的繁荣，市民阶层的兴起，胡夷里巷之曲的盛行，为歌词艺术的鼎盛准备了社会条件，而统治阶级的耽于声色，则为这种鼎盛的到来开放了绿灯。文学的繁荣，尤其是中国文学的繁荣，必须首先得到统治者的认可与提倡。《宣和遗事》载有这么一段故事："宣和间，上元张灯，许士女纵观，各赐酒一杯。一女窃所饮金杯，卫士见之，押至御前。女诵《鹧鸪天》词云：'月满蓬壶灿烂灯，与郎携手至端门。贪观鹤阵笙歌举，不觉鸳鸯失却群。天渐晓，感皇恩。传宣赐酒饮杯巡。归家惟恐翁姑责，窃取金杯作照凭。'道君大喜，遂以杯赐之，令卫士送归。"① 请注意，这个窃杯女子是一个以金杯为稀罕之物因而忍不住顺手牵羊的普通妇女，之所以得到皇帝的恩赐，不在于她善于狡黠地为自己开脱罪责，而在于她能够以歌词的形式在皇帝面前一逞才情。歌词是当时最时髦的文学形式。徽宗皇帝的一喜一赐，表明了统治者的文化政策：普通妇女同样可以填词，词填得漂亮，同样可以得到国家级的奖励。这个时候，李清照至少是 35 岁了。从这个意义上讲，她可谓适逢其时。清人周铭指出："词虽发源于隋唐，而体格详明，声调修整，至宋始备。一时学士大夫，不独以为摹写性灵之资，而且以为润色庙廊之具。以至闺阁之中，其谐音谐律，如抗如坠，彬彬大雅。如此，由上

---

① 《宣和遗事》上，引自徐釚《词苑丛谈》卷七，上海古籍出版社，1981 年版，第 152 页。

之所尚在是也。"① 有宋一代，无论帝王将相，还是才子佳人，作曲填词都属于合法的艺术活动，这就让那些才华卓特，而囿于封建礼教的束缚不能一展宏图的大家闺秀和小家碧玉找到了一个才情的突破口。

纵观李清照的全部诗文词，可知这个人具有经邦济世的头脑。那些卖国求荣、偏安一隅的平庸君臣，那些生不能做人杰、死不能为鬼雄的须眉浊物，她是压根儿看不上眼的。但是专制社会规定了她只能蛰居于闺阁之内，封建礼教的大石沉重地压住了她。只是这块大石并非钢铸铁浇。上流社会的享乐及其对歌词艺术的提倡，使得这块大石裂开了一道小小的缝隙。李清照这棵艺苑灵芝，就在这道缝隙里悄悄地萌芽。

二、"夫妇擅朋友之胜"
——李清照成才的家庭原因

李清照是一个文学艺术方面的全才。在诗、词、散文、骈文、绘画诸方面都有突出的成就，并且工于金石鉴赏。这些才能的获得，首先得力于她从小就受到良好的、非一般人所能企及的家庭教育。

她的家庭一直充满着浓郁的艺术气氛。她的父亲李格非是神宗熙宁九年的进士，哲宗时官至礼部员外郎，提点东京刑狱。家中藏书极富，又是当时著名的散文家，曾以文章受知于大文豪苏轼，脍炙人口的《洛阳名园记》就是他的传世之作。刘克庄云："李格非，字文叔，济南人。诗文四十五卷。文高雅条鬯有义味，在晁（补之）秦（观）之上……与苏门诸人尤厚。"② 《宋史》本传更称其"苦心工于词章，陵轹直前，无难易可否，笔力不少滞。尝言：'文不可以苟作，

---

① 周铭：《林下词选·凡例》，褚斌杰等：《李清照资料汇编》，中华书局，1984 年版，第 90 页。

② 刘克庄：《后村先生大全·诗话》卷一七九，褚斌杰等：《李清照资料汇编》，中华书局，1984 年版，第 20 页。

诚不著焉，则不能工'。"① 可见这个人不仅学力深厚，才华超群，而且创作态度非常严肃，文艺思想相当进步。李清照的母亲也有着深厚的艺术修养，她是状元王拱辰的孙女，出生于名门，读书很多，"亦善文"（《宋史·李格非传》）。出生在这样一个父母皆善文章的书香门第，李清照从小即受到比较系统、扎实的家庭教育和艺术训练，"幼有才藻"，自是情理之中的事。

良好的家庭教育，对人才兴趣的培养关系极大。尤其是家庭教育的实施者在某个专业方面的深厚造诣，对人才兴趣的培养具有指向性的意义。人才的成功与否，首先在于对自己事业的兴趣如何。日本著名教育家木村久一指出："天才人物指的就是有毅力的人，勤奋的人，入迷的人和忘我的人。但是，千万不要忘记，毅力、勤奋、入迷和忘我的出发点实际上在于兴趣。有了强烈的兴趣，自然会入迷，入了迷自然会勤奋，有毅力，最终达到忘我。因此，我特别想说的是，天才就是强烈的兴趣和顽强的入迷。"② 家庭的文化艺术环境对人才的影响表现为两个方面：一是兴趣的培养，长辈热衷于文化艺术事业，孩子便在有形无形之中受到耳濡目染；二是能力的训练，包括艺术观察、艺术思维与艺术技巧方面的训练。李清照的"幼有才藻"，正是这两种影响的综合效应。

人才的成功在竞争中实现。李清照一直处于闺阁之内，不曾参加过任何诗社或其他艺术团体，也很少同别人唱和应对。她似乎缺少一个相应的竞争环境。不过，幸运得很，命运给她安排了一个出色的丈夫。她18岁时嫁给当时的太学生赵明诚。赵明诚的父亲赵挺之亦曾举进士，徽宗时官至尚书右仆射（宰相）。赵明诚也受过良好的教育，"读书赡博，藏书万卷"③，工于诗文，又是著名的金石学家，有《金石录》三十卷传世。朱熹称其"文笔最高，《金石录》煞做得好。"④ 他们夫妇之间感情诚笃，旨趣相投。除了一道收集金石书画，切磋学问，

①　《宋史》卷四四四《李格非传》，中华书局，1977年版。

②　木村久一：《早期教育和天才》，河北人民出版社，1998年版。

③　翟耆年：《籀史》卷上，褚斌杰等：《李清照资料汇编》，第25页。

④　朱熹：《朱子语类》卷一三〇，同上，第12页。

还有经常性的诗词唱和。洪迈云："东武赵明诚德甫……其妻易安李居士，平生与之同志。"① 明代学者江之淮更叹道："自古夫妇擅朋友之胜，从来未有如李易安与赵德甫者，佳人才子，千古绝唱。"② 他们之间不唯志同道合，而且经常展开竞赛。这就唤醒了双方的潜能，激发了双方的灵感。有这样几段记载，读来令人解颐，发人深省。赵明诚《白居易书〈楞严经〉跋》载："夏首后相经过，遂出乐天所书《楞严经》相示。因上马疾驱归，与细君共赏，时已二鼓下矣。酒渴甚，烹小龙团，相对展玩，狂喜不支。两见烛跋，犹不欲寐，便下笔为之记。"③ 李清照在《金石录后序》中的有关记载，正好与赵明诚所言互证。如：德甫在太学，"每朔望谒告出，质衣取半千钱，步入相国寺，市碑文果实归，相对展玩咀嚼，自谓葛天氏之民也"。后屏居乡里十年，"每获一书，即共同校勘，整集，签题。得书画、彝鼎，亦摩玩舒卷，指摘疵病，夜尽一烛为率"。"每饭罢，坐归来堂烹茶，指堆积书史，言某事在某书某卷第几页第几行，以中否角胜负，为饮茶先后，中即举杯大笑，至茶倾覆怀中，反不得饮而起。甘心老是乡矣，故虽处忧患困穷而志不屈"。④ 而最富于竞争意味的则是他们之间的诗词唱和。周辉《清波杂志》载："顷见易安族人，言明诚在建康日，易安每值天大雪，即顶笠披蓑，循城远览以寻诗，得句必邀其夫赓和，明诚每苦之也。"⑤ 论诗才，明诚确实要逊色一些，但是并不肯甘拜下风。伊世珍《琅嬛记》载："易安以《重阳·醉花阴》词函致明诚，明诚叹赏，自愧弗逮，务欲胜之。一切谢客，忘食忘寝者三日夜，得五十阕，杂易安作，以示友人陆德夫。德夫玩之再三，曰：'只三句绝佳'。明诚诘之。曰：'莫道不销魂，帘卷西风，人比黄花

① 洪迈：《容斋随笔》卷五，同上，第9页。
② 《古今女史》卷一，同上，第56页。
③ 缪荃孙：《云自在龛随笔》卷二，褚斌杰等：《李清照资料汇编》，第2页。
④ 李清照：《金石录后序》，黄墨谷：《重辑李清照集》，齐鲁书社，1981年版，第132～133页。
⑤ 周辉：《清波杂志》卷八，褚斌杰等：《李清照资料汇编》，第11页。

瘦'。政易安作也。"①

由这几段记载我们可以概括出这样几个结论或者观点。第一，李清照虽处闺阁之内，谈不上有什么社交活动，谈不上有什么社会性的竞争环境，但是，她的丈夫实在是一个大致上与她势均力敌的竞争对手。这对于充分发挥李清照的创造潜力关系极大。第二，人才的成功离不开竞争。这种竞争既可以在社会成员（同学、同事、同行、师徒）之间展开，也可以在家庭成员（兄弟、父子、夫妇）之间展开。第三，竞争包括良性竞争与恶性竞争。良性竞争是以积极的方式（学习、模仿、师其所长而避其所短等等）力争赶上并超越对方，恶性竞争则是以消极的方式（中伤、打击、设置障碍、剽窃霸占其成果等等）竭力把对方踩下去。良性竞争不仅可以获得事业的成功，而且于身心健康大为有益。赵明诚李清照夫妇之间的竞争就是一种堪称楷模的良性竞争。中国妇女的绝大多数之所以在事业上难以有成，一半原因就在于夫妇之间大抵处于一种恶性竞争状态，无论在社会成就还是在社会声誉方面，丈夫一般不容许妻子超过自己。

人才的成长与成功离不开一定的物质条件。物质条件包括两个方面：一为维持生命所必需的物质条件，一为创造成果所必需的物质条件。李清照始为大家闺秀，家庭十分富有。后来又嫁给宰相之子，为郡守夫人。中国大多数妇女的劳苦困窘，她的前半生是没有经受过的。设使她一年到头忙于耕织，忙于浆洗缝补，烧火煮饭，为生计问题而夙兴夜寐，则再杰出的天才也会被一连串的琐碎和辛苦所扼杀。至于供她研究与创作之用的金石书画之丰富，则更非一般知识分子所能奢望。据她自己在《金石录后序》中介绍，"建炎丁未春三月"，夫妇俩"奔太夫人丧南来"，因携带不便，在"去书之重大印本者"、"画之多幅者"、"古器之无款识者"及"书之监本者"、"画之平常者"和"器之重大者"之后，还有"书十五车"。同年十二月，金人陷青州，他们存在"青州故第"的"书册什物"，一次被焚烧的就有"十余间"屋子之多。而早先，当"丞相（挺之）居政

① 伊世珍：《琅嬛记》卷中引《外传》，褚斌杰等：《李清照资料汇编》，第28页。

府，亲戚或在馆阁"之时，她所"尽力传写"过的"亡诗逸史，鲁壁汲冢所未见之书"，那就更是不计其数了。

三、"忧患得失，何其多也"
——李清照后半生的不幸遭遇

李清照的前半生是幸运的。衣食无忧的物质生活与丰富多彩的精神生活，为她的成长和成功安排了一个顺境。在这个极为难得的顺境里，她和丈夫一起，完成了一部学术价值极高的金石学专著——《金石录》，独立写下了中国文学批评史上第一篇词学专论——《词论》，创作了不少清新柔美的诗词佳作。但是，命运并没有过多地眷顾她，最终还是厚其才而啬其遇。她的后半生非常悲惨。宋钦宗靖康二年（1127），金兵南下，北宋灭亡。南渡后的第三年，即宋高宗建炎三年（1129），赵明诚病逝于建康（今南京）。李清照从此"飘流遂与流人伍"，开始了她那艰难而孤独的后半生，先是从池阳奔赴建康，后来又奔台州；又"之嵊"，"走黄岩"，奔"章安"；又"之温"，"之越"。建炎四年（1130）十二月"之衢"。绍兴元年（1131）春三月"复赴越"。绍兴二年（1132）"赴杭"。[①] 国破、家亡、夫死、文物丧失，只身漂泊，种种不幸一起扣在她的头上。如果李清照早年没有那样的幸运，那么，当灾难一个一个地接踵而至的时候，她就不会有如此剧烈的悲痛，因为无所得便无所失。然而，生活是极为残酷地捉弄了她，把她从幸福的高地扔向苦难的深谷。早先的"赌书泼茶"变为晚年的"物是人非事事休，欲语泪先流"；早先的"顶笠披蓑，循城远览以寻诗"变为晚年的"寻寻觅觅，冷冷清清，凄凄惨惨戚戚"。她成了一个形影相吊的寡妇。

李清照的成才体现了"诗穷而后工"这个文学艺术的普遍规律。欧阳修曾说："予闻世谓诗人少达而多穷。夫岂然哉！盖世所传诗者，多出于古穷人之辞

---

① 李清照：《金石录后序》，黄墨谷：《重辑李清照集》，第 135～136 页。

也……盖愈穷则愈工。然则非诗之能穷人，殆穷者而后工也。"① 生活残酷地折磨了作为贵族妇女的李清照，同时也成全了作为优秀词人的李清照。李清照的最后成功，与她晚年的不幸关系极大。换句话说，早年的顺境，只能培养出一个有学问、有一定写作能力的李清照，而不可能培养出一个可歌可泣、光照千古的李清照。一个人的成长与成功，如果没有相应的物质生活条件和文化教育环境，只能把先天带来的那么一点点聪明用在日常生计上头，而不可能对高层次的创造活动产生兴趣。另一方面，一个人如果不经过生活的磨练，则很难从本质意义上认识人生与世界，树立为人类而创造的雄心壮志，培养坚强不屈的意志力。从兴趣的培养来讲，顺境显得十分重要；从意志的锤炼来讲，逆境似乎不可或缺。这应该是人才成功的一条基本规律，不管你在主观上是否乐意接受。不幸是一所最好的大学。裴多菲曾经这样告诫匈牙利诗人 B·S 的夫人："听说你使你的丈夫很幸福，我希望不至于此。因为他是苦恼的夜莺，而今沉默在幸福里了。苛待他罢，使他因此常常唱出甜美的歌来。"② 不幸的作家，其思想总要深刻得多。写苦难便是真正的苦难，写幸福则使人认识到幸福的真正价值即在于战胜苦难。从某种意义上讲，文学创作是一种心理补偿。歌德说："女诗人之所以成了诗人，有些是由于在爱情上不如意，于是想在精神方面找到弥补。"③ 李清照后来所失去的，又何止爱情一端？

对于这种得与失的辩证法，李清照本人是十分清楚的。她在《金石录后序》的结尾写道："呜呼！余自少陆机作赋之二年，至过蘧瑗知非之两岁，三十四年之间，忧患得失，何其多也！然有有必有无，有聚必有散，乃理之常。人亡弓，人得之，又胡足道！"国破家亡之后的李清照只有把精神寄托于词的创作，可谓"生际乱离，去国怀土，天涯迟暮，感慨无聊，既随事以行文，亦因文以见志。"

---

① 欧阳修：《梅圣俞诗集序》，《欧阳文忠公文集》卷四二，《四部丛刊》本。
② 引自《人才学文集》，江苏科学技术出版社，1981 年版。
③ 爱克曼：《歌德谈话录》，朱光潜译，人民文学出版社，2000 年版。

诚然，早期的李清照写过不少歌词，但是，应当指出，这些歌词，包括比较出色的《醉花阴》和《凤凰台上忆吹箫》，虽然感情真挚，语言清新，但毕竟限于相思怨别一类。只有国破家亡之后的创作，才真正称得上震撼人心，具备较高层次的社会人生意义与低回掩饰的悲剧美。

四、"进取"与"叛逆"
——李清照的个性心理品质

我们以上的分析还只是局限在人才成功的外在因素方面。实际上，人才的成长与成功同时也受到多种内在因素的制约和影响。内在因素的核心是人才的个性心理品质。李清照的个性心理品质属于进取型与叛逆型。

人才学上有一个重要概念，叫做"创造性来潮"。人才由于饱学多年，血气方刚，既了解前人的成就，又容易发现前人的不足，于是在心理上产生一种激情和冲动，一种创造的欲望，同时又具备完成创造的能力。这种精神现象就是"创造性来潮"。[①]"创造性来潮"的前兆是创新意识的萌发，没有创新意识的人，不会有"创造性来潮"。李清照的"创造性来潮"最早出现在政和年间，时年30岁左右，其重要标志之一就是《词论》的写作。[②]《词论》是中国文学批评史上第一篇系统的词学论文，对词的历史与现状作了较全面的总结，对她之前的诸多名家的创作失误提出了尖锐的批评，首创词"别是一家"说，呼吁尊重词本身的特点和规律。辞锋锐利，议论不少借。面对前代和当代的大批名公巨子，略无摧眉俯首之态，充分地体现了她的叛逆型、进取型的个性心理品质。

姑且不论这些意见是否全都公允，首先令人震惊的是作为批评者的勇气。南唐冯延巳、李煜、北宋柳永、张先、晏殊、欧阳修、苏轼、王安石、曾巩、黄庭

---

① 雷祯孝：《人才学概论》，载《人才学文集》，江苏科学技术出版社，1981年版，第25～26页。

② 参见胡仔：《苕溪渔隐丛话》前集卷六十，夏承焘：《评李清照的〈词论〉》，后者载《光明日报》，1959年5月24日。

坚、秦观诸人，既是她的前辈，又是世所公认的大家与名家。这样略无顾忌地批评他们的创作，在李清照之前还没有一人。陈师道虽然批评过柳永的"骫骳从俗"和苏轼的"不谐音律"，但那口气要温和得多。所以这篇《词论》问世后，曾经遭到胡仔等人的强烈指责："易安历评诸公歌词，皆摘其短，无一免者……其意盖自谓能擅其长，以乐府名家者。"① 清人裴畅更谓"易安自恃其才，藐视一切，语本不足存。第以一妇人能开此大口，其妄不待言，其狂亦不可及也。"②其实，正如孔夫子所言："狂者进取，狷者有所不为也。"③ 李清照确实有"以乐府名家"的意思，然而这正是一种"进取型道德"，正是一个创造性人才最可宝贵的基本素质。1979 年诺贝尔物理学奖获得者温伯格说得好："科学家很重要的一个因素是'进攻性'，不是人与人关系中的'进攻性'，而是对自然的'进攻性'。不要安于接受书本上给你的答案，要去尝试下一步，尝试发现有什么与书本不同的东西。"④ 李清照对歌词创作的历史与现状不满意，对当时流行的词学观点不以为然，急于张扬并贯彻自己"词别是一家"的主张，要求协乐，要求典重，要求醇雅，要求浑融，实际上就是一种创新意识的萌发，就是"创造性来潮"的前奏。这种"创造性来潮"是以对前贤的批评和对流行的词学观点的纠偏为表征的。就人才本身的成长而言，重要的不在于他（她）的批评和怀疑是否都有充足的科学根据，而在于他（她）是否具备这种批评和怀疑的个性心理品质。要知道，世界上一次也不来潮的大有人在，其根本原因就在于这些人从来就没有怀疑的意识和叛逆的精神。在他们看来，一切存在都是合理的，一切既行观念都是牢不可破的，他们的使命只在承认，只在接受，只在重复。

何况李清照的意见并非狂妄无识。她认为江南李氏君臣的"哀以思"，认为柳永的"词语尘下"，认为苏轼等人的"不协音律"，认为晏几道的"苦无铺

---

① 胡仔：《苕溪渔隐丛话》后集卷三三，褚斌杰等：《李清照资料汇编》，第 6 页。
② 冯金伯：《词苑萃编》卷二，褚斌杰等：《李清照资料汇编》，第 88 页。
③ 《论语·子路》，杨伯峻：《论语译注》，中华书局，980 年版，第 141 页。
④ 转引自《科技导报》1981 年创刊号。

叙"，认为黄庭坚的"多疵病"，等等，都有充分的事实根据。李氏君臣生当末世，或俯仰身世而所怀万端，或眷念故国而情不能已，所作歌词正表现了一种无可奈何的悲伤感。柳永所遵循的是一条与歌妓乐工合作的创作道路，从题材到语言到表情方式，都比较充分地体现了新兴市民的审美情趣，其"词语尘下"是客观事实。至于对阳春白雪和下里巴人这两种不同的美学风格作何评价，那就因人而异、因时而异了。苏轼的部分作品确实"不谐音律"，这在苏轼本人，非不能，是不为也，不愿斤斤于音律以害辞害意。但是，"不谐音律"的作品唱起来不够美听，李清照如实地指出这一点并不为错。晏几道的作品全是小令，无慢词，自然无铺叙。黄庭坚的疵病更是显而易见，一则以游戏为词，创作态度不够严肃；二则以诗的瘦劲之笔作词，损害了歌词应有的妩媚。

批评前人的目的不在于否定前人，而在于提高自己。李清照的作品虽然不是尽善尽美，但是却有效地避免了上述词人的毛病。故清代学者俞正燮指出："易安讥弹前辈，既中其病，而词日益工。"①

李清照在文学上的创新意识与其对现实秩序的叛逆情绪互为因果。著名的《渔家傲》表明她的创新意识有着深厚的思想根源："天接云涛连晓雾，星河欲转千帆舞。仿佛梦魂归帝所。闻天语，殷勤问我归何处。我报路长嗟日暮，学诗漫有惊人句。九万里风鹏正举。风休住，篷舟吹取三山去。""语不惊人死不休"，诗人杜甫为着这一艺术目标孜孜不倦地追求了一辈子，可是李清照却对此付之一笑。诗句惊人又有什么用？能改变一个闺阁词人的命运，使之走出家庭一试锋芒么？词人对人间天上的最高主宰发了一通牢骚，但是并不对它抱有任何奢望。既然人间以扼杀女性为能事，天上也不可能开明多少。于是，她幻想效大鹏远举，飞向三山。这首词的不凡之处，就在于以记梦的形式，把自己的抱负和块垒一齐倾泻出来，不仅批判了人间对女词人的不公正待遇，也蔑视了天上的最高权威，表现了豪放不羁的叛逆精神。这种叛逆精神在她早期的创作中表现为对封

① 俞正燮：《癸巳类稿》，褚斌杰等：《李清照资料汇编》，第 108～109 页。

建礼教的不敬与对爱情直率大胆的抒发，在晚期的创作中则表现为对南宋王朝一大批投降主义者的轻视与批判。例如《夏日绝句》："生当作人杰，死亦为鬼雄。至今思项羽，不肯过江东。"又如："南渡衣冠少王导，北来消息欠刘琨。"等等。敢于批判，敢于嘲讽，敢于蔑视须眉浊物。这种叛逆精神铸就了她的文学性格，就是富于进取，勇于创新，不满足前人已经取得的成绩，不随时论说短长，而是另辟蹊径，自成一家。

总之，无论是统治阶级对于歌词艺术的提倡，还是良好的家庭艺术环境的熏陶，以及后半生国破家亡之苦的折磨，都只是为李清照的成长和成功提供了可能，而怀疑、叛逆、创新的个性心理品质则使这种可能成为事实。但是，若没有时代、家庭和个人遭际所提供的条件，这种可贵的个性心理品质就会被一系列的琐碎和平淡所消蚀。主客观条件的吻合及其作用，终于诞生了一个可歌可泣的光照千古的李清照！

1985 年 12 月 26 日于武汉

"替天行道" 与北宋军事人才悲剧

——换一个角度看《水浒传》

在中国古典小说研究领域,《水浒传》的主题问题历来都是一个众说纷纭的话题。明清两代,有"忠义说"者,有"诲盗说"者,有"游戏说"者,还有"为英雄豪杰立传说"者;近代,有"倡民主民权说"者;建国以来,有"农民起义说"者,有"为市井小民写心说"者,还有"忠奸斗争说"者。(参见袁行霈主编《中国文学史》第四卷)应该说,这是一种很正常的现象。名著之所以成为名著,就在于它有着丰富的文化底蕴,可以让人们从各种不同的角度来进行解读。在这里,我想换一个角度来探讨一下它的主题问题。我认为,与其说它为某个特定的人群(或农民、或市民、或其他人群)"写心",还不如说它为农民、市民和其他人群中的精英分子——北宋时期的军事人才"写心"。正是它,真实而深刻地描写了梁山泊军事人才的人生理想,以及这种理想的无由实现所导致的心理压抑;描写了他们为了实现自己的理想所采取的独特行为方式,以及这种方式同他们所信奉的封建伦理观念之间的激烈冲突。

一、"讨个出身","博个封妻荫子"
——梁山泊军事人才的人生理想

梁山泊一百零八条好汉,就其出场时的社会身份来看,既有打家劫舍的朱武、杨春和陈达,也有作为巡捕都头、刽子手牢卒的朱仝、雷横和戴宗;既有偷鸡盗马、放赌为生的时迁、石勇和段景住,也有呼奴使婢、家财万贯的地主柴进、李应和卢俊义;既有乡村学究吴用和落第秀才蒋敬,也有身为朝廷命官、累代将门之后的林冲、杨志和关胜。这些人成分不一，面貌各异，政治经济地位相去甚远，根本不属于哪一个特定的社会阶层或人群。不过，他们之间还是有着重要的共同点。这个共同点就像化学上的共价键。这个共价键，使得他们在经过人生的多次碰撞、多次磨难之后，能够像原子结合成分子那样，以不同的社会身份，经由不同的道路，最后归向水泊梁山。这个共价键，就是他们强烈要求自我实现的人生理想。

一百零八条好汉当中，最先出场的是九纹龙史进。史进为了救朱武等三个绿林好汉，放火烧了庄院，杀了李吉，上了少华山。朱武三人感激他的救命之恩，挽留他在山上多住些时，史进道："虽是你们的好情分，只是我今去意难留。我若寻得师父（指投奔老种经略相公的王进），也要在那里讨个出身，求半世快活。"朱武道："哥哥便在此间做个寨主，却不快活？"史进道："我是个清白好汉，如何肯把父母遗体来点污了？你劝我落草，再也休提！"在这里，哥们义气丝毫动摇不了"讨个出身"的人生理想。同是"快活"二字，但是"做个寨主"的快活与"讨个出身"的快活具有本质的不同。一个是犯上作乱，一个是名正言顺取得朝廷的认可。而只要存在赢得这种认可的一丝可能，就绝对不肯落草为寇。金圣叹在这里批道："'我要讨个出身，求半世快活，如何肯把父母遗体便点污了。'嗟夫！此岂独史进一人之初心，实唯一百零八人之初心也。"一百零八人当中，作者让史进一人"出名领众"，又让他在九华山这个特定的环境里表白"初心"，其用心之深是不难体会的。

杨志失陷花石纲，不敢回京赴任。幸好朝廷赦罪，于是打点得金银财宝，指望去高俅那里补上殿司府制使之职，不料还是被赶了出来。杨志思量："只为洒家清白姓字，不肯将父母遗体来点污了。指望把一身本事，边庭上一刀一枪，博个封妻荫子，也与祖宗争口气，不想又吃这一闪。"杨志所以拒绝王伦等人的挽留，不肯在梁山泊落草，其"初心"也是同史进一样，不肯点污了父母遗体。不错，他的理想是"封妻荫子"，光宗耀祖，但是实现这个理想的正途应该是"边庭上一刀一枪"立下战功，而不是任何的越轨行为。

如果说，这个人生理想是作为"三代将门之后，五侯杨令公之孙"的杨志长期以来受其家庭熏陶濡染的结果，那么，已经皈依佛门，并且被智真长老认定久后"证果非凡"的鲁智深，竟然也热衷于"功名"二字，就越发见得这些人于功名事业的眷恋与执著了。鲁智深刚到相国寺，便提出讨个都寺或监寺做做。知客告诉他："假如师兄你管了一年菜园，好，便升你做个塔头；又管了一年，好，升你做个浴主；又一年，好，才做监寺。"智深道："既然如此，也有出身时，洒家明日便去。"功名事业之心表白得何等明确，又何等爽快！

梁山泊军事人才的人生理想在宋江的身上体现得最充分，也最典型。小说第三十一回，宋江对武松说道："兄弟，你只顾自己前程万里……日后但是去边上，一枪一刀，博得个封妻荫子，久后青史上留得一个好名，也不枉了为人一世。我自百无一能，虽有忠心，不能进得去。兄弟你如此英雄，决定做得大事业。"这便是宋江的价值取向。而所谓"百无一能"，显然不是由衷之言，只要看看他的这首著名的反诗，就能明了他那不可一世的自信："心在山东身在吴，飘蓬江海谩嗟吁。他时若遂凌云志，敢笑黄巢不丈夫！"这个"凌云志"，便是"封妻荫子"，便是"青史上留个好名"，而不是像黄巢那样，揭竿而起，犯上作乱，以至最后身死族灭。

黄巢的志向和行为选择，为宋江所不取，也为梁山泊的众多好汉所不取。把宋江和黄巢放在同一个平面上，用评价黄巢的"阶级斗争"的理论来评价宋江，显然不符合小说的实际。

二、重文轻武
——梁山泊军事人才的心理压抑

孔子曰："君子疾没世而名不称焉。"梁山泊好汉渴望"出身"，渴望"发迹"，渴望"青史留名"，正是封建时代一部分具有强烈的自我意识的军事人才希望实现自身的价值，希望以自己的杰出才能为国家的安全和社会的进步作出贡献的十分合理的要求。但是，在那个专制、褊狭、腐败的北宋王朝，他们的这一要求得不到满足，他们的人生理想无由实现。英雄失路，报国无门。这就造成他们心理上严重的压仰与悲愤。

北宋王朝建国伊始，即采取一系列的措施，对军人才进行防范。司马光《涑水纪闻》卷一载：

> 太祖既得天下……召普对曰："天下自唐李以来……兵革不息，苍生涂地，其故何也？吾欲息天下之兵，为国家建长久之计，其道如何？"普曰："陛下之言及此，天地神人之福也。唐李以来，战祸不息，国家不安者，其故非他，节镇太重，君弱臣强而已矣。今所以治之，无他奇怪也，惟稍夺其权，制其钱谷，收其精兵，天下自安矣。"语未毕，上曰："卿勿复言，吾已喻矣。"

此番问答过后，便是史家所艳称的"杯酒释兵权"了。太祖"既以从容杯酒之间，解石守信等兵权，复以后苑之宴，罢王彦超等节镇，于是宿卫、藩镇不可除之痼疾，一朝而解矣。"（《宋史纪事本末》卷二《收兵权》）

太祖去掉了殿前正副都点检这两个重要的禁军职位，改由殿前、步军和马军三个都指挥使分别统领，而把总领禁军的权力集中到自己的手中；又设枢密院，使天下兵籍、武官选授及军师戍卒之政令悉归之。于是，"天下之兵本于枢密，有发兵之权而无握兵之重；京师之兵总于三帅，有握兵之重而无发兵之权。"（何坦《西畴老人常言》）又立《更戍法》，使"兵不知将，将不知兵"。小说第一百零五回即披露："宋朝官兵，多因粮饷不足，兵失操练。兵不畏将，将不知兵。"军人的自尊心受挫伤，创造性才能受压抑是显而易见的。南宋著名思想家叶适曾经指出：本朝"法令日繁，治具日密，禁防束缚，至不可动，而人之智虑，自不能出于绳约之内，故人才亦以不振。今与人稍谈及度外之事，辄摇手而不敢为。夫以汉之能尽人才，陈汤犹扼腕于文墨吏，而况于今日乎？宜乎豪杰之士无以自奋而同归于庸懦也。"（叶适《水心文集》卷二）

豪杰之士归于庸懦，正是太祖以后诸帝千方百计箝制军事人才的结果。陈邦瞻云："宋祖君臣惩五季尾大之祸，尽收节镇兵权，然后征伐自天子出，可谓识时势、善断割，英主之雄略矣。然观其任将如此，此岂猜忌不假人以柄者哉！后世子孙不深惟此意，徒以杯酒释兵权为美谈。至南渡后，奸臣犹托前议，罢三大帅兵以与仇敌连和，岂太祖、赵普之谋误之耶！然当时务强主势，矫枉过直，兵材尽聚京师，藩篱日削，故主势强而国势反弱矣，亦不可谓非其遗孽也。"（《宋史纪事本末》卷二《收兵权》）

与收兵权、罢节镇、抑武将这些做法紧相联系的，便是推行文官制度，"以士大夫治天下"。宋太祖的说法是："五代方镇残虐，民受其祸。朕今用儒臣干事者百余人，分治大藩，纵有贪浊，亦未及武臣十之一也。"（《宋史纪事本末》卷二《收兵权》）

北宋文官的社会政治地位之高，没有一个朝代可以相比。北宋各级行政长官，上自宰辅，下至州守，甚至主兵的枢密使，几乎都由文官担任。文士一登龙门，即身价百倍。所谓"状元登第，虽将兵数万，恢复幽蓟，逐强蕃于穷漠，凯歌劳还，献捷太庙，其荣不可及也。"（《儒林公议》引尹洙语）文官的经济地位，也非武官所能比肩。文官俸给优裕，离职后还可以领宫观使的名义支取半俸，而武官就没有这份优待。

司马光云："国家用人之法，非进士及第者，不得美官；非善为诗、赋、策、论者，不得及第；非游学京师者，不善为诗、赋、策、论。"（《历代名臣奏议》卷一六五）国家对文官的种种优待，大大地刺激了文士们科举求官的胃口，而朝廷取士的名额也远远超过唐代。据统计，北宋开科 69 次，共取进士 19147 人，诸科 15016 人，两项合计达 34163 人，平均每科取士 495 人，仅这个数字就比唐代多了 10 倍，而这个数字还没有包括恩科的人数。恩科又称特奏名，指举人应省试或殿试多次不第，特赐出身。北宋恩科始于太祖开宝三年，该年贡举，在录取礼部奏名进士张拱等八人之后，又特取进士、诸科十五举以上未及第人司马浦等 106 名。至仁宗景祐元年，恩科取士成为定制，凡"进士五举年五十，诸科六举年六十；尝经殿试，进士三举、诸科五举；及尝预先朝御试，虽试文不合格，毋辄废，皆以名闻。"（《宋史》卷一五五《选举一》）科举取士之多之滥，由此可见一斑。

这样一来，就使得官僚体制愈加膨胀，冗官冗员愈加突出，国家财政愈为不支，优秀军事人才的仕进之路愈加狭窄，也使得文武之间的裂痕愈加严重。小说第三十二回就生动地描写了清风寨文知寨刘高与武知寨花荣之间的矛盾。花荣对宋江抱怨道："兄长不知：不是小弟说口，这清风寨是青州紧要去处，若还是小弟独自在这里守把时，远近强人，怎敢把青州搅得粉碎！近日除将这个穷酸饿醋来做个正知寨，这厮又是文官，又没本事，自从到任，只把乡间些少上户诈骗，朝廷法度，无所不坏。小弟是个武官副知寨，每每被这厮怄气，恨不得杀了这滥污禽兽！"文官的跋扈和腐败，武官的委曲和怨恨，文武之间的水火形势，在这里得到深刻的揭露。

北宋王朝重文轻武的国策，本来就严重地伤害了军事人才的自尊心与创造性，加之又无节制地推行"恩荫"制度，"遂使绮纨子弟，充塞仕途；遭逢子孙，皆在仕宦；稚儿外姻，并沾簪笏之荣"。（《续资治通鉴长编》卷一八一）而贤者在下，不肖者在上，又从另一个层面堵死了大量军事人才的仕进之路。

三、杀文人不杀武士，杀小官不杀大官，反贪官不反皇帝
——梁山泊军事人才的行为方式

梁山泊好汉渴望"出身"，渴望建功立业，但是并不因此而怀抱侥幸心理。这些慷慨磊落之士谋取功名的手段是凭着"一身本事"，去"边庭上一刀一枪"。在他们看来，如此立身行事，既能为国家出力，又能保全父母遗体之清白，更能博得个封妻荫子，名垂史册。国家、父母、个人三者在这里取得了观念上的统一。一方面尽忠尽孝，一方面实现自我价值。这种人生设计是完美的。然而世事不由人算。在那个重文轻武、奸臣当道、大贤处下、不肖处上的专制、褊狭、腐败的时代环境里，不但"边庭上的一刀一枪"难以建立功名，甚至连这"一刀一枪"的职业本身，对于许多人来讲也无由获取。请缨无路，报国无门，他们受尽了种种的委屈和磨难。

山穷水尽之际，唯有铤而走险。不过，他们的铤而走险，同真正的农民起义并不一样，不是缘于饥寒交迫，不是缘于上无片瓦、下无立锥之地，而是缘于杰出的军事才能无由施展，美好的人生理想无由实现。他们的铤而走险，不过是以过激的形式引起朝廷的注意，迫使其改变不合理的用人政策，从而取得人生价值的认可与实现而已。所谓"若要官，杀人放火受招安"，他们只是权居水泊，"替天行道"，专等朝廷招安。他们没有政权要求。他们不仅不想推翻现政权，而且还希望这个政权越巩固越好，越神圣越好。皮之不存，毛将焉附？

这个权居水泊、替天行道、专等朝廷招安的政治动机，决定了梁山泊军事人才行为方式的复杂性。他们既不像真正的农民起义那样所向披靡义无反顾，也不像真正的绿林好汉那样一味地杀人越货劫富济贫。他们是有所杀有所不杀，有所犯有所不犯，有所为有所不为。杀与不杀之间，并不全是出于是非善恶的考虑，而是出于利害关系的权衡。一般来讲，有这样三种行为方式：

一是杀文人不杀武士。梁山泊好汉除了仓促之间与人交手，或是迫于情势出于自卫，不得已而杀掉一些手段低下的武士之外，在从容的情况下一般不杀武士，尤其是不杀那些自己看得起的武士，所谓"惺惺惜惺惺"是也。但对文士却不是这样。梁山泊好汉从来没有嘉许过真正的文士。一百零八人当中，没有一个纯粹的吟诗作赋、讲经论学、奉孔孟之道为立身行事之标准的文士。吴用不是，蒋敬不是，圣手书生萧让更不是。他们早就被武士们同化了。《水浒传》中出现的文人，不是心胸狭窄嫉贤妒能，便是贪赃枉法鱼肉百姓，因而只要可能，都在格杀之列。花荣倒戈之后的第一个目标是刘高，宋江脱险后的第一个复仇对象是黄文炳，晁盖一行上山之后的第一个行动是火并王伦。由于北宋朝廷重文轻武，文官当道，使得许多军事人才报国无门，因此，在宋江们被逼到这一片遥远的水域之后，就不会给文人好果子吃了。

二是杀小官不杀大官。拳打镇关西，斗杀西门庆，血溅鸳鸯楼，别看打得风风火火煞是好看，其实丧命的都是些小卒子，最大的也不过是张都监。武松如此，鲁智深如此，杨志如此，其他人更不必细述。多少人被高俅逼得妻离子散家破人亡，可是一旦捉住高俅，还是毕恭毕敬地把他放了。试问，这里还有你死我活的"阶级斗争"气味可言吗？

三是反贪官不反皇帝。梁山泊好汉不反皇帝是众所周知的事。在他们看来，皇帝总是"至圣至明"的，只是由于"奸臣当道，谗佞专权，闭塞贤路，下情不能上达"，才使得朝政腐败，英雄失路。梁山泊人就是这样沉醉在自己心造的幻影当中，维护着心理上的某种平衡。试想，如果皇帝都要去反，还搞什么"替天行道"呢？

四、"宁可朝廷负我，我忠心不负朝廷"

——梁山泊军事人才的奴性心理

《水浒传》以军事人才的出路问题为其主题思维的逻辑起点。但是这些军事人才是封建社会的人才，是在封建的历史文化土壤中生长出来的人才，他们的思维方式、情感特征、道德判断、价值取向和行为方式等等，不能不受以"忠君"、"孝亲"意识为主体的封建伦理中心主义的制约，所以小说最终又导致我们对于传统军事人才历史局限性的反思与批判。

封建社会的统治者主要是以伦理为原则而不是以法律为原则来治理国家，封建统治下的臣民首先考虑的自然也不是遵从国家的法度，而是如何在错综复杂的人际关系中履行自己的伦理义务：臣对君尽忠，子对父尽孝，妇对夫尽顺，弟对兄尽悌。与此同时，君、父、夫、兄等尊者长者对臣、子、妇、弟等卑者幼者也有特定的义务：父对子慈，君对臣惠，如此等等。这两方面的对偶与配合，便构成以伦理为中心的宗法式社会的稳定与和谐。

作为封建社会的军事人才，梁山泊好汉自然不可能游离于这个伦理网络之外。他们希望把"一身本事，边庭上一刀一枪，博得个封妻荫子，久后青史上留个好名"，正好符合封建伦理纲常的名分。但是现实政治偏偏让他们大失所望：文官得势，奸臣弄权，非亲不用，封建政治和它赖以维系的伦理精神之间发生严重的背离。孟子尝云："君视臣如手足，臣视君如腹心；君视臣如草芥，臣视

— 55 —

如寇仇。"既然朝廷不把这些优秀的军事人才放在眼里，那就不如上山落草，自寻快活。但是问题远没有这样简单。在北宋时期，封建的伦理纲常还远远没到土崩瓦解的时候，还牢固地拘系着人心。这就使得梁山泊好汉们陷入一种极度矛盾的境地：一方面是由于现实的压抑，采取一种铤而走险的行为方式，企图迫使朝廷认可；一方面又深以为这种行为本身乃是一种灭九族的勾当，最终会使自己陷入不忠不孝之地。宋江后来虽然做了梁山泊的头面人物，受到弟兄们的百般抬举，但是内心的交战却一刻也没有停息。如何摆脱这个矛盾境地，在实现"凌云志"的同时也能洗刷掉这个不忠不孝的罪名呢？宋江为梁山泊制定了一个的基本的行动纲领：权居水泊，替天行道，专等朝廷招安。

持"农民起义说"者痛恨向朝廷缴械投降，把责任一概推在"投降派的头子"宋江身上：是宋江把"聚义厅"改为"忠义堂"，是宋江为了投降计划的实施变着法儿招降纳叛网罗党羽，是宋江派了燕青通过李师师的门路买来一纸招安文书……诚然，不能否认宋江作为梁山泊领袖人物的决策作用，但是，历史唯物主义认为：有什么样的群众，就会产生什么样的领袖。与其把决定梁山泊全体军事人才之命运的投降问题归结为某一个领袖人物的过错而予以过多的责难，还不如把这种责难转化为对梁山泊群体意识的反思。事实上，接受招安作为摆脱两难之境的一个理想办法，原是为多数好汉所认可的。花荣临死的时候都在感念朝廷："我等在梁山泊时，已是大罪之人，幸然不死。累累相战，亦为好汉。感得天子赦罪招安……"可见把招安的思想归到宋江一人名下，并不符合小说的实际。"若要官，杀人放火受招安"；"仕途捷径无过贼，上将奇谋只是招"。这哪里是宋江一个人的思想呢？

也许有人会以阮氏三雄等人的言论为例而予以反驳，那么，我们不妨再次回到小说文本。第九十回有这样一段描写：

> 吴用去到船中，见了李俊、张横、张顺、阮家三昆仲，俱对军师说道："朝廷失信，奸臣弄权，闭塞贤路。俺哥哥破了大辽，止得个皇城使，又未曾升赏我等众人……今请军师自做个主张；和哥哥商量，断然不肯。就这里

杀将起来，把东京劫掠一空，再回梁山泊去，只是落草倒好。"吴用道："宋公明兄长断然不肯，你众人枉费了力。箭头不发，努折箭杆。自古蛇无头不行，我如何敢自作主张？……"六个水军头领见吴用不敢主张，都做声不得。……次日早起，会集诸将……宋江开话道："俺是郓城小吏出身，又犯大罪，托赖你等众兄弟抚持，尊我为头，今日得为臣子。自古道：成人不自在，自在不成人……你们众人，若嫌拘束，但有异心，先当斩我首级，然后你们自去行事……"众人听了宋江之言，俱各垂泪，深誓而散。

最具"革命性"的当是李逵了。他多次反对招安，一再叫嚷"杀去东京夺了鸟位"，可是最后的表现又如何呢？请看第一百回的一段文字：

> 次日，具舟相送。李逵道："哥哥，几时起义兵？我那里也起军来接应。"宋江道："兄弟，你休怪我！前日朝廷差天使赐药酒与我服了，死在旦夕。我为人一世，只主张忠义二字，不肯半点欺心。今日朝廷赐死无辜，宁可朝廷负我，我忠心不负朝廷。我死之后，恐怕你造反，坏了我梁山泊替天行道忠义之名，因此请将你来，相见一面。昨日酒中已与了你慢药服了，回至润州必死……"言迄，堕泪如雨。李逵见说，亦垂泪道："罢！罢！罢！生时伏侍哥哥，死了也只是哥哥部下一个小鬼。"

宋江忠于朝廷，吴用忠于宋江，众头领忠于宋江和吴用，虽层次不一，但忠的实质无异，都不过是愚忠而已。这里只有群体，没有个体；只有奴性，没有主体性。如果说，朝廷昏昧，重文轻武，奸臣当道，是导致梁山泊英雄悲剧的外在原因，那么，为了反抗这种不合理的社会现实而采取的独特的行为方式，以及支配着这种方式的梁山泊群体的奴性意识，便是最后酿成这出悲剧的内在原因。

悲剧的制造者是朝廷，也是梁山泊人自己。

1986 年 12 月 10 日于武汉

滑铁卢的一秒钟与圣赫勒拿的终身遗憾

——谈拿破仑的失败

1815 年 3 月，正当英、俄、普、奥、意、荷、比等国的代表在维也纳的分赃会议上争论不休的时候，拿破仑，这个在 1814 年被反法同盟放逐于厄尔巴岛的"铩羽之鹫"又重新回到了巴黎。3 月 19 日，路易十八逃往英国；21 日，拿破仑在各界人士的热烈拥戴之下再度执政。

这个消息犹如一发重型炮弹在分赃会议上炸开，各国代表立刻停止了争吵。他们迅速组成第七次反法同盟，决定再次武装进攻法国。英国元帅威灵顿率93000 人马开始从北边向法国进军，普鲁士元帅布吕歇尔则率 117000 人马作为他们的增援部队从另一个方向前进。这两支部队刚刚在 6 月 14 日结集完毕，由奥地利元帅施瓦尔岑贝格率领的 21 万人马已经在莱茵河畔整装待发，而作为后备军的 15 万俄国部队则顺当地穿过了德国全境。

当时反法联军共有兵力将近百万，而拿破仑手下的正规军不过 28 万，并且枪械、弹药、马匹和高级将领都严重不足。拿破仑充分地意识到了这个致命的危险。他决定争取主动，先发制人。他把赌注押在比利时这个欧洲流血最多的战场。6 月 15 日，拿破仑的先头部队进入比利时。16 日，法军在里尼击败普军。可惜由于自身的极度疲惫，加上天黑，没有立即组织追击。直到 17 日早晨，才派格路西元帅率领 34000 人马去跟踪追击。这就给了普军以喘息的机会。

格路西是一个气度中庸的男子，兢兢业业，忠厚老实。他追随拿破仑 20 多年，参加过从尼德兰到意大利、从西班牙到俄国的各种战役。他有成绩，但是没有任何突出的贡献。他不是青云直上地升到元帅的位置，而是缓慢地、一级一级地经过了长时间的战争煎熬，才获得这枚最高的军衔。拿破仑自己也知道，这位部下既不是叱咤风云的英雄，也不是运筹帷幄的谋臣，他不过是一个循规蹈矩的老实人。拿破仑第一次授予他独立指挥的权力，显然是出于一种无可奈何的考虑——他过去的元帅老的老，病的病，背叛的背叛，能够悉心效力的不过三五人。曾经有过赫赫战功的缪拉虽然表示再次为他效劳，但是由于1814年的背叛，遭到他的断然拒绝。他只得明确地告诫格路西：必须始终和主力部队保持联系。格路西元帅踌躇地接受了这个命令。

在格路西率部追击布吕歇尔的同时，拿破仑麾下的另一个元帅内依与英军在跨特里布拉斯进行了一场艰苦的战斗。英军于17日14时开始退却。由于内依指挥犹疑和消极，没有立即组织追击，威灵顿得以安然撤退。等到拿破仑亲自督促追击时，又偏偏碰上了大雨，行动不便，这就使得英军在滑铁卢以南地区从容布阵，并且约定普军赶来支援，准备同法军决一死战。

6月17日，法军主力进入滑铁卢以南地区，18日上午部署完毕。从上午十一点到下午一点，法军多次向英军发起进攻，一度占领村庄和布阵，但随即又击退下来。双方都已经疲惫不堪，都在期待增援。谁的增援部队先到，谁就可以取得决定性胜利。威灵顿期待着布吕歇尔，拿破仑期待着格路西。

其实，还在这一天的早晨，法军参谋长苏尔特就认为同英军作战把握不大，建议把格路西所部调回战场。而拿破仑却以为英军战斗力不强，胜利已经毋庸置疑，不曾做最坏的打算。直到下午，拿破仑才感到兵力不足。于是，他接二连三地派传令兵到格路西那里去，然而往调已经来不及了。

遗憾的是格路西并没有意识到拿破仑的命运掌握在自己的手中。他只是遵照皇帝的成命，按预定的方向去追击普军。尽管从17日晚直到现在，连普军撤退的影子都没有找到。只听到远处传来沉闷的炮声，格路西和他的部下都意识到这是滑铁卢的战役打响了。副司令热拉尔急切地要求立刻向开炮的方向前进，所有的人都催促他赶快向开炮的方向转移。然而，格路西却拿不定主意，习惯于唯命是从，仍然死死抱着皇帝的命令——追击撤退了的普鲁士军。他严厉地训诫他的部下：在皇帝撤回成命之前，他决不改变预定的计划。他哪里知道，那支由布吕歇尔率领的普军为了抢先与英军会合，早已摆脱了他的追击。

热拉尔最后向他恳求：至少让他率领自己的一师部队奔赴滑铁卢战场，他表示准能及时赶到。格路西考虑了一秒钟。西方学者就此发表评论说："格路西考虑的这一秒钟决定了他自己的命运、拿破仑的命运和世界的命运。"这一秒钟全取决于这个迂腐庸人的一张嘴巴。这一秒钟全掌握在这双神经质地揉皱了皇帝命令的手中——这是多么的不幸！"倘若格路西在这刹那之间有勇气、有魄力，不拘泥于皇帝的命令，而是相信自己，相信显而易见的信号，那么法国也就得救了。可惜这个毫无主见的家伙只会始终听命于写在纸上的条文，而从不会听从命运的召唤。"（茨威格《滑铁卢之战》）

格路西使劲地摇了摇手，彻底地拒绝了热拉尔这一违背皇帝成命的请求。正当格路西怀着愈来愈不安的心情，等待着皇帝收回成命的时候，布吕歇尔率领的普军开到了滑铁卢战场。厄运降临了。困守在阵地上的英军统帅威灵顿抓住这一关键时刻，指挥所有的英军跃身而起，向着开始溃退的法军冲击。与此同时，由布吕歇尔率领的骑兵则从侧面向仓皇逃命的法军冲杀过来。拿破仑彻底失败了。敌人捕获了他的御用马车和全军的贵重财物，俘虏了他的全部炮兵。直到第二天傍晚，格路西才终于收到那张拿破仑写来的命令他去滑铁卢紧急增援的便条！

6 月 21 日，拿破仑败归巴黎。联军源源进入法境。6 月 29 日，拿破仑再次离开巴黎，被放逐于大西洋的圣赫勒拿岛。

拿破仑的失败使欧洲的自由思想倒退了 100 年。一个拘泥于成命的小人物的怯懦，毁灭了他这个叱咤风云的英雄在二十年里所建立起来的全部辉煌业绩。格路西的唯命是从自然是永远不能宽恕的罪责，但是，拿破仑自己在这次战役中也犯了历史性的错误。首先，他没有及时地组织追击和捕捉逃跑的普军，使得普军有了喘息的空隙，得以重整旗鼓，以至最后与英军会合。第二，他没有及时采纳参谋长苏尔特关于把格路西所部迅速调回战场的建议，使得自己再次陷于被动的境地。第三，更重要的是用人不当。既有胆识魄力又有赫赫战功的缪拉要求再次为他效劳，他却计较缪拉过去的错误而断然加以拒绝，偏偏让一个不习惯于独立行事、迂腐、拘谨的老实人去完成一个决定命运的使命。他不明白，一个犯有错误的部下的戴罪立功，会比一个永远也没有胆识去主动地犯一个错误的平庸的部下强十倍！他的用人不当，导致格路西那一秒钟的犯罪，而格路西那一秒钟的犯罪则直接导致他在圣赫勒拿岛的终身遗憾！

1986 年于武汉

著名社会学家吴泽霖先生

我国著名的社会学家、民族学家、教育家、民族博物馆学创始人吴泽霖先生在度过了他的第92个春秋之后，于1990年8月2日在武汉安祥地告别了人世。

吴泽霖先生，江苏常熟人，1898年10月28日生。14岁时，以优异成绩考入清华学堂（用"庚子赔款"的余额创办的"清华留美预备学校"），1922年赴美留学，先后在威斯康星大学、密苏里大学、俄亥俄州大学获学士、硕士、博士学位。留美期间，除主攻社会学外，还系统地学习了市政学、统计学、心理学、人类学、哲学、政治学和美国史，为他后来从事跨学科研究、在多个学术领域取得第一流的成就打下了厚实的基础。

1927年，学成后的吴泽霖取道欧洲，考察英、法、德、意等国后回国，是年秋任扬州中学心理学教员。1928年春以后，先后任上海大厦大学社会学系教授、系主任和文学院长。1935年以后，曾被借调上海暨南大学两年，任文化事业部主任和教务长。1937年，抗战军兴，随大厦大学师生西迁贵阳。1941年，应清华大学之聘，任昆明西南联大教授。在西南联大期间，任"战地服务团"译员训练班教务主任。抗战胜利后，清华大学迁回北京，任人类学系主任和教务长。1948年11月，在北京参加中国民主同盟。1952年院系调整，先后调任中央民族学院、西南民族学院教授。1958年，被错划为右派，是人类学、民族学界著名五大右派（吴泽霖、潘光旦、黄现璠、吴文藻、费孝通）之一。"文革"期间，遭受残酷迫害，年逾古稀而身遭缧绁，妻子儿女均受株连。1978年恢复工作，任中国社会科学院民族研究所研究员。1982年，为帮助恢复重建中南民族学院，以82岁高龄离京赴汉，任中南民族学院教授、学术委员会副主任。

吴泽霖先生一生正值中国社会风云变幻之际。他爱祖国，爱人民，克尽职守，无私奉献，用自己的行动书写了一页无愧于国家和人民的历史。早在清华读书时，他就与同班同学闻一多、罗隆基等投身于宣传科学民主、反帝反封建的"五四"运动。学成回国后，除从事教育培养人才外，他还特别注意考察中国的社会现状，积极从事各项社会福利事业。抗战期间，他关心西南少数民族的文明进步，为边疆建设而奔走呼号。解放前夕，他目睹国民党政府的腐败，深感中国必须进行彻底的变革，同情校内进步力量，多次营救被捕学生，并掩护吴晗、彭佩云等知名人士脱险。解放后，吴泽霖先生以满腔热忱投入祖国的社会主义建设事业，夜以继日地学习工作，虽曾遭受不公正待遇，仍不略减其报国之志。

吴泽霖先生一生勤奋，著述丰富。从已搜集到的原件来看，他发表的专著、译著和论文就有数百万字之多，涉及社会学、人类学、民族学、人口学和博物馆学等许多方面。吴泽霖先生是我国最早研究种族和种族歧视的学者之一。早在留美期间，他就以翔实而丰富的调查材料写成博士论文——《美国人对黑人、犹太人和东方人的态度》，揭示了种族歧视的表现和根源。20世纪30年代初，他又出版了《现代种族》一书，这是我国第一部全面系统地论述人类种族和种族问题的专著，全书以大量的资料论证了各民族各种族的平等地位，猛烈抨击了种族主义的谬论。20世纪80年代后，他坚持其一贯立场，又根据最新资料，写作并发表了有关种族与种族歧视以及犹太人问题等方面的论文，引起了海内外有关人士的高度重视。

吴泽霖先生是国内最早提出人口问题的学者之一。他在回国不久所撰写的一系列论文中，曾经屡次提醒人们："中国的人口，目前已出现过剩"，指出"一个民族在人数方面，尽可有四万万甚而至十万万，如多数人都过着牛马的生活，在民族复兴上，非但没有裨益，而且还是一种绝大的阻碍"，因此呼吁"立即公开提倡节育"，指出"一二十年后，当可看出这种政策的效果"，否则，"社会生活就会产生严重的后果"。

对我国少数民族地区进行调查研究，是吴泽霖先生学术世界中的另一个重要方面。他曾多次带领学生，深入边远少数民族地区搜集第一手资料，完整而准确地记录下他们的生活习俗和文化面貌，对其社会文化心理结构进行细致的分析，并展望其发展的前景。他大力提倡民族团结和民族平等，主张"凡是民众享有的权利，不分内地或者边疆，都应使之实现，得到公正平允的待遇"，"我们必须做到各民族完全平等，在法律上、经济上、社会上决不允许有差别的歧视态度"。对于各民族风俗的改革，他也提出了许多中肯的意见。

吴泽霖先生是我国民族博物馆事业的创始人。早在20世纪30年代末期，他就注意搜集各个少数民族的文物资料，举办民族文物展览，并率先在国内高等学府建立民族文物室。解放后，他又多次到民族地区采集文物，亲自参加筹备几次民族文物展览和几所民族博物馆。来中南民族学院工作后，他又主持创办了我国第一个民族学博物馆。在脚踏实地地投身于民族博物馆事业的同时，他时刻不辍这一方面的理论建设，87岁高龄时，还亲笔撰写了《论博物馆、民族博物馆与民族学博物馆》一文，对我国博物馆事业的发展、博物馆的类型和功能等作出了科学而周密的分析，并提出了许多具有深远意义的构想。

吴泽霖先生从事教学与科研60余年，桃李满园，著作等身，享誉海内外，但他一直谦虚宽厚。年至耄耋，依然孜孜不倦地工作，88岁高龄时还亲自登台为中青年教师和研究生讲授国内中断多年的体质人类学，并主持编纂了我国第一部《人类学词典》，同时为中南民族学院民族研究所和民族学系的建立做了许多有益的工作。他是中国社会学会、中国人类学会、中国民族学会、中国世界民族学会、中国民俗学会、中国西南民族研究学会、中国南方少数民族哲学及社会思想史学会、湖北省社会学会的名誉会长，曾任南开大学、贵州民族学院等高等学校的兼职教授。

吴泽霖先生热爱祖国，热爱人民，热爱教育事业，为人正直，待人宽厚，谦虚谨慎，生活简朴。在生命弥留之际，他向家人留下四点遗嘱：一、他逝世后，不开追悼会，不举行遗体告别仪式；二、遗体火化后，骨灰撒在中南民族学院民族学博物馆周围；三、将毕生存款一万元捐给学院，作为少数民族学生奖学基金；四、将生前全部藏书捐给中南民族学院图书馆。

他逝世后，国家民委、民盟中央和全国人大常委会副委员长费孝通先生发来唁电；吴泽霖先生生前友好、海内外弟子、学术界诸多知名人士发来唁电。中南民族学院全体师生，于9月22日在博物馆广场举行了庄严的吴泽霖先生骨灰撒播仪式。学院党委号召全体干部、教师和学生向吴泽霖先生学习。

吴泽霖先生一生为我国社会学、民族学、人类学、民族博物馆学和高等教育事业的发展作出了重要的贡献。他那克尽天职、无私奉献的精神永远是我们学习的楷模。

1990年8月5日于武汉

补记

本文是吴泽霖先生去世之后，我为他写的一篇悼念文字，发表在《中央盟讯》1990年第10期。由于受体裁、篇幅和语境的限制，许多生动的细节都没法写进来，连我自己读着都感到有些枯燥。我和吴先生同在中南民族学院工作了五年，他视我为忘年交，许多话都愿意跟我讲。我觉得有责任把自己所知道的吴先生介绍给大家。现在借这本书出版的机会，我想就有关问题作一个《补记》。

吴先生之所以能在社会学、人类学、民族学和民族博物馆学方面都取得第一流的成就，除了他过人的天赋，也与他高尚的人品和严谨的治学精神有着重要的关系。我认识吴先生的时候，他已经是87岁的老人了。每次去他家里，他都在伏案工作。见我到了，他才离开书桌和我说话。有一次，他正在校对一本新出版的《吴泽霖民族学论文集》。这本书是学校安排人替他搜集整理的，做了不少工作，但也留下一些遗憾。主要的问题是校对不严，错别字较多，吴先生不满意。他对我说："错别字太多了，怎么好送人啊？"于是他就不主张送人。但是国内外有学者来信找他要，他就把错别字一个一个地改正过来，然后再寄出去。

1982年，中南民族学院把年届82岁的吴先生调进来，实际上还有一个目的，就是让吴先生为学校建立民族学博士点，但是这件事吴先生没有办到。学校有人对他不满，他也知道。他两次对我说："学校让我招博士生，可是博士生来了读什么？人家没有书读啊！图书馆的书太少了。"当时吴先生是南开大学的兼职教授，给南开带社会学的博士生。以吴先生的成就和名望，在中南民族学院建立一个民族学博士点应该是没有问题的，但是吴先生没有这么做。如果换成别的急功近利、善于投机取巧的人，可能会选择先把博士点建起来，然后再从事图书资料的建设，但吴先生不主张这样。他认为图书资料是需要慢慢积累的，有的书刊在国内根本就买不到，需要通过各种途径从国外引进。必要的图书资料没有具备，是不能招博士生的。由于他的"不善变通"，所以直到他去世多年以后，中南民族学院的民族学博士点才建立起来。

这两件事足以说明，吴先生是一个很严谨的人，也是一个很讲原则的人。他对事业有执著的追求，但决不急功近利。

吴先生有一个很好的习惯，就是每到元旦前夕都要给国内外的朋友寄贺年片。他叫人买来一大堆贺年片，然后自己伏在桌子上，一个一个地亲笔写新年贺词，写通信地址，然后亲自用胶水封口，不假他人之手。这件事给我的印象很深。这表明吴先生不仅做事细致严谨，更表明他对朋友是很真诚的。

吴先生的脾气非常好，讲话非常平和，从不激动，即便是讲到自己所遭受的不公正待遇，也是这种风格。他对我说，他在清华大学做教务长的时候，曾主持筹备清华的社会学系。"筹备得差不多了，正要准备招生时，解放了。""解放了"这三个字，以及吴先生当时说这三个字时的平和的语气，给我的印象实在是太深了。

有一次讲到他被下放到西南民族学院。他说："我离开中央民族学院，下放到西南民族学院之前，院长找我谈了一次话。院长说：你是二级教授，工资太高了，下去会脱离群众的。后来我到了西南民族学院，就成了四级教授。"吴先生说这事时，语气也是平和的。

还有一次讲到"文革"。他说，他被遣返到家乡常熟时，已经72岁了。我问："你那时还能参加生产劳动吗？"他说："没有下地劳动，只是看看打谷场，不让鸡来吃谷子。有时也给他们出一点黑板报。"语气仍然很平和。那些年，我听过许多在"反右"和"文革"中受到不公正待遇的老先生诉苦，没有一个不是愤愤不平的，有的甚至破口大骂，或者声泪俱下。吴先生不这样。他讲到自己在"反右"和"文革"中所受到的不公正待遇时，就像一位历史老人，在给年轻人讲一段很遥远的故事。尽管作为故事中人，他曾经受到严重的伤害，但他不是在诉苦，而是在叙述一段历史。

我曾经很想问一问他夫人的情况。在这之前，历史系有一位副教授告诉我，吴先生的夫人和他的岳母在"文革"期间的一个晚上同时上吊自尽，其悲惨程度不亚于傅雷夫妇。我很想求证一下这件事，虽然吴先生总是那样平和，但我还是怕勾起他的悲伤，所以一直都不敢开口。吴先生和他夫人的感情是很好的。他在1948年加入中国民主同盟，就是他夫人动员的。他夫人当时是费孝通的秘书，这是吴先生亲口告诉我的。吴先生讲到他夫人的这一段经历时，脸上的表情是很欣慰的。

吴先生在中南民族学院，一直都是由他的女儿、女婿照顾他的生活。他女儿是化学系实验室的一名实验员，女婿是数学系的一位副教授。我每次去他家，他的女儿或女婿都会给我端来一杯茶，夏天的时候还会送来一盘西瓜，然后就去做自己的事情。吴先生去世之后，他们就离开了那栋二层小楼，搬到普通的教师公寓去住了。女儿、女婿都是很老实的人，话也不多。

在我印象中，吴先生唯一的一次有些激动，是在讲到当时的社会风气的时候。他说，"现在的人太好享受了，都不穿补丁衣服了。怎么连补丁衣服都不穿了呢？"说实话，20世纪80年代末90年代初的城里人不穿补丁衣服，在大家看来是一件很平常的事，甚至是一件很应该的事，不知道吴先生为什么会有些激动。后来我想明白了。吴先生是一位社会学家，他对当时的人均收入和生活支出，包括每天吃多少粮食，摄入多少热量，都是做过计算的。按照当时的平均生活水准，中国人其实刚刚解决温饱问题，有些地方甚至连温饱问题都还没有解决，按说是应该穿一点补丁衣服的。吴先生批评社会现实，是以社会调查和统计为前提的，这是他的特点。可是人家就是不穿，你一个社会学家又有什么办法呢？而吴先生本人是穿着补丁袜子的。看着吴先生的补丁袜子和他那有点激动的表情，我感到有些好笑，但我没有笑出来，我把话题岔开了。

我最后一次见到吴先生，是在他去世之前。吴先生得了病，住进了武汉东湖的一家医院。学校里有几位老师自发地组织去看他，我也跟去了。吴先生似乎并不在意自己的病，和我们谈话时，依然是那么平和的语气。临告别时，吴先生送我们到走廊里。我走在最后，吴先生对我说："我住在这里，花了公家那么多钱，我心里很不安。"我之前听人讲过，吴先生花的钱并不多，大概两三千元人民币吧。我说："吴先生，你花这点钱不算什么。有的人住医院，小病大养，一住就是半年，一花就是几万，你花这点钱算什么？"吴先生望着我，似乎有些茫然。我又补充说："你好好养病，别想那么多。回去吧。"吴先生没有马上回病房，而是一直目送我下楼。这就是我和他的最后一面。

后来我才知道，吴先生去世之后，他的家属遵从他的遗愿，把他一生的全部积蓄一万元，还有所有的藏书，都捐给了学校。

2012 年 1 月 9 日于广州

著名公共卫生学家陈安良先生

　　陈安良先生（1908—1998）离开我们已经整整 6 年了。6 年来，每当想到这位德高望重的博士、教授和人民公仆，我就想起了著名诗人臧克家先生脍炙人口的诗句：

　　　　有的人活着，

　　　　他已经死了；

　　　　有的人死了，

　　　　他还活着……

　　陈安良先生就是这样一位"活着"在我们心里的人。他那渊博的学识、高尚的医德、谦虚的品格和求真务实的精神，永远启示着我们，激励着我们，是我们医务工作者、公共卫生工作者和所有爱国知识分子的榜样。

　　陈先生是中国法医学界的权威。他于 1938 年获得德国匹兹堡大学的法医学博士学位，是国际法医学会的终身会员。他亲手创建了中山大学医学院的法医学科，主持编写了建国后的第一部法医学教材——《法医检验学》。1985 年，中国法医学会成立，他以 75 岁的高龄，当选为名誉理事长。在坚持法医学的教学与科研的同时，他还长期担任广州市公安局的法医顾问，参与了许多重大的法医案例的检验和鉴定。

　　陈先生同时还是我国公共卫生学界的权威。早在 20 世纪 30 年代初期，他就做过广东省卫生防疫科科长。抗日战争期间，他曾先后担任第五防疫医院院长，军政部军医署第三、第七、第八防疫大队的技正、技监兼大队长等职务。1946年，他又到美国纽约大学医学院做博士后研究，主攻公共卫生学。建国后，他亲手创建了广州市卫生防疫站，并出任第一任站长。他在国内外重要学术刊物上发表了《免疫学及其淋巴细胞干扰素》等 40 多篇学术论文，出版了《劳动医学》等 5 部专著。他对自来水加氟防龋的危害性、对农村粪便管理、对飞机低空低容量灭蚊剂的喷雾技术、对日本血吸虫病和急性肠道传染病（如副霍乱、传染性肝炎）的防治等，都做了大量卓有成效的研究。

陈先生在法医学和公共卫生学领域辛勤耕耘的同时，还长期担任医疗卫生系统的领导职务。早在 20 世纪 40 年代中期，他就是广州方便医院的院长。建国后，他出任广州市第一人民医院副院长；1953 年，任广州市卫生防疫站站长；1964 年，任广州市卫生局副局长，主管卫生防疫工作；1980 年，出任广州市副市长，主管卫生工作。陈先生做官不打官腔，不摆官架子，更不搞特殊化，朴实无华，身体力行，实实在在地利用人民交给的权利为人民谋福祉，为广州市的医疗卫生事业谋发展。陈先生在这方面的感人事迹是很多很多的，大家可以看看有关回忆文章，我这里就不重复了。

这里着重谈一谈陈先生作为一名医疗卫生工作者的求真务实的精神。我认为，这是陈先生留给我们最为宝贵的精神财富。有一件事情，常常被台山市卫生防疫站的老同志提起。时间是在 20 世纪的 60 年代初，台山发现了一例出疹病人，他们请了中山医学院传染病科的一位权威教授来会诊，被认为是天花。这可是一件了不得的大事，因为我国已经宣布消灭了天花。怎么办？省卫生防疫站派陈先生去复核。陈先生利用自己的流行病学知识和临床经验，加上现场的调查，否定了这位权威的结论，认为是水痘，不是天花，从而平息了一场虚惊。事实证明，陈先生的结论是正确的。

还有一件事，知道的人就多了，这就是自来水加氟的问题。广州市从 1965 年开始学习西方国家和新加坡、香港的做法，在饮用水中加氟防龋。没想到若干年以后，不仅龋牙没有得到有效的防治，氟斑牙倒增加了很多。许多市民向防疫站投诉。陈先生知道后，首先提出停止加氟，却遭到有关人士的反对。他们认为可以通过调低饮水氟的含量来解决。70 年代后期，由于有关人士报喜不报忧，这项措施还在 1978 年的全国科学技术大会上获得了"全国科技先进集体奖"和

"科技先进个人奖"。当时，世界卫生组织也在推荐饮用水加氟防龋的做法，中华口腔医学会则把广州的"经验"推广到全国。面对如此殊荣，陈先生的心情是非常不安的。他说："我已经知道自来水加氟后的严重副作用，如果我不加以制止，我良心上是对不住人民的。这是职业上的犯罪行为。"陈先生顶住各方面的压力，排除来自国内外的干扰，以一位科学工作者的良知和对人民群众的责任感，以求真务实的精神，带领市卫生防疫站氟研究小组和中山二院的部分同志，通过两年多的深入调查研究，取得了大量的科学数据，于 1981 年完成了一份重要的研究报告：提出人体摄氟是多源性的，不应只看到水中的氟，食物中的氟也不能忽视。陈先生的这个结论，打破了数十年来 DEAN 提出的"人体摄氟只来自水"的错误结论。为此，陈先生再次提出停止自来水加氟。1983 年 10 月，广州市人民政府终于作出决定，历时 18 年的自来水加氟宣告停止。

　　求真务实这句话，说起来容易，做起来难。因为求真务实需要良知，需要勇气，需要顶住各方面的压力和排除各方面的干扰。在停止自来水加氟这个问题上，我认为，陈先生的贡献，不仅在于促使市政府作出了一个正确的决定，更在于为我们作出了一个好的榜样！我们应该发扬陈先生这种敢于坚持真理、纠正错误的精神，以广大人民群众的健康为出发点和最后归宿，不唯书，不唯上，只唯实。

2004 年 3 月 7 日于广州

补记

　　这篇文章是受原广州市卫生防疫站站长萧斌权先生之约而写的。2004 年春节过后，我因骨伤住进广州市越秀正骨医院。萧先生来看我，讲到他的老师陈安良先生的许多往事，还带来一些参考资料，约我写一篇纪念性的文章。这篇文章就是坐在医院的床头写成的。

2012 年 1 月 9 日于广州

著名文史学家张国光先生
——张先生的学术研究之特点

张国光先生（1922—2008），又名张绪荣，湖北大冶人，我国著名的文史研究专家，生前曾任湖北省政协常委、中国《水浒》学会执行会长、金圣叹学会会长、湖北大学古代文学学科负责人。1989 年被评为"全国教育系统劳动模范"，荣获"人民教师"奖章。张先生一生著述多达千万字，涉及文学、史学、哲学、历史地理学、教育学等多个领域，是一位贡献突出、影响广泛、学术个性极为鲜明的学者。

张先生的学术研究之特点，可以用四句话来概括：一是文学与史学的结合，二是传统与现代的结合，三是批评与建树的结合，四是学术研究与学术活动的结合。

一、文学与史学的结合

张先生是国内著名的文史专家，他治学的最大特点就是文史结合。这不仅体现在他的全部学术成果中，文学方面的占了三分之二，史学方面的占了三分之一，他能够在文学和史学这两个领域游刃有余，更体现在他的文学研究本身，娴熟地使用了史学研究的方法，并且取得了卓越的成就。张先生多次对我们讲，史学领域的一些方法，拿到文学领域就是"新式武器"。他以古代小说研究为例，指出懂考据的往往看不起小说，搞小说研究的往往不懂考据。把史学的考据方法引进到小说研究中来，就容易创新。在古代小说的版本、年代、作者、主题、人物原型等研究方面，他之所以会有那么多的创获，重要原因之一，就是他在历史文献学方面有着深厚的功底，尤其是在目录学、版本学方面有着丰富的知识，并且能够娴熟地使用考据学的方法。

张先生平时讲得最多的一句话就是："要详尽地占有史料。"批评有关论者时讲的最多的一句话就是："史料靠不住，观点不能成立。"张先生写文章，最擅长的就是"用史料说话"。为了论证一个观点，或者批驳一个观点，他都要使用大量的史料，有时多达十几、二十条。这些史料都是经得起专业史学家检验的，多是"铁证"。在古代文学研究领域，有些人不赞成或者不太赞成张先生的某些观点，并写过一些批评张先生的文章，但是由于他们缺乏史学方面的专业训练，所掌握的史料有限，辨别史料的能力与经验也有所不足，所以往往难以驳倒张先生，也难以为读者们所信服。张先生对于自己的学术观点，一直都是非常自信的。他的自信，首先就建立在史料的坚实上。

记得读研究生的时候，张先生给我们上的第一堂课就是讲学术研究的方法。在他所讲的多种方法中，第一个就是"文史结合"。他还特别讲到了陈寅恪在《王静安先生文集序》中对王国维的研究方法的总结和评价。对于王国维、陈寅恪这样的文史通才，张先生一直都是非常敬重的。

张先生之所以能够在文学和史学这两个领域游刃有余，之所以能够娴熟地使用史学的方法来研究文学，与他早年所接受的通才教育是分不开的。中国过去的私塾教育，原本就是文史不分的，原本就是一种通才教育。张先生从5岁开始进入私塾，在那里前后读了9年，在文史方面打下了坚实的基础。1942年考入湖北教育学院（1944年改为国立湖北师范学院，1958年改为武汉师范学院，1984年改为湖北大学）史地系之后，他进一步开阔了学术视野，受到了科学方法的严格训练。张先生在校期间，和同班同学刘先枚（后来任湖北大学历史系教授）等人一起成立"文史学会"，创办《文史副刊》，前后出了100期。由于在文史方面成绩优异，张先生受到院长陈友松、汪奠基和教授黎翔凤等人的器重。陈、汪、黎三位都是学贯中西的人，都是极力主张通才教育的。张先生对我们说："我从陈、汪两位教授的东西文化比较研究中受到启发，开阔了眼界。"又说：

"黎翔凤教授富于幻想，对于我的治学有很大的影响。"

二、传统与现代的结合

张先生治学的第二个特点，是传统与现代的结合。张先生的研究领域，包括古代文学、古代史、哲学史、教育史、文化史和历史地理等等，都属于传统文化，但是他的目光，他的着眼点，他的价值判断等等，却是现代的。张先生的论文只要问世，多数都能在古代文学界乃至整个思想文化界引起重要反响，这与他对现实问题的关注和敏锐是分不开的。

需要说明的是，张先生关注现实，但绝不迎合乃至图解某个现行政策。他所关注的，是思想文化界的那些具有某种代表性的思潮，而他对这种思潮又是很少附和的，多数都是持批判的态度。例如《霍光与有关〈盐铁论〉问题质疑》这篇论文，是为了批驳"四人帮"的御用写作班子"梁效"的那篇《读〈盐铁论〉》而写的，文章寄给《光明日报》之后，被姚文元扣压了一年多。当时的史学界弥漫着一股"御用气息"，张先生的这篇文章列举10证，不仅逐条批驳了"梁效"对历史的歪曲，同时也对"御用史学"的思想和方法提出了严厉的批评。又如《要排除深化改革、开放中"巨大的心理障碍"——评〈河殇〉作者宣扬的"巨大的文化包袱"、"巨大的历史负罪感"论》这一组文章，不仅批驳了电视系列片《河殇》的诸多错误观点（包括许多知识性的错误），也对20世纪80年代中后期思想文化界流行的一股轻率地否定传统文化的思潮提出了严肃的批评。再如《通山修建李自成墓之说信而有据——对韩长耕等同志诸文的驳议》、《赤壁古战场在蒲圻不在黄州的历史定论无可置疑——兼驳所谓"周郎赤壁"在汉阳、汉川、钟祥或武昌诸说》这两组文章，不仅对李自成的最后归宿和赤壁古战场的真正地理位置作了彻底的澄清，而且对20世纪80年代以后，许多地方为了发展旅游而不惜牵强附会甚至伪造文物的极端实用主义的做法提出了尖锐的批评。

张先生和现实的关系有隔膜的一面，也有不隔膜的一面。在世俗生活方面，在人际关系方面，他是隔膜的；在思想文化方面，他是不隔膜的，甚至是很敏锐的。我认为，一个真正的学者就应该如此。

张先生在传统文化方面既有非一般学者所能具有的博大精深的功底，在思想方面又有非一般学者所能企及的深度、高度、敏锐度和勇气，所以面对思想文化界的种种错误倾向和混乱局面，他总是有自己独立的判断、独立的见解，总是敢于把自己的判断和见解表达出来。在言论不自由的"反右"和"文革"中尚且如此，在言论相对宽容的改革开放时期就更不用说了。

张先生的许多文章之所以会有那么大的反响，就因为他对现实思想文化现象的观察和思考是敏锐而深刻的；张先生对现实思想文化现象的观察和思考之所以是敏锐而深刻的，就因为他对中国的传统文化是非常熟悉的。在张先生的心目中，传统文化是一种精神，一种灵气，一面镜子，一脉活水，而不是一堆死的文字。这种精神、灵气、镜子与活水，是可以时刻照鉴现实的。现实是传统的延续，无论它怎么变异，终不能逃脱传统那一只看不见的手。每个人既生活在现实中，又生活在传统中。凡是对现实问题有自己的独立见解的人，必定是对传统文化有自己的独立体认的人。而那些对现实问题毫无独立见解的人，要么是完全不熟悉传统文化，要么是没有把传统文化当作一种精神，一种灵气，一面镜子，一脉活水，而只是把它当成了一堆死的文字。

三、批评与建树的结合

在 20 世纪文史学界，张先生以擅长写作批评性（商榷性、辩驳性）的学术论文而广为人知。在他发表的单篇论文中，这类文章占了三分之一以上。他的这些文章，都是旗帜鲜明、言辞犀利的。

张先生所批评（商榷、辩驳）的问题，就史学方面来看，涉及孔子、霍光、韩愈、宋江、李岩、李自成、赤壁之战、《史记》、《盐铁论》、《顺宗实录》等历史上的重要人物、重要事件和重要史籍；就文学方面来看，则涉及屈原、刘勰、金圣叹、鲁迅、公安派、竟陵派、《文心雕龙》、《三国演义》、《水浒》、《歧路灯》、《红楼梦》等重要作家、重要流派和重要作品。这些人物、流派、事件、史籍、作品，都曾经是 20 世纪学术领域的热点问题。

张先生所批评（商榷、批驳）的对象，从清初的钱谦益，到现当代的胡适、蔡尚思、邓广铭、李培浩、瞿林东、胡如雷、韩长耕、何天行、蓝翎、王利器、周村、章培恒、聂绀弩、罗尔纲、公盾、何满子、周汝昌等等，再到日本的三玲泽尔，也多是学术界的重量级人物。

就学术领域的热点问题与学术界的重量级人物进行商榷、辩驳，旗帜鲜明，据理力争，锋芒直指，是张先生的一贯特点或风格。张先生从来不迷信任何"权威"，在他看来，从来就没有所谓一贯正确的"权威"。张先生这种敢于质疑、敢于批评、敢于发表不同意见、敢于坚持正确观点的特点或风格，为他赢得了重要、广泛而持久的学术声誉，也给他招致了不少麻烦，甚至灾难。1957 年被划为"极右派"，长期被剥夺上讲台和发表署名文章的权利，"文革"期间被下放劳动等等就不用说了，即便是在改革开放以后，在学术氛围相对宽松的时期，张先生也不止一次地遭到少数人的误解、不满，甚至打击报复。

张先生没有因为少数人的误解、不满、打击报复而改变自己的学术风格，没有向错误的观点妥协、退让，更没有放弃自己的正确意见。正因为这样，直到今天，张先生还被少数人称之为"好斗"的人，"好辩"的人，或是"有争议"的人。

事实上，在我国大陆学术界，像张先生这样敢于质疑、敢于批评、敢于发表不同意见、敢于坚持自己正确观点的人，可以说是弥足珍贵的。只要我们回顾一下建国后的前 30 年，在"左"的思想文化政策的统制之下，学术界那种"一花独放、百花凋零，一家独唱、百家噤声"的局面，我们就可以深切地感受到，像张先生这样敢于发表不同意见、敢于坚持真理的人，是多么的难能可贵；只要我们正视近 20 年来在名誉、金钱、地位、权力等世俗力量的驱使之下学术界所充斥的种种阿谀、虚骄、乡愿、平庸、作伪之习，我们就可以深切地感受到，像张先生这样敢于坚持原则、决不退让、决不拿学术做交易的学者实在是太少了！中国大陆学术界缺少批评的声音，缺少真正的批评家，这是人所共知的事实，许多人常常为之遗憾、叹息，为什么一提到张先生，就一定要以"好斗"的人、"好辩"的人或是"有争议"的人视之呢？

也有一种意见认为：张先生的批评精神是难能可贵的，但是他的一生，写作批评性（商榷性、辩驳性）的文章太多，花费了大量的时间和精力与人论争，影响了自己的学术建树。例如张先生生前出版的学术著作，除了古籍整理，就是论文集，没有一本专著，没有自己的体系，这是有些可惜的。这个意见看似有些公允，但是在我看来，还是对张先生缺乏了了解，还是带有很大的片面性。

第一，学术成果可以有多种表述形式，可以是专著，也可以是论文。就论文的表述方式来讲，可以是立论，也可以是驳论，或者二者兼而有之。古今中外的学术成果，并不局限于某一种表述形式或表述方式。学术成果采用哪一种表述形式或表述方式并不重要，重要的在于是否有建树，是否有创新价值。

第二，张先生一向信奉"不破不立"的原则，他的批评性（商榷性、辩驳性）文章，通常是有破有立的，或先立后破，或先破后立。每一篇文章都有坚实的史料或证据作支撑，都有独到的见解和学术上的创新价值。

第三，张先生的学术论文中，批评性（商榷性、辩驳性）的文章其实不到一半，一半以上的文章是从正面立论的。这些文章在学术上的建树和创新意义，仅仅从文章的标题就可以看出来，毋庸细述。

第四，张先生生前出版的著作有多种，主编的不算，古籍整理方面的不算，仅论文集就有《水浒与金圣叹研究》（1981）、《金圣叹学创论》（1993）、《文史研究论文选》（1981）、《古典文学论争集》（1987）和《文史哲学新探》（1992）等五种。这五种论文集中，前两种都是有体系的。尤其是《金圣叹学创论》，汇集了他一生所写的关于金圣叹的46篇论文，内容上包含五个有机组成部分：①金圣叹之生平及其文艺、哲学思想研究；②关于金圣叹评论之评论；③金圣叹与《水浒》；④金圣叹与《西厢记》；⑤金圣叹诗文评论。另外，还有一个附录，收录了18篇金圣叹研究方面的学术资料。这部论文集的编排是颇具匠心的，从宏观到微观，可以看出张先生在金圣叹的研究方面有一个完整的体系，他在自觉地建立一门"金圣叹学"。虽然不是专著，但是和国内近年来出版的几本金圣叹研究专著相比，这部论文集的分量是最重的，所涉及和解决的问题是最多的，学术价值也是最高的。张先生无疑是海内外最具原创性、最有建树、最有体系因而也是最权威的金圣叹研究专家。

第五，张先生尚未出版的著作还有六种，即《金圣叹评传》、《水浒学新体系之构建》、《海峡两岸当代红学新评价》、《〈三国演义〉人物之历史原型》、《永贞革新史论》和《李自成起义斗争史》。这六本书都是专著，并且都是有体系的。尤其是《金圣叹评传》和《水浒学新体系之构建》这两本书，学科意识和体系意识非常明确，学术价值也是第一流的。

第六，在古代文学研究领域，张先生不只是在《水浒》和金圣叹研究方面卓有建树，在古代文学的其他领域也有许多建树。张先生是国内少有的带过"先秦"、"唐宋"和"元明清"三个阶段的研究生的人。从先秦文学到近现代文学，张先生是贯通的。从《诗经》、《论语》、《庄子》、《楚辞》、《吕氏春秋》、《山海经》、《列子》、《学记》、《过秦论》、《史记》、《汉书》、《三国志》、《文心雕龙》，到杜甫、韩愈、柳宗元、张籍、白居易、元稹、李商隐、南唐二主、柳永、苏轼、陆游、辛文房、公安三袁、钟惺、谭元春、钱谦益、金圣叹、吴汝纶的诗、文、词，再到《西厢记》、《三国演义》、《水浒》、《三言》、《歧路灯》、《红楼梦》，直至毛泽东的诗词和姚雪垠的《李自成》，张先生都写过论文，都有独到的研究和见解。从时间的维度来考察，张先生的古代文学论文也是成体系的。

总之，批评和建树，是张先生学术研究的核心价值之所在。没有批评就没有建树，没有建树就没有批评。有的人有批评，但缺少建树；有的人有建树，但缺少批评。张先生是把这二者结合得最好的学者之一。

四、学术研究与学术活动的结合

张先生还是一位有成就的学术活动家。他的学术活动主要集中在 20 世纪 80

年代初期至 90 年代中期，前后大约 15 年。这个时期，随着大陆改革开放的逐步展开，学术环境也变得相对宽松，学术活动呈现出活跃的局面；张先生积累了几十年的学术成果陆续问世，在学术界的反响越来越大，名望越来越高；省、市、学校有关部门对张先生的学术研究与学术活动给予了相当的理解和支持，他本人的身体和精神状态也很好。正是由于这些条件的共同作用，使得张先生的学术活动得以渐次展开，并且取得了显著的成效。

张先生的学术活动主要包括以下几个方面：

一是建立学会。张先生亲手筹备建立并亲自担任会长、执行会长的学会主要有，湖北省《水浒》研究会（任会长）、中国《水浒》学会（任执行会长）、金圣叹学会（任会长）和武汉《红楼梦》学会（任会长）。另外，张先生还参与建立了湖北省古代文学学会，并担任第二任会长。

二是办刊物。张先生亲手创办了"水浒学"研究方面的第一个公开刊物——《水浒争鸣》，并担任主编；亲手创办了"红学"方面的一个最新刊物——《红学新澜》，并担任主编。张先生还创办并主编了三辑《水浒研究通讯》。

三是筹备和主持召开学术会议。张先生一共筹备和主持召开了多少个学术会议？至今还缺乏统计。我从《中国学术界大事记》（1919—1985）里找到了四条记载：① 1981 年 11 月 14 日至 18 日在武昌举行的"全国首届《水浒》讨论会"；② 1984 年 3 月 13 日在武昌举行的"首届中国古代小说理论讨论会"；③ 1985 年 5 月 12 日至 14 日在天门举行的"首届竟陵派学术讨论会"；④ 1985 年 10 月 28 日至 11 月 2 日在通山举行的"李自成学术讨论会"。这四个被载入史册的全国性重要学术会议，都是在张先生的筹备和主持之下召开的。（王亚夫、章恒忠：《中国学术界大事记（1919—1985）》，上海社会科学院出版社，1988 年版）此外，张先生还主持召开过许多全国性的学术会议，仅仅是中国《水浒》学会的年会，他就主持过六次，至于全省性的或区域性的学术会议，那就更多了。

四是领衔主编学术著作和教材。除主编《水浒争鸣》1～5 辑、《红学新澜》

1~2辑外，张先生还领衔主编了《中国古代小说理论研究》、《竟陵派与晚明文学革新思潮》、《竟陵派文学研究论集》、《晚明文学革新派——公安三袁研究》、《文学与语言论丛》、《文学与语言论集》（二集）、《红学新潮》、《古典文学新论》、《中国古典文学系列讲座丛书》、《中国古典文学知识问答》、《大学语文研究》、《湖北省高等教育自学考试公共课大学语文教材》等10多种学术著作和教材。（张建民：《张国光学术年表》，湖北大学中国古代文学学科、《水浒争鸣》编委会：《争鸣与创新：张国光教授纪念文集》，长江文艺出版社，2009年版）

五是作学术报告。从20世纪80年代初期开始，张先生经常应邀在国内一些高等院校和学术会议上作报告。张先生一共作了多少场学术报告，连他自己都没有统计过。张先生作报告是不用讲稿的，连提纲都不要。所有的材料他都烂熟于心，从头至尾滔滔不绝，如果没有主持人的提醒，多数讲演是要超时的。张先生报告之后，提问的人也很多，场面非常活跃。

张先生的一系列学术活动，花费了不少时间和精力。有人因此认为，如果张先生没有这么多的学术活动，他的成果可能会更多。这话不能说没有一定的道理。但是，据我所知，张先生的时间观念是非常强的，他把学术活动和学术研究二者都兼顾得很好。即便是在学术会议期间，他也没有停下自己的学术研究。他通常是在白天主持召开会议、作报告，晚饭以后在住所接待来访的客人，夜深人静之后，他便开始了自己的学术研究。张先生平时不理家务，没有行政事务，也不参加什么文娱体育活动。他平均每天从事学术研究的时间一般都在10个小时以上。这个时间不能不谓多，而他从事学术活动的时间，则是他摒弃了一切俗务之后节省下来的。

张先生从事学术活动，不仅没有耽误他的学术研究，反而促进了他的学术研究。更重要的是，他的学术活动促成了"水浒学"和"金圣叹学"这两个学科的建立与发展，促成和推动了文史领域其他许多重要学术问题的研究和讨论，团结、带动和激励了一大批中青年学者从事学术研究，活跃了国内相关领域的学术气氛，也为湖北省、武汉市和湖北大学的人文社会科学研究作出了重大的贡献。

如果张先生只是从事单纯的学术研究，而不从事相关的学术活动，那他就只能是一个独善其身的学者，而不是一个惠及他人、惠及社会的学者。如果他不从事相关的学术活动，他就难以得到应有的激励和批评，他的学术研究本身也会打折扣。所以说，学术研究和学术活动，在张先生那里是相辅相成的。有的人不能静下心来从事学术研究，一天到晚都在活动，成了一个"会翁"，一个职业的学术活动家；有的人则一天到晚钻在象牙之塔里不出来，两耳不闻窗外事，没有服务他人、服务社会的意识和精神，也不知道从他人、从社会吸取养料，成了一个自我封闭的学者。张先生既非前者，也非后者。他既是一位杰出的学者，也是一位有成就的学术活动家。他是把学术研究和学术活动结合得最好的人之一。

2008 年 11 月 8 日于广州

附录 1：

远去的学术重镇

——与张国光先生开门弟子曾大兴教授的对话

《楚天都市报》记者　周洁

对话背景：清明节，一个怀念先人的日子。

3 月 19 日，国内著名学者张国光教授逝世，享年 86 岁。张先生学问贯通博雅，生前已发表（出版）的论文、著作和古籍整理成果多达千余万字，已完成而尚未出版的著作就有六种。由于身体不好，又没有科研经费，无法进行正常的学术研究，因此张先生卧病前五年捐出自己的全部藏书给湖北大学图书馆，无奈中毁掉了自己的大部分信件，给他的家人、朋友和弟子留下了永远的伤痛，也给学术界留下了永远的遗憾。清明节前夕，本报电话采访了张先生的开门弟子曾大兴，追念先生，走近这座远去的学术重镇。

人物介绍：张国光（1922—2008），湖北大冶人，著名文史专家，湖北大学中文系教授，曾任湖北省政协常委、湖北大学中国古代文学学科负责人、中国古代小说戏曲研究所所长、中国《水浒》学会执行会长、金圣叹研究会会长、湖北省古代文学学会会长、湖北省《水浒》研究会会长、武汉《红楼梦》学会会长。1989 年被评为"全国教育系统劳动模范"，荣获"人民教师"奖章；1991年起享受国务院"政府特殊津贴"。

曾大兴，1958 年生，湖北赤壁人，广州大学中文系教授、系主任，知名词学家和文学地理学家。1978 年考入湖北大学（原武汉师范学院）中文系，1982

年考取该校古代文学专业研究生，为张国光先生开门弟子，代表作有《柳永和他的词》、《中国历代文学家之地理分布》等。

一、"论从史出"，名扬天下

周：张国光先生是我国著名的古代文学专家。对于普通老百姓来说，"著名"二字太过抽象。作为张先生的开门弟子，能不能给我们说说他的"著名"之处？

曾：张先生在古代文学、史学、历史地理学、哲学史、文化史、教育史等多个领域均有独到的建树。他是第一个主张为所谓"封建反动文人"金圣叹平反的人，也是第一个提出"两种《水浒》，两个宋江"这个观点的人。他一手创立了中国《水浒》学会和金圣叹学会，还创办了《水浒争鸣》这个"水浒"学研究方面的唯一刊物……由于在古代文学研究方面创造了许多个"第一"，人们称他为国内著名的古代文学专家。真正熟悉他、了解他的人，则称他为著名的"文史专家"。

周：张先生在史学方面有怎样的影响？

曾：影响很大。举一个例子："文革"后期，"四人帮"搞了一场所谓"评法批儒"的闹剧，借批所谓"大儒"来影射周恩来总理，西汉著名宰相霍光也在被批之列。当年，史学界的学者们连自保都困难，敢于站出来发表不同意见的人就更少了，而一再地遭到批斗的张先生却写了一篇长文《论霍光》，并寄给了《光明日报》。《光明日报》有关同志认为这是一篇"论从史出"、有理有据的好文章，但不敢发表，送给姚文元定夺，结果当然是不能发表。《光明日报》又舍不得退稿，于是就压在报社里，这一压就压了两年。1976 年 10 月，"四人帮"一倒台，《光明日报》就发表了这篇文章，考虑到张先生是一个有"政治问题"的人，便署了"古平"这个名字。这篇文章在当时起了拨乱反正的作用，在今天看来，仍然是一篇有很高学术价值的论文。

周：您怎么知道"古平"就是张国光的？

曾：当年，中央人民广播电台在黄金时段全文广播了该文。我当时还是一个农村青年，刚过 18 岁，正在现在的赤壁市一个叫八角坳的大型水利工地上劳动。我一边挑土，一边听工地上的高音喇叭播放这篇文章。那个播音员的声音，真是慷慨激昂啊，就好像是在播一篇社论。1978 年，我考进了张先生所在的武汉师范学院（现湖北大学），才知道"古平"就是张国光先生发表这篇文章时用的笔名。

在张先生已经完成但尚未出版的六本书中，有三本是属于史学的，即《〈三国演义〉人物之历史原型》、《永贞革新史论》和《李自成起义斗争史》，如果把他曾经出版的收录了不少史学论文的《文史研究论文选》、《文史哲学新探》加起来，先生在史学方面的成果，可以说是很可观的。

二、"汗湿青衣"，辛苦育人

周：张先生当年是如何带你们这班学生的？

曾：从本科生到研究生，我在张先生的门下读了七年书，他对我的教诲几天几夜都说不完。1978 年秋天，我考进湖北大学中文系。张先生为我们讲了整整两年的古代文学，从先秦诸子一直讲到宋代诗文。先生说，我们这一代是被"文革"耽误了的一代，上课时特别尽心尽力。例如讲到《诗经》、《楚辞》、《庄子》等经典，他是一个字、一个字地讲，从文字、音韵、训诂，讲到作品的思想价值、艺术成就，非常细致，不厌其烦，生怕我们没有搞懂。每到星期六的下午，如果学校和系里没有别的安排，张先生就给我们补课。不少同学是武汉人，有近三分之一的人还是成了家的，要回家，着急。张先生也急，但是再急也不肯提前下课。武汉的秋天是比较凉爽的，但是我们常常发现，两堂课下来，先生的衣服总是汗湿了一大片。

周：可以想象，先生恨不得把他所拥有的知识全都交给学生。

曾：就是那样。张先生喜欢布置作业，每两个星期就有一次，都是要求写成小论文。我们那个年级有 3 个班，120 多人，每个人的论文他都认真地改，并写上评语。评语大都热情洋溢，有许多鼓励的话。等到下一次上课时，他总要用半节课左右的时间来评点我们的作业。他的这种热情，这种兢兢业业的精神，对我们的影响是很大的。后来在我们这个年级出了多名在国内有一定影响的古代文学教授，这与先生当年的悉心教诲是分不开的。

周：您跟随先生学习七年，他对您影响最大的是什么？

曾：张先生说的最多的是两句话：一是"要详尽地占有史料"，二是"要有自己的独到见解"。他给我的毕业赠言是："耻一字不出于己，命一笔欲高于人。"这些都深刻地影响了我的学术研究，也影响了我的人生。

张先生做学问很严谨，生活上却很有人情味。他不主张给研究生上那么多课，多是把我们约去谈话，时间也不固定。谈话的地方有时是在书房，有时在饭厅。张先生时常留我们在他家吃饭，他家的好酒好菜有不少是让我们给吃了。记得有一次吃饭，我就坐在张先生的旁边，我的饭碗里有一粒谷子，张先生发现了，就用自己的筷子帮我夹出来……

三、晚年的焦虑，永远的遗憾

周：在张先生追思会那天，我们采访了他的好几位学生，大家都深感悲伤和痛惜，都说张先生的去世给学术界留下了永远的遗憾，您能不能讲得具体一点？

曾：我们悲伤和痛惜，不仅仅是因为我们永远失去了一位好老师，还因为老师的晚年并不快乐，他有严重的焦虑感。

周：像张先生这样著作等身、桃李满天下的学者，何来焦虑？

曾：张先生1946年大学毕业之后，教过一段时间的中学，著名相声艺术家夏雨田先生就是他在中学教过的学生。1958年，武汉师范学院创建之后，他来到这间大学，一直工作到1996年离休。他在教书育人这个岗位上辛勤工作了50年，可以说是桃李满天下。

但是，对于一位人文学者来讲，离休并不意味着学术生命的终止。他还有许多计划中的论文和著作没有完成，已完成的部分也还有许多没有加以整理和出版；他曾经写过一部《自编年谱》，但也只是一个初稿，还有许多地方需要完善；他的《著作目录》也编得不全，需要补充。张先生离休之初，仍然是雄心勃勃的，一天最多睡五个小时，从来没有节假日，不抽烟，不喝酒，不打牌，也不参加体育活动，可以说学术研究成了他晚年唯一的生活内容。

问题是学术研究需要学术经费，开会要钱，出书要钱，复印和购买参考资料要钱，像他这样不会用电脑的老人，连论文的输入、打印也是要花钱的……他一个月三千多块钱的离休金，即使不吃不喝，不买衣服，全都用在学术研究和学术活动上，也是远远不够的。这样的窘况，能不让他焦虑？

2003 年，他生了一场病，在医院里住了很长一段时间。出院不久，他就把自己两屋子的藏书全部捐给了湖北大学。在捐书之前，他把自己珍藏了几十年的书信，包括国内外许多著名学者写给他的书信几乎都烧毁了。

周：其实书信更是史料，烧毁多可惜。

曾：他的这个举动，让家人非常不解，非常痛苦。学术研究是张先生的精神支柱。一旦不能从事学术研究了，他就以为自己成了一个无用之人。一个无用之人还要书干什么？还保留那些信件干什么？这就引发了上述不够理性的行为。

张先生大量的书信被烧毁了，这就给后人研究他的学术经历和学术交流带来了许多困难。所以，我们说张先生的去世，给学术界留下了永远的遗憾。

《楚天都市报·对话版》2008 年 4 月 6 日

作家王蒙的古代文学研究

——在王蒙作品研讨会上的发言

王蒙先生是当代著名的作家，也是一位有成就的古代文学学者。王先生的中国古代文学研究主要包含两个方面，一个是《红楼梦》研究，一个是李商隐研究。他的代表作有《红楼启示录》、《活说〈红楼梦〉》、《双飞翼》、《心有灵犀》等。

王先生是一位大作家，他的创作风格是多样化的，这一点不用我来讲，大家都是这样认为的。我现在要强调的是，王先生作为一个学者，他的研究风格、表述风格也是多样化的，他的文体也不是单一的。

王先生的古代文学研究成果有两种表述方式，或者说两种文体，一种是随笔式的，或者笔记式的，或者诗话、词话、文话式的，这是一种传统的学术表述方式，一种传统的文体。王先生的《红楼梦》研究成果，包括《红楼启示录》、《活说〈红楼梦〉》等，基本上就是一种随笔式的文体，他的许多独到的、精辟的见解就包含在这种随笔式的表述之中。在这一类文章中，王先生往往会独具慧眼地提到某个问题，表达某个观点或者意见，但是一般不展开论证。

还有一种是论文式的，这是一种现代的学术表达方式，有人称之为"学报体"。王先生的李商隐研究成果，包括《双飞翼》、《心有灵犀》两本书所收录的10多篇文章，就是这种表述方式或者文体，是比较纯粹、比较专业、比较规范的古代文学研究论文。王先生在这一类文章里，往往要事先梳理一下前人的观点，然后再提出自己的观点或者意见。对于他自己的观点或者意见，往往要展开比较周密的论证。

有的人读了王先生的《红楼启示录》、《活说〈红楼梦〉》之后，感慨很多，说古代文学研究方面的文章就应该这样写。这样的文章既有学问又有思想，既有文采又有可读性。说完王先生的这类文章之后，这些人就把古代文学专家们的论文，即所谓"学报体"批一通，说那些论文都是些经院式的东西，有学问，但没思想，没文采，没有可读性，只能束之高阁。

据我所知，王先生本人从来没有讲过这样偏激的话。王先生对古代文学专家是尊重的，对古代文学专家的论文也是尊重的。王先生是"李商隐研究会"的名誉会长。这个研究会，每两年召开一次全国性的会议。有专家讲，王先生只有一次没有到会，其他时间都到了，而且每次都提交规范的论文，都在会议上做精彩的演讲。这说明王先生是一位真正的李商隐研究专家，是一位真正严谨的古代文学学者。

王先生研究李商隐的文章，基本上都是用论文的形式写成的。这些论文不仅有学问，有思想，有新见解，有新发现，而且写得很规范，很细致，很有逻辑力量。

我这里只重点介绍他的《雨在义山》这篇论文。

这篇文章，如果只看标题，你可能会认为是一篇随笔。但是，只要一看文章本身，就马上可以断言，这是一篇规范的高质量的论文。

研究李商隐的论文非常多，但是专门研究李商隐诗歌中的"雨"这个意象，王先生的文章是第一篇。所以在选题方面，它是具有独创性的。

再看王先生所下的功夫。他以叶葱奇的《李商隐诗集疏注》（人民文学出版社 1985 年版）为依据，做了非常细致的统计。指出在李商隐现存的 570 余首诗中，以"雨"为标题的有 12 首，诗中有"雨"字出现的，有 52 首。据我所知，叶葱奇的这个本子是没有电子版的。到目前为止，只有《全唐诗》有电子版，所有的唐代诗人的别集似乎都没有做成电子版。可见，王先生的这个统计是手工完成的。这说明王先生和其他的古代文学专家一样，是下了许多"笨功夫"的。

王先生的第一步是做统计，指出"雨"是构成义山诗的一个重要因子。第二步是描述义山诗中"雨"的自然特征。王先生把它归纳为三点，一是"细"，二是"冷"，三是"晚"。"雨"作为一种自然现象，它的特征并不止这三点，但是李商隐为什么偏偏要钟情于这三点呢？这显然与李商隐本人对于"雨"的主观感受有关。所以王先生的文章就进入到第三步，就是分析李商隐对于"雨"的主观感受。王先生把它归纳为四点：① "雨对于李商隐，带来了一种漂泊感，一种乡愁"；② 一种"阻隔"的感受；③ "迷离"感；④ "忧伤"感。在分析了李商隐对于"雨"的主观感受之后，王先生的文章进入第四步，即对这种"雨"进行美的评价。王先生指出，"雨"在义山那里，首先是一种美的体验，其次是一种美的表达的过程，最后是一种美的形式。第四步所作的分析，最具美学的色彩。第五步，是把义山的"雨诗"和别的诗人的"雨诗"进行比较，并由此而探讨李商隐的性格，探讨他的身世的"性格根源"。由"雨"这个意象还原到作品本身，再由作品还原到作家本身，还原到人本身，还原到人的性格本身。这一部分最有深度，视野也最开阔。

我对王先生的观点不做具体的评述。总的来讲，他的观点我是赞同的，欣赏的。我这里只是关注他的思路，他的研究方法，他的层次感，他的逻辑推理。通过细读这篇论文，我强烈地感受到，他的准备是很充分的，思维是很严密的，行文是很严谨很规范的。

他这样的文章，是经得起专家的推敲和时间的检验的。最近，华东师大的胡晓明编了一本《唐诗二十讲》，收录了闻一多、傅庚生、蒋孔阳、吴调公、李长之、周勋初、林庚、吴小如、程千帆、黄永年、陈允吉等20位著名学者的20篇研究唐诗的文章，其中就有王先生的《雨在义山》这一篇。王先生作为一位有成就的李商隐研究专家，可以说是当之无愧的。

总之，王先生的古典文学研究成果有两种表述方式，两种文体，一种是随笔式的，一种是论文式的。王先生的古代文学随笔固然写得很好，他的古代文学论文同样也写得很精彩。有人因为王先生的古代文学随笔写得好，就贬低古代文学专家的那种规范的论文。其实王先生也写那样规范的论文。王先生对古代文学专家是很尊重的，对古代文学专家的那种规范的论文也是很尊重的。如果王先生不尊重古代文学专家，他就不会那么积极、那么热情地参加每两年一次的李商隐学术研讨会；如果王先生不尊重古代文学专家的那种规范的论文，他就不会写作那样的论文。我们对王先生的文学作品的研究，要做到"顾及全人"、"顾及全篇"，对王先生的古典文学研究的考察，也要做到"顾及全人"、"顾及全篇"。

还要指出的是：20 世纪 80 年代，王先生提出了"中国当代作家的非学者化问题"。这个问题的提出，无论是在作家当中，还是在学者当中，都产生了强烈的反响。王先生不仅非常严肃地提出了这个问题，他自己也身体力行，在当代作家当中，率先从事学术研究。他的《红楼梦》研究，李商隐研究，还有老子研究，都是很见功力的。后来有某些作家跟着从事学术研究，也写了一些文章。但是他们的学术成果的表述方式基本上都是随笔式的，基本上没有规范的论文，论证不严密，结论或者观点经不起推敲，得不到专家们的认可。这就说明一个问题，即一个人开始从事学术研究时，最好还是从写论文入手，写论文是锻炼学者、培养学者的最好的方式。写作规范的学术论文，是培养学者的思维方式、研究方法、研究能力的最好的途径，这是中外学术界无数的事实证明了的。等到有了一定火候和功底时，再写学术随笔，这个随笔就见功力。就像一个人要当作家，还是要力争先在大家公认的、严肃的文学刊物上发表作品，而不是自己掏钱去出书，去印文集一样。

2009 年 11 月 6 日于澳门

诗化人生

——解聘如和他的《爱与人生》

人的生存状况和生活态度是多种多样的，不过概而言之，不外两种：一曰功利的人生，一曰审美的人生。功利的人生，凡事都要权衡利弊得失，都要计较是非功过，活得实在，但也活得累。审美的人生则不然，一切但求和谐，但求适意，把世俗的地位、财富、荣誉等看得比较淡，活得轻松，活得浪漫。用文学的语言来讲，前者可谓散文的人生，后者可谓诗的人生。当然，百分之百的审美的人生或曰诗的人生是没有的，多少总要掺杂一点功利，总要揉进一点散文的东西，因为社会是一个功利化的社会。不过，功利之余来点审美，总是好事，至少会给生活带来一点抒情、浪漫的色彩。闲来无事，聆听解聘如先生的散文集《爱与人生》（达式常、姚锡娟播讲，广东省语言音像出版公司出版），就有一种强烈的美的、诗的感觉。

解聘如先生是一位行政干部，他的职业性质要求他必须功利一点。但是综观他的大半生，他更是一个浪漫主义者，一个诗人。20 世纪 50 年代中期，他就读于南京大学外国文学系，专攻欧美语言文学；在 60 年代中期以后的 25 年间，他任新华社驻外记者，足迹遍及五大洲的 43 个国家和地区。"饮过尼罗河、恒河、密西西比河、亚马逊河、泰晤士河、莱茵河、多瑙河、刚果河的水。穿行了蒙古大草原、撒哈拉大沙漠、东非天然动物园。曾在莫斯科红场、柏林墙、巴黎凯旋门、罗马斗兽场、开罗金字塔、赤道界碑前伫立。"在他的作品里，就有"晨雾中的日内瓦，夜幕下的纽约，樱花如雪的京都，月光似水的威尼斯；还有梵蒂冈的大教堂，金沙萨和洛杉矶的钻石博物馆"等一系列美的剪影。（解聘如：《写于卷首》，载《看世界》1994 年第 2 期）1987 年回国之后，他先后担任广州市外事和新闻出版方面的领导工作，但工作之余，仍诗心不改，吟诵、写作不辍，有新作《聘如问答录》和《爱与人生》问世，并且翻译出版了多种欧美小说、童话和传记。

《爱与人生》是一部用问答体形式写成的散文诗，其中包括"人与人生"、"爱与人生"和"我与人生"三部分。贯穿于全诗的主旋律，是对于人生最高境界——真善美的渴望和探索。他认为真正的"好人，应该是有责任心、有是非感和有爱心的人，他们的言行能让别人快乐，能使社会增色"。他认为最不可交往的人，则是那些"缺乏真诚者，狂妄自大者，实用主义者，妒忌心太重者"。他强调，判断一个人"不能看标签，而是看他有无善意和真诚"。他指出"人生最大的暗礁是'轻信、自满或自卑，重利轻义'，人类最大的祸害则是'利欲熏心、见利忘义'"。

他一而再地严肃抨击那些实用主义者和重利轻义、见利忘义之徒，显然具有针砭时弊的用意。改革开放以前，社会处于封闭和僵化状态，人们的物质欲望被深深地压抑着，往往怯于言利、羞于言利。改革开放之后，人们的物质欲望被空前地激活，不再怯于言利、羞于言利，而是勇于言利、争于言利，不少人甚至唯利是图、见利忘义。从社会历史发展的角度来看，勇于言利，争于言利，对国家或对个人也许是好事，但是，若唯利是图、见利忘义，则使人开始异化堕落，甚至危及他人和社会。聘如先生在他的作品中严肃抨击那些见利忘义、唯利是图的小人，表现了一位诗人的社会责任感和良知，是应该给予充分肯定的。

在现实生活中，人生的理想境界应该是功利与审美的统一。完全不讲功利，则可能流入虚幻、浮泛；完全不讲审美，则容易流入庸俗、委琐。人的价值是多方面的，人的价值评价体系也是多元的。人的价值并不仅仅体现在利这一方面，仅仅用利的多寡来衡量人的全部价值，显然是大错特错的。聘如先生指出：在钱和人的关系上，"钱太重了，人就轻了"。这是极简练极富有哲理内涵的表达。

聘如先生的《爱与人生》，文风非常简洁，不雕琢，不堆砌，更不矫情。他的语言既生动，又包含着丰富的哲理。譬如：

问：人太复杂了，你能给人下一个简明扼要的定义吗？

答：人，是世界上站得最直的动物。

问：人与人的距离越近越好吗？

答：常常是身近而心远，身远而心近。

问：你对好人常遭非议的现象怎么看？

答：这就好像纯净的空气会遭到污染一样自然。

问：怎么样才算是有眼光的人？

答：能把远的拉近了看，能把近的推远了看。

问：人生的两翼是什么？

答：担当和摆脱。不担当就没有责任感，不摆脱就没有自由感。

好一个"担当和摆脱"！这正是我们所说的功利和审美！我劝有兴趣的朋友坐下来听听这盒录音带。从这里，我们不仅会进一步明确我们的责任，同时也会享受我们久违了的艺术自由！

1994 年 11 月于广州

楚文化的诗的礼赞

——青年诗人金辉和他的《楚魂》

　　诗是一种文化符号，也是一种文化载体。诗是文化，又是文化的一种把握方式。文化涵养、制约着诗，诗阐释、描述和传播着文化。真正的诗，总是蕴含着特定的文化成果和文化信息，显扬特定的文化意向和文化性格。诗人对文化的感受是相当敏锐的，但是他们对于文化的描述却大都流入不自知。20 世纪 80 年代，随着中国大陆文化大讨论的展开和深入，在我们这个文化积淀最为丰厚而文化追求又最为迫切的土地上，崛起了一批文化诗人，产生了一批以"寻根"为总体特征的文化诗。这些诗人和诗作的目光主要投向古老的中原文化，而楚之苗裔、湖北籍青年诗人金辉，则是一个满腔热情地把目光投向楚文化，以瑰奇的诗笔来讴歌和弘扬楚文化的诗人。

　　作为 20 世纪 80 年代的第一届大学毕业生，金辉是带着新时期知识分子的科学理性和南方农民的热情淳朴走向诗坛的。较之那些在宿舍、教室和图书馆组成的三角地带独抒性灵的校园诗人，金辉有着更多的同时也是更贴近普通人的独特的生活感受和审美观照。他在上大学之前，当过 10 年农民和民办教师。大学毕业至今，又一直在县以下的农村基层组织做行政领导工作。他的许多诗歌，就是在田头地边和水利工地上写成的。他是农民的儿子和丈夫。但是较之那些通过写诗来学习文化的诗作者，他又有着比较开阔的文化视野和比较扎实的理论准备。他曾经是大学里的高材生，毕业以后又发表过《长江流域文化的特征及其对民族性格的影响》一类的学术文章。金辉写文化诗，无论就其对社会生活的独特感受而言，还是就其对历史文化的理性观照而言，都不是偶然或非自觉的。

金辉在生活感受和理性思维方面的双重优势，赋予他的文化诗以双重品格。他的文化诗是楚地农村生活气息与文化思维的交融，只是有一类诗的文化思维气息比较浓烈，而另一类诗的楚地农村生活气息比较馥郁。

如：

> 说什么　齐鲁儒学是汉文化的正宗
>
> 独不见　老庄之道辩证恢宏
>
> 骑鲲鹏翼翅　游九极八荒
>
> 独不见　屈子《天问》深邃渺远
>
> 直问得造物主瞠目结舌翘首痴望
>
> 《诗三百》"思无邪"一言约束
>
> 楚《离骚》苦求索《九歌》浪漫
>
> 一本正经自拴绞索
>
> 离经叛道生机盎盎
>
> 　　　　　　（《雄性的楚史》）

雄辩快语，如数家珍，寥寥数语，既展示了楚文化在哲学思维和艺术思维方面的巨大成就，又揭示了中原文化和楚文化两种异质文化的根本内核。

又如：

> 呜嘟呜嘟……吹起你　就
>
> 听到马嘶衰草　木轮车轧过村路嘎嘎揪心的呻吟
>
> 野洲上牧牛的细腰女被掳进楚宫
>
> 呜嘟也离开了泥土　去伴钟磬丝弦箫笙
>
> 长袖飘舞拴咽了歌喉
>
> 铜鼎的香烟薰老了童贞
>
> 呜嘟和细腰女一起哭了
>
> 呜呜地　哭她的黄牛青草
>
> 　　　哭她茅屋里伛偻的双亲

呜呜地　厮守着"大王之雄风"的骄纵

　　　　厮守着"巫山云雨"的荒淫

呜呜地　哀悼秦兵铁骑下挣扎的生灵

　　　　殉葬于风埋土掩的楚都城

（《呜嘟·楚魂》）

"呜嘟"是楚地一种古老的民间吹奏乐器，这里则以"呜嘟"为基本视点，回顾了楚国古文化由盛而衰的全部运行轨迹，描述了楚文化中的雅俗两种异质文化由整合到背离又通过自身的嬗变达到一种新的整合的历史命运。这是在写诗，又是在写文化史，一篇经得起文化史家作案头推敲的楚文化史。这是在写文化史，更是在写诗：

呜嘟呜嘟……吹起你　就

听到浪打沙洲雨洒桃花林

听到清明风掠过柳梢脆甜脆甜的叶笛

　　黄昏星点亮渔火唧嗳唧嗳的桨声

黄牛犊在嫩绿的芦苇滩喊着"妈—妈"

土鸽子梳理羽毛"咕咕咕"倾吐爱情

（《呜嘟·楚魂》）

热烈而深沉的文化追思幻化为一幅幅优美的江南风景，幻化为一声声极富于感发力的楚歌情调。这样的作品虽然文化思维气息比较浓烈，但都经过诗的情感浸润，都是形象思维的结体，因而远比一般人所想象的文化诗来得亲切、生动而富于韵致。

更多的时候，他的文化思维是稀释为一缕缕若隐若现的文化意绪或文化情思而潜流于诗体之内的。

窈冥的窈冥的山谷

一溜清泉在响

蓊郁的蓊郁的丛林

一只百灵在唱

泉流涩了鸟音咽了

她还在唱还在唱

唱槐花几时开唱十二月望郎

槐花一嘟噜一嘟噜开了

儿孙一辈辈一串串大了

郎还没来哟　她还在望还在望

（《古歌》）

一种古朴醇厚、沉酣醉人的楚地乡村生活气息弥漫其间，一种飘渺空灵、热烈浓挚的文化情思含蕴其间，犹如《湘夫人》一般的深情绵邈、《山鬼》一样的忠贞不渝。这不是一般意义上的"多情女子负心汉"之类的山野情歌，而是楚文化的情感特征及其表达方式的一种艺术的再现与讴歌。

楚文化是江汉地区的远古文化与中原文化的交融，楚人在入荆山以前接受了大量的殷商文化，把殷人事鬼的习俗带来荆山，又与荆山地区的巫风相结合，从而形成了"楚国南郢之邑，沅湘之间，其俗信鬼而好祠，其祠必作歌乐鼓舞以乐诸神"（王逸《楚辞·天问》注）的文化传统。加之"楚有江汉川泽山林之饶，江南地广，或火耕水耨，民食鱼稻……食物常足……不忧冻饿"（《汉书·地理志》）。这种无忧于生计的悠闲心理与盛行的巫风结合，使楚文化衍生出奇幻而瑰丽的想象。

南方多雨潮湿、变化异常的气候，烟波浩渺、群山逶迤的自然景观，更孕育了楚文化飘渺倏忽的情感氛围和轻倩优美的审美情趣。楚文化是南方文化的主体，它的审美特征主要是阴柔而非阳刚。但是，由于楚文化掺和了大量的中原文化因子，中原文化的博大胸襟与实践理性精神又构成了楚文化中的崇高感或阳刚之气。阳刚和阴柔作为楚文化的两种基因随着历史的推衍而积淀下来，使得我们今天在楚人的精神风貌和艺术形式中依然可以感受到它们的跃动。作为楚文化的子孙，金辉自然承袭了这两种基因，并且以诗人的敏感，相当有特色地把握了它们。

> 说什么　燕赵自古多慷慨悲歌之士
>
> 独不见　荆楚素来是起义之乡
>
> 最早一批帝王将相　在大泽乡的怒吼中颤抖
>
> 最后一个封建王朝　倒毙于武昌首义的火枪
>
> 亡秦必楚　亡清亦楚
>
> 其间有多少绿林赤眉　杨么钟相……
>
> 楚骨是男子汉头颅的反骨
>
> 楚风并不柔驯　古往今来浩荡
>
> （《雄性的楚史》）

这便是楚文化的雄风，这便是荆楚民族的阳刚之气。金辉正是主要在阳刚这一层面上认同楚文化、礼赞楚文化的。诗人自称是"不恋旧窠的出山虎"，是"不甘平庸的永远年轻的狂魔"（《生命之夏》），而"主导文化气质的豪雄，移到诗中顿成为无法驱散的阳刚之气"（赵国泰《楚魂序》）。于是，连不胜依依的江南柳，也成了"男儿柳"而显出"黑脸汉的雄壮"；袅袅婷婷的紫云英，也有了"大海一般"的博大与雄壮。

然而，对于诗人来讲，文化既是一种赐予，也是一种限制。金辉的诗学观念倾向于"重量级"的沉雄之气，而对"轻量级"的温润秀洁比较淡漠。但是，他所接受的楚文化的另一种基因，他所处的楚文化的空灵飘渺的情感氛围，使得他在艺术实践中摆脱不了阴柔美的萦绕。文化校正了他的诗学偏差。

> 天和地之间　美人儿
>
> 睡出一道优雅的曲线
>
> 凹下一弯娇怯
>
> 凸起两峰骄傲
>
> 呼吸山果子风的清香

碧罗裙衫　颤动着

袅袅婷婷的神韵

　　　（《山韵》）

山是雄性的山，男子汉的山，可是在这里，山却被雌化了，成了线条极优雅的"美人儿"。金辉很少作爱情诗，收在《楚魂》里的，只有《玉兰》一首是在谈情说爱。不过，这只是为他的妻子所作的赞美诗，流溢于诗中的，是一种被伦理化了的夫妇恩爱，缺少楚文化的浪漫情调。这是作者不无偏差的诗学观念所致。然而，他的血管里照样潜流着楚文化的阴性的血。在他的某些写江南女儿的作品里，我们还是可以感到那种轻倩而空灵的神韵：

幽幽明明的山道

亮出一个又一个村庄

见到一个又一个女子

吃了一惊又一惊

真信了"山女子一枝花"

半点儿不假

看她们袅袅地　在春风里

袅袅如陌上采桑的罗敷

那山的精气神儿

整个地泼在女子身上

酿就这天边山影般姣媚的曲线，

她们的眼眸子　更汪汪地

蓄着清凌凌香洌洌的糯米酒

望一望　就甜津津的

久了　便醉人哩

　　　　（《弯弯》）

山女子是一抹袅袅的曲线，山和山道也是一抹袅袅的曲线，她们给人的审美感受是愉悦与陶醉，而不是伟岸与震撼。这便是楚文化作为一种南方地域文化的真实的美的形态。

《楚魂》49 首，阳刚之气是其主旋律，因为诗人的主旨在于：在地域历史文化、时代社会人生的大背景下，表现"沉思后的奋起，艰难中的豪雄"。中国的改革开放大业需要这种阳刚奋进之气，南方经济、文化及社会生活的发展也需要这种阳刚奋进之气。金辉的文化认同和审美选择是可以理解的。

> 说什么　黄河是中华民族的母亲
> 独不见　长江豪放着父亲的形象
> 　　　　（《雄性的楚史》）

不是为了同黄河文化争正统，而是为了挖掘和弘扬长江文化中固有的男儿雄风。可见，金辉对于楚文化的诗的礼赞，其意义远远不止于诗的一端。

1990 年 3 月 27 日于武汉

文学地理学研究的新收获

——评青年学者李浩的两本书

　　青年学者李浩的《唐代关中士族与文学》① 和《唐代三大地域文学士族研究》②，是近几年来文学地理学研究方面的最新成果。这两本书，从人地关系的理论前提出发，运用"地域—家族"相结合的研究方法，对唐代关中、山东和江南这三大地域的士族文学进行探讨，对与地域士族文学有关的士族的贯望、迁徙、婚姻、教育、科举考试、宗教信仰和文体改革、牛李党争等问题进行考察，提出了不少新的见解，取得了不少新的突破，体现了近年来文学地理学研究的实绩。

一

　　概括地讲，文学地理学就是研究文学与地理环境的关系，包括文学家的地理分布、文学家出生成长之地的自然地理特征和人文地理特征，这些特征对文学家的知识结构、心理结构、文化师承、价值观念和审美理想等所造成的影响，进而对文学作品的主题、题材、文体、语言和风格等所造成的影响；一个文学家或同一地域的一群文学家（包括出生于本地和流寓于本地的文学家）的文学创作和文学活动，对当地人文环境总体构成的影响；文学家的迁徙流动所导致的文学主体在知识结构、心理结构、文化师承、价值观念和审美理想等方面的变化，以及

---

① 李浩：《唐代关中士族与文学》，中国社会科学出版社，2003 年版。
② 李浩：《唐代三大地域文学士族研究》，中华书局，2002 年版。

在文学主题、题材、文体、语言、风格等方面的突破或变异；地域与地域之间的文学差异，文学作品的传播交流所带来的文学地域特征的淡化，以及由地域特征向超地域的时代特征的演化等等。

我国地域辽阔，地理环境多种多样，各地的经济、社会、文化发展水平又极不平衡，产生于不同时代和不同地域的文学作品，除了具有强烈的时代特征，还具有鲜明的地域特征。关于这个问题，我们的先人早就意识到了，并且有过一些片断的论述。有关这方面的研究成果，尤其是古代部分，在《唐代三大地域文学士族研究》的"绪论"里，李浩做了较为细致的梳理，可以参看。不过，在文学研究领域，不论古人及今人的研究，为什么总是对时代特征的考察远远多于对地理特征的考察呢？我的理解是，文学同其他事物一样，虽说都是在一定的时空条件下发生的，但是时代的变化总是既频繁又剧烈，而地理的变化（主要指人文地理方面）则要缓慢一些，轻微一些。地理环境不仅具有相对的稳定性，而且对文学的影响也不是那么直接。而时代条件对文学的影响，可以说是既直接又迅速。由于这个原因，使得人们的目光，往往更多地关注于文学的时代特征，较少地关注甚至是忽视了它的地域特征。

但是，文学的地域特征毕竟是一个客观存在。国家分裂的时候，文学的地域特征显得比较突出，国家统一的时候，文学的地域特征或有所淡化，但并没有因此而消失。长期以来，治唐代文学的人大多认为，随着国家在政治上的统一，原来文风殊异的南北文学也"由对立走向融合"。[①] 然而李浩并不这样看。他指出："政治的统一、文化的交流固然有助于弱化甚至一定程度上消融地域差别，但并不能彻底抹掉地域差别，由不同的地域特征所造成的作家气质禀赋、作品风格差别不仅在唐代依然存在，就是在此后的宋元明清，甚至现当代文学中依然存在。"[②] 李浩的认识是正确的。由于政治上、地域上的统一既没有改变自然地理

---

① 袁行霈主编：《中国文学史》，高等教育出版社，1999 年版，第 2 卷，第 219 页。
② 李浩：《唐代关中士族与文学》，第 4 页。

的风貌，也没有消除经济文化发展的不平衡状况，各个地方的自然地理特征和人文地理特征并没有消融，因此文学的地域差别依然存在。区别只在于这种差异的或大或小，而"文学的统一与合流永远只是一种理想，一种趋势"①。有人说，随着经济的全球化和区域经济的一体化，文化的差别会越来越小，因而文学的差别也会越来越小，甚至完全消失。但是请注意，影响文化（狭义的）和文学的因素并不仅仅是经济，还有地理、政治、社会、民族、宗教、风俗、习惯等多个方面。我们常说，唯有民族的，才是世界的。因此，也可以说，唯有地域的，才是全球的。很难想象，没有地域特征的文学，会是个什么样子。在肯定唐代文学的地域特征依然存在这个大前提之下，李浩首先把探寻的目光投向关中，然后又投向山东和江南。长期以来，学术界讨论中国文化的地域差别，往往多提南北而少提东西。这是为什么呢？据我的理解，当是由于南北的地形地貌、气候条件、生存条件、生活习惯、语言、民俗乃至人的体质、长相、身高等等，都比东西的差别要大，而中国历史上的多次分裂和统一，也多是以南北的分治和融合为标志。但是，东西差别毕竟是一个客观存在，作为学术研究，如果只注意南北之别而不注意东西之别，那就不是一种科学的态度，而且许多问题也得不到一个合理的解释。李浩指出：东西之分实际上早于南北之分，"按照传统的中原文化本位论，中国文化是从黄河中下游地区向四方辐射，夏商周三代，夏商在山东，周则崛起于关中"。周与商的对峙和冲突，就是东西之间的一种对峙和冲突。及至"战国时代七雄争霸，其中秦是从关陇发展起来的，楚以南方的荆楚为大本营，其他五国的势力都在山东，故关中与山东形成长期的军事冲突与文明对峙。一直到汉代，建都关中与山东之争论，山东与山西人才类型之区别，说明东西区分仍有极重要的意义。而此时从整体上讲，江南仍没有进入全面开发期，故东西之分仍优先于南北之分。"李浩认为，即便东晋以来，南北之别日显重要，但仍不能以南北之"北"简单地替代原来东西的概念。一直到唐代，南北与东西是三足

---

① 李浩：《唐代三大地域文学士族研究》，第79页。

鼎立而非两极对峙。简要之，中国的政治轴心与文化轴心是首先沿着东西的轴线移动，然后又沿着南北的轴线变化，故山东、关中与江南就构成了坐标轴上的三个参数，而不是一条直线上的两个点。三个轴心各自的引力以及由此形成的动态三角形，使文化网络间充满张力。其中的地域差异与文化差异亦既有南北差别也有东西差别。① 李浩的这个观点对地域文化研究而言是非常重要的。他不仅指出了一个被许多人所忽视的基本事实，而且为地域文化的研究拓宽了视野。如上所述，中国地域辽阔，地理环境多种多样，各地的经济、社会、文化发展水平又极不平衡，即以南北或东西而论，其内部的差别也是不小的。例如齐鲁文化，本是北方文化圈中的一种地域文化，但是，齐文化和鲁文化并不一样。齐文化具有滨海工商文化的特点，鲁文化则是一种典型的内陆农耕文化。② 讨论地域差别，无论是停留在南北这个层面，还是东西这个层面，都嫌笼统。李浩指出："北方区域中的关中、陇右、三晋、河洛、燕赵、齐鲁，南方区域中的荆楚、吴越、巴蜀、岭南等文化圈，其间固有相同一致处，但彼此的差别以及这种差别对文学的细微深入影响，在文学史研究中涉猎很少。以隋唐文学研究而言，讨论南北文学的差别和统一固有价值，如能同时兼顾东西的对峙与缓和，并进一步深入到江南、关东、关西、代北等不同区域中，探讨其与文学演化的关系，将更有意义。"③ 李浩的见解是非常正确的。他的《唐代关中士族与文学》和《唐代三大地域文学士族研究》这两本书，就是以唐代的关中、江南和山东这三个地域的文学士族为切入点，来探讨中国的南北文学和东西文学之地域差别的一个成功尝试。

二

研究文学的地域性，可以有多种视角，多个切入点。李浩选择的是文学士

---

① 李浩：《唐代三大地域文学士族研究》，第 56 ~ 57 页。
② 曾大兴：《英雄崇拜与美人崇拜》，中国文联出版社，1999 年版，第 77 ~ 78 页。
③ 李浩：《唐代关中士族与文学》，第 4 页。

族。他是受了陈寅恪先生的启发。陈先生说："盖自汉代学校制度废弛，博士传授之风气止息以后，学术中心移于家族，而家族复限于地域，故魏、晋、南北朝之学术、宗教皆与家族、地域两点不可分离。"① 李浩解释说："家族既具有血缘与地缘的双重性，所以其与地域实际上是相互重叠、合二为一的。在地域文化研究中顾及到家族的因素，也就成了题中应有之义。而陈寅恪先生的一系列论述，与其说是给笔者提供了许多翔实的史料，毋宁说是方法上的深刻启迪。"② 士族研究由来已久。有关这方面的学术成果，李浩在《唐代三大地域文学士族研究》的"绪论"部分，做了较为详细的梳理，此不赘述。需要指出的是，20 世纪 90年代以前，所有的士族研究成果，都是由历史学家完成的。他们的视点在政治、军事层面，而不在文学层面。真正从文学的角度来研究士族，或者从士族的角度来研究文学，把士族研究和文学研究结合起来，是 90 年代以后的事。拙著《中国历代文学家之地理分布》，从第二章到第九章，有意识地把两汉至晚清这两千多年间的同一籍贯同一家族的文学家，按照朝代和年辈次序排列在一块，实际上是充分认识到了文学世家的重要性，并且在为下一步的专题研究做准备；第四章《东晋十六国南北朝文学家的地理分布》，则用大量篇幅考述过江侨姓和江南著姓中的文学世家，如侨寓建康（今江苏南京）的河内司马氏、琅琊王氏，侨寓京口（今江苏镇江）的东海何氏、徐氏，侨寓当涂（今安徽南陵）的陈郡袁氏，侨寓寿春（今安徽当涂）的河东裴氏，侨寓盱眙的陈留蔡氏、江氏，侨寓会稽（今浙江绍兴）的北地傅氏、颖川庾氏、高阳许氏、陈郡谢氏、陈留阮氏、太原王氏，至于江南著姓，则有吴郡顾氏、陆氏、朱氏、张氏，以及武康沈氏、乌程丘氏、山阴孔氏、余姚虞氏等等，只是由于体例所限，没能将这些文学世家的文学活动和文学作品做详细的探讨。③ 由于这个缘故，多年来，我一直非常留心这

---

① 陈寅恪：《隋唐制度渊源略论稿》，上海古籍出版社，1982 年版，第 17 页。

② 李浩：《唐代关中士族与文学》，第 4 页。

③ 曾大兴：《中国历代文学家之地理分布》，湖北教育出版社，1995 年版，第 61 ~ 101页。

方面新的学术成果的问世。据我所知，90 年代以来，我国大陆和台湾地区出版的文学士族研究专著有如下六种：

（1）程章灿著：《陈郡阳夏谢氏：六朝文学士族之个案研究》，台北文津出版社，1993 年版。

（2）刘跃进著：《门阀士族与永明文学》，北京三联书店，1996 年版。

（3）程章灿著：《世族与六朝文学》，黑龙江教育出版社，1998 年版。

（4）丁福林著：《东晋南朝的谢氏文学集团》，黑龙江教育出版社，1998 年版。

（5）李浩著：《唐代关中士族与文学》，台北文津出版社，1999 年版；中国社会科学出版社，2003 年版。

（6）李浩著：《唐代三大地域文学士族研究》，中华书局，2002 年版。

就时代来讲，这六种著作中，前四种都是探讨六朝文学士族的，只有李浩的两本书是探讨唐代文学士族的；就地域来讲，前四种都是探讨江南文学士族的，只有李浩的两本书是探讨关中、山东和江南士族的。诚如著者所言："从家族文化的角度观照文学现象，近年来已经取得长足的进步。如对魏晋南北朝时期门阀士族制度与文化学术及文学创作的关系研究，涌现出不少颇有分量的成果，其中包括一些硕博士论文。但相形之下，对唐代家族或士族与文学的关联性研究，则显得很薄弱，已经问世的成果很少。"① 所以李浩实际上是填补了三个空白：唐代文学士族研究，关中文学士族研究，关中、山东和江南三个地域文学士族的比较研究。

李浩对关中士族与文学的研究做了不少原创性的工作。现择其要者，评述如下：

第一，提出"关中文学士族"这一概念，先从时间维度来考察关中文学士族的崛兴，指出"关中士族经历了一个从文到武，又由武到文，即从经史世家到

① 李浩：《唐代关中士族与文学》，第 5 页。

武力强宗，再由武力强宗到文学世家的演生变迁过程。"然后从地域着眼，考察"关中文学群体"的基本构成，指出关中文学群体分别由"关中本土作家群，河东著姓和代北胡姓加盟关中者，江南和山东士人播迁关中者等几部分组成"①。"关中文学士族"这一概念的提出，不仅揭示了一个长期被人们所忽视的历史事实，也为自己的学术研究确立了一个逻辑起点。其原创意义是不容低估的。但是，需要指出的是，"关中文学士族"和"关中文学群体"原是两个不同的概念，"关中文学群体"除了文学士族，还应包括文学庶族。而事实上，作者对关中文学庶族并没有给予应有的注意。

　　第二，提出"关中文化精神"的概念，指出"关中文化精神是指关中地区所形成的文化传统，是关中文化所特有的价值观念和终极依据"②。作者先从历史走向上考察"关中文化精神"的形成过程，认为"西周礼乐制度的确立标志着关中文化的第一次胜利和关中精神的初步形成，秦汉的相继崛起则是关中精神的第二个高潮，隋唐时期是关中文化的第三个高潮。张载关学则是对关中文化精神的一个理学总结"③。然后从逻辑结构来考察关中文化精神的内涵，这就是"礼乐精神、重农精神、冒险精神、事功精神和宇宙精神"。就其思维品质而言，关中精神则具有"原创性、开放性、践履性和示范性"的特点④。应该说，这五种精神和四种品质，并非关中文化所独擅，但是，它们之间的相互依存和相互作用，当是关中文化的独特景观。可能是体例和篇幅所限，李浩没有就它们之间的逻辑关系做进一步的探讨，但是却为关中文化精神的深度研究提供了新的思路。

　　第三，详细考察在关中文化精神土壤之上形成的关中文学的审美趣味，指出"关中文学既具北方文学的许多共性，又有其独特性，这便是崇尚雄深雅健"。接着，他又从文化地理学的角度，分析了这种审美趣味形成的原因，计有"系水

---

①　李浩：《唐代关中士族与文学》，第 6 页。
②　同上，第 6 页。
③　同上，第 29 页。
④　同上，第 29 页。

土之风气"、"人文化成"、"五方杂错"和"高尚气力"等四个方面。作者强调指出:"雄深雅健"的审美趣味虽非关中所独有,但是关中文学对这种趣味的注重,却因其"独特的文化语境和时地背景",而"为唐代文风的定型提供了理论资源和创作实践的范本"。①

第四,由于对关中士族进而对整个唐代士族的基本特点有一个科学的把握,李浩通过对牛李党争中两派主要成员的郡望分布的考察,指出李党成员主要是山东郡姓士族,而牛党成员基本上属于关陇士族。牛党核心人物皆为进士及第,李党除李德裕、郑覃之外,其成员也基本上是进士出身。他们之间的斗争,不是科举与门第之争,不是士族与庶族之争,不是新旧之争,也不是进步与落后之争,而是士族之间的圈内之争。从地域分野来看,则是山东士族与关陇士族之争。李浩指出:"两派分野固有政治立场、文化背景、士族等级上的差别,但地域郡望上的这种突出差别,亦不能忽视。"② 李浩的这项研究,乃是受了严耕望先生的启发。严先生在《唐仆尚丞郎表·序言》中指出:"唐代南北士风之不同对于唐代政治有深切之影响,而中国南北人文之盛衰尤以有唐一代为关键。欲考唐代政局之演变,推究牛李党派之纷争,最彻底之方法莫过于探求朝廷达宦之出身与籍居。"③ 李浩的结论,确实给人以耳目一新之感。我们不妨回顾一下北宋时期的新旧党争,虽有政治立场和改革理念上的差别,但是两党主要成员在地域上的南北分野,又何尝不是原因之一?

第五,由于对关中文化精神和关中文学趣味有一个较深刻的体认,李浩对苏绰文体改革的意图、背景和内容做了全新的考察,对柳宗元古文思想与关中学术的渊源关系做了多方的梳理。他指出:苏绰倡导朴素文风,与庾信的声律藻饰,

---

① 李浩:《唐代关中士族与文学》,第 53 页。
② 同上,第 164 页。
③ 严耕望:《唐仆尚丞郎表·序言》,载《中央研究院历史语言所专刊》第 36 本,1956年版。

看似相反，实则相成，从而为唐代文学的发生立下界碑。① 然而长期以来，学术界一方面推苏绰为古文运动的始祖，一方面又几乎不约而同地认为他的文体改革是没有成效的。之所以会得出这种令人困惑的结论，客观上固然是因为西魏、北周的传世之作较少，主观上则是因为研究者多以南方文学模式套魏周文学实际，缺乏对北朝时期关中政治文化的深入研究。② 李浩指出，生长于长安的柳宗元所承学的中唐新《春秋》学派，其创始人及主要成员多为关中士人或居关陇文化圈中，受新《春秋》学派影响最大的"永贞革新"中坚人物亦不乏关中士人。③因此，柳宗元古文思想的精华部分，例如不重章句、经世致用等等，实受关中地域文化之深刻影响。

三

李浩说，他的《唐代三大地域文学士族研究》一书，"是《唐代关中士族与文学》的后续内容和最终成果，故所讨论的问题具有关联性，所使用的研究方法也有一致性。"④ 不过，由于研究范围的进一步拓展，学术视野的进一步开阔，以及研究方法的进一步成熟，他的许多结论更带有普遍性，从而为文学地理学的研究带来了新的启示和突破：

其一，历史地理学有一个很好的传统，这就是把地域的演化与历史的变迁结合起来，李浩称之为时空交织的"叙述策略"。他的这两本书，可以说自始至终都在使用这个"叙述策略"。这使得他的著述既有强烈的地域意识，又有厚重的历史感。例如考察唐代三大地域的文学风貌，他是分别从这三大地域的原生态文学——秦声、吴歌和齐讴着手的。他指出："由于自然地理环境与人文地理环境的不同，关中、江南与山东三大地域各自形成独特的文学传统，秦声、吴歌与齐

① 李浩：《唐代关中士族与文学》，第 185 页。
② 同上，第 165 页。
③ 同上，第 206 页。
④ 李浩：《唐代三大地域文学士族研究》，第 19 页。

讴可以说是三大地域中最具代表性并富有地域色彩的音乐文学，对唐诗的发展具有潜移默化的影响。"① 他的这个结论不仅丰富了我们对唐代三大地域文学渊源的认识，发人之所未发，而且再一次地证明了时空交织的"叙述策略"的优越性。

其二，在罗根泽、罗宗强有关论述的基础上，② 重新考察唐诗与唐代古文这两种文体的地域差别，并准确地描述了它们各自的发展路径。他指出："诗歌的发展路径是由南到北，唐诗肇端于南方诗风北渐，最后又结束于南方诗风的弥漫；古文兴起于北地，并由北向南推进，其理论倡导者与创作实践者多为北方人。"③ 在这里，李浩无疑是用非常简洁的笔墨，为我们描绘了一幅清晰的文学地图。

其三，在重点考察唐代文学士族的地域构成的基础上，参考同时代学者的有关统计结果，④ 描述关中、山东和江南三大地域文学群体的基本特征。他指出："关中的武力、山东的经学与江南的辞章在长期隔离状态下得到了充分的发展，由此形成文学中的气力、理趣与情韵。"这三个基本特征，又"分别来源于对力量的呼唤，对终极意义的关怀与对人情人性的张扬"。⑤ 在这里，我们发现，李浩在重点考察唐代三大地域文学士族的同时，开始注意到文学士族之外的文学庶族，虽然这种注意还嫌简单了一点。

其四，对文学家的地理分布的考察，实际上应该包括静态的考察与动态的考察这两个层次。静态的考察针对其籍贯，动态的考察则针对其迁徙。但是以往的一些学术成果，包括拙著《中国历代文学家之地理分布》，都只是

---

① 李浩：《唐代三大地域文学士族研究》，第 79 页。

② 罗根泽：《中国文学批评史》，上海古籍出版社，1984 年版，第 2 册，第 113～114 页；罗宗强：《隋唐五代文学思想史》，上海古籍出版社，1986 年版，第 11 页。

③ 李浩：《唐代三大地域文学士族研究》，第 79 页。

④ 曾大兴：《中国历代文学家之地理分布》，湖北教育出版社，1995 年版，第 131～132 页；陈尚君：《唐诗人占籍考》，《唐代文学丛考》，中国社会科学出版社，1987 年版。

⑤ 李浩：《唐代三大地域文学士族研究》，第 142 页。

对其籍贯做静态的考察。虽然这种考察是非常必要的，它的目的是要搞清楚文学家出生成长之地的自然地理环境和人文地理环境，以及这种环境对文学家的知识结构、心理结构、文化师承、价值观念、审美理想等等所造成的影响，进而对文学作品的主题、题材、文体、语言和风格等等所造成的影响，但是，仅仅具有静态的考察是不够的，因为文学家是流动的，越到成年流动性越大。随着文学家的流动或迁徙，文学家所处的自然地理环境和人文地理环境发生了变化。他们的知识结构、心理结构、文化师承、价值观念、审美理想等等也会发生相应的变化，作品在主题、题材、文体、语言和风格等方面也会发生相应的改变甚至突破。这个道理并不难理解。当年在做《中国历代文学家之地理分布》这个课题时，我已经意识到这个问题，只是因为所涉及的文学家多达六千多人，其中多数人的迁徙流动情况既频繁又复杂，以一人之力非十年八年不能完其事，故暂时搁置下来，希望今后再做探讨，同时也希望有同道之人来做这个工作。

显然，李浩对这一问题也是非常重视的。他的《唐代文学士族的迁徙流动》这一章，不仅考察了相当一部分文学士族的迁出迁入之地，而且探讨了他们迁徙流动的三个主要时期和三种主要类型。他指出，唐代士族"大规模的迁徙有三次，其中第一次始于隋，结束于安史之乱，主要是江南及山东士族迁徙于两京地区，目的是为了科举仕进。第二、第三次分别是安史之乱及唐末五代时期，主要是关陇士族及山东士族迁徙南方（尤以江南居多），目的是为了避乱。因贬谪及宦游而迁徙者，则贯穿于整个唐代。"① 而在《从碑志看唐代河东裴氏的迁徙》这一章，则利用有关裴氏归葬及迁移的 50 多块墓志，详细考察了有唐一代裴氏家族 67 人的归葬之地，由此观测他们这个家族的迁徙变化之迹。将葬地视为迁

---

① 李浩：《唐代三大地域文学士族研究》，第 172 页。

徙者的"新贯"，认为士族新籍贯与葬地相重合，这是历史学家毛汉光的观点。①
这个观点无疑是正确的。但是，李浩的认识更进了一步。他指出："新贯与士族
成员的迁徙地仍是有区别的，经过若干代之后，子孙因仕进、贬谪或战乱再次远
离新贯，而流动到另外一个新的居住地。""如果不是从教条出发，而是从材料
出发来考察裴氏的迁徙地，应该是：郡望——新贯——现住地。"② 另外，在
《唐代关中士族与文学》一书的第十章《窦叔向家族贯望新证》里，也对关中窦
氏的迁徙问题做了具体的考证。③ 李浩不仅花费大量的时间和篇幅从微观上考察
文学士族的迁徙流动，还从宏观上分析了文学士族的迁徙流动所带来的影响。他
指出：一方面，由于"迁徙士族整体文化素质高，故这种横向引进迅速提升了移
入区的文化品位，并给移入区输送了一种异质文化，丰富了移入区的文化"。但
是另一方面，迁徙也使"士族的地方代表性不断丧失，亦使文学的地域风格不断
弱化"。④ 应该说，无论是对文学士族迁徙流动的微观考察，还是对这一问题的
宏观思考，李浩都走在了同时代人的前头。他在这方面的开创性贡献，是应该予
以充分肯定的。

其五，文学地理学研究的大突破，有赖于有关理论的建树。应该承认，迄今
为止的文学地理学研究，理论深度都还不够。李浩显然意识到了这个问题，所
以，他用了一章的篇幅探讨《隋书》中的文化地理观。他的目的，显然是想通
过对散布在《隋书·文学传序论》、《隋书·儒林传》和《隋书·地理志》中的
文化地理观的整理和阐述，来为文学地理学的理论建设作出自己的贡献。他的这
个视角同样是非常好的。他指出："《隋书·文学传序论》中体现了地域演化与
历史变迁相互交织的叙述策略，政治统一与文学合流并非一回事，文学的地域差

---

① 严耕望：《唐仆尚丞郎表·序言》，载《中央研究院历史语言所专刊》第 36 本，第
245 页，1956 年。
② 李浩：《唐代三大地域文学士族研究》，第 313 ~ 314 页。
③ 李浩：《唐代关中士族与文学》，第 208 ~ 225 页。
④ 李浩：《唐代三大地域文学士族研究》，北京：中华书局，2002 年版，第 173 页。

别在隋及此后的唐代依然存在。""《隋书·地理志》详述各地域自然环境与风俗习尚的差异，土壤之殊系乎风气，而政教移人亦因时而异，时空因素同时作用，使文化的空间风格更加复杂。"① 他的收获是显而易见的。如果循此路径，对《史记》、《汉书》以来的所有历史地理文献中的相关资料做一番认真的爬梳整理，对近代以来海内外学人的相关论述做一番细致的检讨分析，根据我国古今文学的地域特点，借鉴中西方文化地理学的相关成果，我坚信，文学地理学的理论框架，是完全可以在不长的时间内建立起来的。

此外，李浩还就陈寅恪的士族理论、诗赋取士、唐代关中士族与教育、寡母教孤等和文学士族有关的问题做了新的考察，提出了许多新的见解。例如《唐代关中士族与教育》一章，他指出唐代官学虽然衰微，但私学仍有新的发展，这个结论对中国古代教育史的研究是一个贡献。不过，说关中士人重视家族教育，尤其强调文学教育，乃是关中士族的一个特点，似乎还欠说服力。这个结论只能通过比较研究才能得出。山东、江南以及其他地域的士族是不是也重视家族教育？是不是也强调文学教育？如果是，那就不是关中士族所独具，因而就不是一个特点。《寡母教孤：唐代士族教育的一个突出现象的考察与分析》一章也是如此。寡母教孤，不是唐代才有的，更不是士族才有的，与其说是唐代士族教育的一个突出现象，不如说是古往今来我国家庭教育的一个突出现象。尽管教育的内容有差异，但教育的目的和方法则有惊人的一致。

综上所述，文学地理学是一个非常诱人的新兴学科，工作量很大，难度也很大，既费时又费心力。且不说需要查阅大量的历史地理文献，需要研读大量的文学作品，仅仅是对数以千计的作家贯望和迁徙情况的甄别考证，就足以让许多人望而却步。因此，读完李浩的这两本书，在为他的不少新观点、新突破而叹赏击节的时候，我又不得不欣赏他的用功之勤与考究之细。尽管这两本书也还有一些未尽人意之处，例如文学士族与文学庶族的关系问题、创作主体研究和作品主体

① 李浩：《唐代三大地域文学士族研究》，北京：中华书局，2002 年版，第 225 页。

研究的关系问题、三大地域文学与整个唐代文学的关系问题，等等，似乎还没有给予足够的注意。不过，我相信李浩已经意识到这些问题，更相信他会在后续研究中弥补这些不足。我仍然热切地期待着。

2004 年 9 月 15 日于广州

小荷才露尖尖角

——《楚南文学》1988 年第 2 期读后

蒲圻①是著名的诗歌之乡。仅明清两代，有诗集保存下来的诗人即有 43 家。近十年来，又出现了像叶文福、饶庆年这样的在全国有重要影响的诗人。这是蒲圻的骄傲，是诗的骄傲。作为一个从蒲圻的画山绣水中走出来的大学文学教师，我总是以满怀的欣喜和惊诧注视着蒲圻诗坛文苑的每一个变化，蒲圻诗人在全国各地报刊杂志上发表的作品，只要我能遇见，总是每篇必读的。我分享着诗的快乐，更从中汲取种种人生的智慧和力量。我从心眼里钦佩和感激这些勤奋而才华横溢的诗人们。

十年前，当我还在赤壁镇的"大寨田"里辛苦劳作的时候，我就是《蒲圻文艺》的一个忠实的读者和撰稿人。在那个在文学上只有鲁迅和浩然的枯寂年代，《蒲圻文艺》是我们这些农村青年的最亲近的朋友，她引导着我走向文学之路。尽管由于种种原因，我的主要精力由文学创作转向了学术研究，但我总是感激、缅怀那山石一般质朴、山泉一般清冽的《蒲圻文艺》。

时代变了。随着十年"文革"那场荒唐恶梦的结束，蒲圻一跃而居全省文坛首位，诗坛文苑闪烁着引人注目的光彩，由该市文联主办的《楚南文学》也应运而生。与原《蒲圻文艺》相比，《楚南文学》的篇幅增大了，水平提高了，作者和读者的队伍也扩展了，由内部交流改为面向全省发行。当友人梁必文把刚刚出版的《楚南文学》1988 年第 2 期亲手交给我，并嘱我写一点读后感的时候，

---

① 蒲圻市于 1998 年改名为赤壁市。

我的喜悦之情，可以说是难以言喻的。

作为《楚南文学》的重要栏目，《南楚诗会》又推出了青年诗人叶向阳等人的一组新作。其中《中国大写意》系列所激扬的强烈的生命意识，《秋思》所流露的深重的人生悲剧意绪，以及《寻找一个军人》所提出的一个令人深思的社会问题，都给我以较深的印象。

这一期所刊载的9篇小说，题材各异，面貌有别，从各个不同的艺术视角，展现了一幅幅社会生活与主体心灵世界的生动剪影。汪洋的《青鹰初下水》，写水运学院远洋船舶系的一个女生在乍离山村初上大学时的种种欣喜与惊诧之感，展现了当代女大学生丰富的情感世界中热情喷发积极进取的一面。并且，通过她的眼睛和观感，粗线条地勾勒出高等院校教学与学生生活管理方面的某些改革以及富裕农民同大学教授在物质生活条件上的强烈反差，有一定的现实意义。彭见明的《水惑》正好相反，不是近距离地切入现实，而是把艺术的广角镜摇向过去——描述黑河码头一个曾经当过"水妓"的夏阿婆的生活传奇。夏阿婆虽是一个被黑河的命运之水冲到世界最底层的孤独的农村妇人，却有着一颗外人所不易觉察的金子一般的心。她执著地守护着那些曾经同她来往过而最后丧身黑河的水上好汉的魂灵，"在生一世傍着码头"，并且决定死后依然躺在那里。作者长于用传统的白描手法，描写黑河一带的人情风俗，娓娓而道，情韵悠悠。凡此，都令人回想到他的成名之作《那山那人那狗》。

刘益善的《避讳》，写一个老会计的心理创伤，读来令人凄恻。主人公曾经以《报销》为题写过一篇小品，批评专署粮食局高副局长假公济私，把自己花掉的"脚力费"拿到单位去报销的卑微行为。两个月后，主人公因此而成为有过"反党言论"的右派被遣送回乡，二十多年被弃置不用。三中全会以后，他被聘到一家街办塑料厂当会计，成天同现金支票收入支出上账报销这一类的概念打交道，但是却忌讳"报销"二字。一旦听到人家对他说"报销"，他就嘴巴哆嗦，两手发抖，好半天缓不过气来。这篇小说篇幅短小，故事单一，但是颇值得品味。这个二三十年来一直犹如惊弓之鸟的老会计，令人想到俄国短篇小说巨匠契诃夫笔下的那些谨小慎微、连大气都不敢出的小公务员，自然，他所包孕的时代内涵同契诃夫的公务员们有着许多的不同。

鲁峰的《异步》，通过一个大学生和一个农村女青年的爱情纠葛，提出了一个令人深思的人生价值问题。他和她原是一对同窗，一对恋人。但是，他上大学之后却抛弃了她。她虽然痛苦，却没有被痛苦所吞噬。她在城里开了一家颇有生气的"每天就是二三十元"收入的补鞋店。后来，他被别的女人所抛弃，毕业之后分配到这个城里做教育工作，满怀失意，一身清贫。他拿着一双穿着不雅弃之可惜的破皮鞋去鞋店修补，无意中重逢过去的情人。她发现，他拿着的还是上大学之前她送给他的那双皮鞋，一方面为之感动，一方面又怀着一种得胜之感再送他一双新鞋。她的心理得到平衡。他和她虽然走着不同的人生之路（他是一个大学毕业生，她不过是一个补鞋匠），但是很难说他的价值实现程度比她要高。尤其是在这个知识分子空前大贬值的年月，一个造原子弹的尚且不及一个卖茶叶蛋的活得实惠，活得快活。他，一个普通的教育工作者，究竟比一个被自己抛弃的补鞋姑娘强多少呢？

邱春林的《绝招》，写得也算奇崛可喜。五花八门的"财神爷"、"行老板"都来某渔场"打秋风"。渔场书记热情有加，超规格地请他们大吃大嚼。待到这些"美食家"们酒足饭饱之余，书记递给他们一张便笺："今年湖枯，确实无鱼。唯此愚法，万望宽恕。"这些人一个个地全都傻了眼。很清楚，这是一篇借理想人物而针砭时弊的小说。时下党风不正，官吏腐败，贪赃枉法，贿赂公行。凡事都得先送礼（蒲圻叫做"打砣子"或"打私码子"），百柱香烧了九十九柱，一柱不到则前功尽弃。春林是一个理想主义者，他于时弊往往不作正面针砭，而是借一个理想人物来反衬。他的代表作《叩门》就是这样。不过，我觉得这种写法还是不要形成一个模式才好。

在这一期的新人新作中，比较引人注目的还有周末的《仲夏夜之梦》和朱武青的《悠悠鸭儿河》。《仲夏夜之梦》，借梦的形式写一个在现实生活中无法得到满足的人的欲望的虚拟性实现。作者显然是在自觉地运用弗洛伊德的精神分析理论建构自己的艺术模型。从意识层次来看，"我"对她的来信之无礼表示愕然愤然，但是在潜意识里，"我"却深深地眷恋着她，强烈地渴望着她的爱。依常理而论，这种爱在现实生活中是不可能得到满足的，于是潜意识便借了梦的形式在那个幽深的王国尽情尽性地发疯发狂——"我"带着已经发表的十几篇作品来看她，终于兑现了"当你的处女作发表时，我吻你"的诺言。"我半蹲在她跟前，先仰脸看了她一会儿，然后拉起她的手，小心揉搓，然后移在我的唇上。突然，她拉住我，死劲地把我拉进她的怀抱。"这篇小说所写的，是人的心灵世界的一次剧烈的骚动和挣扎，其表层形式虽然荒诞无理，但其精神内核却是动人心魄的人道主义。

《悠悠鸭儿河》写聋子和寡妇的那种始则欲吐还咽、终则火山爆发的爱情故事。题材本身并无多少新意（这些年的叙事文学，常常津津乐道地拿寡妇寻开心），但是它的语言却是比较的生动，比较的富于语感。请看瘟神和聋子关于寻女人的一段对话：

瘟神眼珠子转了转，接着说道："你要真熬不住，我跟你帮忙找个得了……"

"你帮忙？扯卵子淡！自己都是光杆司令！"聋子翁声翁气地开了腔。

"我"？瘟神咯咯地笑了。"我他妈穷得卵子叮当响，又不是骨头烧，找个婆娘陪我住院？哪比得你，站起来像一截桩，困下去像一块板。又拼得命做，只怕还勒起裤带攒了几个钱。先前那几个女的是狗眼不识金镶玉，不过是人粗点，怕个卵！就这样，只要你舍得出点血，老子立马就帮你找个黄花女！"

"真的，你莫麻哄老子哟？"

"你这是把老子看扁了。"

聋子的憨拙与急切，瘟神的幽默与豪爽，都在这一串质朴而粗鄙的对话中突现出来。

这一期的小说多为练笔之作，不似时下许多小说名家和未名家那样的或陈腐守旧或故作高深，但是必须指出，有些作品却不免给人以稚嫩肤浅之感。犹如刚刚露出水面的小荷，虽则清新，却乏老健。作者们有一定的生活积累，但是在思想的开拓、语言的锤炼以及艺术视角的选择等方面显然还不够成熟。个别作品只是满足于告诉我们一个故事，至于这个故事可能包孕的情意内涵，则不曾通过生动的艺术形象和境界予以凸显。于是，给人的印象便是言尽意尽，缺乏一种令人掩卷深思的余韵。不过尽管如此，我还是由衷地喜欢这株出水小荷，虽乏老健，却预示着希望！

1988 年 5 月 28 日于武汉

走出尴尬

——为“第二届中国金鸡百花电影节”而作

这几年是中国电影最尴尬的年头。一方面是摄制水平不断提高，在世界影坛声誉鹊起；另一方面，则是票房价值急剧下降。

电影受到了广播、电视、报纸、杂志等大众传媒和卡拉 OK、流行音乐等通俗艺术的强烈冲击，更受到了计划经济时代形成的内部机制的顽强掣肘。因此，中国电影的当务之急是走向市场，摆脱尴尬。

“第二届中国金鸡百花电影节”在现代化气息最浓郁、市场经济起步最早的国际大都市广州举行，表明了中国电影摆脱尴尬的新的努力和坚定的信念。这是一次走向世界、走向市场、走向繁荣的盛会。在这里，我们不仅可以观赏到中国电影最强大的阵容、最丰硕的成果、最足以在文化和艺术层面上同国际影坛对话的实力，更能通过“第一届金鸡百花电影交易会”，亲自目睹和参与中国电影走向市场的现场操作。

电影是一门年轻的艺术。从 1895 年爱迪生发明“展视镜”算起，还不到100 年的历史；从 1927 年的世界第一部“无声电影”的诞生算起，则不到 70年。电影受到冲击，同时也表明它仍然实力雄厚，仍然是别的媒体和艺术强大的竞争对手。无论大众传媒和大众艺术如何多元化，如何发展，电影都是不可替代的。它多方面的艺术功能和雅俗共赏的艺术品格，决定了它的艺术生命生生不已和历久弥新。

在人们的夜生活日益丰富、夜文化的需求日益多样化的今天，电影（多数是在夜间放映的），作为传统的夜生活、夜文化转变的一个重要表征，不仅不可或缺，而且又被赋予了新的内涵和新的使命。

　　我们期待中国电影走出尴尬，我们期待走出尴尬的中国电影更加贴近社会转型时期的夜生活与夜文化。

1993 年 11 月 18 日为《东方夜报》所作评论

中国电影的短板在于电影人的文化素质不高

——在"珠江电影沙龙"上的发言

长期以来，人们谈到中国电影的落后时，总是把它归咎于体制。在我看来，主要的问题还不在体制，而在电影人的文化素质。例如，香港的电影从生产到发行，体制应该是很灵活、很开放的，可是正如卓伯棠先生所言，从 1993 年到现在，十六七年了，香港的电影一直处于衰落期。不仅生产的数量锐减，质量也不高，许多剧本的文学根底都很弱，没有深度，没有历史感。这说明，即便有了比较好的电影生产和管理体制，如果电影人的素质不行，也生产不了好的电影，也难以走出低谷。

大陆的电影体制的僵化和封闭，可以说是几十年没有大的改变。但是我们不能否认，即便是在这种落后的电影体制之下，也曾经出现过一些好的或比较好的电影。例如，在 20 世纪 50 年代和 80 年代，中国大陆就出现过一些好的或比较好的电影。这是事实，谁都不能否认。这是什么原因呢？在我看来，就是 50 年代和 80 年代中国大陆还有许多优秀的电影人，他们的文化素质和专业素质都是不错的。

我们做事情，如果想把它做好，需要两个保障，一个是体制，一个是人的素质。如果体制不好而人的素质还算好的话，是可以在一定程度上弥补这个体制的缺陷的；如果体制不好，人的素质也不好，那就很糟糕了；如果人的素质不好，体制再好也不管用。香港电影的衰落就说明了这一点。这说明人的素质比体制更重要。

90 年代以来，中国大陆很少有好的电影产生，主要问题就在于电影人的素质比较差。90 年代以来的电影人主体，是 60 年代、70 年代出生的那些人。60 年代和 70 年代，也就是"文革"前后的 20 年。这 20 年间，中国大陆的文化既封闭又专制。外国的先进文化进不来，中国传统的优秀文化被打入冷宫。在这 20 年间出生的人，没有好的书读，接触不到好的文化，他们是中国大陆最缺少文化熏陶的一代人。这一代人，如今都在 50 岁以下和 30 岁以上，他们是中国电影人的主体。事实上，中国大陆的各个领域，现在都是以 60 年代、70 年代出生的人为主体。50 岁以上的人已经开始退休了，而 30 岁以下的人则还没有掌握话语权。

中国大陆 90 年代以来的电影，主要就是由这 20 年间出生的人生产的。让这些最缺少文化熏陶的一代人来生产电影，其质量可想而知。

在 20 世纪 50 至 80 年代，这 40 年间，香港生产过不少好的电影，原因是，那个年代的电影人多是从大陆过去的。他们这些人既有西方文化的背景，又有中国传统文化的根底，他们的专业素质和文化素质都是很好的。90 年代以来，这些优秀的电影人渐渐凋零，如今香港电影人的主体是在殖民统治下出生的那些人，也就是六七十年代出生的那些人。这个年代出生的香港人，对中国的传统文化是陌生的、隔膜的，对西方的文化也是一知半解的。可以说，他们是香港人中最缺少文化熏陶的一代人。香港的电影自 90 年代以来一直衰落，原因不在于体制，而在于这些电影人的素质不高。

所以说，无论在大陆还是在香港，90 年代以来都很少出现好的电影，主要原因即在于以六七十年代生人为主体的电影人的素质不高。现在大家讨论电影的出路，讨论大珠三角电影的融合与发展，我看最主要的问题，应该是考虑如何提高电影人的素质。人的素质不提高，一切都是空话。

2010 年 7 月 11 日于广州

2009 年的澳门旧体诗词创作

一、2009 年澳门旧体诗词作品统计

澳门旧体诗词，包括澳门人士发表在澳门本地刊物和外地刊物上的旧体诗词，以及外地人士发表在澳门刊物上的旧体诗词。关于 2009 年澳门旧体诗词的统计对象，主要是以下刊物和书籍：一是《澳门日报》2009 年全年发表的诗词，共 118 首；二是澳门中华诗词学会 2009 出版发行的《澳门中华诗词》，共 271 首；三是刘家璧著、刘再复和施议对点评、丘麓书社 2009 年一月出版发行的《山行》一书，共收五言绝句 324 首；另外还有施议对发表在《光明日报》上的词 2 首。四项合计 715 首。

二、2009 年澳门旧体诗词创作概况

1. 以颂歌为主题的作品占了突出的比重

所谓颂歌，就是指歌颂祖国、歌颂澳门的作品。在 2009 年的澳门旧体诗词中，这一类作品占了很大的比重。以《澳门中华诗词》为例，总共 271 首诗，颂歌就占了 51 首。这些颂歌，有的是歌颂澳门回归祖国 10 周年的，有的是歌颂新中国建国 60 周年的，有的是歌颂"神舟七号"飞船上天的，有的是歌颂第二十九届奥运会在北京召开的，有的是歌颂抗震救灾、抗雪救灾中的英雄人物的，还有的是歌颂某些社庆、校庆的。这一类作品可以冯刚毅的几首长诗为代表。《澳门中华诗词》刊有冯刚毅的 3 首长诗：①《尧疆雪雨巨灾行》（七言排律）；②《神舟七号苍穹漫步歌》（骚体）；③《北京荣耀奥运行》（七言古诗）。第一首

长达 134 行，第二首长达 160 行，第三首竟长达 432 行，有人称之为"古典长诗之最"。另外《澳门日报》还刊有他的一首《澳门回归十载行》（七言古诗），长达 296 行。这些作品饱含着作者们对祖国对澳门真诚而又热烈的感情，其认识价值是值得肯定的。

2. 写澳门、岭南风物的作品颇具地域文化特色

描写岭南风物，尤其是澳门风物的作品也占了一定的比重，其中不乏写得比较有特色的作品。例如程祥徽的《圆形地》：

> 大道通衢四面开，交叉园地筑花台。
>
> 葡文称作圆行地，处处高悬此路牌。

圆形地，葡语 rotunda，是葡萄牙街道的一种通名。在澳门，有近三十条圆形地，这是澳门的独特的地理景观。作品以类似竹枝词的形式表现出来，能够予人以较深的印象。又如詹杭伦诗作《澳门新咏六首》，一曰《大潭山》，二曰《龙环葡韵》，三曰《妈阁紫烟》，四曰《卢园探胜》，五曰《黑沙踏浪》，六曰《哪吒庙》，均写澳门风物，颇见地域特色。如《龙环葡韵》：

> 葡式民居韵味浓，风姿卓约显春雍。
>
> 规规整整翻新貌，觅觅寻寻方旧踪。
>
> 几树菩提遮白日，一池菡萏送清风。
>
> 百年海岛沧桑史，浮想联翩闻晓钟。

这种菩提掩映、荷池围护的葡氏民居，也是澳门的一道独特的地理景观，与人们所熟悉的其他岭南民居是不一样的。

《澳门中华诗词》有一辑名为《啖荔雅集》，刊载了 10 位作者的 16 首诗，都是写"斗门品荔"的。其中不乏较好的作品。如郑存耀的《啖荔之约》之三：

> 雅会今朝喜上颜，翻如连袂荔支湾。
>
> 几回我欲随缘问，谁可能呼艇粥船。

由珠海斗门啖荔，想到广州的荔枝湾，再想到荔枝湾的艇仔粥。这都是非常具有岭南特色的风物。《啖荔之约》之四：

今朝予又作狂谈，漫向人前说岭南。

可解当年妃一笑，深教驿骑苦难堪。

这里由斗门食荔，想到了苏轼的名作《荔枝叹》，体现了一定的历史意识和人文精神。

3. 若干作品反映了民生疾苦，揭露了社会弊端

2009 年的澳门旧体诗词中，反映民生疾苦的作品虽然不算多，但是写得比较有特色。如高德光的《迷债苦主》：

金融海啸飓风扬，奔走群呼状欲狂。

一枕黄粱惊梦魇，满城银主骂爹娘。

捕蛇每患凶蛇噬，猎虎能防猛虎伤？

滴血心头情可悯，问天无语问慈航。

这是写 2008 年以来的世界性的金融危机给老百姓带来的严重伤害。人们的存款、股票等大量缩水，投资、经营、日常生活都受到沉重的打击，许多人因此而破产、失业，大家奔走相呼，告诉无门，只有呼天抢地，心头泣血。这是令人触目惊心的一个事实，可是许多习惯于歌功颂德的诗词作者，偏偏在这个时候闭上了自己的眼睛。无论在内地，还是在澳门，描写金融海啸的作品都难以寻觅。高德光的这首诗，可以说是凤毛麟角，它的历史认识价值以及其中所体现的悲天悯人的情怀，无疑是值得肯定的。

《澳门中华诗词》有一辑名为"汶川感怀"，刊载了冯倾城等 12 位作者的 30 首诗词（冯顷城的《哀汶川地震歌》长达 147 行，是作者用心结撰的一首七言古风）。这一类作品有一个共同的特点，就是前半部分写地震给人们带来的巨大灾难，后半部分写抗震救灾的英雄壮举。前半是悲歌，后半是颂歌。这些作品的认识价值是值得肯定的。

另外还有少数作品揭露了某些社会弊端，具有难得的批评精神。例如焦淑人的《2009 年教师节有感》：

教授荣衔世所尊，书生为此苦终身。

名师今日登金榜，榜上多非授业人。

自注云：“《长江日报》九月十一日报道：教师节前夕，教育部评出第五届国家高等学校教学名师。昨日，经统计发现，100 位获奖者中，担任党委书记、校长、院长、系主任、教研室主任、实验室主任、研究所所长等行政职务的，占到九成，还有人身兼几种职务。不带任何‘官职’的一线教师仅有十人左右。”这种现象在大陆的教育界可以说是司空见惯，许多人都对此表示强烈不满，但形诸诗词者似仅此一首。

再如郑存耀的《无题二首》，写生态环境遭受严重破坏，以及社会的贫富悬殊，也值得注意。

4. 咏史、咏物诗中不乏成功之作

2009 年的澳门旧体诗词中，咏史诗的数量虽然不多，但是写得比较成功。如陈伯辉的《读史记八首》之一：

> 许由洗耳恶王声，巢父嘲其志弋名。
>
> 二士灵台俱未净，若无其事始峥嵘。

历代歌咏高士许由、巢父的诗词很多，这首诗却能发人之所未发，在思想境界上胜人一筹。

郑存耀的《咏马三首》也是一个传统的题材，但是在某些方面能出新意。其三云：

> 残星耿耿朔风凄，何物枥间不住嘶。
>
> 汗水早随征战尽，封侯主已上云梯。

主已封侯，而马还是马。作品借马的遭遇写人才的命运，是有一定深度的。

陈志威的《己丑年贺岁一律》是咏牛的，诗云：

> 星宿传河鼓，祈年冒冷风。
>
> 劬劳扶社稷，重任致先农。
>
> 从不轻言倦，曾何浪请功。
>
> 祇怀芳草愿，一往付情浓。

作品借牛的任劳任怨的品质，赞美了中华民族的一种默默奉献的精神。

姬寒碧《夜静山空得句》之二：

> 山风底事问松萝，其奈松萝不语何。
>
> 解道雌黄怕信口，如金沉默又嫌多。

话多了不好，不说话也不好，写出了做人的一种两难之境，有一定的普遍意义。

5. 外地作者的作品丰富了澳门的诗词创作

外地不少作者热情地向澳门地区的刊物投稿，丰富了澳门的旧体诗词创作。《澳门中华诗词》有一辑，名为《五洲采风》，刊载了来自加拿大、美国等国家和台湾、上海、浙江、江苏、新疆、北京、安徽、江西、广东、内蒙古、河南等省市16位作者的56首诗词，其中像叶嘉莹的《瑶华》、林祖恭的《歌唱龙游石窟》、杨逸明的《重访老宅戏作》、星汉的《戊子初冬参观龙游石窟感赋》、雍文华的《沁园春·山海关》和《谒谭嗣同故居》、陈忠平的《城居》和《题虞山访友图》等，都有较高的思想艺术价值。

如杨逸明的《重访老宅戏作》：

> 斑驳门墙梧叶黄，廿载风雨写沧桑。
>
> 街前杂铺成超市，弄口酒家名'靓汤'。
>
> 归国小姑当老板，探亲阿奶渡重洋。
>
> 下岗邻嫂笑追问：'稀客发财何处忙?'

写改革开放带来的变化，虽有几许沧桑之感，但是更多的还是浓郁的现实生活气息。这表明旧体诗词这种传统的艺术形式也能描写现实生活，而且还可以写得比较有情趣。

有的作品虽然还是传统的题材，但是在言情体物上颇有新意。如"竹海扫天寒月小，铁锤裂石冷风轻"（星汉《戊子初冬参观龙游石窟感赋》）、"吊古伤时事，寻禅到老松"（陈忠平《题虞山访友图》）等等，不仅对仗工稳，体物真切，而且富有韵致，令人回味。

三、梁披云、施议对、刘家璧的诗词创作

1. 梁披云的创作

梁披云，学名龙光，别号雪予，1905 年夏历二月初二日出生于福建省永春县，上海大学文学士，日本早稻田大学政经部大学院研究生。1929 年在泉州创办黎明高中，任校长。1938 年赴吉隆坡创办中华中学。抗战时回国任国立福建音乐专科学校校长、海疆专科学校校长、福建省教育厅长等职。20 世纪 50 年代移居印度尼西亚，在雅加达创办《火炬报》，又在香港创办《书谱》双月刊。1966 年以后定居澳门。曾任全国政协第六、第七、第八届委员，澳门特区筹委会委员，推委会委员，全国侨联顾问，澳门归侨总会创会会长，澳门笔会创会会长，澳门中华诗词学会会长，澳门文化研究会会长，厦门大学名誉教授，澳门大学荣誉博士，华侨大学副董事长，黎明大学名誉董事长。2010 年 1 月 29 日在澳门逝世，享年 105 岁。

梁披云既是一位著名的教育家和社会活动家，也是一位杰出的书法家和诗人。曾主编《中国书法大辞典》；著有《雪庐诗稿》三卷（澳门文化司 1991 年出版），收录了作者自 1928 年至 1988 年这 60 年间创作的诗作 400 余首。学者称其诗作"宏放杰出，声韵铿锵，言近旨远，意境高逸"。（黄坤尧《〈雪庐诗稿〉研习札记》）

2009 年出版的《澳门中华诗词》刊载了梁披云的 8 首诗，即《粤港澳作家珠海雅集》、《朔雪》、《莫年》、《端午》（3 首）和《竹室啖荔》（2 首）。《莫年》一诗云：

> 过尽崎岖入莫年，纵横意气逐风烟。
>
> 宴居空抱扶危策，退食仍思种树篇。
>
> 有子有孙聊自足，无趋无竞更何牵。
>
> 余生倘许长乘兴，一杖千岩作散仙。

写晚年的生活与心境，从容恬淡之中，仍有几分早年的豪情逸兴，可见这位"世纪诗星"的内心是很充实、很阳光的，并无暮年的落寞、衰飒之感。

《端午》三首，既描写了岭南地区的传统民俗，又表达了对诗人屈原的深切缅怀：

> 行吟泽畔欲何之，众醉独醒枉费辞。
> 呵壁问天天梦梦，楚宫终古草离离。
>
> 树蕙滋兰志莫酬，湘累一去水悠悠。
> 龙舟竞发风云壮，沈魄骚魂动九洲。
>
> 溪浦野艾插楣庐，沴气妖氛傥扫除。
> 画轮朱旗纷攘攘，沧浪何处起三闾。

端午节在农历五月初五日，又称端阳节、五月节、龙舟节。这个节日由夏至节俗演变而来，主要民俗活动有吃粽子、赛龙舟、挂艾蒿、佩香囊、饮药酒等等。在历史传承中，端午节又被赋予纪念屈原之义，成为一个唱诵诗歌、缅怀诗人、激扬正气的节日。梁披云的这三首诗，就写到了赛龙舟和插艾蒿这两项民俗活动，而其重点则在缅怀诗人屈原。2009 年，广州出版了一本名为《赛龙夺锦——广州龙舟节》的书，认为在珠江三角洲及其附近地区的"五月节"（端午节）是"祭拜龙王"的，与纪念屈原没有关系。观梁披云先生的这三首诗，可知实际情况并非如此。梁先生的这三首诗是有重要的认识价值和深沉的历史意识的。

再看《竹室啖荔》二首：

> 竹室清凉逭暑来，蝉鸣荔熟笑颜开。
> 绛囊轻擘南熏际，胜似飞觞千百杯。

湖海楼高竟夕谈，江天坐对兴逾酣。

冰盘况有红千颗，馋杀东坡客岭南。

第一首写诗人于暑热之际，坐在清凉的竹室里吃荔枝，悠闲地听着蝉的鸣叫。觉得啖食荔枝胜过饮酒千杯。这无疑是一种健康的生活。

第二首写诗人坐在高楼之上，与朋友作竟夕之谈，时不时地剥一颗荔枝放进嘴里，表达了对岭南生活的由衷热爱。

梁披云的诗，出语自然，不事雕琢，但是意兴悠长，令人回味。

2. 施议对的创作

施议对，1940 年生，台湾彰化人。1964 年毕业于福建师范学院中文系，同年考上杭州大学语言文学研究室研究生，师从词学大师夏承焘先生。"文革"中断学习，在部队农场、钢铁工厂、基层科研单位工作 10 年。1978 年重新报考研究生，入中国社会科学院研究生院文学系，师从吴世昌先生，续攻唐宋诗词，1981 年获硕士学位。毕业后任《文学评论》杂志编辑。1983 年在职攻读博士学位，师从吴世昌先生，专攻词学，1986 年获博士学位。毕业后留中国社会科学院文学研究所工作，任副研究员。20 世纪 90 年代初期定居澳门，任教于澳门大学社会科学及人文学院中文系，兼任中国社会科学院比较文学研究中心学术顾问、河南大学客座教授。

施议对是我国当代著名的词人和词学家，在词的创作和研究方面均有杰出的成就。其博士论文《词与音乐关系研究》，被学术界誉为近百年来词学集成之作（徐颖、邓海云：《依靠本国专家学者培养高级人才》，1987 年 5 月 13 日《光明日报》）。其以一人之力编纂的《当代词综》，独具慧眼，选评精当，被誉为我国第一部最具学术价值的当代词总集。近十余年来，施议对依吴世昌先生的"结构分析法"，倡为"词体结构论"，致力于建立一套与"本色论"、"境界说"鼎足而三的新的词学理论，以示治词之门径，受到学术界的重视。施议对思想锐敏，治学勤谨，著述甚丰，已公开出版的著作主要有《词与音乐关系研究》（中国社会科学出版社 1985 年初版、中华书局 2008 年再版)、《人间词话译注》(广西教育出版社 1990 年版、台湾贯雅文化事业有限公司 1991 年版、岳麓书社 2003 年修订版)、《宋词正体》(《施议对词学论集》第一卷,澳门大学出版中心 1996 年版)、《今词达变》(《施议对词学论集》第二卷、澳门大学出版中心 1999 年版)、《词法解赏》(《施议对词学论集》第三卷、澳门大学出版中心 2006 年版)、《当代词综》(海峡文艺出版社 2002 年版)、《李清照全阅读》(三联书店香港有限公司 2006 年版)、《胡适词点评》(中华书局 2006 年版)等 19 种。

2009 年,施议对在《光明日报》和《澳门日报》等报刊上发表了九首诗词,即《金缕曲·沈祖棻先生百年诞辰纪念集先生句》(二首)、《金缕曲·敬悼沪上词人马缉庵先生》、《金缕曲·集渊明、二谢句,敬挽国学大师季羡林教授》、《金缕曲·敬挽词曲专门家罗忼烈教授》、《贺新郎·第三届毛泽东诗词国际学术研讨会丁亥秋井冈山召开集句以贺》、《金缕曲·戊子冬随澳门高校师生湖南访问团自桃花源至武陵源》、《贺新郎·生日自述》和《戊子金谷苑送别有作》。施议对的这九首诗词,按其性质可分为两个类型,一是集句词,共六首;一是原创诗词,共三首(包括两首慢词,一首五言古体诗)。

集句词是一种独特的词体。一首词全用前人诗句或词句而不增减一字,即为集句词。宋人作集句词以王安石为最早,其后作者甚众。清代作集句词者以《词综》的编纂者、浙西词派领袖朱彝尊为最多。集句词也是一种创作,只是比较难作,最见学历和才华。作集句词必须具备两个最基本的条件:一是对前人的诗词作品必须非常熟悉,可以随意调遣;二是所集之句必须能构成一个全新的作品,并且做到完整而浑融。施议对是当代著名词人中作集句词最多的人之一,他在《贺新郎·生日自述》一词里自称"好取人嘉句",可谓"夫子自道"。他在这方面的娴熟功夫非一般人所能企及。请看他的《金缕曲·敬悼沪上词人马缉庵先生》:

> 沪上论诗客。浣征尘、争雄剑侠,卢陵夺席。家世惟凭绛帷在,花暗重

门春色。展几两，平生四壁。九畹芳兰甘作伴，映鲸波、啸傲龙潭笔。稍拄杖，慰萧瑟。　　嫣红飘尽楚天窄。拂晴霞、孤舟片叶，短亭吹笛。湖海驰驱词千阕，万树香霏金粟。开旧圃，鸡豚盈侧。星斗夜阑高梧动，感苔岑、楼外垂杨碧。云中雁，去无迹。

马缉庵，名祖熙，江苏盐城人，1915 年生，厦门大学文学系毕业，一直任中学教师，1984 年自宣城退休，2008 年 12 月 17 日逝世于上海。此人工诗词，有《缉庵词稿》三卷。其为词，初主北宋，后宗稼轩。词风由清丽趋于雄肆。施蛰存、周退密、韩国盘、崔尚愚、陈铁凡诸前辈，或为题词或为序跋，皆珍而重之。施议对编纂《当代词综》，尝录其词七首。这首集句词，叙述了马缉庵的家世、生平、个性、才华、风格和成就，表达了词人对他的高度推挹与深切缅怀，从内容到语言、音律、风格等，都是完整、统一、浑融的。读者即便不熟悉马缉庵的作品，单看施议对的这首词，就可以对其人其作有一个清晰的印象。

当然，最能体现施议对的学识、才华、人生境界与艺术成就的，还是他的那些原创作品。如《金缕曲》：

戊子冬随澳门高校师生湖南访问团自桃花源至武陵源，登天子山、上黄石寨、游金鞭溪，直驱凤凰古城。几日行程，风光无限。聊以小词记之并报同游诸君。

　　绝世武陵驿。画图开、断崖斜挂，雄兵并立。抑屈难伸石松莽，今我登云一索。凭指点，众仙形迹。填海赶山当年事，隔溪行、可有渔樵识。鞭倒插，始皇侧。　　往游好共奇珍觅。到边城、马龙车水，朗风晨夕。户户相呼闻商旅，江上谁家鸣笛。楼吊脚，长空澄碧。待得归途星火乱，望天门、莫辨天之极。天以外，具飞楫。

这首词，上片写十里画廊、金鞭溪一带的断崖、石松、溪流等自然风光，下片写边城的街市、车马、行舟、商旅、吊脚楼等民俗事象，末尾又回到天子山的自然风光，与发端遥相呼应，层次既分明，结构又完整。词人善于把写实和神话传说融为一体，把声音描写和画面描写结合起来，多角度、多层次地展示武陵驿的绝世之姿与边城的独特之貌，语言自然凝练，风格清奇壮丽，予人以声容并茂、动静相宜、自然与人文相得益彰之美感。在当代描写武陵源一带风物的诸多作品中，这首词可以说是最成功的一首。

再看他的《贺新郎·生日自述》：

好取人嘉句。坐看云、南山独往，兴来何处。日夜乾坤凭轩北，秋水长天孤鹜。照我影，溪头三楚。九万里风星河转，举鹏程、不待东方曙。当锐巧，忘机旅。　　潮生潮落悲今古。酿清愁、一弯眉月，半襄烟雨。容膝非同陶潜共，十面霓裳中序。在陋巷，稼耕自与。满屋堆书拈随手，锁窗寒、银箭移将午。诗梦就，晋龙虎。

这首词叙述了词人身居"陋巷"而诗书自娱的生活，描绘了一个博大浩瀚、天马行空的精神世界，体现了一种独立、自由的人格。现实中那仅能"容膝"的"赤豹书屋"，虽不能和陶渊明的"方宅十余亩"相比，但其流连宇宙、俯仰今古、上下求索的胸襟气度，则与前贤一脉相承。

《戊子金谷苑送别有作》这首诗，和《贺新郎·生日自述》一样，都是他的"夫子自道"：

三月十七日，转头已再周。平生多少事，行退且无忧。一棹烟波远，大江滚滚流。崇楼天欲蔽，藁影立沙鸥。我本农家子，白衣入翰林。始随永嘉夏，声学度金针。后逐海宁吴，袒诚款实襟。古粤移居晚，空阶寒气侵。唧唧复唧唧，当户未成匹。斟酌仰南斗，几箧文史溢。幸得素心人，光照临川笔。登高知几重，太白连太乙。

这是一首在艺术上非常成功的五言古诗，自然、朴拙，不事雕琢，但气韵生动。作者叙述了自己的出身、生平和师承关系，表明了一种行退无忧、从容洒脱的人生态度。作者对澳门这个地方是有感情的，虽然来得晚了一点，但是有一二"素心人"相与讨论唱和，也是人生一大快事。这两篇作品，可以当做他的自叙传来看，对于了解他的生活、交友、人格与精神追求，无疑具有重要的价值。

　　3. 刘家璧的创作

　　刘家璧是澳门"名镇休闲服装制造厂"的董事长，尝"从游梁公雪庐披云老先生"。据熟悉他的人士介绍，刘家璧对中国古典诗词"近于痴迷"，"常以购藏、诵读诗书为乐事，许多唐诗宋词名篇他竟能倒背如流"。曾在《诗刊》、《泉州晚报》发表过若干作品（参见陈瑞统《寄深意于淡远——读刘家璧先生诗集〈山行〉》）。2006 年，刘家璧在中国文学出版社（北京）出版诗集《山行》四卷，每卷 81 首，共 243 首，全是五言绝句。梁披云题写书名，施议对作序，欧阳良庚楷书。2009 年，又在岳麓书社出了修订版，并附有刘再复、施议对等人的评点，因此也可以算是 2009 年度的成果。

　　刘家璧的诗，多在"山深林静，俯看坐听"时，于"有意无意中得之"，语言清新、朴实、自然，音韵谐美，格调淡远，韵味隽永。作者以山行者的独特视角来观照自然和人生，往往能予人以耳目一新之感。例如：

　　　　泉细水长流，花多人易愁。孰云沧海阔，风险不容舟。（1. 11）

　　　　敢有匡时志，原无出世心。金风随处好，独对菊花吟。（4. 54）

　　　　幽香何处住，能否醉刘伶。不觉山深浅，身轻气自清。（1. 32）

　　　　高山呼日出，海上淡烟开。喷薄彤轮涌，霞光射浪来。（1. 60）

　　　　赤白黄蓝紫，花开五彩云。莫嫌秋色浅，烂漫不输春。（4. 78）

　　　　东风发曙霞，新绿遍天涯。南国英雄树，一枝横我家。（2. 35）

　　　　浸日秋衣湿，立冬思浴寒。睡莲花吐火，红透水中天。（2. 2）

　　　　长松挂残月，翘首浴红鳞。欲做虬龙客，先登石嶙峋。（1. 41）

　　　　鸟声千树里，人语半山中。坐觉榕阴午，春潮涨几重。（3. 33）

　　　　石上苔痕绿，烟中树色深。鸟声愁断续，隐约苦春阴。（3. 20）

　　或写世道，或写出处，或写修身，或写自然界的霞光、云彩、花木、松石、鸟声，既真实、形象、可感可触，又吐属自然、清新、未经人道，可以说是有性情，有境界，有韵味，非学力所能到，非人工所能到。施议对序《山行》云："绝句之难，难以天籁，而非人工。四句 28 字，或 20 字，合辙归韵，何难之有——不过服帖稳妥而已。假以时日，必将有成。至于天籁，则未敢强求，尤其是五绝。古人有云：'五绝纯乎天籁，七绝可参人工。'已可见其难。简言之，乃一种自然状态。天地与我并生，万物与我为一。唐贤神品，所以穷幽极玄，超凡入圣者，此之谓也。后昆追步，能于似与非似间，得窥门径，岂易事哉。"这话是非常精辟的，非通于诗道者不能出此言。而刘家璧《山行》中的不少佳作，确实是达到了一种"自然状态"的，这是于"有意无意中得之"的一种状态。澳门的旧体诗词中，能够出现这种状态的作品，实在是了不起的。

2010 年 6 月 24 日于广州

培养自己的接受者

——向旧体诗词作者进一言

今年八月份，有幸参加由江西庐山白鹿洞书院主持召开的"中国旧体诗词研讨会"，在会上认识了许多有才华的诗人，拜读了许多好的和比较好的作品，听到了一些有建设意义的意见，同时也了解了诗人们的不少困惑。尔后，又承蒙广州《诗词》编辑部厚爱，连续为我寄赠了十多期刊物。这样，我才有机会得以较多地拜读一些当代的旧体诗词，同时静下来认真地思考旧体诗词的创作问题。

就我所知，诗人们最大的困惑之一，就是旧体诗词的读者不多，好作品在社会上反响不大，有的几乎没有反响。作品发表出来少有人看，看过之后既不说好，也不说坏，可以说，诗人的痛苦莫过于此。文学作品，诚然有它的自娱功能，但是一旦拿出去发表，总是希望有人看，有人欣赏，总是希望发挥它的娱人功能。不然的话，存诸箧底可矣，藏诸名山可矣，为什么一定要发表呢？"不求知音赏"，这话不是真话。

那么，为什么主观动机和客观效果不能统一呢？一句话，诗人们没有自觉地努力地去培养自己的接受者。一篇成功的文学作品，是作者和读者所共同创作的。一篇作品，没有人接受，等于没有发表。发表的只是一个"文本"，由"文本"成为"作品"，中间有个不能减除的环节，这便是接受。作者→作品→读者，或读者→作者→作品，三者构成一个系统，缺一不可。每一种文艺样式都有它的接受者。戏曲有戏曲的接受者，芭蕾舞有芭蕾舞的接受者，国画有国画的接受者，流行歌曲有流行歌曲的接受者，同理，旧体诗词也应该有旧体诗词的接受者。从接受美学的角度来看，有接受、有需要，才会有创作、有满足。有劳动时的调节节奏的需要、有劳动间隙的休息娱乐的需要，才会有最初的诗歌与音乐的产生。古今中外的全部的艺术史，无不雄辩地证明了这一真理。

当代诸多文艺样式中，戏曲、电影、电视、流行歌曲、小说、散文等等，都有自己的接受者。有自己的接受者，才有这些文艺样式的活跃与繁荣。这个道理一如商品的消费，有需要、有接受，才有冰箱、彩电和收录机。

旧体诗词原是有自己广泛的接受者的。诗经、楚辞、汉乐府、六朝古诗、唐诗、宋词、元曲，都有自己的接受者。"五四"以后，随着新文学的崛起，旧体诗词的接受者渐渐少了，现在则更少。其原因就在于，它的接受者被新文学或电影、电视争夺过去了。

文学是多元的。文学样式是丰富多彩的。谁都不可能独占秋色，谁都不可以独占接受者，因为接受者的需要是多层次的。旧体诗词要图生存、图发展，必须再度培养或争取自己的接受者。这当然不可能靠任何行政命令来解决，靠什么？靠旧体诗词自身的更新与改革。

培养自己的接受者，关键在于研究和考察自己的接受者究竟需要什么？事实上，旧体诗词的接受者仍然没有全部掉头而去。三岁小孩即能背诵上百首唐诗，《唐诗鉴赏辞典》、《宋词鉴赏辞典》多次重印，印数逾百万，许多写了一辈子新诗的人，晚年又回归旧体诗词。这一切，都说明旧体诗词还有很强的生命力。但是，何以当代人写的旧体诗词少有人背诵和欣赏呢？原因主要有三。

一曰缺乏独创性。独创是艺术的生命。没有独创，陈陈相因的东西不是艺术。有人统计，全国县级以上的诗社达三千多个，省级以上的亦有三十多个，作品更是无法统计。诗社不谓不多，诗人阵容不谓不大，诗作数量不谓不夥。但是，作品的独创性很有限。友朋唱和、流连山水、标语口号一类的作品占了压倒多数。许多作品都给人似曾相识之感。题材、思路、感情、意象、风格、语言、表现方法、组织结构、用韵等等，都难出前人之右，都是唐宋元明清以来的诗人所写过、用过、表现过的，都在重复前人。这样，接受者便只好在唐诗宋词的园地里流连忘返，而对当代的旧体诗词视而不见了。

　　二曰缺乏时代感。这一点专就思想感情上着眼。一个时代有一个时代的生活，一个时代有一个时代的思想和情感。生活、思想和情感有继承性，但是更有变异性。不然的话，何以会有一个新时代？新旧观念的交替，新旧体制的交替，新事物、新人物的大量涌现，都应该成为诗的题材和内容。"无事不可入，无意不可言"，这一切，都是可以用诗来表达的。可是，我们在这一点上做得不够。老干部离退了，有没有惆怅、失落，有没有对往昔生活与工作的留念？在商品经济大潮的冲击下，有没有暂时的不适应感？官僚文化、封建意识仍然在某些地方和某些部门存在，对此有没有不满和愤恨？只要是真正的人，就会有诸如此类的矛盾和迷茫，就会有一个从不适到适的过程。这便是情、便是意、便是诗的内容。很可惜，这样的作品很少见。

　　三曰缺乏音乐感。旧体诗词不能唱了，能唱的是流行歌曲。诗词，原是借了音乐的翅膀才能飞翔的。现在，这个音乐的美质几乎遗失殆尽。诉诸视觉，同时也诉诸听觉的作品，接受者最多，感染力最大。电影、电视，就是集二者之长而风靡天下的。旧体诗词，却把这个美质拱手让给了别人。不能唱只是一方面，更有甚者是不能诵。许多人写旧体诗词，虽然也讲平仄对仗，也讲音乐节奏，但不是文从字顺，缺乏流动感。许多诗是"做"出来的，是28个字或56个字拼起来的。只能静观，不能朗诵。于是，又失去了一部分接受者。

　　当然，指出这些不足，绝不是说，当代旧体诗词中没有一些既有时代感、独创性，又具音乐美的好作品。就我所知，《诗词》报就发表过一些这样的作品。如黄道奇的《聂耳墓》（161期），孔凡章的《迎亚运会开幕》（161期），谢梅庄的《赠女清道夫》（160期），欧初的《参观南京日军大屠杀遇难纪念馆后题》（160期），叶元章的《自勉》（159期），刘任之的《圆明园遭焚掠百卅年祭》（158期），黄大斌的《访大南山老区有感》（153期），赖春泉的《沁园春·参加白鹿洞书院诗词研讨会》（156期）。这些作品都具有一定的时代感。此外，像袁第锐先生提交给白鹿洞书院会议的组诗《读报二十咏》，指斥时弊、抨击官倒，也很具特色。

遗憾的是这些作品传诵仍然不广。这便是可歌性的问题了。为此，我要向大家推荐由广州诗词报社灌制的一盒磁带，名曰《粤海英华》，录制由许士杰、王起、赖春泉等作词，由当代诸多音乐家作曲并演唱的二十多首作品。这些作品风华绰约，声文俱佳，加之能唱，所以在广州一带颇有影响。

总之，旧体诗词仍然有它的生命力，可以作为当代文艺百花园的一枝而长期存在。只要我们认真考察读者的需要，加强作品的独创性、时代感和音乐美，有意识地积极地培养或招回自己的接受者，说不定，旧体诗词还真的有个中兴时代呢！

1990 年 12 月 7 日于武汉

中　卷

教育与阅读

关于建立"岭南民间艺术传承基地"的构想[①]

一、背景及意义

岭南地区蕴藏着非常丰富的民间艺术，其中不少艺术样式是岭南独有而国内其他地区所无的。随着经济全球化趋势的增强与现代化进程的加快，这些根植于农业社会的民间艺术多数处于濒危状态。如何有效地保护这些优秀的民间艺术，是每一个热爱岭南文化的人士都在关心的问题。

保护的前提是传承。如果这些优秀的民间艺术得不到很好的传承，保护就是一句空话。如何更好地传承这些优秀的民间艺术？是每一个从事民间艺术的创作与研究的人士都在探讨的问题，也是许多从事教育工作的有识之士正在思考的问题。

近年来，随着各级政府保护和抢救民间艺术的工作力度的加大，全国各地兴起了一股民间艺术热。在国内部分高校，甚至还开办了若干个民间艺术专业。可以说，民间艺术进高校，是当前和今后一个时期高等艺术教育的一个非常值得关注的热点。

以高等院校为依托，建立民间艺术传承基地，无论是在高等教育领域，还是在民间艺术领域，都是一个创举。此举必将在中国高等教育史和民间艺术史上产生深远的影响。

---

① 本文系作者受广州市民间文艺家协会和广州某教育集团的委托，为他们的合作而写的一份策划方案。

所谓以高等院校为依托建立民间艺术传承基地，就是把传统的民间艺术传承方式，变为传统与现代相结合的传承方式，由传统的私相授受、口耳相传，扩展并提升为产、学、研相结合的现代学校教育。这样可以较多、较好、较快地培养民间艺术的继承人，使许多宝贵的、濒危的民间艺术得以发扬光大，同时也可以提升学校的知名度和影响力，开辟新的生源，找到新的增长点，进一步提高办学的效益。

二、现状分析

目前国内有些高校已开设若干民间艺术专业或者课程，总的来讲，前景是诱人的，但是也存在一些亟待解决的问题。

第一，没有专门的民间艺术教材。曾经有专家建议把民间艺术写进教材，贯穿到小学、中学、大学的教学中去，但是这个工作至今并没有落实，甚至某些高校虽然开设了民间艺术方面的课程，但也没有相应的教材。

第二，没有专门的民间艺术教师。有些高校虽然开设了若干民间艺术专业或者课程，但是没有专业的从事民间艺术教学的教师。上课的教师多是从事现代艺术教学的人，他们对民间艺术是一知半解的。有的学校虽然聘请了若干民间工艺大师来讲课，但都是临时的、短期的，上完几节课就走人。

第三，没有实习基地。学校里没有民间艺术实习基地，没有民间艺术展示平台，更没有民间艺术研究机构，学生只能从书本上或者从老师的口头上得知某些民间艺术的皮毛，并没有机会接触到真正的民间艺术和民间艺术家，更没有机会在民间艺术家的指导之下从事民间艺术的鉴赏、创作和研究。

第四，没有长远的目标和计划。许多学校对于民间艺术的传承，缺乏真正的热情和责任感，他们并没有长远的目标和计划，多是短期行为，赶时髦，搞花架子。他们这样做的目的，只是为了找到一个新的"卖点"，借以作宣传，借以扩大学校的知名度和影响力，便于招生而已。

以上事实说明，民间艺术以其丰富的内涵、优美的形式和顽强的生命力，日益受到社会各界的重视，高等院校开设民间艺术专业或者课程，无疑是一个非常值得注意的现象。它表明：高等院校的艺术教育有了一个新的亮点，或者新的增长点；民间艺术也有了一个新的传承路径或者新的平台。目前，在开办民间艺术专业或者课程的过程中，国内某些高等院校虽然还存在一些问题或者不足，但是这些问题或不足都是可以解决的。民间艺术进入高校，还有许多文章可做。其前景是广阔的、诱人的。

三、可行性研究

经初步协商，广州市民间文艺家协会拟同广州某教育集团合作，成立"岭南民间艺术传承基地"。这个基地具有高等教育的职能，从民间艺术的角度来讲，可称为"岭南民间艺术传承基地"；从高等教育的角度来讲，可称为"岭南工艺美术学院"。

广州某教育集团与广州市民间文艺家协会合作，建设"岭南民间艺术传承基地"和"岭南工艺美术学院"，具备多方面的有利条件，可以说是"天时"、"地利"、"人和"三者皆备。

第一，改革开放以来，尤其是近五年以来，国家在政策、措施、财力、人力方面均加大了对民间艺术（或非物质文化遗产）的保护力度，这是有目共睹的事实。在这一方面，广东省甚至走在了全国许多省、市、自治区的前面。广东省提出建设文化强省，其中就包括加大对民间艺术的保护与传承力度的内容。在这样的时代背景之下，建设"岭南民间艺术传承基地"和"岭南工艺美术学院"，可以得到从中央到省、市各级政府的支持，尤其是得到民间艺术和非物质文化遗产管理部门的支持，得到教育管理部门的支持，包括政策上的支持，乃至财政上的支持。

就全国来讲，真正开设民间艺术专业或者课程的高等院校还是很少很少的，有的虽然开设了，但是还存在许多问题；有的想开设，但不知道如何着手。如果广州某教育集团和广州市民间文艺家协会能够把握这个机遇，乘时而起，尽快地建设"岭南民间艺术传承基地"和"岭南工艺美术学院",无疑是一个富有前瞻性的高明决策。这是"天时"。

第二,岭南地区,是我国民间艺术资源最为丰富的地区之一。而广州及其周边地区,包括广州、清远、肇庆、佛山、江门、中山、东莞、惠州、河源、韶关一带,又是岭南民间艺术资源最为丰富的地区。这里不仅拥有大量活态的民间艺术样式,而且拥有众多的民间艺人和艺术家,广东省内的国家级民间工艺美术大师和省级民间工艺美术大师,绝大部分都聚集在这一带。而这一带,恰好又是广州某教育集团的主要生源地。在广州市,或者广州市的近邻清远市,建设"岭南民间艺术传承基地"和"岭南工艺美术学院",在信息、师资、生源、学生实习、就业、科研、学术交流,以及工艺美术产品的生产、展示与销售等方面,均拥有别的地方所不具备的许多优势。这是"地利"。

第三,广州某教育集团是岭南地区最为成熟、最有影响的民办教育机构之一,在集团内部,大学、中专、中小学、幼儿园等一应俱全。在这个教育集团里,不仅可以开设新的"岭南工艺美术学院",还可以把"民间工艺美术"这门课程从幼儿园一直开设到大学,让所有的学生都能受到民间艺术的熏陶和培养。

这个教育集团充盈着一种艺术的氛围,从校园的规划建设到课室、实验室、图书馆、学生宿舍、教工宿舍、体育场馆乃至食堂、卫生间的设计和装修,都充满着艺术的气息。这是别的许多高校所不具备的。这是一个学习和传承艺术的好地方。

在这个教育集团下属的"职业技术学院"内部,则早已建立相关的艺术院、系或者专业,在艺术教育方面,有一支比较专业的师资队伍,积累了不少艺术教育方面的经验,形成了较好的传统。在这个基础上,建立"岭南民间艺术传承基地"和"岭南工艺美术学院",并不是从零开始,而是有了一定的基础。

更重要的是,作为土生土长的岭南教育家,教育集团的董事长既受过良好的现代高等教育,又非常热爱岭南本土文化,多年来,一直重视和关注岭南文化的传承问题,并且做了许多实际工作。正是由于他的提议,"岭南民间艺术传承基地"和"岭南工艺美术学院"的具体策划工作才得以进行。

广州市民间文艺家协会是岭南地区最为成熟、最有影响的民间艺术团体,在中共广州市委宣传部和市文联的领导之下,长期从事民间艺术的创作、研究、交流、表彰、咨询、普及、推介方面的工作,积累了丰富的工作经验,出产了大量的优秀成果,也联络、团结了数以千百计的民间艺人和艺术家。广东省内绝大多数的国家级民间工艺美术大师和省级工艺美术大师,都属于该协会领导、联络和管理。

广州某教育集团和广州市民间文艺家协会不仅在岭南民间艺术的保护与传承方面具有多种优势,而且可以在此基础上形成一种合力,这为合作建立"岭南民间艺术传承基地"和"岭南工艺美术学院"提供了重要的保障。这是"人和"。

四、运作方案

1. 首先开设"民间美术系"和"民间工艺系"

以高等院校为依托建立民间艺术传承基地,必须考虑到高等院校的特点,必须考虑到招生和就业的前景。民间艺术包括民间文学、传统音乐、传统舞蹈、传统戏剧、曲艺、传统体育、游艺、杂技、传统美术、传统技艺、传统医药、民俗等12大类。在这12大类中,最具招生和就业前景的是传统美术和传统技艺这两大类。岭南传统美术主要有年画、剪纸、粤绣(包括广绣、潮绣、珠绣)、牙雕(骨雕)、玉雕、石雕、木雕、榄雕、竹刻、根雕、砖雕、泥塑、灰塑、金银饰艺、玻璃刻画、雀笼、戏服、宫灯、押花画、灯彩、镶嵌、彩扎(扎狮、扎龙、扎灯)等,岭南传统技艺主要有瓷器烧制技艺、广式硬木家具制作技艺、漆艺、编织、龙舟制作技艺、广式月饼制作技艺、凉茶等,建议先设立两个系,一个是"民间美术系",一个是"民间工艺系",简称美术系和工艺系。以后再根据社会需要和自身条件开设别的系或者专业。

2. 大专、中专同时招生

民间工艺美术人才的培养需要较长的时间,最好是"从娃娃抓起"。在"岭南工艺美术学院"招收大专生的同时，应开始招收中专生。中专生毕业后，可以直接报考"岭南工艺美术学院"大专班，也可以实行中专、大专连读。

3. 着手聘请有关专门人才

"岭南工艺美术学院"的教学与研究人才，主要来自三个方面：一是岭南工艺美术大师，包括"国家级工艺美术大师"和"省级工艺美术大师"；二是国内各艺术院校培养的具有硕士、博士学位的工艺美术专业人才；三是具有教授或副教授资质、在业界有影响的国学专家和民间艺术专家。

建议广州某教育集团聘请"国家级工艺美术大师"为教授，聘请"省级工艺美术大师"为副教授，为他们建立大师工作室，配备助手，便于他们开展创作、研究和传承工作。

大师的助手可以是他们的徒弟，也可以是从全国各地招聘来的具有硕士以上学历的工艺美术人才。

对于大师和专家学者，可以根据集团的实际需要，以及他们自身的实际情况，分别聘为专职的与客座的两种。

4. 开设有关讲座和选修课

在申报专业获得批准、招生工作正式开始之前，可以考虑开设有关讲座和选修课。

本年度第一学期，可以聘请有关国家级工艺美术大师在集团内部的职业技术学院、技工学校、中英文学校不定期地开设"岭南工艺美术欣赏"一类的讲座，以此营造气氛，培养学生的兴趣。本年度第二学期，可以在集团内部的职业技术学院、技工学校开设"岭南工艺美术欣赏与创作"一类的选修课。选修课的学生不分院系、专业和年级，只要有兴趣，即可选修。选修这类课程应给予1～2个学分。这项工作可暂时由职业技术学院下属的艺术学院来主持。

5. 开展有关宣传推介活动

在2011年元旦前后，开展有关系列活动，包括"岭南民间艺术传承基地"挂牌仪式、"国家级工艺美术大师"和"省级工艺美术大师"受聘仪式、"国家级工艺美术大师代表作展示"、"岭南民间艺术专题讲座"、"岭南民间艺术论坛"等等；建议同时邀请媒体记者、民间艺术家、有关社会人士参加，以此宣告"岭南民间艺术传承基地"正式成立。

"岭南民间艺术传承基地"与稍后成立的"岭南工艺美术学院"可以是两块牌子，一套人马。

在"岭南工艺美术学院"和"岭南民间艺术传承基地"下面，建立"岭南民间艺术研究所"，研究所下面再按不同的专业或艺术门类设立工作室。

6. 完成教材的规划和编写工作

力争在一到两年之内完成"岭南民间工艺"和"岭南民间美术"这两个系列教材的规划和编写工作，以便在新生到校时有教材使用。

7. 做好新校园的规划、设计工作

目前，广州某教育集团正在从事新校园的规划、设计工作。建议在新校园的规划、设计工作中充分考虑和吸收岭南传统建筑的特点，使新校园的硬件建设与"岭南民间艺术传承基地"和"岭南工艺美术学院"相协调，并以此作为新校园的一大亮点。

在新校园里，不仅有"岭南民间艺术传承基地"和"岭南工艺美术学院"，还应有"岭南民间艺术博览园"。这个博览园将是广东第一个"岭南民间艺术博览园"，今后要向社会开放，成为当地一个新的特色性旅游景点，体现我国方兴未艾的"修学旅游"的新面貌。这种"修学旅游"可以最有效地宣传学校，吸纳生源。

新校园的规划、设计与建设，应该把"岭南民间艺术传承基地"和"现代大学园区"两者结合起来，一方面该校园应该具有浓郁的岭南建筑文化之特色，一方面又是一所具有实用性的现代化的大学。也就是说，这个校园，既是一所现代化的大学园区，又是一个"岭南民间艺术博览园"。这个校园的意义在于：第一，学生在这里可以时时处处感受到浓郁的岭南文化艺术的氛围，从中受到长期的熏陶和教育；第二，可以通过这样的校园来收藏、保护和展示丰富多彩的岭南民间艺术（不限于美术和工艺，而是所有的岭南民间艺术）；第三，学校可以通过富有岭南文化艺术特色的校园来提高自己的知名度和影响力；第四，这个园区可以向社会开放，让更多的人受到岭南文化艺术的熏陶，达到弘扬岭南优秀传统文化艺术的目的；第五，这个开放是有偿的开放，可以通过门票收入和其他餐饮、酒店服务以及相关产品的销售，为学校赢得一定的经济效益。

校园的门楼、房屋、道路、桥梁、园林等等的设计，都要考虑到这里既是一个教学和研究基地，又是一个可以供人们参观、游览的旅游景点。就像湖南大学的岳麓书院一样，但要比岳麓书院的内容更丰富，更有特色。

8. 制订并逐步落实产、学、研一体化工作计划

为了保证"岭南工艺美术学院"和"岭南民间艺术传承基地"的健康、快速与可持续发展，建议走产、学、研相结合的路子。

学：开设具有招生和就业前景的系、专业和课程，培养专业人才和传承人。

研：设立有关研究所，就有关专业（项目）的历史、现状、前景、艺术形式和特点、艺术创新、文化市场等等展开理论性的与应用性的研究，通过发表有质量的研究成果（论文和专著），为人才的培养和产品的开发服务，并以此提高学院和基地在国内外的知名度和影响力。

产：开设有关的工作室或者校办工厂，为学生提供实习基地和就业场所；生产和营销具有市场前景的美术和工艺产品，为学院和基地创造经济效益，同时以自己的优质产品提升学院和基地的知名度和影响力。

2010 年 11 月 2 日于广州

大学中文专业应当成为文学人才的孵化基地

——全日制普通高等学校中文专业改革建议

一、新中国文学专业教育的败笔

1949 年以来的中文专业，一直是全日制综合性大学中规模甚大、招收人数甚多的专业之一，也是投入甚大、收效甚微的专业之一。新中国花了那么多的人力、物力和财力，开办了那么多的中文专业，培养输送了那么多的中文专业的大学毕业生，但是到最后，究竟有多少人在从事文学的工作呢？可以说，绝大多数用非所学、学非所用，或从政，或经商，或执教。从政与经商的，与中文专业关系甚微，可以说是用非所学；至于执教的，除师范院校中文专业毕业的以外，一般都缺乏教育学、心理学、教学法方面的应有的训练，不能较好地从事教育工作，可以说是学非所用。

中文专业毕业的大学生真正从事文学工作的为数甚少。相反，真正从事文学工作的人大都没有上过大学中文专业。有一份调查材料表明，在我国当代比较有影响的 97 位中青年作家当中，上过大学中文专业的竟不到 20%。（范海坚、孔繁任：《怎样才能当作家》，《人才》，1982 年第 4 期）中文专业毕业的大学生进入社会之后多数都只能做做一般的文职工作。就多数文职工作的性质与功能来看，其实只要受过中等教育的人便足以胜任。中文专业的毕业生大多数一直是学非所用、用非所学，这就造成人力物力财力尤其是智力的巨大浪费。

大学中文专业，应当成为文学人才的孵化基地。这不是幻想，不是梦呓。譬如抗战时期的延安鲁迅艺术学院的文学专业，就培养出了一大批文学家（包括作家和批评家）。倒是建国以后，办学环境和条件比延安鲁艺优越多了，但是文学家的生成率却大大下降。我们的大学中文专业，一般只能培养一些文学崇拜家或者文学议论家，高谈阔论，眼高手低。有些人甚至手眼俱低，基本上不明白文学究竟为何物。应该说，这是一件令许多有识之士为之痛心的憾事。

从另一个角度（即文学本身的角度）来看，我国当代文学的总体成就并不高，不仅不能和古代文学相比，甚至在许多方面还不及那个群星灿烂、名作如林的现代文学。这里边有一些众所周知的原因，但是最不容忽视的一点，便是当代中青年作家的自身素质不太高。他们中的许多人思想肤浅、学力匮乏、语言技巧低劣，即王蒙所谓的作家非学者化的倾向十分严重。由这样一些自身素质不太高的人所创作的文本，往往缺乏思想，缺乏艺术个性，缺乏艺术魅力，不能予人应有的人生智慧和审美愉悦，或者难以卒读，或者过目即忘。诚然，在 20 世纪 80 年代有过一些颇具轰动效应的作品出现，但是这种效应产生的根源，与其说在文学本身，不如说在社会现实。人们所关注的并不在作为一门艺术的文学，而在它所提出所强调的某些社会问题，如对"文化大革命"的反思，对"左"的路线的批判，对改革的渴望，对官吏腐败的憎恨，对知识分子地位的关注，等等。随着这些问题的广为人知和部分解决，这些作品同时也就逐渐地被人遗忘了。最近，莫言获得了诺贝尔文学奖，这自然是值得庆贺的事。但是莫言的获奖并不代表中国当代文学的整体水平达到了古代文学或现代文学的水平。

多数的作家没有学问，多数的学者不懂创作，前者肤浅，后者干巴。既不能像古代的作家和学者那样，也不能像现代的胡适、鲁迅、周作人、林语堂、冰心、茅盾、郭沫若、老舍、曹禺、俞平伯、朱自清、沈从文等人那样，集作家与学者于一身，熔创作与研究于一炉，既学贯中西、博古通今，又下笔千言、文采飞扬。新中国至今还不能培养出一个自己的鲁迅，这不能不说是中国新文化的一个令人忧虑的萧条，不能不说是新中国文学教育事业的一个令人触目惊心的败笔。当然，指出失败的目的不在于渲染失败，而在于促成觉醒以转败为胜。转败为胜的方案很多，但是最根本的方案之一，在于充分发挥大学中文专业应有的文学教育功能，把大学中文专业真正办成文学人才的孵化基地，努力培养出真正的高质高能的文学人才。

二、中文专业应以文学人才为招生对象

六十年来，我国的大学中文专业实际上是一个汇文学、语言、师范、秘书等许多专业于一身的大口袋。它所培养的不是真正意义上的文学工作者，而是大、中、小学校的语文教师和一般文职干部。我们既然提出要把大学中文专业办成文学人才的孵化基地，就必须把语言、师范、秘书等专业从中文专业分离出去。尽管这几个专业的人才都必须具备一定的文学修养，但是它们并不等同于文学专业所应当培养的文学人才。文学人才以文学创作和文学批评为基本职业。文学、语言、师范和秘书专业应各司其职，虽相互有所渗透，但不可犯本位。什么都像，其实是什么都不像。文学专业担负着太多的使命，最终只能是文学使命的丧失。

中文专业既然应当是文学人才的孵化基地，就必须严格按照文学人才的成长规律来选拔和培养人才。它的招生对象应该是已经初露锋芒的文学人才或虽未初露锋芒但有着相当的文学天赋而且今后会有相当的发展前途的潜人才。就是说，它的招生对象必须以一定的文学天赋和才能为前提。这些人包括两个来源：第一，已经发表过文学作品（包括评论）但是还有待于进一步深造和提高的文学人才；第二，虽然没有发表过什么作品（包括评论）但是却具备一定的文学天赋和能力的潜人才。

文学家的创造年龄周期与科学家的创造年龄周期并不一样。科学家的最佳创造年龄一般在 20～45 岁，文学家的最佳创造年龄则可以延至 70 岁以上。雨果、托尔斯泰、萧伯纳、泰戈尔、艾青等人的创作年龄便是明证。因此，中文专业的招生对象，尤其是对那些已经发表过若干作品并且预示着还有大的发展可能的文学人才，不应该有严格的年龄限制。

就招考内容而言，应该把文学创作列为重要科目。一直以来，大学中文专业的考生与所有人文社会科学专业的考生用同样的卷子，考同样的题目，在社会科

学与文学之间、抽象思维与形象思维之间没有质与量的区别。许多形象思维能力很差、文学细胞很少的人往往进了大学中文专业，不能不说是一个绝大的笑话。

就高考语文卷子本身而言，往往死的、刻板的题目出得太多。字、词、句、短文的理解，古文的翻译、标点及作家作品名称的填空比重过大。事实证明，在这些方面，考分很高的人不一定就是文学苗子。因为这些东西只属于文学人才的知识范围而非能力范围。人才的本质是由其能力构成的。学生在中学阶段把主要精力放在文学知识的记忆上面而不是放在文学能力（观察、感受、联想、表达）的培养上面，高考时又因前者的畸型发展而被录取为中文专业的学生，加之进校之后所接受的又是一些反文学的或非文学的教育，于是，这些人进入大学中文专业便成了一个绝大的误会，浪费了他们在其他方面所可能有的天才。

高考语文卷子虽然也有写作题，但是分量太轻，比分不超过40%。而且这些写作题往往文学性不强，多数是文法理工农医各科通用的议论文或简单的记叙文。一个学生究竟是适合读文学，还是适合读理工农医，究竟是长于形象思维，还是长于抽象思维，在这样一份极笼统的文学色彩极淡薄的理论色彩亦复黯淡的语文卷子上是绝对判断不出来的。

鉴于上述种种弊端，大学中文专业的招生办法与考试内容必须改革。应该像艺术院校和体育院校的招生那样，把入学考试分为专考和文考这样两个部分。先做文学专考。专考必须审查一至几份文学作品（包括已发表的或未发表的作品或评论），通过作品来考察考生的文学观察、文学感受、文学想象、文学鉴赏和文学表达能力，再组织参加全国高等院校的统一招生考试（文考）。考试科目除政治、语文、数学、历史、地理和外语之外，应再加一门自然科学常识。文考只在于考察考生的知识结构和知识程度。简单来讲，专考主要考能力，文考主要考知识。专考是前提，是重点，专考的成绩为主要参考系数。只有文考与专考相结合而以专考为重点，我们才能把真正具备相应的文学天赋、文学能力和文学知识的人才选拔到大学中文专业里来。

三、中文专业应当确立文学创作的重要位置

为着把大学中文专业办成文学人才的孵化基地这一总体目标，现有的课程设置和课时安排必须调整。中文专业一般开设有学科基础课程（如写作、古代汉语、现代汉语、文学概论）、专业必修课程（如中国古代文学、中国现代文学、中国当代文学、外国文学）和通识类必修课程（如马克思主义基本原理、大学体育、大学英语、大学计算机基础）等二十门左右的必修课，同其他必修课相比，写作课在中文专业实际上并不占很重要的位置。具体表现为：

第一，课时少。试以笔者所在单位广州大学中文系的必修课课程设置和课时安排为例（见下表）：

中文专业必修课之课程设置与课时表

学科基础课程	课时	专业必修课程	课时	通识类必修课程	课时
专业导论	16	中国古代文学	192	思想道德修养与法律基础	64
基础写作	64	中国现代文学	48		
现代汉语	64	中国当代文学	48	毛泽东思想和中国特色社会主义理论体系概论	96
文学概论	64	外国文学	96		
古代汉语	80			马克思主义基本原理	48
网页设计	32			中国近现代史纲要	32
				大学体育	128
				大学英语	224
				心理健康教育	24
				大学计算机基础	48
				形势与政策	28
				大学生职业发展与就业指导	16
合计	320	合计	384	合计	708

20 门必修课，总课时 1412 个。写作课时 64 个，仅占总课时的 4.5%。

广州大学中文专业下面设有教师教育（师范）、秘书学、戏剧影视学、创作与编辑出版、文学、应用语言学等六个方向。这六个方向的学生除了必须完成上述 1412 个课时的必修课，还必须根据自己的专业方向完成至少 177 个课时的选修课（包括 128 个课时的必选课与 49 个课时的任选课）。在这六个方向所开设的必选课中，教师教育、秘书学、文学与应用语言学这四个方向是没有写作课的，只有戏剧影视学、创作与编辑出版这两个方向有写作课，各占 62 课时。也就是说，广州大学中文专业的绝大多数学生在大学四年里只上过 64 个课时的写作课，只占其全部必修课时与选修课时（总计 1589）的 4%；只有极少数学生可以上 126 节写作课，但也只占其全部必修课时与选修课时的 7.9%（参见广州大学教务处编《广州大学 2012 年专业人才培养方案》，内部印行本）。广州大学是一所地方性的综合大学，也就是通常所说的非重点大学，它的人才培养方案的制定有这样两个特点：一是严格按照教育部的有关规定，二是模仿所谓的重点大学。通过广州大学中文专业的课程设置，完全可以得知全国各大学（无论是重点大学还是非重点大学）中文专业的课程设置情况。如果说有什么差异的话，这个差异不会超过 10% 的比例。

第二，许多人往往以不相信"小说作法"，不相信"写作秘诀"为口实，贬低写作学的教学与研究工作。如同所谓"新闻无学"一样，写作学往往也被訾议为没有学问。

第三，因而担任写作教学的教师，往往被认定为在文学和语言的教学研究方面没有或难以有所成就的人。凡是能顺利地进入文学和语言各教研室的教师，一般不会主动地投在写作教研室门下。

第四，写作教研室的教师申报高级职称，必须呈交一定数量的科研成果（与其他教研室的教师同一标准），文学作品则得不到承认，往往被说成是没有学问的东西。

第五，同样，其他教研室的教师如果染指文学创作，则被视为不务正业。

第六，在这种清规与成见制约之下，具备一定的文学创作能力、有着强烈创作兴趣而其他功课稍逊于人的学生，则被视为学习成绩不好的学生；相反，写作能力十分低下，其他功课均得高分的学生，则被视为优等生。

第七，在中文专业所开展的各种各样的名目繁多的竞赛活动中，体育比赛、演讲比赛、歌唱比赛、百科知识竞赛、时事政治知识竞赛等等，都大大地多于写作比赛。写作比赛的机会既少，优胜者所获奖励（无论物质的还是精神的）也不高。

写作课在中文专业的地位已经是够寒碜的了，更何况，这里所谓的写作，无论是在概念的内涵上还是在外延上，都远不能同文学创作对等。中文专业开设的写作课，一般包括写作基础知识、应用文体写作、论说文体写作和文学创作这样四个部分。文学创作充其量只占全部写作课时的四分之一，也就是说，大学中文专业的文学创作课时还不到其全部必修课时的 1.2%！写作课一般开设一学年，规定学生交习作八篇左右，其中文学习作不及一半。为了便于批改，这种习作多为小诗和短文，小说和剧本作为写作课的习作上交，一般是不被提倡的。

在写作课程如此不受重视，课时安排如此之少的情况下，学生在老师的指导之下练习文学创作的机会是不多的。文学创作爱好者一般只能在课余的少数时间里进行创作，只能在同学之间互相切磋技艺。大学校园里的文学创作风气相当淡薄，以至多数中文专业的学生毕业之后难以写出一篇哪怕仅仅是文字流畅的文章。

这种由来已久的局面应该扭转。应该在规定的必修课时之内，适当削减其他课程的课时，大大加重写作课尤其是文学创作课的课时。建议写作课的开设时间由一年增为四年，由一周两课时增为六课时，其中文学创作的课时占总必修课时的比例应由不到 1.2% 增为 20% 以上。除了课堂教学，还必须安排一定时间的课外辅导。

应该切实提高写作教师的业务地位。注重写作教师的选拔及其业务能力的培训。写作教师应以创作为主，研究为辅。评定写作教师的业务职称，不能像对待其他教师那样，以教学和科研为基本依据，而应以教学和创作为基本依据。应该扩大写作教研室的人员编制，适当聘请有成就的作家和诗人为专职教师或兼职教师。只有采取这样一系列的有力措施，才能提升文学创作课程在中文专业的重要位置。

四、文学教学应把学生文学能力的培养放在首位

这里所说的文学能力，是指以形象思维为基本特点的文学观察、感受、想象、鉴赏和表达能力。大学中文专业的学生，有不少是怀着作家的梦想而跨进大学校门的。但是四年过去之后，他们不仅没有因此而成为作家，许多人甚至连写一篇千字短文，都失去了中学作文时的生动与流畅。对于那些有着一定的自我意识的人来讲，无疑是一个深刻的失望。这里的原因是比较复杂的，但是文学能力的萎缩或低下，则是一个不容忽视的因素。

我们的教师是学者而非作家。我们长于抽象思维而短于形象思维，长于理性透视而短于直观体悟，长于判断推理而短于形容摹写。再生动的事物，经过我们的笔头和嘴巴表达出来总是失去了色彩与灵性。我们的讲授清晰而不免于呆板，准确而不免于机械，而我们所耳提面命的，有许多就是那些企望着当作家的学子。

我们所采用的文学教材多是学术八股。文学以生动的形象和丰富的情韵见长，优秀的文学批评亦是以文质彬彬情理并茂取胜。可是这些东西一旦被编成教材，甲乙丙丁，大章节小标题，公允，拉平，面面俱到，便不免干巴巴地成了非文学的甚至是反文学的东西。文学史不过是作家履历＋创作分期＋艺术评分，文学概念则多是政治哲学概念与定义的堆砌。我们就习惯于用这些非文学的甚至是反文学的东西来教育那些企望着当作家的学子。

我们习惯于用非文学的方法讲授文学课，或者用逻辑学的方法把文学讲成逻辑学，从概念到概念，从定义到定义，总不离乎分析、综合、判断、推理；或者用语言学的方法把文学讲成语言学，由音到字，由字到词，由词到句子，讲语

言，又只是停留在其语句层面和语义层面，不能由此而深入其文化底蕴；或者用史学的方法把文学讲成历史，考证生平，编年谱，津津于作品的历史背景而不能抓住其文学本体。无论是逻辑学的还是语言学的抑或史学的方法，都是非文学的方法，非文学的方法不注重形象思维的运用，不注重文学的感受和体悟，不注重整体的观照和把握，甚至不注重艺术的鉴赏和写作技巧的分析。因此，非文学的方法并不能达到对文学的欣赏和理解。学生坐在这样的文学讲堂里听讲文学，其实是离文学愈来愈远了。

与教师的非作家化、教材的八股化和课堂教学的非文学化相一致，我们的文学课的考核也只是考文学知识而不是考文学能力。填空、问答、简述、翻译、标点、改错等等，同中学考大学一样，仍然是从名词到名词，从定义到定义，从教条到教条，很少有鉴赏的内容，根本没有创作的成分。往往填得准确，答得清楚，译得明白，便是满分，便可以因此而获奖学金，而当三好学生。相当多的考试甚至不允许学生有自己的见解，一切都得按教科书上来，按老师的讲义来。

在这样的教师、这样的教材、这样的授课方法和考核模式的规范制约之下，学生的文学能力不但得不到应有的提高，即便是与生俱来的那么一点点文学灵性，也被活活地扼杀了。头脑里充斥着过多的概念与教条，不仅形象思维被扼杀，即便是抽象思维的空间也被挤压得喘不过气来。思维成定性，便导致对新事物新思想的同化或排斥。知识陈旧，思想僵化，视野狭窄，行为保守，这样既不可能培养出作家，也不可能培养出有个性有出息的批评家！

为把大学中文专业真正办成文学人才的孵化基地，就必须加强学生文学能力的开发和培养。这就要求教师必须注重自身的文学能力的提高。教师必须具备一定的文艺创作经验，必须参与一定的文艺创作实践，或写小说、写剧本、写散文、写诗，或作画、作书、治印，乃至唱歌、跳舞、弹琴、打太极拳等等。应该适当地走出象牙之塔，艺术地感受生活、思考人生，形象地讲授文学，研究文学。不能满足于永远用概念判断和推理来思维，不能满足于永远咀嚼人家咀嚼过的馍馍。

应该拆掉学者和作家之间的围墙，在提高学校教师的文学能力的同时，积极主动地聘请国内比较有影响有成就的作家和诗人做兼职教授，请他们在这里现身说法，指导文学实践，扶持文学新人。教师向作家学创作，作家向教师学理论。这样一方面可以提高教师的文学创作能力；一方面又可以帮助作家分析总结创作得失，在更高的层次上发展自己，完善自己，从而共同推动新文学事业的发展与繁荣。

应该摒弃那些八股式的文学教材。任何思想，一旦以教材的形式出现，便开始定型化、模式化和僵化。教材总是落后于学术实践。文学是艺术，艺术忌讳条理，忌讳甲乙丙丁开中药铺。不得已而用教材，也只能仅作参考，只能"取二三而已"，不能以此为不刊之论而强迫学生就范。学生的主要读物是文学原著，而不是文学讲义之类的八股。

应该注意文学课的生动性与形象性，加强文学课的形象思维色彩，不要乐此不疲地替学生归纳段落大意主题思想。文学的把握，是一种形象的把握，一种意境的体悟，一种整体的观照。三言两语的归纳既不生动，又不准确，更不全面。文学史上许多著名的作家拒绝为自己的作品做主题说明，因为这样做只会匡定读者的艺术联想，只会剥夺读者的艺术再创造的权利，只能是适得其反。不要总在概念定义和字词句上绕圈子。古人云：得意忘言，得鱼忘筌。概念定义和语词的生命力是有限的，只要人们对某一事物某一真理达到一定程度的认识，这些劳什子便不那么重要了。

必须改革现有的文学考核模式。应将以考核文学教条为主改变为以考核文学能力为主。必须加强文学考核中的文学创作分量。一首诗，一篇散文，一部小说，只要是有为之作，便可以看出作者真实的性情，真实的能力。这种考试是一种综合性的高层次的富于创造性的能力测试，比默写一两个概念或三五个定义有价值得多。

文学考核必须打破课堂考核的一统天下，必须把课堂考核同课外考核相结合。应该大力提倡学生自己办墙报、办刊物，最好是一个学生办一份小的墙报和小的刊物。这样，学生的文学能力（观察、感受、想象、表达乃至文学的书写与编排）便可以通过墙报或刊物得到直接的充分的显现。应该经常性地多层次地开展各种形式的文学创作活动，举办创作成果汇展，举办征文评奖，奖励有才华的学生。在学生中引进文学创作竞争机制，多出人才，出好人才。

五、余论

创作不能没有批评。优秀作家的成长，有赖于优秀批评家的切实有力的帮助和扶持。文学人才的孵化基地也就是文学创作人才与文学批评人才的孵化基地。我们丝毫不能低估文学批评家的地位和作用。学习创作的人必须学习理论，必须学习历史、文学史、美学、心理学。只是这些理论和学问必须是生机勃勃言之有物的人类认识的精华，不是干瘪、枯燥、死板和僵化的学术八股。学习理论的目的不在于为理论而理论，不在于卖弄学问，而在于提高创作的思想艺术水平。

同样，学习文学批评的人应该具备相应的文学创作经验，应该有一定的创作实绩，应该讲内行话，成为作家心悦诚服的良师益友。文学批评不应该总是在概念定义中绕圈子，总是习惯于用一套生硬僵化的学术八股去规范别人。文学批评虽然重在理性探索，但是不能忽视形象思维。批评家的艺术感受能力尤为重要。当前的文学批评文章形象思维色彩淡化，越来越干巴乏味，越来越充满经院气息，这是极为不正常的。中国文学批评史上的批评名著，从曹丕的《典论·论文》到钟嵘的《诗品》，从司空图的《二十四诗品》到姚鼐的《答鲁洁非书》，从鲁迅的《魏晋风度及文章与药及酒之关系》到王蒙的《漫谈小说创作》，无不是形象生动，文采斐然。文学批评论文不是哲学美学心理学论文，虽重理性但不唯理性。文学批评论文应该加强其文学形象性与文学描述性，只有理性与感性并重，抽象性与形象性兼而有之，文学批评文章才能进入作家和读者的视野，才能发挥它的批评和鉴赏的功能。多少年来，我们常常自诩：文学批评是为创作和欣赏服务的，但是究竟有多少人读过我们的批评文章呢？我们再得意的批评文章，也只能是在批评家的圈子里漾起半圈涟漪。文章的价值在于接受。批评文章发表之后若没有人看，这个文章便等于没有发表。我们培养文学批评人才，正是要培养有益于创作与欣赏的人才，不是要培养那种与创作欣赏无补的学问家。

六十年来的文学专业教育尽管弊端甚多，但是并非不可收拾。只要我们能够真正地用文学的而不是非文学的标准来选拔具有一定的文学天赋与文学能力的人才，用文学的而不是非文学的方法来培养这些人才，把大学中文专业真正办成文学人才的孵化基地，我们坚信，中国新文学的生力军就会成批成批地涌现，中国新文学的真正繁荣一定会到来。

1988 年 6 月 15 日初稿于武汉

2013 年 1 月 8 日修改于广州

让大学生都能写出一手好文章

——《大写作》序

广州大学 2003 级中文 2 班的同学给我发来邮件说："我班同学本着练笔的精神，初次主办班刊，虽质量不高，但精神可嘉。"他们要求我为他们的刊物取个名字，写篇序言。他们说："有你的鼓励，我们将会做得更好。"我的鼓励是不是很有效，我不敢说，但是他们这样的举动，我是非常赞成、非常欣赏的。他们的态度很诚恳，话也说得很朴实，为此，我就不再谦虚，给他们的刊物取了一个朴实的名字，叫做《大写作》。我意有三：

第一，我认为，写作不应该是少数人的事，是大家的事。每个大学生都应该学会写作，每个文科的大学生都应该学会写得一手漂亮的文章。20 世纪五六十年代有教育家提出，每个语文教师都要做到"三个一"：一口流利的普通话，一笔工整的汉字，一手漂亮的文章。现在看来，第一个"一"基本上做到了，第二个"一"因为有了电脑，许多人认为已经不重要了。第三个"一"多数人还没有做到，而我认为最好能做到。我们中文专业的大学生，毕业之后，除了一部分要去当中、小学教师，还有许多人要从事别的工作，要去做编辑、记者、秘书、公务员、企事业单位的管理人员等等，几乎人人都要写作，几乎天天都要写作，如果我们现在不好好练笔，今后如何能够适应工作和生活的需要？

第二，现在，我们文科的大学生往往被大学英语和计算机一类的非专业课程占用了一半甚至一半以上的时间，真正学习专业课程、阅读专业书籍的时间是很少的，从事汉语写作的时间就更少了。有不少同学在文科读了四年，除了完成老师布置的作业，除了写毕业论文，似乎没有写过别的文章。这是很可惜的。由于平时练笔太少，所以毕业论文也不一定写得好。我们常常听到社会上和大学里的人埋怨说，现在的大学生不会写文章。我认为，这不能完全怪他们。我们给了他们多少时间，让他们来写文章呢？他们尝试写文章的时候，我们给了他们多少支持呢？当然，大学生自己也要警醒起来，要充分认识到写作的重要性，利用一切可以利用的时间练习写作，要花大力气练习写作，要形成一股写作的风气。

第三，写作是一个大概念，包含文学作品的写作，也包含新闻作品、学术论文和一切应用文体的写作。大家可以根据各人的兴趣和特长，选择自己所要练习的文体，不必强求一致。例如我们这个刊物，可以发表诗歌、散文、小说、戏曲，也可以发表新闻作品，可以发表短一点的学术论文，还可以发表一点应用文章，例如调查报告等。要让班上的每个人都有在这个刊物上发表各种文章的机会，同时也可以考虑适当发表一点别的班级同学的文章。要适当地用点"外稿"，不要关门办刊，不把范围搞得太窄。

大家都来从事写作，花大力气练习写作，各人根据自己的兴趣，写作社会所需要的各种文体，所以名之为《大写作》。

写作是一种综合训练，不仅仅是训练我们的写作技巧，还可以训练我们观察问题、分析问题和解决问题的能力，训练我们整合各种知识和信息的能力；写作是一种优美的表达，不仅仅是表达我们对社会、对人生的种种观感，种种思考，种种意见，还可以表达我们自身的各种细微而深沉的情感；写作更是一种交流，通过写作，可以密切我们和社会的联系，密切我们和世界的联系，密切我们和他人的关系。

写作是一种快乐，是一种诗意的存在，是一种优雅的生活方式。写作是为社会，为他人，也是为我们自己。让我们都来练习写作，祝我们每一位同学今后都能写出一手漂亮的文章！

2005 年 10 月 26 日于广州

应是飞鸿踏雪泥

——《雪鸿集》序

广州大学中文系 2002 级 2 班的同学把自己写的有关教学实习的札记、散文、纪实、总结等等汇编成册，付印之前，请我为这本书写篇序，同时取个书名。这让我感到欣慰，感到快乐。欣慰的是，他们的文章写得有特色，不仅内容真实，感受丰富，而且形式活泼，文笔清新。这是他们向学校、向老师交出的一份合格的答卷，也是属于他们自己的一份值得珍藏的记忆。快乐的是，他们把我当作可以交心的朋友，让我作为第一个读者来品读他们的佳作。

我曾经为他们讲过一个学期的"隋唐五代文学"。在这之前，他们并不了解我。当我第一次走进他们的课堂时，他们的眼神是复杂的，有期待，也有怀疑。他们不知道这张陌生的面孔会不会讲课。然而，不到五分钟，他们的眼神就变了，变成了认可和欣赏。他们开心地笑了。我也算是一名老教师了，为各种不同学历层次的学生讲过多年的中国古代文学，学生的这些表现我是熟知的，我心里有数。但是，能够获得新一届的他们的认可和欣赏，我仍然是快乐的。学生需要鼓励，教师又何尝不是这样？

此后的日子就不用说了。那是我们一起度过的一段美丽的时光。像对待所有的学生一样，我总是精神饱满地讲好每一堂课。望着他们那一双双专注而兴奋的眼睛，一张张青春、阳光、热情洋溢的脸，我总是满怀激情又从容不迫地从事着我的工作。我为他们解读那些伟大作家的伟大作品，介绍前人和时贤的研究成果，同时也交上一份自己的研究心得。他们时而颔首，时而沉思，时而会心地微笑，时而开心地大笑。在他们的颔首和笑声当中，他们得到了自己想要得到的东西，我则收获着思想的快乐、语言的快乐，也收获着职业的快乐。

他们的素质和悟性都是非常好的。记得我曾给他们布置过一次作业，就是把李白的《长干行》和杜甫的《新婚别》进行比较，然后根据各人的兴趣，改写成一种现代文体，诗歌、小说、散文、戏曲都可以。我希望通过这个作业，使他们对李、杜的思想、个性和艺术风格有一个深入的了解，同时也检验一下他们的写作能力，看看他们能不能从前人的经典作品当中学到一些有用的东西。这个目的可以说是完全达到了。他们交来了许多思想活泼、文笔清新、不落俗套的作品。直到今天，我还不能忘记他们的作品给我带来的那种喜悦和感动。

今年的九、十月间，他们按照系里的统一部署，分赴市内各中小学进行教学实习。我曾经去过几个实习点看望他们，听过他们的公开课，参加过他们的小组讨论，也曾代表系里出席过他们的谢师会。他们讲课时的那一份从容，那一份幽默，那种恰到好处的节奏，他们所营造的那种生动活泼的课堂气氛，他们所获得的笑声和掌声，让我为之欣慰不已。尤其是所在学校的领导和老师当着我的面，夸奖他们的聪明、能干、尽职尽责并且富有团队精神时，更是让我快乐不已。事实上，我不是他们的领队，也不是他们的指导教师，只是为他们讲过课的众多教师中的一员，对他们的影响是有限的，但是，看到他们有如此出色的表现，能够获得如此高的评价，我还是感到很得意，就好像他们是我一个人教出来的一样。

再过半年，他们就要毕业了，就要离开大学，离开我和我的同事了。我将再一次承受学生走了之后的惆怅和伤感。事实上，他们现在还没有走，我就开始有些惆怅和伤感了。他们似乎也有一点这样的情绪。今年七月，临放假时，他们提出要收藏我的书，要我签名。他们每个人都要了一种，多数同学还要了两种。十一月的一个晚上，他们举办联欢会，又特意邀我去做嘉宾。他们还说，临到毕业的时候，一定要和我合影留念。他们对我实在是太好了。他们是我的知音。他们比我儿子要懂事得多。我儿子也快大学毕业了，可是从来不读我的书。

现在，他们要我为他们的书起个名字，写篇序，我能拒绝他们这个再朴实不过的要求吗？回忆和他们相处的那些日子，想到他们即将走向社会，走向更广阔的人生，去经历人世间的风风雨雨，我的心情真是难以言说。我想起了苏东坡的几句诗："人生到处知何似？应是飞鸿踏雪泥。泥上偶然留指爪，鸿飞哪复计东西？"因此，就写下了上面的这些话，并取名为《雪鸿集》，不知他们以为如何？

2005 年 12 月 16 日于广州

文学与多媒体

在大学里，几乎人人都见过或用过多媒体。但是多媒体的特点是什么，我看不一定人人都明白。因此，为了说明一个道理，我先得把它定义一下。按照《现代汉语词典》（2002 年增补本）的解释，多媒体就是可用电子计算机处理的多种信息载体的统称，包括文本、声音、图形、动画、图像等。

同样，在大学里，几乎人人都接触过文学，至少是听说过文学。但是文学的特点是什么，也不是人人都明白的，因此，我也要按照上述词典的解释，把它定义一番：文学，就是以语言、文字为工具，形象地反映客观现实的艺术，包括戏剧、诗歌、小说、散文等。

通过上面的解释，我们知道，多媒体不过是一种信息形态，它的特点是可以用计算机来处理；文学则是一种艺术，它的特点是必须用形象来思维。世界上所有的学科信息都可以用计算机来处理，使之成为一种多媒体信息，但是经过计算机处理后的这些信息，其形态却不一样。像数学、物理、化学这些以抽象思维或数理思维为特点的学科信息，经过计算机的处理变成多媒体信息之后，会比原来的信息形态更形象、更直观、更生动，教师讲起来更方便，学生学起来更轻松。所以，从事数、理、化教学的教师们似乎更喜欢用多媒体。

但是文学则不然。文学是用形象来思维的，形象思维的特点在于它的丰富性和多义性，或者说是模糊性。在数理思维这个领域，"1"加"1"就是等于"2"，只有一种答案；而在形象思维这个领域，"1"加"1"不一定等于"2"，或者大于"2"，或者小于"2"，可以有多种答案。大于"2"的是优质作品，小于"2"的是劣质作品，等于"2"的是平庸作品。一个好的文学作品，是靠它的丰富性、多义性或者模糊性取胜的。它可以给予人们丰富的想象和联想，可以给予人们无限广阔的再创造的空间。有一千个读者，就有一千个哈姆雷特。世界上没有一个读者能够穷尽文学的底蕴，哪怕是最伟大的读者。计算机的程序是人设计的，连人都不能穷尽文学的底蕴，计算机怎么能够穷尽？所以经过计算机处理后的文学信息，就不再是原来意蕴丰富的文学信息，不再是可以给人以丰富的想象和联想的作品，不再是可以激发人们创造力的作品，而是非常简单的、肤浅的、幼稚可笑的东西，是小于"2"的作品，连等于"2"的作品都够不上。

用多媒体这种东西来讲文学，可以放在幼儿园和小学里进行。因为少年儿童的思维还比较简单，对于那些丰富而又复杂的文学信息，他们是难以接受的。所以最好的办法就是把文学的信息做简单化的处理，变成多媒体，让他们看得清楚，听得真切，想得明白。一旦他们长大了，尤其是当他们长大到成了一名大学生的时候，长大到可以接受比较丰富的文学信息的时候，长大到需要更多的想象和联想来培养他们的创造力的时候，如果还用计算机来处理文学信息，还把这种经过计算机处理的廉价东西交给他们，他们会认为你在糊弄他们，甚至是在贬低他们，还在把他们当作小孩子呢！

读者如果不信我的话，我给你们举一个最切身的例子。2006年9月26日的那天晚上，我在广州大学的"文新楼"一间课室给来自全校17个学院的45位大学生讲《唐宋词欣赏》，一共三节课。第一节，我不用多媒体，学生的兴致很高，听得津津有味，不时地爆发出笑声和掌声。第二节，我改用多媒体，很快，学生的兴趣就没了，他们把头低下去，自己去看书，不看多媒体，有的甚至还发起了手机短信。课间休息的时候，学生问我：老师，你是不是不高兴了？你是不是身体不舒服了？你是不是嫌我们笨，怕我们听不懂文学了？我说都不是，你们误会了。学生说，既然都不是，那你为什么要用多媒体？于是，第三节我只好不用多媒体了。我只是凭我自己对文学的理解，用我自己的嘴、用我自己的心来讲文学，我不偷懒，我更不把学生当小孩子。果然，学生们的兴致又上来了，课室里的气氛又活跃起来了。他们说，这才叫做讲文学，多媒体哪有这种效果？

最后我要申明，我不反对在大学里用多媒体上课，我没有那么保守。我只是说，不同的学科有不同的特点，有的学科用多媒体可以收到较好的效果，有的学科则未必。

2006 年 10 月 7 日于广州

古代文学教学的目的与方法

在我国，古代文学一直是大学中文专业的重头课程。20 世纪 70 年代末和 80 年代初，我们读大学时，古代文学要学 4 年。80 年代中期以后，古代文学课程压缩为 3 年。21 世纪再次压缩，但也不少于 5 个学期。以广州大学为例，整个中文专业的必修课共 20 门 1412 个课时，古代文学这一门就有 192 个课时，占了总课时的 13.6%。古代文学这门课程的重要性，仅仅从课时的安排上就可以反应出来。

安排这么多的课时来讲授古代文学，究竟是为了什么呢？这是我们必须回答的问题，即古代文学的教学目的是什么？目的搞清楚了，方法问题也就迎刃而解了。

关于古代文学教学的目的问题，看似一个老生常谈的问题，然而并不是每一个从事古代文学教学的人都搞清楚了。2001 年 10 月，在昆明参加中国高等学校古代文学教学与研究第二届研讨会期间，我曾问过不少同行，古代文学教学的目的是什么？他们的回答是多种多样的，概括起来有如下数种：

① 为了生存；

② 为了传授知识；

③ 为了弘扬中国的传统文化；

④ 不知道为什么，茫然得很；

⑤ 一种生活方式，本身没有什么目的；

……

仔细想来，第一种回答等于没有回答。如果工作的目的只是为了生存的话，那么，干什么不可以生存，为什么一定要来讲授古代文学呢？退一步讲，就算讲授古代文学只是为了生存，那么，这种生存方式同别的生存方式又有什么不同呢？

第二、第三种回答触及到了问题的部分实质，但是还不全面；第四、第五种回答，是一种无目的论，同第一种回答在实质上类似。这种无目的论反映了一种心态，这种心态值得我们注意。事实上，在市场经济大潮的冲击之下，在极端功利主义的社会环境之中，不少从事古代文学教学的人都怀有或曾经怀有这种心态。这种心态是真实的，但不是好的、积极的、健康的心态。如果你对你所从事的工作感到茫然或者困惑，不知道它的目的是什么，意义在哪里，或者说，把它的意义仅仅理解为"为了生存"，你就不可能真正喜欢它。你不真正喜欢它，你就不可能真正做好它。这样，你就不会是一个合格的教育工作者。你对自己所从事的这份工作感到茫然或者困惑，进而就会对自己的价值、自己的人生感到茫然或者困惑，这样你的幸福至少就缺失了一半。这种无目的论消解了古代文学教学的意义，也部分地消解了教育的意义，因此，它实际上比有目的但目的不明确或不准确更有害。

世界上的事情，无论是大事情，还是小事情，都有它的目的。工人做工，农民种地，商人做生意，都有自己的目的。教师的目的是什么呢？传道、授业、解惑也。从事教师这个职业，居然说没有目的，这是一种不负责任的态度。

那么，作为一个古代文学教师，应该传什么道、授什么业、解什么惑呢？也就是说，古代文学教学的目的是什么呢？我认为，大约有如下数种：

一是传授科学文化知识，二是传授写作技巧，三是培养学生的审美能力，四是培养学生的想象力与创新能力，五是培养学生的人文精神。

至于方法，根据我的经验和研究，则应该相应地采用还原的方法、解剖的方法、综合的方法、启发的方法和比较的方法。下面分别就这五个目的和五种方法，做一个初步的总结和探讨。

一、传授科学文化知识：还原的方法

古代文学教学的第一个目的是传授古代的科学文化知识，解读作品的原始信息。

这些知识虽然是过去时代的知识，这些信息虽然是历史形态的信息，但是有许多东西同我们今天的生活还有联系，或者说，对我们今天的生活、学习和工作还有用。这些知识包括古代文学作品文本所包含的知识、与文本的产生相关的背景知识、作者的生平仕履所涉及的知识，等等。这些知识如果按照现在的学科来分类，有天文、地理、气象、数学、水利、交通、通信、建筑、铸造、冶炼、经济、农业、林业、商业、环境、生物、赈灾、化学、医药、体育、养生、生育、饮食、服饰、酿造、制度、礼仪、民俗、政治、治安、军事、外交、民族、宗教、伦理、哲学、法律、教育、音乐、舞蹈、戏曲、绘画、书法、印刷、传播、收藏、旅游、文字、音韵、训诂、目录等五十多个门类，有人文科学方面的知识，也有自然科学方面的知识，还有不少交叉学科方面的知识。可以说，其内容是极为丰富的。人们称杜甫的诗歌为"诗史"，称曹雪芹的《红楼梦》为"中国封建社会的百科全书"，就是因为优秀的古代文学作品储备了丰富的知识。这些知识对于考察封建社会的历史，认识我们民族的过去，了解人类所走过的道路，丰富我们的视野，开阔我们的胸襟，启发现代人去创造新的知识，都是很有价值的。

古今中外的大学者，都很重视从过去的文学作品中获取知识。孔子尝云："小子何莫学乎《诗》？《诗》，可以兴、可以观、可以群，可以怨。迩之事父，远之事君，多识于鸟兽草木之名。"这里的《诗》，就是《诗三百》，是我国最早的一部诗歌总集。孔子所讲的兴、观、群、怨、事父、事君等等，我们姑且不论，仅仅是"多识于鸟兽草木之名"这一点，就表明孔子已经认识到，文学作品是知识和信息的载体。孔子又对伯鱼说："女为《周南》、《召南》矣乎？人而不为《周南》、《召南》，其犹正墙面而立也与？"（《论语·阳货》）意思是说，如果你不认真地读《诗经》里面的《周南》和《召南》这两部作品，你就如同面对墙壁站着，被至近至狭的视野所限制，就会一物也看不到，一步都不能前行。这就是知识的力量，而这知识，就是过去时代的文学作品所提供的。

文学作品当中究竟包含了多少知识？这是一个无法估量的问题，大抵因具体的作家和作品而异。恩格斯说，他从巴尔扎克的《人间喜剧》中所学到的东西，比从职业的经济学家和统计学家那里学到的东西还要多。这句话，一方面反映了《人间喜剧》这部经典作品的博大精深和包罗万象，另一方面也反映了恩格斯这位大学者对待文学作品的正确态度。

文学作品当中既然包含了如此丰富的知识，那么，我们讲授古代文学的目的之一，就是要把这当中的至今还有用的知识传授给自己的学生。如何传授？这就涉及方法问题了。我认为，在传授知识的阶段，不妨采用"还原的方法"。所谓"还原的方法"，就是解读作品的原始信息，就是把作者写作这个作品的时代背景、个人背景、地理环境，以及作品本身所包含的内容、所涉及的知识等等，一件一件地搞清楚，然后原汁原味地告诉学生。不要一知半解，不要蜻蜓点水，不要以其昏昏使人昭昭。这一点，似乎是一个最基本的要求，但是我们许多人的教学，尤其是一些年轻教师的教学，往往就在这个环节上出纰漏。出纰漏的原因有两点，一是自己不用功，或用功不够；二是观念上出了偏差，轻知识的讲解而重观点的发挥。讲课当然要有观点，有观点当然应该发挥，但是，且慢，先把知识性的东西和作品的原始信息讲清楚了再说。就古代文学这门课程来说，讲解知识，犹如打基础；讲观点，则好比建房子。基本的知识都没有讲清楚，观点从何而来？只有让学生真正理解了原作，掌握了基本的知识和信息，才有可能接受教师的发挥。不然的话，这样的课就虚得很。就教师来讲也是这样，你得先花时间，把作品的时代背景、作者的个人背景、作品所产生的地理环境、作品所包含的知识和信息都搞明白，才有可能形成你的观点，你的观点才站得住脚。不然的话，这样的观点就显得空疏，经不起推敲。这既是一个教学方法问题，也是一个治学态度问题。范文澜先生有句名言："板凳要坐十年冷，文章莫写一句空。"

讲课也是一样道理，不要空。空了，学生学不到东西，自己也得不到提高。

二、传授写作技巧：解剖的方法

讲授古代文学的第二个目的，应当是传授写作的技巧。

大凡被选入大、中、小学的语文（文学）教材，或者被编进各种文学选本的古代文学作品，无论是诗歌、散文、小说或戏曲，都具有很高的艺术价值，具有很纯熟的写作技巧。这些作品，无论是立意，还是谋篇布局，抑或语言文字，都是经得起读者和时间的严格检验的，是千古传颂的不朽名篇。不仅值得我们欣赏，更值得我们认真地学习和揣摩。

诚然，没有必要人人都当作家，但是，如果从事科学文化工作的人都能写出一手像模像样的文章，这有什么不好？写文章，就是一种表达，一种交流，文章写得好，表达和交流的效果就不一样。曾几何时，国内许多著名的自然科学家惊呼，现在的理工科大学生、硕士生、博士生不会写文章，辛辛苦苦得出的实验结果，却不善于用文字来表达，不仅错别字连篇，而且毫无章法，笑话百出。于是这些学者呼吁，要给理工科大学生开设《大学语文》课。许多理工科大学也陆续行动起来，不仅成立了大学语文教研室，还相继成立了中文系和人文学院。暂且不论这些理工科大学的中文系或人文学院办得怎么样，至少这种努力是值得肯定的。

对于有志于从事文学创作的大学生来讲，尤其要学好中国古代文学。要向古代文学学语言，学节奏，学修辞，学结构，学表现方法。在中国现当代文学史上，凡是成就卓越的作家，都是古代文学功底深厚的作家。鲁迅、郭沫若、茅盾、朱自清、闻一多、何其芳、沈从文、俞平伯、冯至、孙犁、赵树理、汪曾祺、金庸、王蒙等等，他们当中的很多人，不仅在创作上深得中国古代文学之神韵，而且还是很有成就的古代文学研究专家。他们的成功经验告诉人们：要想成为一名优秀的作家，必须向中国古代文学学习，从中汲取丰富的营养。

作为教师来讲，如何有效地向学生传达写作的技巧呢？这就要采用"解剖的方法"。作家就像一位缝纫师，他找来一块布料，哪是衣领，哪是袖子，哪是前襟，哪是后背，都一件一件地准备好，然后再把它缝起来，做成一件完整的衣服。而教师正好相反，如果他认为这件衣服不错，很美，他就有责任告诉学生，这件衣服是怎么做成的。于是，他就要把这件完整的衣服拆开来，引导学生看看它的各个部件（衣领、袖子、前襟、后背等等）是怎么剪裁的？又是怎么缝制的？用料好在哪里？工艺好在哪里？款式好在哪里？颜色好在哪里？只有这样，细致地一件一件地进行分析，进行品鉴，学生才有可能搞清楚：衣服是怎么做成的？好衣服又是怎么做成的？

如果我们的老师不下功夫做这种细致入微的解剖工作，不具备这种"解剖麻雀"的基本功，只是满足于粗线条地讲一讲所谓的主题思想、时代背景、思想内容、段落大意、艺术特色、时代局限等等，那么这个文学课必然是既不细致也不深入，学生学不到应有的写作技巧，同样是空疏，同样是肤浅。

那么，如何才能掌握这种"解剖麻雀"的基本功呢？我认为，最好是懂一点创作，积累一点创作经验。像鲁迅、冰心、老舍、闻一多、周立波、何其芳、吴组缃、施蛰存这些人，他们既是著名作家，著名诗人，又是大学教授。他们具有丰富的创作经验，深知个中甘苦，所以文学课也讲得丝丝入扣，妙趣横生。当然，作家，诗人，不是谁想当就能当好的，这里边还有个天赋问题，还有个机缘问题。不过，当不了鲁迅、老舍，写不了传世佳作，写点小东西总是可以的吧？写点小东西，并不是希望在创作方面有多大的作为，而是为了了解作家的用心，为了当好一个文学评论家，当好一个文学教师。如果连这一点也做不到，还有一个办法，就是多写一点艺术鉴赏方面的文章。通过艺术鉴赏的实践，了解作家的用心，分析作家的技巧，提高自己的艺术鉴赏力，丰富自己的审美感觉。在大学中文系里，有许多人的课讲得非常好，其实他们也不懂创作，也没有创作经验，但是有一条，他们会写鉴赏文章，他们懂得鉴赏。

讲古代文学的人，如果不懂得创作，又不懂得鉴赏，不了解作家的用心，不了解作家的写作技巧，要想把古代文学这门课教好，这是不可能的。

三、培养审美能力：综合的方法

讲授古代文学的第三个目的，是培养学生的审美能力。

优秀的古代文学作品，本身就是一件艺术品。从审美风格上看，有的雄浑，有的秀美；有的瑰丽，有的清新；有的博大，有的纤巧；有的豪放，有的婉约；有的深沉，有的明快；有的悲壮，有的欢愉；有的质朴，有的华丽；有的典雅，有的通俗；有的端庄，有的恢谐；有的刚建，有的婀娜。这种艺术美，既体现了它所产生的那个时代的审美理想，又体现了作家本人的审美诉求，是共性与个性、普遍性与特殊性、思想性与艺术性、内容与形式的完美结合。从文体风格来讲，既有诗词的含蓄隽永，也有散文的舒徐委备；既有戏剧的荡气回肠，也有小说的波澜叠起；等等。

苏轼说过："宁可食无肉，不可居无竹；无肉令人瘦，无竹令人俗。"人在寻求物质的"奶酪"的同时，也应该寻求精神的"奶酪"和美的"奶酪"。这样的人生，才能算是完整的人生。如果只有前者而没有后者，人就会变得很粗俗，很肤浅，很自私，不文明，没韵味，没深度。早在 20 世纪之初，著名教育家蔡元培先生就力倡"美感之教育"。他说："纯粹之美育，所以陶养吾人之感情，使有高尚纯洁之习惯，而使人我之见、利己损人之思念，以渐消沮者也。""美以普遍性之故，不复有人我之关系，遂亦不能有利害之关系。"又说："美感者，合美丽与尊严而言之，介乎现象世界与实体世界之间，而为之津梁。""在现象世界，凡人皆有爱恶惊惧喜怒悲乐之情，随离合、生死、祸福、利害之现象而流转。至美术，则即以此等现象为资料，而能使对之者，自美感之外，一无杂念。例如采莲煮豆，饮食之事也，而一入诗歌，则别成兴趣；火山赤舌，大风破舟，可骇可怖之景也，而一入图画，则转堪展玩。是则对于现象世界，无厌弃亦无执著也。"审美活动，可以让人暂时抛开功利社会的是非与得失，抛开尘世的纷扰和牵挂，纯粹以美的眼光和态度看待世界，回归自然，回归艺术，回归自身。这对于平衡人的内心世界，维护人的身心健康，协调人与人、人与环境的关系，提升人的品质，培养人的爱心、同情心和宽容心，等等，无疑具有极为重要的意义。审美教育的效果，同道德、法律和宗教的灌输相比，无疑具有难以比拟的优越性。

那么，用什么东西来对国民进行"美感之教育"呢？蔡元培列举了北京左近之西山、中央公园之花石、农事试验场之水木、埃及之金字塔、希腊之神祠、罗马之剧场、各国之博物院、各地方之音乐会与演剧场、戴嵩所画之牛、韩干所画之马、芦沟桥之石狮、神虎桥之古虎以及希腊之裸像、拉飞尔若鲁滨司之裸体画，等等，尤其提到了中国古代文学中的《西厢记》和《石头记》的"悲剧之美"，提到了"小雅之怨悱"与"屈子之离忧"。（蔡元培《对于教育方针之意见》，《蔡元培选集》，中华书局版）可见，中国古代文学乃是对学生进行审美教育的最好的文本之一。

审美教育不单单是中文专业的事情。所有的学生，所有的国民，都应该而且必须接受审美教育。接受审美教育，不单单是为了做一个文学家或者作家，而是为了提高自己的审美意识和审美能力。郭沫若曾经说过，可以不作诗，但心中不能没有诗的境界。这诗的境界，就是美的境界。

那么，如何利用古代文学作品对学生进行美的教育并培养学生的审美能力呢？这就要求教师除了熟悉古代文学作品之外，还要熟悉古今中外的美学理论，还要有比较丰富的审美实践。既要有敏锐的鲜活的审美感觉，又要有高水平的独特的审美判断。一件艺术作品放在你的面前，你能马上感觉出它美，或者不美；你能说出它美在什么地方，或者丑在什么地方，而不是看了有关参考文献或是听了别人的评论之后再发表意见。这就是审美能力的表现。

讲授古代文学的人，不能没有审美实践。审美实践是多方面的，不一定非得搞文学创作不可。唱歌可以，听别人唱歌也可以；跳舞可以，看别人跳舞也可以；写字作画可以，欣赏人家的书画作品也可以。总之，得有比较丰富的审美实践。没有丰富的审美实践，审美感觉、审美判断、审美评价等就都无从谈起。自己不懂美，如何带领学生欣赏美？自己缺少一对"音乐的耳朵"，如何带领学生欣赏音乐？自己缺乏审美能力，如何培养学生的审美能力？

说到方法，这里又有所不同。如果说，在分析文学作品的技巧时，我们需要采用"解剖的方法"，那么，在审视文学作品的美感形态时，我们更需要"综合的方法"，需要从整体上进行观照和把握。当然，既要有分析，也要有解剖，但分析和解剖的目的是为了综合，为了整体的把握和观照。这种方法，尤其符合中国古典美学的优良传统。

四、培养想象力和创造力：启发的方法

讲授古代文学的第四个目的，是培养学生的想象力和创造力。

想象是文学创作的一大特征。如庄子的散文，"言大则有若北溟之鱼，语小则有若蜗角之国，语久则大椿冥灵，语短则蟪蛄朝菌"；又如屈原的诗歌，其"丰富之想象力，实与《庄》、《列》为近。《天问》、《远游》凿空之谈，求女谬悠之语，庄语之不足，而继之以谐，于是思想之游戏，更为自由矣"（王国维《屈子文学之精神》，见《海宁王静安先生遗书》，上海商务印书馆）。

没有想象，便没有文学。想象是什么呢？"想象是一种创制成形的精神。""想象就是心灵的眼睛。""有了想象，才可以将经验增大，削减，补缀，移易，而连成一串美的、有价值、有趣味的贯珠，而不致失去人物或事件的真实性。总之，文学是作者的经验的翻译与编制，而想象就是作者在翻译与编制当中的一种天来的魔术。"不过想象并非文学家所独有。"想象是创造者所必具的一种天赋。无论创作家、批评家、历史家、科学家、事业家，若缺少了想象就不能做出伟大的功业来。不过因从事的方面不同，想象力发展的方向有彼此互异的差别而已。"（郁达夫《想象的功用》，《郁达夫文集》，花城出版社版）文学创作需要想象，科学研究也需要想象。所以郭沫若在《科学的春天》这篇著名的演讲词里呼吁：我们的科学家们，不要让诗人把幻想和想象独占了。科学也需要想象！所以，想象力这个东西，和创造力一样，是人人都需要的。

那么，作为古代文学的教师，如何来培养学生的想象力呢？首先，教师自己

要有丰富的想象力，要有宽广的想象空间。教师不能让那些世俗的东西、那些被黑格尔称之为"散文化"的东西占据了自己全部的心灵空间，如果是这样，如果一天到晚想着金钱、地位、权力、荣誉、职称、家庭、老婆、孩子这些东西，那就糟透了。从这个意义上讲，教师不要太现实，要务虚一点，浪漫一点，"诗化"一点，这样才有可能孕育想象，才有可能展开想象的翅膀。教师如果都像《牡丹亭》里的老学究陈最良那样，枯燥，拘谨，一把霉干菜，一个老古董，连"关关雎鸠，在河之洲"这么一点点爱情的想象都要去扼杀，那就不仅出现不了杜丽娘和柳梦梅这样为情而死又为情而生的浪漫的爱情故事，就连汤显祖这样的作家也早就被扼杀或者埋没了。

教师就像个体育教练，要求运动员掌握的，你都得事先掌握，虽然你不一定是一个好的运动员。教练比运动员高明的地方，就在于有一套行之有效的训练方法。教师也要有方法。教师培养和提高学生的想象力的方法是什么呢？说起来简单做起来难，这就是"启发的方法"。

想象力的培养，不是靠还原，不是靠分析，也不是靠综合，而是靠启发。

教师只能是启发学生的想象力，而不能规范学生的想象力。应该指出，在这一点上，我们中国的教师是做得很糟糕的。举个例子：中国的小孩子，在幼儿园的时候，往往要回答教师这样一个问题：即"皮球掉进洞里了怎么办？"往往不等学生回答，教师就迫不及待地替他们回答了："告诉大家，用水灌！"于是孩子们就记住了：皮球如果掉进洞里，只有一个办法——用水灌。可是，同样的问题，在日本的孩子那里，却可以有十来种答案。这十来种答案是怎么得出来的呢？是教师启发的结果。教师说：不管是问，还是答，只要言之成理，都可以算一个答案，都可以得分，答案越多越好。这下子，孩子们的兴趣就来了。下面是他们的问答记录：

① 问：皮球掉进洞里了怎么办？

答：用水灌。

② 问：如果洞是漏的呢？

答：用锄头挖。

③ 问：如果洞是石头的呢？

答：用竹杆子扒。

④ 问：如果洞是弯的呢？

答：我不要了，我要妈妈再买一个。

日本的教师善于启发学生的想象力，所以日本人的想象力就比较丰富，日本的经济和科技就比我们发达。我们中国的教师往往不善于启发学生的想象力，所以我们的想象力就比较贫乏，二百多年来我们的经济和科技就比人家落后。应该说，这不单单是一个方法问题，也不单单是一个观念问题，而是一个民族的思维惯性和思维品质问题。近年来，有关教育专家和政府教育主管部门一再强调，要鼓励学生独立思考，要激发学生的逆向思维。可是时至今日，居然还有这样的小学语文教师，不允许学生把天空写成"灰暗的"，只能写成"蓝蓝的"。

这些例子说明什么呢？说明学生的想象力在幼儿园和中、小学阶段就没有得到很好的启发和培养，到了大学阶段还需要很好地补课。所以我们的大学教师，包括古代文学的教师，一定要在启发、培养学生的想象力方面多动脑筋。

想象力是创新能力的基础。没有丰富的想象力，就没有活跃的创新意识；没有活跃的创新意识，就没有活跃的创新思维；没有活跃的创新思维，创新能力就是一句空话。

在启发学生的想象力的同时，如何激活学生的创新意识和创新思维，从而培养和提高学生的创新能力呢？我认为，最便捷的办法是从古代文学的实际出发，因材施教。

一部中国古代文学史，就是一部中国历代的文学家们不断创新的历史。诗从周代的四言，到东汉魏晋南北朝的五言，再到唐代的七言；词从隋唐小令，到宋代慢词；戏曲从唐代参军戏，到宋金院本，到元杂剧，到南戏，再到明清传奇；小说从六朝志怪，到唐人传奇，到宋人话本，再到明清章回小说，清晰地显示出一条不断突破、不断创新的轨迹。一种文体形式臻于成熟了，另一种新的文体形式又在孕育和实验之中。而随着新的文体形式的出现，文学的观念、题材、语言、风格、技巧等等也会发生一次新的嬗变。古代文学史上每一位有成就的作家，都是以继承前人、然后又突破前人、最终形成自己的独特面貌为使命的。有出息的作家，最忌跟在别人的后面亦步亦趋。如果他们在文学的观念、题材、主题、语言、风格、技巧、文体方面没有自己的新东西、新创造，他们就不可能在文学的殿堂占有一席之地。赵翼诗云："李杜诗篇万口传，至今已觉不新鲜。江山代有才人出，各领风骚数百年"（《论诗》）。这就是中国文学不断突破、不断创新、不断发展的最好概括。

一部中国文学史，就是一部对学生进行创新教育的最形象的教材。这就要求我们的古代文学教师，要熟悉文学史上的每一个转折，每一个突破，每一个变革，每一个创新，每一个亮点。要善于从文学创新的角度来启发学生的创新意识，来培养学生的创新思维。一个大学生，如果通过学习中国古代文学而形成了自己的创新意识和创新思维，那么今后，无论他在什么地方，无论他在做什么工作，都会迸发出创新的火花，都会有创新的表现和成就。

五、培养学生的人文精神：比较的方法

古代文学教学的第五个目的，是培养学生的人文精神。

多年来，我们的学校教育有一个很大的偏差，那就是把中、小学教育看成是单纯的升学教育，把大学教育看成是单纯的职业教育。在很多人看来，上大学的目的就是学一门专业，掌握一门技能，毕业之后找到一份好的工作。而事实上，正如叶朗教授所言："大学教育不等于职业教育。大学教育的目标不能只限于给学生一种职业训练，而是要培养具有较高文化素质和文化品格的全面发展的人。因此，大学教育不仅要注重专业教育（科学技术教育），而且要注重文化素质和文化品格的教育（人文教养）。"

对非人文学科的学生，要注重人文素质的教育，这是没有疑问的。我觉得，对人文学科的学生，也要注重人文素质的教育，要着力培养他们的人文精神。为

什么呢？因为，许多人文学科的学生虽然读的是人文学科，但是对人文学科的价值和意义还缺乏正确的认识。他们的人文素质还有待提高，他们的人文精神还有待培养。在中学时，他们就受到重理轻文这种错误观念和做法的伤害。不少学生报考人文学科，并不是因为喜欢人文学科，而是因为理工科的成绩不理想。他们虽然报读了人文学科，但还是习惯于用衡量理工科的标准来衡量人文学科，还是经常地问自己或者问他人：人文学科有什么用？

人文学科有什么用呢？"人文学科关系到一个社会的价值导向和人文导向，关系到一个民族的精神塑造。""如果忽视或者轻视人文学科，必然导致整个民族精神水平的下降，必然导致整个社会的庸俗化。"（叶朗：《重视人文学科的教化作用》，《人民日报》，1997 年 4 月 18 日）

作为古代文学教师，不但要向学生阐明人文学科的重要性，还要结合古代文学实际，对学生进行生动形象的人文教育，着力培养学生的人文精神。

人文精神这个概念，由西方文艺复兴时期的人文主义这个概念演变而来。人文主义这个概念，起源于 15 世纪的人文学科，本来是指以希腊文、拉丁文为基础的那些学科，如修辞学、逻辑学、天算学等，以此区别于大学中传统的神学、法学等学科。这些人文学科的设置受到学生们的欢迎，推翻了中世纪以来神学在学术上的垄断地位，对人们解放思想起了巨大作用。后来，18 世纪的启蒙主义者也把它用来作为反对神道和君权的思想武器，这种思潮在欧洲的反封建、反教会的斗争中发挥了积极的作用。到了 19 世纪，历史学家才创造了人文主义这个名词来概括文艺复兴时期人文学者的世界观。

20 世纪 90 年代初，中国的文化理论界展开了一场关于人文精神的讨论。"不过这里的人文精神内涵不完全等同于西方文艺复兴时期冲破神权统治的人文主义，也不完全等同于中国五四运动时期冲破封建主义统治的新文化运动中的个性解放，而且也不完全等同于 70 年代末期为了冲破极'左'政治教条的思想解放与人道主义思潮，而是在 90 年代这样一种冲破了极'左'教条的神圣性、也冲破了传统伦理道德规范的历史情景中的精神价值追寻。它是针对着极端利己主义、流氓主义、拜金主义、享乐主义、犬儒主义及虚无主义的蔓延而提出来的，是针对着人的自私、贪欲的恶性膨胀与肆无忌惮而提出来的，是针对着人的社会责任感、公正意识的衰颓而提出来的，是针对着嘲弄崇高、鄙弃真诚、放逐良知而提出来的。总之，它是针对着人的精神价值失落、精神环境恶化以及人的'痞子化'、'物化'、'兽化'等等人格扭曲现象而提出来的，因此，真正体现了建立与健全市场经济体制的精神要求，体现了适合于市场经济体制的个人与群体、个人与社会之间相协调的人文理性要求。它的价值核心是良知理性——对社会公正、对人的尊严、人的价值、人的全面发展的精神追求。"（张德祥《社会转型与人文价值追寻》，《以笔为旗——世纪末文化批判》，湖南文艺出版社版。）

我们这里所说的人文精神，与 90 年代初期中国的这批人文学者所阐述的人文精神在内涵上是一致的。90 年代初期的中国所面临的"人的精神价值失落、精神环境恶化以及人的'痞子化'、'物化'、'兽化'等等人格扭曲现象"，到今天并没有多少改变，甚至比当时还要严重。所以，我们今天仍然要张扬人文精神这面旗帜，仍然要继续"对社会公正、对人的尊严、人的价值、人的全面发展的精神追求"。

具体到我们古代文学教师来讲，就是要以优秀的古代文学作品为教材，对学生进行人文主义的教育，以此来培养他们的人文精神。中国古代文学当中有没有人文主义？有没有人文精神？这是一个有争议的问题。以 90 年代初期中国人文学者对人文主义和人文精神的上述理解，我认为是有的，而且还比较丰富。

1. 对封建专制的批判、对封建礼教的反抗

中国古代文学当中虽然有不少维护封建统治、宣扬封建礼教的糟粕，但是也有批判君主专制、主张个性解放的精华。例如晚明的李贽，他的《答邓石阳》、《答耿中丞》和《童心说》诸文，"非圣无法"，离经叛道，在否定孔子作为思想权威的偶像地位和批判程朱理学"存天理，灭人欲"的封建说教的同时，充分肯定人的生活欲望的合理性，强调个体的存在价值。又如清初的黄宗羲，他的《原君》、《原法》诸文，对封建专制君主"屠毒天下之肝脑"、"敲剥天下之骨

髓"的贪婪、反动的本质给予了入木三分的揭露和批判，主张以"天下之法"代替"一家之法"，等等，这种张扬个性、呼唤民主、反对专制的声音，与欧洲文艺复兴以来人文主义者的思想在本质上是相通的。

2. 对自由的追求，对独立人格的赞美

中国封建社会是一个"官本位"的社会，读书人以济苍生、扶社稷、致君尧舜为己任。在古代成千上万的作家当中，真正的专业作家少之又少，绝大多数都是集官员与作家于一身。当官与当作家，人生目标不同，价值尺度不同，为人处事的态度也不一样。这本是一对矛盾。但是他们当中的许多人，仍然保持了清白的人格与独立的个性。当为官与做人发生激烈的冲突、难以取得二者的和谐时，他们宁可弃官而去，躬耕垄亩，诗酒自娱。陶潜如此，郑燮也是如此。李白年青时，曾有过"奋其智能，愿为辅弼，使寰区大定，海县清一"的宏大抱负（《代寿山答孟少府移文书》），也曾为此抱负的实现做过许多努力，可是当亲眼目睹了朝政的腐败与官场的虚伪之后，他放弃了做官的打算，求仙访道，寄情于山水，"安能摧眉折腰事权贵，使我不得开心颜"（《梦游天姥吟留别》）。陶潜、李白和郑燮的事迹，在中国古代作家当中很具代表性。他们的"不为五斗米折腰"，他们的"不屈己，不干人"，维护了人格的尊严，凸显了个体的价值，正是人文精神的亮点。

3. 对人民疾苦的关注，对弱者的同情

关心民瘼，体察民情，为民请命，一直是中国古代文学的优良传统。从孟子的"民为重，社稷次之，君为轻"（《孟子·尽心下》），到屈原的"长太息以掩涕兮，哀民生之多艰"（《离骚》）；从杜甫的"穷年忧黎元，叹息肠内热"（《自京赴奉先县咏怀五百字》），到白居易的"唯歌生民病，愿得天子知"（《寄唐生》）；从范仲淹的"先天下之忧而忧，后天下之乐而乐"（《岳阳楼记》），到郑燮的"歌咏百姓之勤苦"（《潍县署中与舍弟第五书》）。这种关注民众的生活和命运、愿意为民众的温饱和安宁而奔走呼号的品格，正是人文精神的核心内容。

4. 对拜金主义、拜物主义和为富不仁的鄙视

中国古代作家对拜金主义和拜物主义是极端鄙视、极端唾弃的。中国古代作家并不排斥财富，但是"君子爱财，取之有道"。当"利"和"义"发生冲突、二者不可得兼时，古代作家主张舍"利"而取"义"。孔子说："不义而富且贵，于我如浮云。"孟子说："一箪食，一豆羹，得之则生，弗得则死，呼尔而与之，行道之人勿受；蹴尔而与之，乞人不屑也。"（《孟子·告子上》）宁可受穷，也不取不义之财；宁可饿死，也不用人格做交换。

中国古代作家并不排斥物质的东西，并不排斥物质享受，孔子甚至说过"食不厌精、脍不厌细"这样的话。中国文学对酒的赞美，可以说是世界之最。但酒之所以值得赞美，并不是因为它可以满足人的口腹之欲，而是因为它可以给人带来精神的释放，带来心灵的愉悦，可以激发灵感，也可以消解忧愁。中国文学是从精神的层面上来认可物质、赞美物质的。纯粹的物质享受，以炫耀个人财富和社会地位为目的的物质享受，"乘肥马、衣轻裘"，意气洋洋、踌躇满志的物质享受，被认为是一种暴发户的表现，一种小人得志的表现。杜甫的《丽人行》、白居易的《轻肥》、张籍的《估客乐》等等，对此都有一针见血的揭露。

中国古代作家对商人的态度是令人寻味的，不能简单地以"抑商主义"给予概括。中国古代文学对商人有批判，也有赞美。批判的，是他们的奢侈淫佚，他们的见利忘义，他们的为富不仁，他们的勾结官府欺压人民等种种恶行，种种恶德，种种肮脏的心灵。像西门庆这样的淫人妻女、夺人财产、勾结贪官、"打死了人还要看送葬"的恶棍（《金瓶梅》），就是中国古代文学痛加针砭的对象。而对深明大义的郑国商人弦高（《左传僖公三十二年"秦晋殽之战"》），为人诚实的卖油郎（《卖油郎独占花魁》），心胸宽厚的蒋兴哥（《蒋兴哥重会珍珠衫》），等等，则是饱醮笔墨予以赞美的。中国古代文学所关注的，不是商人的财富，而是商人的人品，商人的精神境界。从这个角度来看，它与人文主义是相通的。

事实上，中国文学的人文精神的表现是多方面的，举凡对国家、民族和故乡

的热爱，对亲情、友情和爱情的珍惜，对大自然的亲近，对幼者的关心，对长者的尊敬，对道德、学问和才华的赞美，对个人品格修养的重视，对扶危济困的推崇，对见利忘义的鄙视，对生活的眷恋，对艺术和美的追求，对生命的歌颂，等等，都体现了对人的尊严、人的感情归属、人的心灵需求、人的精神价值的肯定，包含了人文主义、人文精神的精髓。

那么，如何对大学生进行人文主义的教育和培养他们的人文精神呢？方法应该是很多的，我建议采用"比较的方法"。一是拿欧洲 15 世纪以来的人文精神与中国古代的人文精神进行比较，看看中国古代的人文精神同欧洲 15 世纪以来的人文精神有哪些相同点？有哪些不同点？它们之间在本质上是不是相通的？看看中国古代的人文精神有哪些独特的东西？二是拿中国古代文学中的人文精神与非人文精神进行比较，用历史的、辩证的眼光进行甄别，看看中国古代文学当中，哪些是人文的东西？哪些是非人文的东西？哪些是应该吸取的精华？哪些是应该摒弃的糟粕？三是拿中国古代文学中的人文精神与中国当代文学中的人文精神进行比较，看看中国古代文学中的人文精神有没有新的发展？有没有新质或新的表现形式？或者说，有没有被丢弃？被消解？被嘲讽？四是拿中国古代文学中的人文精神与现实生活中的非人文精神进行比较，看看在这个极端功利的社会环境中，在这个一切都向钱看的时代潮流之下，我们民族的人文精神被继承了多少？被消解了多少？被践踏了多少？看看一部分人的灵魂迷失有多远？精神堕落到了什么程度？然后再来研究如何补救。总之，要通过这种比较的方法，唤起良知，唤起理性，唤起尊严，唤起人文精神的回归！

六、小结

上面一共分析和总结了古代文学教学的五个目的与五种方法，就目的来讲，从传播知识、传授技巧，到培养审美能力、培养想象力和创新能力、培养人文精神，这五者是一个连贯的由初级到高级的过程。也就是说，我们古代文学教学的初级目的是向学生传授知识，高级目的是培养学生的人文精神。这个目的，与我们现代的人文主义的教育思想是相通的。就方法来讲，包含了个人的教学经验，带有一定的个性色彩，但是每种方法同相应的目的之间，还是有着必然的逻辑关系，不是随便罗列出来的。

2002 年 10 月 23 日于广州

让古代文学教学"活"起来

　　把文学当作一门课程来讲授，应该是始于孔子。这位伟大的教育家当年创立了六个学科：礼、乐、射、御、书、数，文学是属于"乐"这个学科的。孔子当年所教的文学，就是后来被奉为经典的《诗经》，那个时候叫做《诗三百》，是从西周初期至春秋中叶（前11世纪至前6世纪）约五百多年间的诗歌里选录出来的。在孔子出生之前，这些作品就基本定型了，因此可以说是他那个时候的古代文学。

　　对于文学，孔子持功利主义的态度。他曾经问自己的儿子孔鲤：学诗没有？回答说没有。孔子教训道："不学诗，无以言。"一个人不学诗，怎么能和别人交流呢？而这一点，还只是诗的一个最起码的功能而已。在孔子看来，诗的功能多得很，也大得很："诗可以兴，可以观，可以群，可以怨。迩之事父，远之事君，多识于鸟兽草木之名。"诗可以作为审美的对象，也可以作为观察社会、联系群众、批评时政的工具；可以服务于政教伦理，也可以丰富人们对自然界的认识。诗既然具有如此丰富的内涵和众多的功能，那么，讲诗的人也就没有必要执于一端，而是可以把它当作一个博大精深的文化载体，从各种不同的角度来加以解读。可以从文学的角度来解读，也可以从政治的、历史的、哲学的、伦理的甚至是动物学、植物学的角度来解读。这是古人对文学的一种实用态度，也是一种"活"的文学教育观。

　　孔子虽然主张从不同的角度来解读诗和使用诗，然而一旦把诗当作文学来解读的时候，他是非常专业的。《史记·孔子世家》载："三百五篇，孔子皆弦歌之。"诗是一种音乐文学，能弦歌，说明孔子的专业造诣是很精深的。孔子还讲：

"《诗三百》，一言以蔽之，曰：诗无邪。"又说："《关雎》乐而不淫，哀而不伤。"他讲诗的这种纯正之美与中和之美，原是有相当的事实依据的，这与汉儒的牵强附会不一样。

孔子的文学教学至少给我们两点有益的启示：第一，可以从各种不同的角度、不同的学科来解读古代文学；第二，如果从文学的角度来解读古代文学，那就要求具备相应的专业造诣，真正把文学讲成文学。

在中国古代，尤其是在魏晋南北朝以前，文学这个概念是比较宽泛的。《诗经》中的《国风》、《小雅》，《楚辞》中的《离骚》、《九歌》、《九章》，可以说是纯粹的文学作品，而《大雅》、《颂》和《天问》就不是那么纯粹了。至于《论语》、《孟子》、《庄子》、《左传》、《国语》、《战国策》、《史记》一类的著作，原本就属于哲学、政治学和史学的范畴，不属于文学的范畴，只是后人觉得它们也有很高的文学价值，也可以从文学的角度进行欣赏和解读，才把它们纳入文学的视野，从而在文学史上占有了重要一席。魏晋南北朝以后，文学这个概念开始从文章、学术这一类的概念中分离出来，具有了独立的意义，但是，这以后的文学离我们现在所讲的纯文学，也还有一定的距离。总的来讲，词、曲和小说比较纯粹，散文就不那么纯粹，诗则介于词、曲、小说与散文之间。具体来讲，近体诗比较纯粹，古诗就不一定了。这方面的例子可以说是不胜枚举的。这就提醒我们，从不同的角度、不同的学科来解读古代的文学，原是有充足的文本依据的。

从另一个层面来讲，文学虽然可以从不同的角度、不同的学科来解读，但是，文学毕竟是文学，有它的独立性，有它自身的特点和规律。这就要求我们，如果是从文学的角度而不是从别的角度来解读文学，那就要真正讲出文学的思想、情感、形式和韵味，还文学以文学。应该说，正是在这个问题上，我们的古代文学教学出现了严重偏差。有的把文学讲成了纯史料性的东西，有的则把文学讲成了纯理论性的东西。讲文学现象，讲作家作品，当然要使用史料，但是，使用史料的目的是什么？应该是为了解释文学现象，为了解读和欣赏作家作品，不是为史料而史料。20 世纪前半叶的某些老前辈，往往就是这样来讲古代文学的。有人讲《离骚》讲了一个学期，居然才讲完前四句。他把文学完全讲成了文学史料学。他自己得意得很，而学生们则叫苦不迭。这种把文学讲成文学史料学，全然不顾文学作品的思想、情感、形式、韵味的做法，是非常要不得的。史料是死的、不可再生的、不可复活的，而文学的思想、情感、韵味等，是可以借助教师的讲解和学生的理解而再生、而复活的，甚至还可以进一步丰富和延续它的生命。如果我们的古代文学教学只有前者而没有后者，这个文学便成了死的文学，而不是活的文学。

还有一种偏向，就是把文学讲成了纯理论性的东西。讲文学现象，讲作家作品，当然要具备相应的理论功底，当然要借助一定的理论分析，但是，理论毕竟只是手段，不是目的。我们开设古代文学课，不是要让学生掌握多少高深的理论，而是要让他们感悟作品，欣赏作品，评价作品。在高等学校的中国文学专业，除了古代文学课，还有古代文论课，这两门课虽互有联系，但各有分工，不能把古代文论课讲成古代文学课，要注意其理论色彩；同理，也不能把古代文学课讲成古代文论课，要注意其文学色彩。文学之树长青，而理论是灰色的。发明一种理论，是为了总结实践经验，为了指导实践，不是为理论而理论。

20 世纪前半叶的大学中文系曾经是文学家的摇篮，从那里走出来的诗人和作家是很多的。后半叶以来，大学中文系就很难培养出文学家来了，从那里走出来的诗人和作家是非常少见的。这是为什么呢？原因是很多的，但是与我们的文学教育本身的缺失不无关系。若我们把古代文学讲成了纯史料性的东西，讲成了纯理论性的东西，一天到晚都在史料和概念术语当中打转转，那就忽视了文学的感性色彩，忽视了对学生的感悟能力、鉴赏能力与写作能力的培养。如此，我们还能指望从中文系走出多少诗人和作家来吗？

文学可以从历史、哲学、政治学的角度来解读，但文学本身并不是历史、哲学或政治。文学就是文学，它有自己的特点和规律。古代文学虽然不像现当代文学那么纯粹，但是，我们的古代文学课程是把它们当做文学来欣赏和解读的。虽然我们也可以从历史、哲学、政治的角度来解读古代文学，但是并不能因此而忽视甚至抹杀它作为文学的特点。

我所从事的文学研究工作，使我每天都必须和文学史料与文学理论打交道，但是我的文学兴趣的产生和延续，绝对不是因为文学史料与文学理论在起作用，而是文学作品本身。我这样说，并没有半点轻视文学史料与文学理论的意思，而是说面对那些年轻的大学本、专科学生，我们还是应该多讲些作品，应该把重点放在培养他们的文学感悟能力、文学欣赏能力和文学表达能力上面。文学史料与文学理论要不要？当然要，但是学习文学史料与文学理论的目的，在于欣赏和理解文学。离开了文学的欣赏和理解的史料及理论，只能是死的史料和死的理论。

让古代文学教学"活"起来，这是学生对我们的期待。

2006 年 4 月 13 日于广州

"还原"与"发挥"：古典诗词的教学方法

——在广州市高二语文教学研讨会上的演讲

　　古典诗词教学是中学语文教学的一个难点。如何教好古典诗词？根据我的经验，应该注意两个方法：一是"还原"，一是"发挥"。

　　所谓"还原"，就是恢复作家、作品的本来面目。作家的本来面目包括：作家的时代、环境、身世、思想与个性；作品的本来面目包括：写作背景，所描写的事件的真相，所体现的真实的情感，字、词、句、典故的原意，基本的艺术元素如修辞、格律（平仄、押韵、对仗、句式）等等。

　　"还原"的第一个目的，就是避免"误读"，避免出现"盲点"。所谓"误读"，就是解释有误；所谓"盲点"，就是该解释的地方不予解释。以苏轼的《念奴娇·赤壁怀古》这首词为例。这是苏轼的代表作，无论中学语文教材，还是大学中文专业的古代文学教材，都选有这首词。可是，几乎所有的教材对该词都存在"误读"和"盲点"。据我的了解，至少有六处：

　　第一，"人道是，三国周郎赤壁"是怎么回事？为什么要写上"人道是"三个字？绝大多数的教材都不做解释，是个"盲点"。事实上，真正的"三国周郎赤壁"，并不在黄州，而在蒲圻（今湖北赤壁市）。当时有人认为是在黄州，苏轼是有些怀疑的。他在《与范子丰书》中说："黄州少西，山麓斗入江中，石室如丹，传云曹公败所，所谓赤壁者。或曰非也。"他要借赤壁之战这件事，来抒发自己的感慨，但是又怕后人引起误会，就加上"人道是"这三个字。意思是有人这么讲，我并不能肯定，我不过是借题发挥，拿赤壁说事而已。

　　第二，"小乔初嫁"是怎么回事？绝大多数的教材也不做解释，也是一个

"盲点"。事实上，"小乔初嫁"时，周瑜才 24 岁；至赤壁之战时，周瑜已 34 岁，小乔已嫁 10 年，不是"初嫁"。作者写赤壁之战而写"小乔初嫁"，是为了彰显周瑜的少年得志，所谓"英雄美人，相得益彰"是也。写周瑜少年得志，是为了反衬自己的不得志。这是潜台词。

第三，"羽扇纶巾"的主语是谁？是周瑜？还是诸葛亮？几乎所有的教材都说是周瑜。这是"误读"。事实上，历史上的周瑜从来就没有过这样的装束，只有诸葛亮才有。有人说，把"羽扇纶巾"的主语说成是诸葛亮，是受了宋元以来的三国小说、故事和戏剧的影响。可是早在三国、两晋时期，人们就是这样介绍诸葛亮的。例如东晋裴启的《语林》就记载："诸葛武侯与司马宣王在渭滨，将战，宣王戎服莅事，使人视武侯，素舆葛巾，持白毛扇指挥，三军皆随其进止。宣王闻而叹曰：'可谓名士'。"再说赤壁之战是孙、刘联军抵御曹军的战争，周瑜和诸葛亮乃是孙、刘联军的主要人物，苏轼既言"一时多少豪杰"，怎么可能说来说去反而只有一个周瑜？

第四，究竟是"樯橹灰飞烟灭"，还是"强虏灰飞烟灭"？许多教材都选择后者。这也是"误读"。苏轼词的版本很多，我们应参考较早的、较好的版本。例如黄鲁直（庭坚）手书本，就是作"樯橹"，而非"强虏"；俞平伯的《唐宋词选释》、中国社会科学院文学所的《唐宋词选》，也是作"樯橹"而非"强虏"。"强虏"是带贬义的。苏轼在黄州所作《与范子丰书》、《东坡志林》之"赤壁洞穴"，以及《前赤壁赋》诸文，讲到曹操时，都称"曹公"，或"曹孟德"，并不带任何贬意。

第五："人间如梦"是什么意思？许多教材要么不做解释，要么批评它是"消极的"，既是"盲点"，也是"误读"。我认为，读苏轼的《念奴娇·赤壁怀古》这首词，应该和他的《前赤壁赋》等作品联系起来读，因为二者都写于黄州，都体现了他当时的心境。《前赤壁赋》写道："苏子愀然，正襟危坐，而问客曰：'何为其然也？'客曰：'月明星稀，乌鹊南飞，此非曹孟德之诗乎？西望夏口，东望武昌；山川相缪，郁乎苍苍。此非孟德之困于周郎者乎？方其破荆州，下江陵，顺流而东也，舳舻千里，旌旗蔽空，酾酒临江，横槊赋诗。固一世之雄也，而今安在哉？'"这一段话，可以说是对"人间如梦"四字最好的解释。苏轼在那里赞颂周瑜、诸葛亮等三国人物的功绩的时候，内心里是很感慨、很惆怅的，意思是他们当年那么年轻，就建立了盖世之功，而此时的自己比他们当年大许多，不仅事业无成，还遭受贬谪。因此有"故国神游，多情应笑我，早生华发"之叹。然而，苏轼之所以是苏轼，就在于性情旷达，能够自我调适，自我解脱。想到周瑜、诸葛亮等三国人物虽然曾经轰轰烈烈，"固一世之雄也，而今安在哉？"成功也好，失败也好，得意也好，失意也好，都不过是过眼云烟。这样就从失意的、苦闷的情绪中走出来了，心理调适成功了。从这个意义上讲，这句词就不能简单地理解为消极，而是有了积极的成分。一个失意之人，如果总是被失意的情绪所笼罩，不能自拔，那才叫消极呢！

第六："一尊还酹江月"这一句是什么意思？几乎所有的教材都不做解释，最多只是解释一下"酹"这个字。事实上，这一句与"人间如梦"四个字是紧相联系的。意思是说，人世间的一切都是短暂的，就像一场梦，只有自然界的"江月"才是永恒的。那么我这一尊酒，也不用来祭奠（酹）周瑜，也不用来祭奠诸葛亮，我就用它来祭奠那永恒的"江月"吧！这个意思，也是和《前赤壁赋》的意思相统一的。《前赤壁赋》写道："苏子曰：'客亦知夫水与月乎？逝者如斯，而未尝往也；盈虚者如彼，而卒莫消长也。盖将自其变者而观之，则天地曾不能以一瞬；自其不变者而观之，则物与我皆无尽也。而又何羡乎？且夫天地之间，物各有主。苟非吾之所有，虽一毫而莫取。惟江上之清风，与山间之明月，耳得之而为声，目遇之而成色。取之无禁，用之不竭。是造物者之无尽藏也，而吾与子之所共适。'"可以说，这一段话是对"一尊还酹江月"最好的解释。

"还原"的第二个目的，也是高一级的目的，就是"还原"一个真实、具体、可感的艺术世界。我们常常讲，要把学生带进作品所描写的艺术世界里去，让学生感受到这个世界的真、善、美。那么，怎样才能达到这一目标呢？这就更需要"还原"的功夫。老师要透过那些没有生命的铅字，"还原"一个真实、具体、可感的艺术世界，然后和学生一起，在这个世界里徜徉、欣赏、品鉴，充分地享受这个世界带给我们的美感和感动。例如《念奴娇·赤壁怀古》这首词，作者所营造的是一个什么样的世界呢？应该说，是一个多姿多彩的世界。这里有赤壁的壮丽景色，有三国人物的豪迈人生，也有作者的失意情绪，还有走出失意之后的旷达情怀，以及最后达成的"天人合一"的境界。我们主张"还原"，就是要带领学生走进这样一个真实的、具体的、可感的、多姿多彩的艺术世界。我们重视字、词、句的解释，但我们不能仅仅停留在字、词、句的解释上，而是要完整地"还原"这个世界。

"还原"的工作做得好不好，要看教师的专业知识和专业修养。教师必须对作家、作品有一个切切实实的了解。要了解一个作家，又必须系统地了解他的时代和生活环境，了解他的知识结构和价值观念，了解他的思想、个性、爱好、风格，等等。要了解一个作品，则必须系统地了解这个作品的写作背景（包括时间和地点），了解作家写作这个作品时的处境和心境，了解作品所描写的事件、人物、景观的真相，了解作品所包含的真实的思想、感情、感觉，了解作品所使用的艺术手段或者方法，等等。我们所要"还原"的是一个真实、具体、可感的艺术世界，这个世界是由上述多种要素构成的。只有真正了解了上述多种要素，才能真正做到"还原"。

如何真正做到了解一个作家？一个最基本的办法，就是读作家的年谱，或者传记，或者相关的文献资料。如何真正做到了解一个作品？一个最基本的办法，就是要立足于作品本身，找到最权威的版本，然后细读作品。需要强调的是，要想真正读懂一篇作品，仅仅读这一篇作品是远远不够的，最好读完这个作家的全部作品，至少是读完他的相关作品，还要读一读同时代或不同时代的其他作家的相关作品。例如：我们讲苏轼的《念奴娇·赤壁怀古》这首词，首先就得了解苏轼这个人，了解他生活的北宋是一个什么样的时代，了解他的政治倾向，他是如何被贬到黄州来的？他在黄州的境况如何？心情如何？就作品本身来讲，要真正了解这首词，我们还得读他全部的词。除了词，我们还得读他的诗，读他的文和赋，尤其是读他在黄州期间写的诗、词、文、赋，甚至还要读一读同时代的和不同时代的作家写黄州赤壁的作品。

就古典诗词的教学来讲，"还原"的功夫除了体现在讲授上，还应体现在朗诵上。朗诵也是一种"还原"，是从格律上对作品进行"还原"。朗诵的好处，就是在诉诸视觉的时候，同时诉诸听觉。这样就可以多角度地感受那个艺术世界。多角度地感受便于培养学生的兴趣，也便于理解和记忆。这是古典诗词的独特之处，是其他文体所不能比拟的。

讲授古典诗词的基本方法，除了"还原"，还有"发挥"。

所谓"发挥"，就是在"还原"的基础上，就作品所描写的那个真实、具体、可感的艺术世界，进行联想、比较、阐释和评价。"发挥"的目的，是在求真的前提下，进一步求善、求美。这是一个拓展的过程，深度挖掘的过程，也是一个提升的过程。

讲授古典诗词，"发挥"是很有必要的。没有"发挥"的课，只是就作家谈作家，就作品谈作品，多少还是有些呆板，有些单调，不够丰富，不够生动，不能更好地吸引学生，不能进一步地调动学生的兴趣。

需要强调的是，"发挥"是有条件、有前提的，不能漫无边际地发挥。一是要联系作家、作品的实际去发挥，要以作家、作品为本位，要以"还原"为前提。二是要联系学生的经验和认知水平去"发挥"，不能不看对象。三是"发挥"要有新意，不能老一套。

有效的、恰到好处的"发挥"，要求教师具有比较开阔的视野，比较丰富的知识，比较高的理论水平和审美能力。要做到古今中外，信手拈来，左右逢源，收放自如。例如，我们讲苏轼的《念奴娇·赤壁怀古》，就可以联系学生的经验和认知能力"发挥"一下，讲一讲东汉末年的"赤壁之战"，讲一讲"蒲圻赤壁"和"黄州赤壁"之争，讲一讲曹操，讲一讲诸葛亮，讲一讲周瑜和小乔，还可以讲一讲苏轼所接受的道家思想，讲一讲他的旷达情怀，讲一讲道家思想与旷达情怀的积极意义。然后，探讨一下一个人在遭遇挫折、屈辱和失败的时候，如何调适自己的心态？如何面对现实？如何面对未来？等等。如果能够做到这样，那么这一堂课，就由一堂文学的课，上升到一堂人文的课、现实的课、人生的课了；就把文学和人文，历史和现实，艺术和人生，有机地结合起来了。这样，学生的感受就是多方面的，受到的启发也是多方面的。

总之，"还原"的要求在于"专"，"发挥"的要求在于"博"。"还原"体现了语文课的"工具性"，"发挥"体现了语文课的"人文性"。我们讲授语文课，应该把"还原"和"发挥"结合起来，把"专"和"博"结合起来，把"工具性"和"人文性"结合起来。既不能只有"还原"而没有"发挥"，也不能空有"发挥"而没有"还原"，更不能既无"还原"也无"发挥"。原汁原味的"还原"与恰到好处的"发挥"，是讲授古典诗词的基本方法，也是调动学生兴趣的有效手段。

2009 年 12 月 17 日于广州

1991 年下半年《大学语文》自学考试中的
"古文翻译"问题

1991 年下半年湖北省高等教育自学考试的《大学语文》试题里边，有一个 8 分的翻译题，其要求是把三首（段）古诗（文）译成现代汉语。这三首（段）古诗（文）均选自湖北省高等教育自学考试指导委员会所指定的，由张国光、陈安湖教授所主编的通用教材《大学语文》，题目不偏、不怪，难度也适中，但是答题情况并不如意。我们对其中的 2 万份卷子做过调查。我们发现，翻译全部正确的卷子不到 10%，其中 25% 左右的卷子全译错了。作为多年来一直在高等院校中文系讲授中国古代文学的教师，同时作为这个考题的阅卷人，我对这个问题颇感吃惊。应自学考试指导委员会办公室有关负责同志之约，我想和广大考生谈谈下面几个问题：一、这三首（段）古诗（文）的正确翻译是怎样的？二、这一次的错误翻译的主要案例有哪些？三、这些错误翻译之所以出现的直接原因是什么？四、如何提高古诗文翻译的能力？

一、三首（段）古诗（文）的正确翻译

这三道翻译题分别选自《大学语文》中的三篇课文。第一道小题选自柳宗元的游记散文《钴鉧潭西小丘记》：

　　其石之突怒偃蹇，负土而出，争为奇状者，殆不可数。其嵚然相累而下者，若牛马之饮于溪。

第二道小题选自庄子的议论文《逍遥游》：

　　且夫水之积也不厚，则其负大舟也无力。覆杯水于坳堂之上，则芥为之

舟，置杯焉则胶，水浅而舟大也。

第三道小题是陆游的一首七言绝句《示儿》：

死去元知万事空，但悲不见九州同。王师北定中原日，家祭毋忘告乃翁。

要求翻译成现代汉语的部分仅仅是下面七句话。这七句话的正确翻译应该是：

原文：负土而出

译文：（小丘上的石头）依恃着泥土而耸立

原文：殆不可数

译文：几乎难以将它们数清

或译为：几乎多得数不清

原文：若牛马之饮于溪

译文：像牛马在溪边饮水一样

原文：则其负大舟也无力

译文：那么它也没有能力将大舟浮载起来

或译为：那么它负载大船就没有力量

原文：覆杯水于坳堂之上

译文：在堂屋的凹陷不平之处倒一杯水

或译为：倒一杯水在堂屋的低洼处

原文：但悲不见九州同

译文：感到悲伤的只是不见国家的统一

原文：家祭毋忘告乃翁

译文：举行家祭的时候，别忘了（把国家统一的消息）告诉你父亲的在天之灵

二、错误翻译的主要案例

上述译文，乃是出题人所给定的标准答案。联系这些语句的上下文关系和古汉语词汇及语法方面的有关界定，我们认为，这些标准答案是正确的。但是很遗憾，如上所说，90％的卷子都有错误。这些错误的翻译真是形形色色，千奇百怪，有的简直错得不可理喻。我这里只列出其中有代表性的若干案例，以便找出某些带普遍性的东西。

1. 负土而出

　　① 背土而出

　　② 抱土而出

　　③ 载着土挺了出来

　　④ 满身是土地走了出来

　　⑤ 担土而出

　　⑥ 离开故土而出

　　⑦ 上面压着土而出

2. 殆不可数

　　① 简直数不过来

　　② 不计其数

　　③ 多得数不清

　　④ 死伤不计其数

　　⑤ 失败了的人很多

　　⑥ 危险数不清

　　⑦ 数到死都数不清楚

　　⑧ 实在不能够数得清

　　⑨ 疲劳得不可形容

3. 若牛马之饮于溪

①若是牛马在溪边饮水

②要是牛马在溪边饮水

③假若牛马同饮一条溪的水

④如果牛马在溪边饮水

⑤若干的牛和马在这溪中饮水

⑥牛马在溪边饮水

⑦你的马在此饮水

⑧似乎牛马在溪边饮水

4. 则其负大舟也无力

①所以那积水不能使大船浮起来

②因为水太浅，大船不能航行

③即使再大的船也没有那么大的力量

④它没有力量浮起大船

⑤那它也不能负载大船

⑥大舟在它上面航行会搁浅

⑦浮在水上的大船也不能行走

5. 覆杯水于坳堂之上

①倾倒一杯水在堂屋中间

②把盖着的装水的杯子放在厅堂的地上

③倒一杯水放在房屋的低凹的地方上面

④将一杯水倒在山坳里

⑤放一杯水在蚂蚁洞口

⑥反覆地泼水在坳堂上面

⑦倒杯水在坳堂里

6. 但悲不见九州同

①只是悲哀看不见中原恢复

② 但是这种悲伤的心情不见得全国都一样

③ 然而我为不能见到九州统一而悲哀

④ 放心不下的是何日祖国由分裂到统一的问题

⑤ 只是悲哀看不见九州

⑥ 可是我悲痛万分不能看见中国统一

⑦ 悲伤的是不见九州合并

⑧ 但是因为没有看到九州统一而悲伤

⑨ 我只是悲痛看不到现在的中原大地与原来的相同的地方

⑩ 却不曾见到祖国统一

⑪然而我的悲痛与天下人不同

⑫但愿在全国其他地方看不到这种悲惨的情景

7. 家祭毋忘告乃翁

① 不要忘记了告诉我老汉

② 不要忘记告诉你的公公

③ 家祭老母别忘了告诉老翁

④ 北定中原不要忘了告诉我的父亲

⑤ 可别忘了把祖国统一的消息告诉你们的祖先

⑥ 家祭的时候别忘了告诉我

⑦ 家祭的时候别忘了告诉你的长辈

⑧ 请母亲吃饭别忘了叫父亲

三、导致错误的直接原因

导致这些错误的直接原因有两点，一是忽略了句子中的关键词；二是面对具有多种义项的关键词，不善于依据原文的上下文关系及古汉语词汇和语法的有关界定来选择合适的义项。我们先谈第一点。这七句话，每一句都有一个或两个关键词。第一句的关键词是"负"，第二句的关键词是"殆"，第三句是"若"，第四句是"则"，第五句是"覆"和"坳堂"，第六句是"但"和"同"，第七句是"毋"和"乃翁"。我们回头看看第二句的②、③这两个案例，便是忽略了"殆"字；第三句的⑥这个案例，便是忽略了"若"字。同理，第四句的④、⑤、⑥、⑦忽略了"则"字，第五句的①、②、⑥、⑦忽略了"坳堂"二字，第六句的⑤忽略了"同"字。关键词是构成句子意义的关键所在，忽略了关键词，便说不上是翻译。譬如："倒杯水在坳堂里"，"坳堂"是什么？不懂古语的人便不可能通过这句译文来理解"覆杯水于坳堂之上"。

再谈第二点。这七句话不仅都有关键词，而且每一个关键词在古汉语词汇里边都有多重义项，有本义，更有引申义；有实词义，亦有虚词义。譬如第一句的"负"字，常见的便有四个义项。一曰依恃、依凭，如"负隅顽抗"；二曰承担、承受，如"忍辱负重"；三曰背负，如"负荆请罪"；四曰背弃，如"忘恩负义"。在这种情况下，便只有联系句子的主语及其与上下文的关系来选择或确定其合适的义项了。很显然，钴鉧潭西边小丘上的石头，既无所谓"背弃"之理，也不曾"承受"或"背负"什么，既不能译成⑥，也不能译成①、②、③、④、⑤、⑦，而只能取"依恃"、"依凭"之意，如标准答案所云。

第二句的"殆"字，在古汉语里，既可作形容词用，表示"危险"、"失败"之意，如"知己知彼，百战不殆"；也可作副词用，表示一种揣测估量的意思，可译为"几乎"、"差不多"、"大概"等等。这里显然是用作副词，④、⑤、⑥、⑦、⑨都是取了形容词的意义，因而显得滑稽可笑，甚至不可理喻。

第三句的"若"字，在古汉语里边，可作假设连词，可译为"若是"、"如果"、"要是"、"假若"；也可作代词，译为"你"，"你们"、"他"，"这个"、"这些"等等；还可作系词，译作"像"、"似"、"如同"等等。这里只能理解为系词，作谓语，其主语为"其嵚然相累而下者"这一词组。

第四句的"则"字，其义项更多，可作助词，可作副词，可作介词，可作名词、动词，亦可作连词。仅就连词而言，可作进层连词，承接连词，因果连词，让步连词，也可作转折连词和假设连词。这里是作连词用，但不是进层连词，不可译作"而且"、"并且"；不是因果连词，不能译作"因为"、"所以"；不是假设连词或转折连词，不能译为"假如"或"然而"；当然也不是让步连词，不能译为"即使"、"虽然"。这里只是承接连词，在承认"水之积也不厚"这一事实或假设的前提之下，接过来申述"负大舟也无力"这一相应的结果，相当于现代汉语中的"既然这样，那么……"这种句型，因而译作"那么"最合适。

第五句中的"覆"字，是个实词。本义为"覆盖"，引申义有"翻"义，如"水则载舟，水则覆舟"；有"溃败"义，如"覆国亡家之臣"；也有"倾倒"义，如"覆水难收"。这里只能取其引申义，作"倾倒"讲。"坳堂"的"坳"，指低凹的地方。"坳堂"，则是指堂屋的低洼处。这个词的意思并不复杂，但是许多人都是原词照搬，没有用现代汉语译出来。

第六句中的"但"字，可作转折连词，即现代汉语的"但是"，也可作副词，可译为"只"、"只是"、"仅仅"。联系上一句"死去元知万事空"来看，这里的"但"字只能作副词解。即人死了，原本万事皆空，只是有一件事放心不下，令人悲伤。许多考生将其当做连词理解，因而要么译成"但是"，要么译成"然而"、"可是"，都不合适。这一句中的"同"字，为形容词，"相同"、"一样"的意思。因为淮河以北是金国，淮河以南是宋朝，半壁河山改朝换姓，所以九州不再一样、不再相同。但是作为诗句，译成"相同"、"一样"不太雅驯，所以历来都作"统一"来理解。

第七句中的"毋"字，有的版本又作"无"字，作副词用。修饰动词"忘"字，可译作"别"、"不要"等等。这个字一般都译对了。问题是"乃翁"二字。"乃"，作为他称代词，可译作"他"、"他们"；作为自称代词，可译为"我"、"我们"；作为对称代词，可译为"你"、"你们"。这里是陆游临终前对儿子讲话，因而只能译成"你"或"你们"，①、②、⑥三句显然是错误的。至于"翁"字，既可专指父亲，又可泛指老年男子。这里是父亲对自己的儿子讲话，"翁"字专指父亲，译成"长辈"、"祖先"等等，都不确切。

许多考生不懂得抓关键词，更不懂得从关键词的众多义项里选择合适的义项，甚至认错了关键词，所以往往乱译一气。如"家祭老母别忘了告诉老翁"，"请母亲吃饭别忘了叫父亲"；"负士而出"，"背着士兵逃出去"等等，把"毋"字认作"母"字，把"土"字认作"士"字，简直错得不可思议。对此，我们就不浪费时间来一一分析了。

四、如何提高古诗文翻译能力

上述错误所暴露出来的问题，实质上是一个知识性的问题，是基本功的问题。这就要求广大考生必须认真地阅读古诗文，必须多读古诗文。通过阅读，培养语感，培养对古代语言的理解能力和处理能力。在阅读古诗文的同时，还要留心古代历史、古代文化和古代汉语方面的基本知识。这一切，乃是提高古诗文翻译能力的前提条件。

在练基本功的同时，对古诗文翻译的基本原则和标准、技巧等等也要有一个熟练的掌握。古诗文翻译的基本原则和标准是什么？简而言之，就是信、达、雅三个字。近代著名学者严复在《赫胥黎〈天演论〉译例言》里讲："译事三难：信、达、雅。求其信，已大难矣。顾信矣不达，虽译犹不译也，则达尚焉。……信、达而外，求其尔雅。此不仅期以行远已耳，实则精理微言。"信，指译文在思想内容方面与原文一致，即保持原义、忠实于原文；达，指译文的语言要合乎现代汉语的基本标准，成为流利畅达的可读性强的标准现代白话；雅，则是指译文在语言形式和行文风格方面与原文相称，显得雅致或雅驯。信、达、雅的原则和标准，不仅适用于外文译成中文，也适用于古代汉语译成现代汉语，长期以来，一直为人们所遵奉。上述诸多错误的翻译，正是违反了信、达、雅。譬如，把"负土而出"译成"离开故土而出"，即是不信；把"则其负大舟也无力"译成"浮在水上的大船也不能行走"，即是不达；把"但悲不见九州同"译成"悲伤的是不见九州合并"，即是不雅。

熟悉了翻译的原则和标准，还要掌握翻译的技巧。翻译的技巧有很多，诸如直译法、意译法、补充法、省略法、词序调整法、分裂法、合并法、照搬法和典故化解法等等，不过最基本的与最主要的技巧，还是直译和意译。所谓直译，乃是根据原文的字词句形式一一对应地译成位置相同、成分一致的现代汉语。这种译法的长处是在字词句的结构位置方面不走样，但是难以做到信、达、雅。其缺陷主要在于：第一，古代汉语和现代汉语的语法不一致，因而语言和词序也不一致。直译，势必违反现代汉语的规范性。第二，这种译法往往导致"有句无篇"，即照顾了每个词、每个字、每句话的意思的准确性，却难以照顾一篇或一段文章或诗的完整统一。第三，这种译法对古语中的专门性词汇、典故、制度、特殊用法等等，往往无能为力。意译，则是按照原文的意思来翻译，适当添加一些意会的成分。如"家祭毋忘告乃翁"，直译是："举行家祭时不要忘了告诉你的父亲"。意译是："举行家祭时不要忘了把国家统一的消息告诉你父亲的在天之灵"。很显然，在这里，意译比直译在意思上要完整些。不过，采用意译，添加意会成分，要紧扣上下文关系和全篇意思，要有分寸感，不可随意添加，更不可画蛇添足。正是在这一点上，意译也常常表现出它的局限性。"放心不下的是何日祖国由分裂到统一的问题"，"我只是悲痛看不到现在的中原大地与原来的相同的地方"，这两句便是意译失却分寸的产物。所以，在绝大多数情况下，翻译只能是意译和直译的结合运用。直译是意译的基础和出发点，意译是直译的延展和深化。纯粹直译，显得刻板，了无生趣；纯粹意译，显得随便，甚至走样。而两者的完美结合，才是信、达、雅的极致。至于上边提到的补充、省略、词序调整、分裂、合并、照搬、化解诸法，都是为了求得直译与意译的统一，限于篇幅，不再一一分析。

1991 年 11 月 23 日于武汉

《大学国文新编》前言

出版社的编辑同志约我们编写一本供"大学语文"课程使用的教材，我们最初是有些犹豫的。这一类的教材已经不算少了，我们能不能在同类教材的基础之上有所突破、有所创新呢？我们思索了一段时间，又把书店和图书馆里能够找到的《大学语文》教材都找来，做了一番比较、研究。我们发现，这些教材优点固然很多，但是令人遗憾的地方也有不少。我们商定，在遵循"大学语文"这门课程的教学目的和基本要求的前提下，力争在内容和形式方面作一点新的探索。

一是名称问题。我们认为，《大学语文》，应该是供大学里使用的语言和文学教材，语文语文，语言文学之谓也。可是实际上，所有的《大学语文》课本都只有文学，没有语言。原来《大学语文》这个名称，是由中、小学《语文》这个名称延伸而来的。可是，中、小学《语文》里头既有文学的内容，又有语言学的内容，二者有机融合，称"语文"是名实相符的。而我们所见的一些《大学语文》教材，可以说是名实不符。我们编的这本教材，也没有语言方面的内容，只有文学，而且只有中国文学，没有外国文学。为此，我们决定使用"大学国文"这个名称。民国时期的大、中、小学语文，都叫"国文"，因为其中只有中国文学，没有外国文学。我们取这样一个名字，是受了民国时期同类教材的启发。但是，我们这本教材的内容和形式，与民国时期的《大学国文》又有些不同，除了选编古代的文学作品，还有现代的文学作品，甚至还有20世纪90年代后期才崭露头角的作家刘亮程的散文。同时，在体例方面我们也做了新的尝试。因此，我们把它叫做《大学国文新编》，以区别于民国时期的《大学国文》。

二是体例问题。这种教材的编排方式，可以有三种：一是按照作品的时代先后编排，二是按照作品的文体类别编排，三是把前两种结合起来。我们选择了第三种，即先按作品的文体类别，分为韵文、散文、戏剧和小说四大块，再按同一类作品的时代顺序进行编排。在这一点上，我们基本上是依照惯例。我们的改进，是在介绍具体的作家作品时，除"作者简介"（或"题解"）、"原作"、"注释"、"提示"这四块外，我们还增加了"集评"和"阅读链接"。我们把有关作家、作品的经典评论挑选几条，再把同一作家的相关作品或同一时代其他作家的相关作品也挑选几种（只附目录，不附原作），供读者参考。我们的目的是，希望能够扩大教材的信息量，进而扩大读者的视野。

三是选材问题。三千年的中国文学，浩如烟海，名作如林。我们也是依照惯例，挑选名家名作。在这个前提之下，我们尽量做到不与中学《语文》相重复。例如关于苏轼，我们没有选他的《念奴娇》（大江东去），也没有选他的《水调歌头》（明月几时有），不是说这两篇作品不经典，而是中学《语文》里已经选过了。我们选了他的《定风波》（莫听穿林打叶声）。这篇作品也是经典，而且最能体现他的旷达情怀，最能体现他的独特个性。关于鲁迅，我们没有选他的《狂人日记》、《祝福》、《社戏》、《孔乙己》等作品，而是选了他的《伤逝》，这样做，也是为了不与中学《语文》相重复。我们希望能够让学生知道，除了中学里学过的名家名作，还有一些他们并不熟悉或并不怎么熟悉的名家名作，这样就可以扩大他们的视野。当然，完全不与中学《语文》相重复，这是很难的。近些年来，各种版本的中学《语文》教材陆续登场，其中的名家名作非常多，尤其是古典文学作品，甚至占了一本教材40%以上的分量。我们这本教材，可能也有极少数作品是与某个版本的中学《语文》相重合的。

四是文字问题。《大学国文新编》所选的都是美文，这就要求我们的有关说明文字也要尽量弄得美一点。关于"注释"，我们的要求是尽量做到准确和简洁；关于"作者简介"，我们则要求尽量写得生动一点，有个性一点，不要搞成千人一面的"作家年谱"或"干部履历表"；关于"提示"，除了揭示作品的精神内核和审美特征，除了适当地介绍一下作品的写作背景、相关的文体知识和文学史常识，也要求在文字方面尽量生动一点，至少是流畅一点，活泼一点，不要搞成干巴巴的学术八股。当然，这个目的能不能真正达到，我们不敢说，但是我们做了一些努力。

在高等学校，人们素来看重的，是学术专著和论文，像《儒林外史》里的"马二先生"那样，孜孜矻矻地编教材，弄选本，是有几分吃力不讨好的。我们在高校教了多年的书，从来都是使用人家的教材，没有做过一回"马二先生"，没有编过一本教材。这回做起了"马二先生"，才知道"马二先生"其实也不容易。编一本好的教材，既要有所依循又要有所创新，既要经得起专家的挑剔又要赢得广大读者的喜欢，并不是一件轻松的事。我们虽然在教材的名称、体例、选材和文字等方面做了一些尝试和努力，但是能不能既如专家的意，又如广大读者的意，我们并没有太多的把握。我们只期望这本书出版、发行之后，能够得到一些建设性的意见，以便我们在今后的日子里把它修订得更好一点。

最后，要顺便介绍一下这本教材的编写过程。这本教材，是在广东高等教育出版社责任编辑王兰萍女士的倡议和热情敦促之下完成的。初稿完成之后，又得到总编辑杨哲女士的热情指导。在此，我们要对她们表示诚挚的谢意。我们七个人，先按照自己的意见拿出"预选篇目"，然后集中起来进行讨论和筛选；"选目"确定之后，再分头去选录"原作"，完成"作者简介"、"注释"、"提示"、"集评"和"作品链接"，最后交由主编统稿和审定。各人所承担的任务如下：

纪德君，负责全书的策划和终审，同时负责"古代戏剧"和"古代小说"的注评；曾大兴，负责全书的策划和统稿，起草"前言"，同时负责"唐宋词"和戏剧《长生殿》（骂贼）的注评；刘庆华，负责"古代诗歌"和《齐桓晋文之事》、《书〈刺客传〉后》两篇古代散文的注评；王瑾，负责"先秦至六朝散文"的注评；甘露，负责"唐宋至近代散文"的注评；李俏梅，负责现、当代诗歌和散文的注评；周文萍，负责现、当代戏剧和小说的注评。

2005 年 7 月 25 日于广州

现代人为什么要读古典诗词

——"岭南大讲坛"演讲摘要

《南方日报》核心提示

林语堂说，中国是一个没有宗教的国家，但它是一个以诗歌为宗教的国家。那些璀璨夺目的诗歌留存千年，构筑起了中华民族五千年的情感。如今，身处一个现代化的社会，也许人们再也不能体会"采菊东篱下，悠然见南山"的情怀。那么，古典诗词对于现代人来说还有什么意义和作用？在本期"岭南大讲坛·文化论坛"上，广州大学中文系教授曾大兴通过生动的例子阐述了古典诗词的现代魅力。

一、一切真的古典文学都是现代文学

今天我跟大家一起讨论的话题是古典诗词的现代魅力。可能有朋友会问，古典诗词是传统的文学，传统的文学跟现代人有关系吗？对现代人有作用、有魅力吗？在这里我想引用意大利著名学者克罗齐的一句话——"一切真的历史都是现代的历史"。我现在把他这句话稍微做一点延伸，即"一切真的古典文学都是现代的文学"。为什么这样说呢？因为古代文学家所面临、所描写、所表达的许多问题，今天仍然存在，仍然是我们今天所要面临的问题，这也是古典诗词的普世价值之所在。古人的精神世界和我们是相通的。

古典诗词的现代魅力有两重含义。第一，从客观上来讲，古典诗词当中确实有许多和我们现代相通的地方；第二，从主观上来讲，我们读古典诗词应该具备现代的眼光。

我们现在面临的问题是比较多的，但是我认为最普遍的，或者说最严峻的问题有两点：第一，自然环境遭到严重的破坏；第二，道德水准严重下降。这两个问题实际上就涉及人与自然的关系，人与人的关系。

现在，我们天天都在讲和谐，其实和谐有两个基本的含义：第一，要建立人与自然之间的和谐关系；第二，要重建人与人之间的和谐关系。而人与自然、人与人之间的和谐关系，恰好就是中国古典诗词的两个最基本的主题。

二、从请客吃饭中看出和谐与不和谐

我们以唐代诗人孟浩然的作品为例。孟浩然的好作品很多，我们今天只讲一首人和自然、人和人的关系比较和谐的作品《过故人庄》，我先给大家读一遍：

> 故人具鸡黍，邀我至田家。
>
> 绿树村边合，青山郭外斜。
>
> 开轩面场圃，把酒话桑麻。
>
> 待到重阳日，还来就菊花。

孟浩然的诗有一个特点，就是语言比较平淡。他不用什么典故，也不去雕琢字句，但意蕴是很深厚的，所谓"语淡而意不薄"。

第一句讲请客的食物。吃的是鸡和黍。那个时候的鸡是自家养的，也就是"走地鸡"，黍也是自家种的。"故人"等鸡长大了，黍成熟了，就请好朋友孟浩然过来。他们吃的都是健康食品、放心食品。我们在座的朋友，应该说不少人在广州的郊区都有熟人吧，都有朋友吧，都有"故人"吧，可是他们家的桂圆熟了，鸡也长大了的时候，有没有邀请你去尝尝鲜？没有吧。这就说明，你们的关系还没有像孟浩然和他的朋友之间的关系那么和谐。用自己养的鸡，用自己种的黍来招待自己的好朋友，这一点不是我们现代人都能比得上的。现在大城市的人有几个人是把朋友请到自己家里来吃的？一般都是在餐馆里面吃，在餐馆里面吃大概有几个原因：第一个是懒得做；第二个是显摆一下；第三，不是贴心的朋友我不想把你带到家里，不想让你知道得太多。所以，这个关系就隔得很远。孟浩然是在"故人"的家里吃的，而且是面对打谷场和菜园子吃。这就是没有把他当外人。

再一个，吃饭的时候说什么？"把酒话桑麻"。他们不谈什么国家大事，因为国家大事的话题太重大了，不是一个农民所直接关心的事情。不像我们现在一些人，到了农村的亲友家去吃饭，喜欢跟人家谈国家大事，喜欢谈奥巴马，这些就不是很恰当。最后，吃完了之后下一次还来不来？这个很重要，如果这次宴会有任何功利目的的话，他就不会说"待到重阳日，还来就菊花"。这次的宴会纯粹是朋友之间的叙旧，没有任何功利目的，这也是我们很难做到的。为什么我们现在请客吃饭没有古人那样爽快呢？因为我们现在请客吃饭难免有功利目的。例如，我们可能会说，我的儿子今年大四了，您不是认识王维、认识韩朝宗吗？您能不能给他在长安或荆州找一个位置？古人请客吃饭，没有这么多世俗的考虑。

三、古典诗词可以帮助我们回归"原生态"

中国古人认为文学是与天地并生的。刘勰的《文心雕龙》讲："文之为德也大矣，与天地并生者何哉？"又讲："人禀七情，应物斯感。感物吟志，莫非自然。"这里的"天地"就是自然，"物"也是自然。人有七情六欲，由于受到自然界的"物"的感动，他才开始写作，这种过程十分自然。这就是古代文学创作的一个很重要的特点。古典诗词就是人的情感和自然的有机融合。

从中国古代的这些作品当中，我们可以看到一种"天人合一"的境界，看到人与自然的和谐关系。但是在现代工业社会就不一样了，以美国为例：美国环境学家杰里·曼德在《神圣的缺席》一书中指出，在美国，"自然环境已大多为人工所取代。从视觉、听觉、触觉、味觉、嗅觉等诸多角度来看，我们所体验和理解的世界已经被人类加工处理过了。我们对世界的体验再也称不上是直接或者本源的了，而是间接的。……当我们居住于城市中，人与地球的直接体验就无从谈起了。事实上，所有的体验可以说都是间接的。水泥地覆盖住了一切原本可以从土壤生长出来的生物；建筑遮住了自然美景；我们的饮用水是从水龙头里流出来的，而不是来自溪流或蓝天；所有植被也被人类的思维所局限，被人类按其品味任意改变；野生动物消失殆尽，多石地带不见了踪影，花开花落的反复循环也不复存在，甚至连昼夜也无法区分。……我们生活的环境是人类按照自己的意愿创造和重建的，严格地讲，这是人类大脑的产物。生活在这样的环境中，我们无法确信自己知道什么是真，什么是假。"

在这种被人类加工处理过的环境里产生的文学，肯定是没有多少自然属性可言的。所以，在美国的文学批评界，人们发出了一种对自然的呼唤。例如，美国著名的作家和生态批评家加里·斯耐德就在《空间里的位置：伦理、美学与分水岭》一书中写道："普通的好文章就像一座花园。在那里，经过锄草和精细的栽培，其生长的正是你所想要的。你收获的即是你种植的，所谓种瓜得瓜，种豆得豆。然而真正的好文章却不受花园篱笆的约束。它也许是一排豆角，但也可能是几株罂粟花、野豌豆、大百合、美洲茶，以及一些飞进来的小鸟儿和黄蜂。这儿更具多样性，更有趣味，更不可预测，也包含了更深广得多的智力活动。它与关于语言和想象的荒野的连接，给了它力量。……好文章是一种'野生'的语言。"像这种具有自然属性的语言和文学，在中国的古典诗词中可以说是比比皆是。

中国古典诗词可以帮助我们回归原生态，帮助我们恢复对于大自然的记忆，帮助我们恢复对于单纯的、真诚的、厚道的人际关系的记忆。由于古典诗歌首先是一种感性的存在，是一种美的存在，是一种艺术的存在，因此，这种恢复首先是一种感性的过程，一种审美的过程，一种艺术欣赏的过程。古典诗歌的现代魅力不仅仅体现在精神上，同时也体现在审美上。

四、现场互动

提问：我们要怎样通过诗句来解脱自身和他人之间的关系，我们怎么去通过诗性的思维方式来化解这种矛盾？

曾大兴：古人把诗的作用看得很重，我们现在把诗的作用不像古人看得那么重。你说诗歌能够拯救我们什么，我觉得这对于诗歌来讲是一个不可承受之重。诗歌只能唤起我们的记忆，唤起我们曾经有过的和大自然的美好关系的记忆，唤起我们曾经有过的单纯的、厚道的、真诚的人际关系的记忆。我们知道曾经拥有很美好的自然环境，现在再来保护自然环境，就有一个参照。我们知道人的道德水准的下降不是历来就有的，我们曾经有过很好的人际关系。这是一种艺术的唤起，是一种感动、感染。这种东西能有多大的作用呢？不可能很快就见成效，它是一个潜移默化的过程。我们要活得简单点，虽然现实生活很复杂。比如说，今天在座的这么多位冒着寒风赶过来，这实际上就是一种单纯的追求。我们来体验诗，我们来学诗，我们把其他的社会交往暂时放一边，我觉得这就够了。诗的作用只是提升一下自己的境界，不可能有"物"的作用或实用主义的作用。

《南方日报》2010 年 2 月 11 日

附录 2：

阅读从名著开始

《信息时报》记者　冯钰

　　曾大兴的书房出乎我们意料的简单，四壁定做的入墙书柜将所有书籍归纳整齐，半点儿学者家庭常见的卷帙浩繁之相也不露。从他工作间的窗口望出去，华南植物园郁郁的翠色油然在望，真是个读书做学问的好所在。

　　得知我们的来意，曾大兴首先拿出一张预先准备好的书单来。这份书单上计有书目 22 种，内容主要是中国古典文学著作与现当代文学作品。我注意到这里没有最近十年间的作品。曾大兴解释说，这是因为当代作品还没有经过足够的时间淘洗鉴别，"我们的古典文学有三千多年的历史，而现当代文学只有一百多年的历史"，所以读者在不知道读什么书的时候，不妨从阅读优秀古典文学作品开始。

一、读书要找好的版本

　　"要读书，读好书。"曾大兴认为，"阅读古典文学要注意找好的版本"，目前"国学热"，图书市场上不仅出现很多不同版本的文史名著，也出现了许多"重读"、"真相"、"心得"之类的读物。好的研究者、注释家，好的出版社，会用科学严谨的态度把古典著作客观地注解给读者，起到一个帮助阅读而不是代替阅读的作用。

　　他特别举出杨伯峻先生的《论语译注》，这本书一向受到学术界推崇，"注解得很清晰，白话译文又明白晓畅，很客观地反映了《论语》的内容，一点也不难读。现在人们忙，可以不要追求读的速度，花一两个月慢慢读上一本，得益无穷。"他又捧出长江文艺出版社的文史对照本《三国演义》来给我们看，"许多读者对三国这段历史一知半解，不清楚哪些是《三国志》史实的部分，哪些是《三国演义》的文学虚构，哪些又是后代话本、戏曲等文学形式对这段历史的再加工。那么这本书就很好，它把历史依据与文学加工对照来编排，读者可以看得清清楚楚，不混乱。"

由此，他表示了对《于丹论语心得》、易中天《品三国》的观点："那是他们理解中的《论语》、《三国》，读者还是应该面对经典本身，而不是仅仅依靠别人的解读、转述，别人咀嚼过的馍不香啊。"

对于现当代文学中的作家作品，曾大兴一直是比较关注的。他坦言，目前现当代的文学批评存在着某些问题，完全靠看文学评论去选书不一定适合读者。同时，当代一些作家的作品水准也不稳定，"有的作家，一本书很好，下一本书就不是这个水准了，所以看名气选书也不见得合适。"

二、普世的作品更适合大众阅读

因此，他推荐的着眼点落在了作家的品格："既要有对生活的独特感悟、独特判断，又不偏激、不偏执，作品格调健康、善良、阳光的作家更适合普通读者的阅读。我觉得某些新诗个人色彩太浓、态度偏激，作为文学的一种来研究是好的，作为经典推荐给大众则不合适。多数人接受的是人性的温暖，具有普世性的东西。当然，当人们积累了相当的阅读量，具有了必要的判断力之后，就可以读一些缺点和优点同样明显的书，会读书的人还要善于读出书里存在的问题。但在具有这样的积累之前，过早接触纷繁芜杂的作品会让读者无所适从。"

曾大兴推荐书目如下。

古代部分12种：

① 杨伯峻：《论语译注》，中华书局；

② 杨伯峻：《孟子译注》，中华书局；

③ 陈鼓应：《老子注释及评介》，中华书局；

④ 陈鼓应：《庄子今注今译》，中华书局；

⑤ 余冠英：《诗经选》，人民文学出版社；

⑥ 马茂元：《楚辞选》，人民文学出版社；

⑦ 中国社科院文学所：《唐诗选》，人民文学出版社；

⑧ 中国社科院文学所：《唐宋词选》，人民文学出版社；

⑨ 张国光等校订整理：《三国演义》（文史对照插图本），长江文艺出版社；

⑩《水浒传》，人民文学出版社；

⑪《西游记》，人民文学出版社；

⑫启功注释：《红楼梦》，人民文学出版社。

现当代部分 10 种：

①《鲁迅小说集》，黑龙江人民出版社；

② 鲁迅：《魏晋风度及其它》，上海古籍出版社；

③ 老舍：《茶馆》，人民文学出版社；

④ 沈从文：《边城》，人民文学出版社；

⑤ 钱钟书：《围城》，人民文学出版社；

⑥ 朱光潜：《谈美书简》，人民文学出版社；

⑦《汪曾祺散文》，人民文学出版社；

⑧ 阿城：《棋王》，作家出版社；

⑨ 余华：《活着》，南海出版公司；

⑩ 阿来：《尘埃落定》，人民文学出版社。

三、关于书的二三问

信息时报：你大约有多少藏书？

曾大兴：我的藏书不多，珍本、善本也少，说起来惭愧。我买书主要是为了用，大量的阅读还是泡在图书馆里进行，"书非借不能读"嘛。但是，关于"词学"和"文学地理学"方面的文献资料，我应该是收藏得比较多的。"文学地理学"方面的文献，没有人可以比得上我。"词学"方面的文献，在广东只有两三个人可以和我比。呵呵！

信息时报：现在每周读书时间有多少呢？在过去有没有什么书对你的影响很深远？

曾大兴：除了讲课和开会之外，我每天的事情就是读书和写作。再好的书也是有缺点和局限的，在我一生中特别崇拜的书没有，但喜欢的书很多。

信息时报：作为中文系教授，你对目前热播的新《三国》、新《红楼》有什么看法？

曾大兴：如果我们要真正了解《红楼梦》和《三国演义》，那还是要读原著。影视作品是经过导演二度创作，甚至演员三度创作之后的一个结果，是娱乐作品。其实这也是优秀文学作品在流传过程中必然发生的事情，元杂剧也是戏，明清传奇也是戏，都有戏说的内容，都有独创的成分，所以导演不必焦虑，不必想着我一定要忠于原著，可以再创作。李少红的《红楼梦》就是她的《红楼梦》，既不是曹雪芹的，也不是王扶林的，观众要有平常心。

信息时报：网络阅读、片段式读本的阅读对今天的读者来说是否足够？

曾大兴：片段阅读比完全不阅读要好，但要系统了解名著内容，还是得读原著。我们每天也上网，看新闻，看重要的博客，看一些文化热点，一个明显的感觉就是，"网上得来终觉浅"。网络上的东西有很多错误。比如一篇资料，它录入到网上可能有错字，就是把书扫描到网上，也可能不同字体转换会发生错误，我们如果在网上看到一篇资料，之后一定会到图书馆里找出原文来比对。还有些来自网上的观点良莠不齐、泥沙俱下，个别的很精辟，但绝大部分都流于一种情绪的宣泄、感性的表达，没有上升到理性的高度。总体来说，网络阅读得到的知识零散、肤浅、错误较多。可以说，至今电子媒体还没有超过纸质媒体。

《信息时报》"我的书房"版

2010 年 6 月 13 日

说杜甫《登岳阳楼》

　　杜甫的《登岳阳楼》既是写岳阳楼的名篇，也是五言律诗的杰作。唐庚《子西文录》说："尝过岳阳楼，观子美诗不过四十字耳，其气象闳放，涵蓄深远，殆与洞庭争雄。太白退之辈率为大篇，极其笔力，终不能逮。"方回《瀛奎律髓》记载："尝登岳阳楼，左序毯门壁间大书孟诗（《望洞庭湖赠张丞相》），右书杜诗，后人不能复题。"而古代以右为尊，由此可见杜诗在同类题材作品中首屈一指的地位。

　　这首诗约作于唐代宗大历三年（768年）冬。当时，元气大丧的唐帝国刚刚平定"安史之乱"，内忧外患又接踵而至，成都等地军阀相继割据，回纥、吐蕃纷纷趁机入寇。这年八月，吐蕃不断侵扰灵武邠州等地，京师戒严。唐王朝命白元光等率兵击破吐蕃于灵武，郭子仪领兵马屯于奉天（今陕西乾县）。这年春天，杜甫由夔州出峡，因兵乱而漂泊于江陵、公安等地。冬天，又从公安到岳阳。岳阳楼是岳阳县的西门楼，下临洞庭湖。杜甫登上城楼，面对浩瀚渺茫的湖水，不禁悲从中来，抒发了自己的身世之感，也表达了对于时局的深切忧虑：

　　　　昔闻洞庭水，今上岳阳楼。

　　　　吴楚东南坼，乾坤日夜浮。

　　　　亲朋无一字，老病有孤舟。

　　　　戎马关山北，凭轩涕泗流。

　　诗的首联，用活泼轻快的流水对表达了诗人刚刚登上城楼时的惊诧愉悦之情。昔日闻其名，有着多少憧憬，多少幻想；今天睹其面，又该是多么激动，多么惬意！然而这种"闻名欣识面"的特定情绪，并没有直接见诸文字，诗人只是提供给我们一个特定的时空，其流音余韵则靠我们来细加体会。颔联接着用一组句中对，极概括地状出了洞庭湖烟波浩荡的雄伟气象和诗人在这一特定时空间的审美感受。《水经注》载："洞庭湖广员五百余里，日月若出没于其中也。"诗人正是由于看到五百里洞庭一片汪洋，便直觉到吴楚一带因湖水的阻隔，好似与其他地方坼开了一样；波掀浪涌，天地也似乎在水面上浮动。《苕溪渔隐丛话》引《西清诗话》说："洞庭天下壮观，自昔骚人墨客题之者众矣，如'水涵天影阔，山拔地形高'（可明）；'四顾疑无地，中流忽有山。鸟飞应畏堕，帆远却如闲'（许裳）；皆见称于世。然未若孟浩然'气蒸云梦泽，波撼岳阳城'，则洞庭空旷无际，气象雄张如在目前。至读子美诗，则又不然，'吴楚东南坼，乾坤日夜浮'，不知少陵心中吞几云梦也？"这是说孟诗在气象上不及杜诗的阔大。其实杜诗还有一个好处，就是虚写，即只写审美主体的意中之象，不同于孟诗的实写现实之象，杜诗"不着一字，尽得风流"，这样给读者的想象空间更其大。诗的颈联一转，由景及情，由浩荡的洞庭联想到自己的凄苦身世。从 760 年开始，杜甫就度着"漂泊西南"的艰难岁月，到写这首诗时已整整八年了。"万里悲秋常作客"，使他和亲人音书断绝。加之"百年多病"，穷愁潦倒，一路上只有孤舟相伴。洞庭湖如此广袤自在，而自己的处境却这般逼仄窘迫。两相对比，何其难堪！可见诗的情绪转得突兀，也转得自然。诗的尾联，又承上一转。诗人由叹老伤独到忧国悯时。关山以北，戎马倥偬。值此"万方多难"之时，"穷年忧黎元，叹息肠内热"的老诗人，又洒下了酸楚的泪水。他惦记的总是祖国和人民的生死存亡，何曾将个人穷愁失意耿耿于怀？相反，同样是凭眺洞庭湖的伟观，孟浩然发出的感喟就不一样了："欲渡无舟楫，端居耻圣明。坐观垂钓者，徒有羡鱼情。"面对浩瀚无垠的洞庭湖，他想到的是自己功名未遂，空有出仕的愿望而苦于无人引荐。隐居下来吧，他又觉得有愧于圣明的时代，因而委婉地请求张九龄为之延誉和推荐，所谓"临河而羡鱼，不如归家结网"者，并且还言不由衷地把个晚年荒淫昏聩至极的唐玄宗吹捧了一番。由此便可见两人襟抱的不同和境界的高下。

　　杜甫自称"晚节渐于诗律细"。这首诗正好体现了诗人晚年艺术上的精湛造诣。仅仅从诗法方面来说，就有两个突出的特点：一是严，一是变。所谓严，即指结构的谨严，对仗的工稳，用字的精当。这首诗的起承转合，既缜密，又自然。"起"则叙夙愿得偿，"承"则记登楼所见，"转"则抒登楼所感，"合"则写君国之忧。"凭轩"二字照应开头，绾合标题。层层深入，丝丝入扣。诗的对仗既多且稳。首联用流水对，形式上对峙，意思则前后连贯，既加强了今昔对比，又表达了一种惊喜的情绪。颔联用一组非常工整的句中对。出句："吴"对"楚"，名词对名词；"东"对"南"，方位词对方位词。对句："乾"对"坤"，名词对名词；"日"对"夜"，时间名词对时间名词。两句中，"坼"对"浮"，动词对动词，既工整，又不见斧痕，这是杜诗中最漂亮的对仗之一。颈联又是一组工对："亲朋"对"老病"，联合词组相对；"无"和"有"，动词相对；"一字"和"孤舟"，偏正词组相对。再者，这首诗用字也非常精粹，如"坼"、"浮"二字，既传神地状写了事物的动态美，又道出了诗人彼时独特的审美感受。

　　所谓变，主要指诗的意境、句法以及节奏的变化。诗的前四句写景博大，写情激动，意境雄浑；五六两句写景逼仄，写情黯然，意境悲怆。后世有些论者认为，五六两句是老境颓唐的表现，对其笔法加以訾议。殊不知在雄伟壮观的空间着一小舟，舟中着一悲悯时事的病翁，正如"乾坤一腐儒""天地一沙鸥"等诗的审美效果一样，在强烈的对比之下，显得"孤舟"、"腐儒"、"沙鸥"的很不平常，有如广阔背景下的一个特写镜头，更利于集中地抒发自己的身世之感。七八两句在意境上又是一变，取景由小到大，由一叶扁舟到戎马关山；写情由己及人，由叹老伤独到忧国忧民，气象和前四句相似，意境则显得悲壮。诗的句法也是参差多变的，一种是一句一意，每句都能独立，如诗的颔联和颈联；一种是上下两句紧紧相连，分拆不开，如诗的首联和尾联，前者是连贯关系，后者是因果关系。至于诗的节奏，从音韵节奏看，是"二、二、一"式，但从意义节奏看，就变化多样了。首联为"一、一、三"式，颔联尾联为"二、二、一"式，颈联则为"二、一、二"式。摇曳多姿，绝不板滞。加之采用一种易于表达低沉、缓慢、深入之情思的平声尤韵，便形成了杜诗所特有的"沉郁顿挫"的审美效果。

1985 年于武汉

说苏轼《记承天寺夜游》

苏轼的《记承天寺夜游》这篇文章，只有 85 个字，加上后人安上的标点符号，也只有 102 个字符，是文学史上篇幅最短的散文之一，但是它的意蕴却很丰富，可以说是言短意长，令人玩味不尽。

文章写于宋神宗元丰六年（1083 年），作者在黄州（治所在今湖北省黄州市黄冈县）。元丰二年，作者因写诗批评"熙宁变法"中的某些弊端，被贬谪到黄州任团练副使，至此已经是第四年了。团练副使只是一个"从八品"的官，"不得签书公事"，而且只能领一半的薪俸，无论是政治待遇还是经济待遇，和他此前做湖州知州相比，都是很差很差的，等于是一个被监管的罪人。但苏轼性情旷达，惯于苦中作乐，随遇而安。这篇文章就是在这种特殊的环境和心境之下写成的。

阴历的十月十二日，离望日（阴历每月的十五日）还有三天，也就是说，这个时候的月亮看起来还不是最美的，但是作者却把她写得很美。美在什么地方呢？不在她的大，不在她的圆，也不在她的温柔、神秘、明媚，或者幽艳，而在她的澄澈，她的空明。也就是说，作者所欣赏、所在意的，不是月之形，而是月之色。作者在黄州写作这篇文章之前，也就是元丰五年的七月和十月，还写有《前赤壁赋》和《后赤壁赋》，两篇文章都写到过月亮。前者有"月出于东山之上，徘徊于斗牛之间"；后者有"山高月小，水落石出"。这些都是写月之动态，或者形象。在这篇文章里，作者的角度变了，不再写月之动态或者形象，而是写月色。所谓"月色入户"，所谓"庭下如积水空明，水中藻、荇交横——盖竹柏影也"。从某种意义上讲，这就是"不重复自己"，是文学创新的一种表现。

值得注意的是，作者写月色，并不是正面描写。正面描写是很难写的，往往费了许多笔墨，其效果却未必佳。所以，作者写月色用的是侧面描写的方法。先是通过"人"这个侧面，即通过作者自己的反应和行为来写月色："夜，解衣欲睡，月色入户，欣然起行。"辛苦了一天，时候也不早了，本来是要解衣而睡的，但是看见"月色入户"，却睡意全消，乃至欣然而起，快然而行。可见，这月色是非常美好的，是非常具有魅力的。至于这月色究竟美到何种程度？魅力到何种程度？那就需要读者通过作者的先则"解衣欲睡"、继则"欣然起行"这种反应和行为来展开想象或者联想了。把她想象成一个素静而幽雅的美人也好，一个清纯而灵秀的童子也好，一阵夏日的清风也好，一抹冬日的暖阳也好，一个久别重逢的故交也好，一场久旱之后的甘霖也好。总之，怎么想象都可以，作者所预留的再创造的空间原是无限的。

继而是通过"物"这个侧面，即通过承天寺的"中庭"之所见来写月色。寺院的"庭下"，怎么会有"空明"的"积水"呢？怎么会有"交横"的"藻、荇"呢？仔细一看，原来所谓"空明"的"积水"，其实是那澄明的月色；所谓"交横"的"藻、荇"，其实是那月色中的"竹柏"之影。元丰元年（1078年），也就是写作这篇文章之前的六年，苏轼在徐州任知州的时候，写过一首《永遇乐》词。这首词的首句，即写燕子楼的月色——"明月如霜"。接着，他就写月色下的种种"清景"，正面铺述，娓娓道来。六年之后的这篇文章写黄州承天寺的月色，也可以用四个字来概括——"月色如水"。只是这如水的月色，并不是那么直白地写出来的，他写了自己的一种错觉，实际上也是给了读者一个悬念，还以为寺院里居然积满了水，水中还长满了水草和荇菜呢。这就是侧面描写的好处。

英国的艺术理论家克莱夫·贝尔在他的代表作《艺术论》中提出了一个重要的观点，即"艺术是有意味的形式"。苏轼这篇不到一百字的微型散文，也是一种"有意味"的形式。这篇散文之所以能够脍炙人口，流传千年，除了作者那既不重复别人、也不重复自己的想象，那随手写来、似不经意的语言，以及那一以贯之的"风行水上、自然成文"的结构，一定还有一些"有意味"的东西。也就是说，除了想象、语言和结构这些能够予人以审美之愉悦的形式，一定还有某些能够予人以心智之启发的内涵。毫无疑问，它的内涵应该是很丰富的，它所给予人的启发也是因人而异的。不过在我看来，最值得注意的一个方面，就是它所体现的人生态度。

人生态度也是因人而异的。但是，大致说来则不外两种：一是功利的态度，一是审美的态度。持功利的态度对待人生的人，无往而非功利，得之则喜，失之则忧，一如《前赤壁赋》中"客"之所言；持审美的态度对待人生的人，则无往而非审美。目遇之为美，耳得之亦为美，一如《前赤壁赋》中"苏子"之所言。《记承天寺夜游》这篇文章，正是在"审美的人生态度"这一点上，承续并且发展了《前赤壁赋》中"苏子"的思想。试为述之：

"何夜无月，何处无竹柏？但少闲人如吾两人者耳！"这话有两重含义。其一是说，人有两种，一为闲人，一为忙人。闲人可能是身心俱闲的人，也可能是心闲而身不闲的人，但不可能是身闲而心不闲的人。闲人有一个共同的特点，就是在他看来，世上的一切都可以是美的。忙人可能是身心俱忙的人，也可能是心忙而身不忙的人，但不可能是身忙而心不忙的人。忙人也有一个共同的特点，就是在他看来，世上的一切都是功利的。其二是说，在闲人看来，生活中，大自然中，处处有美，时时有美，关键在于你有没有一颗"闲人"之心。用美学的语言来讲，就是你有没有一双能够欣赏音乐的耳朵，有没有一双能够欣赏绘画的眼睛，有没有一副能够感受和体验一切美的心灵。如果有，那么你就能够发现那些别人习以为常的或者视而不见的美的对象。例如，元丰六年十月十二日那天晚上，在别人看来并不起眼，而在苏轼看来却可以令他由"解衣欲睡"到"欣然起行"的月色，以及这月色之下的承天寺的"竹柏"之影。

还有一点也值得我们注意，即审美活动不应该总是一种孤芳自赏的行为。审美活动是需要交流的。个人的审美愉悦，应该与知音共赏。陶渊明说："奇文共欣赏，疑义相与析。"这是一种很高的审美境界。苏轼为什么不一个人在自家的庭院里欣赏月色？而要去承天寺寻找张怀民？就是因为在自家的庭院里"无与为乐者"，而张怀民，恰好就是一个像苏轼这样的闲人。他是元丰六年贬到黄州来的，初到时寓居在承天寺。因为有了他，苏轼才"欣然起行"到承天寺来，才看到了承天寺的如水的月色，以及月色下的如"藻、荇"之"交横"的"竹柏"之影。

最后补充一点，张怀民这位闲人还真是闲得可以。他后来居然在自己的住所之侧建了一个亭子，用以"览观江流之胜"。苏轼为这座亭子取了一个名，叫做"快哉亭"；苏轼的弟弟苏辙，还为这个亭子写了一篇散文，叫做《黄州快哉亭记》，也是中国散文史上的名篇，只是篇幅比乃兄的《记承天寺夜游》要长一些，不能算做微型散文了。

2010 年 9 月 18 日于广州

鼠年说鼠

——在广州市少儿图书馆的演讲

今年是农历戊子年，是鼠年，是属鼠人的本命年。在商店里，大街上，或者是年画、利市封上，大家都可以看到各种造型的老鼠。

中国人对老鼠的感情是很复杂的，觉得它既有趣、可爱，又很讨厌。老鼠之所以有趣，是因为他的机智敏捷。例如在东晋时期，在民间就有"老鼠推磨"、"老鼠荡秋千"这样的表演。在清代，"鼠戏"更为盛行。民间艺人背着木箱，走街串巷。箱子里装有老鼠匣子，箱子上扎个彩色的、木制的小舞台。艺人们口唱流行曲子，敲锣打鼓，指挥老鼠表演，让人笑得前仰后合。

在不危害人类的情况下，老鼠往往成了人们打趣的对象。例如有些成语或歇后语：

老鼠掉进米缸里——因祸得福；

老鼠钻书箱——咬文嚼字；

老鼠钻风箱——两头受气；

老鼠咬象鼻——不识大体；

出洞的老鼠——东张西望；

老鼠逗猫——没事找事；

捂着脑袋赶老鼠——抱头鼠窜；

……

也有不少画家，把老鼠作为题材。例如大画家齐白石，就画过两幅《老鼠与油灯火》，画上的老鼠很机敏，形象很生动。

还有老鼠嫁女的故事也很有趣。

老鼠嫁女，是春节前后一个很重要的民俗。关于老鼠嫁女的日子，全国各地说法不一。例如江苏南部的人说在正月初一，陕西人说在正月十五，四川人说在除夕，有的地方则说是在腊月二十四。

关于老鼠嫁女这个故事的来源，也有不同的说法。其中一个说法是：玉皇大帝派猫通知牛、虎等动物上天排座次。老鼠偷听到猫的传话后捷足先登，第一个到达天宫。玉皇大帝封它为十二生肖之首，猫反而被挤出十二生肖之列。从此，猫和老鼠就结下了深仇大恨。老鼠想同猫化解仇恨，就请黄鼠狼做媒，把自己最漂亮的女儿许配给猫。猫满口答应。于是老鼠选定吉日，又偷了一只小孩的虎头鞋当作花轿，把女儿送到猫窝。结果是，老鼠嫁女，嫁到猫公的肚子里去了。

老鼠嫁女的民俗在全国各地有多种表现形式。

有的地方，人们炒芝麻糖、爆米花，作为送给老鼠成亲的喜糖；

有的地方，人们敲锅盖，敲簸箕，为老鼠催妆；

有的地方，人们不准做针线，怕扎烂鼠窝；

有的地方，人们在晚上不准点灯，怕惊动鼠女的花轿；

……

当然，老鼠也很令人讨厌。比如它偷吃人类的粮食，咬坏家具和衣物。更严重的是，老鼠还传播疾病。在中国古代的文学作品当中，对老鼠都没有好的评价。例如《诗经》里就有一首诗，叫做《硕鼠》，说"硕鼠硕鼠，无食我黍"。意思是：大老鼠啊大老鼠，别再吃我家的粮食了！在大诗人杜甫、柳宗元、刘禹锡、陆游的诗里，都有批判老鼠的诗句。

总之，老鼠具有两面性，既可爱，又不可爱。它不危害人类的时候，就是可爱的；危害人类的时候，就不可爱。有什么办法让老鼠变得不危害人类呢？大家不妨想一想。

2008 年 2 月 3 日于广州

下　卷

大环境与亚环境

人才的道德评价环境[①]

　　人都在由自己和自己周围的人所组成的环境中生活，诸如社会环境、政治环境、经济环境、文化环境等。道德评价环境也就是舆论环境，它是上述诸多环境的一种观念形态，对人们的行为选择产生巨大影响。

　　人才的道德评价，从评价主体来看，有自我评价和他人评价。自我评价是自己评价自己和参照他人评价来评价自己。他人评价则是指周围的人对自己的褒贬议论，主要表现为家长评价、师长评价、官长评价和异性评价。一个小孩的行为选择在多数情况下会受到父母的指责，例如他本来并不知道爬树有什么不好，因而采取了这种自发的行为选择，但是，从父母的道德评价当中，他知道爬树是不好的，从此就不再爬树了。他不会违抗父母的意志。当然，不仅仅是爬树，许多行为选择都是如此。这叫在家从家长。

　　在家从家长必然导致在校从师长。在专业选择、课题选择、思维方式、行为方式、情感方式诸方面以老师之是非为是非，以老师之好恶为好恶。因为遵从师长的道德评价，做一个师长眼里的好学生，就可以加入少先队，可以入团、入党，可以当干部，当三好学生，可以得到奖学金，可以分配一个理想的工作单位。

　　在家从家长，在校从师长，必然导致以后的在职从官长。官长尚武你不得讲文，官长尚老你不得夸少。官长保守僵化你不得侈谈改革。不然的话，那政治上、经济上、生活上的诸多优惠你就沾不上边，分房子、涨工资、评职称、旅

①　本文与雷祯孝先生合作完成，曾大兴执笔。

游、疗养、当先进工作者、入党、升官就没你的份儿。

与这三者相联系而在青年中最为奏效的是异性评价。女性的睛眼是男性道德价值的砝码。在我国，在不同的历史时期，与整个社会的道德评价环境相适应，女孩子眼中的男性美呈现变化的趋势。譬如，20 世纪 50 年代初期，女孩子嫁志愿军的很多。魏巍的《谁是最可爱的人》帮了志愿军的大忙，这篇文章深刻地影响了她们的道德评价。粉碎"四人帮"以后，女孩子理想的对象是诚实、刻苦、听话、忍辱负重，加上外表的斯文。于是，据说有两万多个女孩子给陈景润写信，徐迟的《哥德巴赫猜想》极大地影响了她们的道德评价。女性在各个不同时期所表现出的道德评价，深刻地影响了男性的发展。

他人评价奖励哪种道德，人就朝哪个方面发展。许多人本来有一个独立的自我评价，一旦这种自我评价作用于行为选择，受到他人评价的议论褒贬之后，人们往往会改变自己的行为选择。久而久之，人们会把他人评价内化为自己的意识，变为自我评价，并以此去评价别人，成为别人的他人评价。这不仅否定自己的主观选择，也否定了别人的主观选择。许多人甚至还没有作出任何行为选择，就被他人评价给扼杀了。他人评价不仅影响自己的行为方式，甚至影响自己的思维方式。

从评价方式来看，人的道德评价有直接评价和间接评价。直接评价是通过自己的眼睛、心灵来观察、感受、分析自己和别人，进而作出自己的道德评价。间接评价则是借助自己以外的方式在评价自己和别人，在多数情况下是借助别人的直接评价。领导或老师说自己是一个平庸的人，自己就甘于平庸，不再用心了解自己、发掘自己，不打算推翻这个道德评价。相反，领导或老师说自己是一个出类拔萃的人，自己就深以为然，不再作任何自我反省、自我扬弃，而是固步自封、目中无人。习惯于间接评价的人，从来不相信自己的眼睛，自己的大脑。对自己，对别人都是如此。结识一个新的朋友，必问对方在什么地方工作，什么学历，什么职务。一旦发现对方是一个处长，一个工程师，或一个博士，而这些头衔又比自己的辉煌，则敬佩之情油然而起。不再考察这处长、博士、工程师是冒牌的呢，还是货真价实，这些头衔是道德评价的物化、定型化，是经别人作出的间接评价，他就认可这种间接评价，而懒于或不屑于自己的直接评价。

无论是他评价还是自评价，无论是直接评价还是间接评价，都体现出明显的主观倾向，或对创造性（进取性）道德表示嘉奖，或对协调性（平衡性）道德表示称道。《创造心理学》一书中列举了"各国教师所奖励的品性"，其前十种见下表。

发达国家与发展中国家人性特点之比较表

发达国家			发展中国家		
美国	德国	希腊	印度	菲律宾	中国
独立思考	诚恳	精力充沛	好奇	勤勉	服从
好奇	幽默	为远大目标奋斗	服从	服从	任劳任怨
幽默	勤勉	彻底	定时工作	礼让	忠于职守
体谅	独立思考	诚恳	礼让	健康	廉洁奉公
勤勉	不畏困难	非盲从性	健康	体谅	助人为乐
虚心领教	独立判断	记忆力强	自信	定时工作	忍辱负重
坚决	好奇	健康	自动	自信	稳健
自动	自信	不自私	勤勉	记忆力强	礼让
诚恳	健康	自信	挚爱	愿接受权威审判	善良慈爱
彻底	冒险性	礼让	坚决	挚爱	接受权威审判

注：表中的中国部分为本文作者依据调查所列举。

由上表可知，各国奖励的重点不同，其社会的发展程度也不同。就发达国家而言，应该加强协调性道德的建树；就发展中国家而言，应该大力提倡进取性道德。我们不反对服从，只是不赞成把服从放到至高无上的地位而忽视了独立思考和创新的品格。

在进取性的道德评价环境之中，人是主动的，自动的，能动的。人有自己的独立意志，有自己的思维方式，有自己的行为方式，有自己的是非观、价值观和伦理观。当然，这种主动、自动和能动，都不是抽象的东西，而是与特定的历史条件相联系，以他人评价作为自我评价的参照系。而在协调性的道德评价环境中，人是被动的、机械的，总是被领导、被培养、被选拔、被指派、被肯定或被否定。一切以他人之是非为是非，以他人之好恶为好恶，并没有"我喜欢"、"愿意"、"我认为"、"决定"之类的个性化色彩，尽管这种色彩本质上也不是一种抽象的东西，而是与特定的社会历史条件相联系的。

我们说过，道德评价环境是社会环境的一种观念形态，是特定的社会历史条件下的产物。因此，它又带有历史性和客观性。是被动地受制于环境呢？还是能动地认识环境、发掘利用环境和改造环境呢？这就成为一般的人和人才的本质区别之一。我们认为，在现有的生产力水平和社会分工的制约下，能够得到比较自由、比较全面的发展，同时又以这种发展去促进他人和促进社会发展的人，就是人才。人才的精神内核是能动的。具体表现为：

第一，能动地认识道德评价环境。道德评价环境，既有消极的因素，也有积极的因素。对于他人的评价，要进行分析与自主选择，别人议论纷纷，我这里择善而从。

第二，能动地发掘环境。道德评价环境十分复杂，消极性的评价往往包含着积极的用心（诙谐的调侃或激将法式的鞭策等等），否定性的议论包含着肯定的赞许（例如父母说子女没出息，姑娘说自己的爱人笨头笨脑等等），这就要求我们剥开这层消极的否定的外衣，而撷取那积极的肯定的内核，这是一方面；另一方面，往往在某一个特定的道德评价环境当中，虽然消极的、否定的评价占压倒多数，但是，积极的肯定的评价并非不存在，只是比较隐晦罢了。这就要求我们善于发掘。

第三，能动地利用环境。善于利用道德评价环境中的积极因素，善于把人们对自己的安慰、鼓励化为强大的精神力量，这是一方面；另一方面，要善于化消极因素为积极因素，然后加以合理利用。

第四，能动地建设环境。善于寻找知音，寻找同情者，寻找共鸣者，寻找那些思想进步、自我意识鲜明、比较富于进取品格的人做朋友。"嘤其鸣矣，求其友声。"然后再以这些人为基础，建立自己的舆论墙或舆论绿洲。这个舆论墙完全是积极的、肯定的道德评价环境。生活工作在这样的环境当中，你会得到巨大的鼓舞和鞭策。

我们古老的中华民族一直重视人的协调性道德，看重人与人之间的关系和谐，但是，我们同时也提倡进取性道德，况且我们也有积极进取的优良传统。今天，在建设现代化的新的历史时期，我们要发扬民族传统文化中积极的东西，逐步建设一个良好的道德评价环境，让各种优秀的富有个性的人才脱颖而出。

1986 年 7 月 20 日于武汉

文学家的舆论评价环境

文学家写出诗歌、小说和散文，只是为其作品的社会价值和审美价值的实现提供了一个客观的"文本"，而这些价值的最后实现，则有待于读者的接受。读者的接受以自己所处的政治、经济和文化环境以及自己的审美理想为依据，借舆论评价的形式反映出来，这就构成文学家的舆论评价环境。

文学家的舆论评价包括自我评价和他人评价。自我评价是自己评价自己和参照他人评价来评价自己（作者同时也是自己作品的读者），他人评价则是读者对自己的褒贬议论。他人评价主要有领导评价、专家评价和公众评价。这些评价就其基本倾向而言，有肯定性评价、否定性评价以及毁誉参半的中性评价。

在我国封建社会里，领导评价集中表现为帝王评价。我国历代文学的盛衰与文学家命运的沉浮，都和最高统治者的舆论评价息息相关。汉景帝不好辞赋，司马相如籍籍无名；汉武帝读《子虚赋》而善之，司马相如便得以再为《天子游猎赋》，赋成，被任以为郎。梁简文帝力倡"宫体"，于徐陵、庾信诸人恩礼有加；隋文帝不喜绮艳，司马幼之便由此获罪。封建时代确实出现过许多像汉武帝、魏武帝、隋炀帝、唐玄宗、李后主、宋徽宗那样的能诗善赋的帝王，他们都有着比较精湛的艺术造诣，都留下了一些脍炙人口的佳作，不是一般意义上的附庸风雅。但是，作为出自于他们的文学评价，则大都以政治的考虑为第一要素，而历史的美学的考虑往往显得无足轻重。这就规定了这种评价的浓厚的功利色彩。由于评价者地位的显赫与权势的至高无上，这种评价不仅关系着一代文学的生长死灭，更直接左右着文学家本人的穷达进退。我们不能不承认，在文学发展的必然性链条中，衔接着许多偶然性的环节。这种偶然性往往缘于封建帝王的是非好恶。楚骚汉赋，唐诗宋词，这些不同时期的代表性文学的发展与繁荣，自然在相当程度上得力于某些帝王的奖掖之功，但是必须指出，传统的文学长期充当着政治和道德的附庸，长期缺乏一种独立的主体性人格，主要便是这种帝王评价的直接变态。帝王所认可、所褒扬的文学，尽管不乏某些佳作，但多数是歌功颂德、粉饰现实的应制篇什，这里边很难找到文学家的真实人格与心态。如果说，在浩如烟海的文学古籍中还有不少作品一直闪现着艺术的不死之光的话，那也是杰出的文学家在一定程度上和一定范围内竭力摆脱这种帝王评价之束缚的结果。

　　除了帝王评价，还有各个不同层次、不同方面的官僚评价。就政治的考虑而言，他们的评价与帝王评价相一致；就历史的美学的考虑而言，他们的评价又与专家评价相交叉。帝王评价体现着封建统治阶级对于文学与文学家的宏观控制，但是多数的文学作品和文学家并不一定都会引起帝王的注意，甚至不一定都能进入他们的视听。这样，出自于专家的微观性评价就显得相当重要了。专家评价不像帝王评价那样带着浓厚的功利色彩，在许多情况下，倒是把历史的美学的因素看得重要。左思作《三都赋》成，时人颇多讥讽和訾议，因携文以见张华。张华云，你的文章可以和班固的《两都赋》、张衡的《二京赋》鼎足而三，但是你的文名"未重于世"，"宜经高明之士"揄扬。于是，左思就去找皇甫谧作序。果然，皇甫谧一旦为之作序，则"先相非贰者，无不敛衽赞述焉"（《世说新语》），甚至"豪贵之家，竞相传写，洛阳为之纸贵"（《晋书·左思传》）。张华时为朝庭显贵，皇甫谧却终身布衣。然左思不能借重于张华而只能借重于皇甫谧，可见这里并无政治上的功利关系。

　　有了专家的认可，往往便有了社会的认可。古代的文学家们对于专家的舆论评价，总是孜孜以求的。许多专家虽然也是封建统治阶级的大小官僚，其价值观念也浸润着政治与伦理的功利色彩，但是在作具体的文学评价的时候，却能把历史的美学的因素作独立的考虑。蔡邕之推重王充，沈约之汲引刘勰，贺知章遇李白而以金龟换酒，杨敬业逢人说项，等等，便是文学史上的千古佳话。优秀的专家评价，不仅能够发现文学新秀，而且能够站在更高的文化层次上指出创作者未能意识到的优劣得失，帮助他们获得进一步的提高和完善。自然，专家评价的积极面同时也就决定了它的消极面，这主要表现在许多作者往往不择手段地借重名流以取誉于当世，而放弃严肃的艺术追求；专家则惑于某种利益和出于某种门户之见而妄加评骘高低，不顾作品的实际价值。

帝王评价和专家评价中的消极意义，只有在公众评价中才能得到消除。公众在这里并不是一个杂乱的集合体，并不是一个抽象的概念，而是一个统一的整体，是历史地发展起来的，并具有一定的倾向、趣味、对事物的独特看法与生动的个性。别林斯基指出："文学不能够没有公众而存在，正犹如公众不能够没有文学而存在……作家是生产者，公众是消费者；作家是演员，公众是对演员报以同情和欢呼的观众。文学是他们的珍宝、财富。他们评断这些作品，给这些作品规定价格，不让可怜的庸才妄自抬高身价，也不让真正有才华的人遽尔湮没无闻……在有公众的地方，就会有明确地表达出来的舆论，就会有一种直接的批评。这种批评能够充分分清精华和糟粕，褒扬真正的美质、惩罚可怜的庸才或者穷凶极恶的江湖术士。对于文学来说，公众是最高的审判，最高的法庭"（《1840 年的俄国文学》）。公众的评价形成真正的文学赖以安身立命的类似于水土、阳光和空气的社会心理氛围，我们通常所说的社会的政治与经济条件对文学的种种制约作用就以这种氛围为中介。唐人薛用弱《集异记》载："开元中，诗人王昌龄、高适、王之涣诣旗亭饮。梨园伶官亦招妓聚燕。三人私约曰：'我辈擅诗名，未定甲乙，试观诸伶讴诗，分优劣。'一伶唱昌龄二绝句……一伶唱适绝句……之涣曰：'佳妓所唱，如非我诗，终身不敢与子争衡。不然，子等列拜床下。'须臾妓唱：'黄河远上白云间……'之涣揶揄二子曰：'田舍奴，我岂妄哉！'"诸伶的歌唱，正是公众评价的一个集中表现，正是由这种评价所构成的社会心理氛围的一个缩影。三位著名诗人以诸伶之讴唱厘定甲乙，正见其对公众评价的重视。因为在这里，历史的与美学的因素是第一性的，或者说是唯一的。公众按照自己对生活与文学的理解，按照自己的审美理想和标尺来评价文学作品，不再注意文学以外的各种利害关系。而只有这种摒弃了狭隘的功利考虑的文学评价，才是文学的最高评价。

公众评价不仅能够排除帝王评价和某些专家评价的种种偏见，而且有时候还能够透过作品的表层意象而探寻到作品的深层底蕴，既能发掘出作者本人所不曾意识到而又具有进一步发展之可能的艺术苗头，又能为之找到某种不利的因子，从而校正作者的某些艺术偏差。白居易《与元九书》一文自述："自长安抵江西，三四千里，凡乡校、佛寺、逆旅、行舟之中，往往有题仆诗者，士庶、僧徒、孀妇、处女之口，每每有咏仆诗者。……仆之诗，人所爱者，悉不过杂律诗与《长恨歌》已下耳。时之所重，仆之所轻。"白居易把自己的诗分为四种类型：讽喻、闲适、杂律和感伤，他自己看重的是前两种，公众喜好的却是后两种。在这里，公众评价和自我评价发生错位，作者对于公众的好恶，似乎并不在意。但是经过一番反思，终于认识到："讽喻者，意激而言质；闲适者，思淡而词迁，以质合迁，宜人所不爱也。"从而表示"必待交友有公鉴无姑息者，讨论而剥夺之，然后使繁简当否得其中。"这便是公众评价的直接效应。

我们说公众评价是绝少带有世俗功利色彩、绝少带有政治偏见的最高评价，但是并不意味着这种评价就有着绝对的正确性。有时候，对于一些比较复杂深邃的作品，由于作者的超常意识与超前意识的作用，公众的评价也会失误。

无论是领导评价、专家评价，还是公众评价，都包含着肯定性评价、否定性评价和中性评价。肯定性评价（诸如赏识、赞许、认可、揄扬等等），构成文学家成功的正强化机制，对于文学新秀的发现和培养，尤其具有积极的作用。但是，由于评价者自身的功利考虑和历史的学识的局限，这种肯定性评价不一定都具备客观性、准确性与科学性。不切实际的肯定往往会导致作者自身的自我膨胀或自我扩张。这种膨胀或扩张只能助长作者的虚骄之气，妄自尊大，脱离实际，固步自封，从而最终走向沉沦。否定性评价（诸如冷漠、轻蔑、歧视、否定、嘲讽、拒之门外等等），构成文学家成功的负强化机制，对于文学人才的发现和再生，确实有着严重的消极作用。许多文学苗子遭到扼杀，许多新颖的艺术追求（如题材的开拓、手法的创新、文体的更替、风格的探索等）遭到围剿，便与这种粗暴的专制型的否定性评价有关。但是另一方面，对某些不良的艺术倾向提出批评，对某些轻浮躁进的写作者施加压力，对某些肤浅稚嫩粗制滥造的作品予以回绝，则既能维护艺术的尊严，又有利于作者的健康成长，这样的否定性评价，又确乎不可或缺。中性评价（诸如有褒有贬、毁誉参半），较之单纯的肯定性评价或否定性评价可能要公允一些，客观一些。因为这种评价方式一般来讲也易于为作者和他人所接受。但是这种评价并不一定都能做到是是非非，当好说好，当不好说不好。有时候，评价者予以肯定的，偏偏是没有价值的；评价者予以否定的，偏偏是值得赞许的。有时候，这种评价则流于不偏不倚，不着边际，模棱两可，不得要领。这种四平八稳、八面玲珑的温吞水似的评价，往往抹煞了是非界限，既不利于作者的成长，也不利于文学的发展。

真正的文学家，要求热情洋溢的肯定性评价，但是又希望不至于被"捧杀"；要求切中要害的否定性评价，但是又希望不至于被"骂杀"；要求褒贬得当的中性评价，但是又希望不至于是非不分或模棱两可。既要倾听来自各个不同方面不同层次的舆论评价，又不至于处处依违于别人而无所措手足。这就要求文学家必须有自己的独立人格，有坚强的自信心与意志力，有精到的鉴别力和科学的自评价。既要善于撷取否定性评价中的某些肯定性的颗粒，又要善于剔除肯定性评价中的某些否定性的杂质，以来自各个不同方面的不同层次的他评价为参照，更以自己对于生活和艺术的理解为依据，建立自己的舆论绿洲。这个舆论绿洲是积极性的肯定性的评价环境。只有在这样的环境当中，文学家才不至于遭受到各种不利的舆论评价的干扰，才能获得心灵的最大自由，才能最大限度地发挥自己的艺术潜能。这样的例子在西方文学史上是屡见不鲜的，塞万提斯作《唐吉可德》，萨克雷作《名利场》，契诃夫作《樱桃园》，……都是如此。中国传统作者虽然在总体上缺乏一种近代意义上的独立人格，但也有一些人能够在一定的范围一定的条件下保持心理上的相对自由，完成自己的艺术事业。左思作《三都赋》，陆机闻而讽之曰："须其成，当以覆酒瓮耳。"但是左思并不因此而辍笔，而是构思十年，呕心沥血，赋成后，陆机为之叹服。

1988 年于武汉

文学不再是少数人的专利

——对《青年"文学病"及其防治》一文的商榷

　　白果先生在《时代青年研究》1990 年第 2 期发表题为《青年"文学病"及其防治》一文，列举了青年"文学病"的诸多病理征象，分析了青年"文学病"产生的根源，提出了相应的防治措施。白果先生自称，他作这篇文章只在于"引导青年朋友正确地认识文学，认识生活，健康发展"。不过我倒有点担心"言者谆谆，听者藐藐"。因为他的许多意见，不唯广大的文学青年难以接受，就是我们这些非文学青年，也实在难以苟同。

一

　　白果先生告诉我们，青年"文学病"的"病理征象"主要表现在以下几个方面：一曰目空一切，二曰附庸风雅，三曰自立山头（请注意，白果先生似乎并不反对立山头，只是反对自立山头），四曰投机取巧，五曰耍无赖，六曰发哀声，七曰单打一。且不谈白果先生在罗列这些"病理征象"时的那种高高在上的声威和气势，只要看看他所列举的这些"病理征象"本身，就可知他是八月十五吃柿子——专拣软的捏。试问：这些病症究竟是以文学中年和文学老年为多，还是以文学青年为多？只要我们睁开眼睛看看就会发现，这种病根本就不是一种青年病，而是一种中年病和老年病，是文学中年和文学老年们传染给这些文学青年的。进而言之，这种病与其说是文学病，还不如说是一种覆盖面极广的社会病。附庸风雅、投机取巧、立山头、耍无赖者，在商界、政界、学术界、教育界、文艺界、科技界……何处无之？为什么偏偏要把这些病症都归结为文学病？既归结为文学病，为何不归结为中年文学病和老年文学病？而偏偏要一股脑地归结为青年文学病？把覆盖面极为广泛的社会病归结为青年文学病，让刚刚起步的文学青年独立担荷中年人和老年人所犯下的诸般罪过，青年们会因此而得到"安抚"么？会因此而"心情舒畅"么？

二

白果先生指出，"所谓青年文学病，是指青年人因对文学缺乏深层认识而造成心理上的偏差和障碍"。青年"文学病"患者"只是欣然于一时的冲动和选择之中，并没有从根本上完成文学的思考"，而"只有弄清了文学的实质……文学病才能得到有效的控制和防治"。这似乎从根本上揭出青年"文学病"的病源了。不过，文学的"深层认识"和"根本上"的"思考"究竟是什么？"文学的实质"究竟是什么？我曾反复地拜读白果先生的大作，遗憾的是，白果先生并没有关于这一系列问题的只言片语的表述。我暂时还没有条件来拜读白果先生发表的全部文字，不知道他在其他文章里是否对这些问题已经有过明确的回答。不过就我所知，古今中外还没有一位大作家曾经这样表示过他已经形成了对文学的"深层认识"，已经"从根本上完成文学的思考"，已经"弄清了文学的实质"，相反，倒是许多大作家由于一直弄不清这些根本性的问题而苦恼、困惑，甚至自杀。我更没有听说过有哪一位作家是在形成了对文学的"深层认识"，是在"从根本上完成文学的思考"，是在"弄清楚了文学的实质"之后才开始文学创作的。相反，倒是常常听他们说，创作了一辈子，同时也艰难地探索了一辈子（包括对这些问题的探索）。文学是人学。文学的问题从本质上来讲也就是人学的问题。人们对自身的认识和思考是一个动态的过程，对文学的认识和思考也是一个动态的过程；人们对自身的认识和思考永远不会完结，对文学的认识和思考也不可能真正完成。哲学家不是直到今天还对诸如"我是谁？""我从哪里来，要到哪里去？"一类的问题困惑不解么？文学家不是直到今天还对"文学是什么？""文学写什么，怎么写？"的问题纷争不已么？为什么要把这些几千年来一直都困扰着人类的问题，执意地让那些刚刚起步的文学青年来先行解决？这样做究竟是在"爱抚"青年，还是在苛待青年？

三

白果先生认为，影响文学青年们完成对文学的"深层认识"的一个重要原因，是他们"把文学庸俗化和商品化"。这些人"要么把它当作一层阶梯或是一块敲门砖，要么把它视为增加收入的摇钱树，要么认为搞文学很有派头，能获得异性的垂青"。仅从这几句话来看，白果先生似乎是一个文学的非功利主义者。可是在同一篇文章的其他一些地方，他又表现得相当的急功近利。当他一方面说"文学阵地并非纸壁蒿墙，轻轻一举手一投足就可攻而破之"，一方面又因一个高考落榜的"农村青年""想走文学之路"，"可两年多来一无所获"而实在为他难受时，我们却要为他自己的自相矛盾而难受了。文学不是商品，它的价值不可能立竿见影般地实现，文学人才的培养更不可能一蹴而就。"两年多来一无所获"的文学青年不一定就不是文学苗子，因为他毕竟还是青年。如果终其一生而"一无所获"，这才属于无望。而且，就一个文学青年而言，即便两年之内一个铅字也未能发表，即便编辑部退回来的稿子堆上了屋顶，他也绝不可能是"一无所获"。失败不也是收获么？实实在在的失败总比侥幸的成功更有价值。这位农村青年在给白果先生的信中说："我只想立志于文学，其余我不太注重。哪怕再吃苦，只要为了文学，我都能承受。为了文学，我愿意放弃我的爱情，我的家庭，我的亲人……"白果先生把这个青年当作是"文学病"的典型案例写进这篇文章，殊不知这个青年实际上并没有病，文学病没有害他，倒是陶铸了他，升华了他，使他超越了世俗的诸多功利考虑和羁绊，从而把文学当作一种新的人生境界来追求。"衣带渐宽终不悔，为伊消得人憔悴"，"纠缠如毒蛇，执着如怨鬼"，不都是我们鼓励青年人坚韧不拔成就一番事业的口头禅么？何以当一个农村青年真正走向这一境界时，白果先生又要"杞人忧天"地为之"难受"了呢？

白果先生承认："文学是属于青年的。无论从生理和心理方面看，青年都本能地具有着与文学的天然联系。”“中国作家诗人的成名作大都是在其青年时代创作的，今天我国文学阵地上的生力军也都是青年。”既如此，我倒要请教白果先生：第一，这些作家诗人在发表成名作之前，在成为文学的生力军之前，是否患过所谓青年“文学病”？第二，目前正在患着所谓青年“文学病”的青年，今后是否有可能发表成名作，从而进入文学生力军的行列？

四

或许真的如白果先生所言，他的“难受”，是出于对文学青年们的爱护。但是，如果当事人自己都不“难受”，而是义无反顾地走自己的路，作为旁观者的白果先生居然为之“难受”起来，我很怀疑这种“难受”的价值和意义。诚然，“难受”是白果先生的一种主观感觉，我们自然无权干涉，不过，由于白果先生的“难受”是有感于一个“想走文学之路，可两年多来却一无所获”的青年的失败，我却因此而想到我们应该怎样对待失败者。我们知道，人类的成功总是基于失败的。个人的成功，或是基于自己的失败，或是基于他人的失败。没有失败，是无所谓成功可言的。为成功者奉上一个甜美的笑靥，我们每个人都能做到；为失败者也奉上一个甜美的笑靥，却不是每个人都能做到的。这显然关乎一个人的胸襟、格调和修养。白果先生应该不会对中外文学史上那些历尽失败之苦而终于大器晚成的作家感到陌生，何以具体到自己的作者（据了解，白果先生是某杂志的一个文学编辑），因为他们仅仅是“两年多来一无所获”，就要为之“难受”起来呢？

五

白果先生认为，由于文学青年们没有“从根本上完成文学的思考”“就匆忙上阵”，因此“诸种文学病理现象也就接踵而来了”。白果先生从“关心和爱护”青年出发，劝他们不要“去挤一条文学之路”，不要“在一棵树上吊死”。在白果先生看来，文学只能是那些从一开始就从根本上完成了对于它的思考的少数天才的专利。这个认识显然是不正确的。且不说，中外古今几千年来根本就没有任何人已经从根本上完成对于它的思考，即使有，文学也不是他一个人的专利。如果说，在几千年的封建社会里，文学曾经是贵族、官僚和地主等上流社会的专利，广大人民群众虽然创作了大量的文学作品（歌谣、小曲、变文、话本、神话、故事等等）却被上流社会视为下里巴人，被排斥于文学的殿堂之外，从而得不到自己的专利，那么，在今天，历史早已把被颠倒过的东西重新翻了个儿！如同文化和教育不再是少数人的专利，文学也早已不再是少数人的专利了。作为描写人生和抒发情感的一种手段，作为人类掌握世界的一种方式，文学是属于每一个人的。每一个人都有表情达意的需要，每一个人都有交流思想联络感情寻求共鸣的需要，每一个人都可以运用文学这一手段或方式。天才们会创作出动人心魄震烁今古的鸿篇巨制，一字不识的农民也会即兴哼出一两首天籁般的歌谣。二者都是创作，都是文学。这其间只有精粗雅俗之分，没有当做或不当做之别。谁的作品漂亮，谁的作品就会感染他人，影响他人，从而流传开来。谁的作品不漂亮，谁的作品就不会被他人所接受，从而流传不开。不过流传不开也没关系，不能悦人，适能悦己。只要不妨害他人，不妨害社会，就有继续创作的价值。我们作为文学接受者，只有权利选择别人的作品，没有权利干涉别人的创作。这就像每个人都需要讲话，讲得精彩，我们洗耳恭听；讲得不精彩，我们不听就是了。有什么权利要人家闭上嘴巴？再说人家讲话也好，创作也好，并不一定都是为了获得别人的喝彩，其最初的目的主要还是一种表达，一种宣泄，不一定有那么明确的功利要求。白果先生不是谆谆告诫文学青年们要"弃绝任何功名利禄的诱惑"么？何以同时又把世俗的成败看得那么重要呢？

六

如果认识到文学不再是少数人的专利，每个人都有创作的权利，每个人都可以同时是作家，白果先生的心情或许要好受一些。不知白果先生是否留意，马克思当年正是这样讲的。他在许多文章里头都说过，社会主义革命的真正目的，就在于消灭阶级社会所固有的一切特权和不平等，在于创造这样一种机会或条件，让每个人的个性和才能都得到自由而全面的发展。在这种社会条件下，劳动，包括体力劳动和脑力劳动，都不再是谋生的手段，而是生活的必需。文学、艺术和科学等等，更为每一个社会成员所需要。每一个人都是读者，每一个人同时也都是作家。作为一种精神活动，文学创作属于每一个人的事业。那时候，专门的作家将不复存在，体力劳动和脑力劳动、复杂劳动和简单劳动之间的鸿沟已经填平，不再有什么特别高尚的神圣的职业，一切职业都是平等的。这是一幅美丽的人生图景，而我们现在所做的一切，就是在为这幅美丽的图景敷上底色。

诚然，我们现在仍处于社会主义的初级阶段，离这幅远景还有相当的距离，但是，有距离并不意味着我们可以放弃追求。在我国，还有占人口总数20%以上的文盲，而在近80%的非文盲中，真正具有文学兴趣和文学才能的并不多。我们将近12亿人口中，有中国作家协会会籍的人也不过3000多名，我们的作家不是太多，而是太少太少。根本不存在什么千军万马过文学小桥的问题。作家从哪里来？不就是从这些文学青年中产生吗？多数人都可以同时是作家，作为一种理想，需要我们做长期的努力，需要完成由少数人当作家到多数人同时也是作家的过渡。我们的使命就是发现人才，大面积的扶持人才。如果发现文学青年中有些不好的毛病，即所谓"文学病"，就予以挖苦嘲讽；如果因为他们在短期内没能发表作品，就劝其改弦更张，这就不一定是在关心和爱护文学青年了。

当然，文学青年中的一些毛病应该帮助他们改掉，但治病须先治本。要治青年"文学病"，必须搞清楚这些病所赖以产生的文化、历史和社会的根源。如上所述，这些病多是从文学中年和文学老年那里传染来的，白果先生是否也要对那些投机取巧、自立山头的文学中年和文学老年进一言呢？

1990 年 8 月 20 日于武汉

大学生自杀背后的文化根源

一、大学生自杀现象触目惊心

近年来，许多高校都传来大学生自杀身亡的消息。据《北京青年报》报道，仅在 1995 年，北京地区高校就有 14 名大学生（含研究生）自杀。2006 年 2 月 20 日、22 日、27 日和 3 月 1 日，不到 10 天的时间里，在华南农业大学就连续发生了四起自杀事件，除第二起是一名职工外，其余三起都是学生，包括一名本科生和两名研究生。5 月中旬，广东工业大学龙洞校区一名女生投湖自杀；5 月 27 日，广州大学一名男生跳楼自杀……有人惊呼，大学生自杀具有暗示性和传染性。有人统计，目前我国大学生的自杀率，已经达到 4‰。这个比例虽然不及世界的平均数（世界平均自杀率为 7‰至 8‰），但也足以引起全社会的高度关注，因为这样的悲剧并没有到此为止。华中科技大学社会学系教师陈志霞等运用"自杀态度调查问卷"，采取分层抽样方式，对 1010 名大学生的自杀意念与自杀态度进行调查，结果发现有轻生念头的学生占 10.7%。北京联合大学信息学院学生程小龙，在北京四所高校发放了 200 张问卷，专门调查大学生的自杀问题，在所收回的 189 份有效问卷中，有近 1/3 的被调查者承认自己有过自杀念头。这就使得人们在痛苦和惋惜之余，不能不严肃地思考这样一个问题：是什么原因导致这些年轻的学子选择了死亡？

有人总结说：心理障碍、生理疾患、学习和就业压力、情感挫折、经济困难和家庭变故，是导致大学生自杀的几个主要原因。南京市"大学生心理危机干预中心"的一份调查显示：恋爱挫折和学习压力这两项，分别占大学生自杀原因的 44.

2％和29．8％。有人由此而强调指出：高等学校要加强学生的心理咨询和心理辅导工作。例如按照国际惯例，每1000名大学生就要配备一名心理咨询师，而在我国，5000名大学生还不能拥有一名心理咨询师。我认为，心理障碍、生理疾患、学习和就业压力、情感挫折、经济困难和家庭变故等等，都只是导致大学生自杀的具体诱因，而不是最根本的原因。最根本的原因是什么？直言之，就是我们的文化出现了偏差。如果不深刻地反思和有效地调节我们的文化，即便是增加再多的心理咨询师，哪怕是100名大学生配备一名心理咨询师，也是无济于事的。这个道理很简单。当一种疾病流行的时候，增加再多的医院、再多的医生，也只能起到治疗和抢救的作用，并不能控制疾病的发生和蔓延。而控制疾病发生和蔓延的最好的办法，就是建立有效的疾病预防体系。中国人不像欧美人那样，能够大大方方、从从容容地去看心理医生，去接受心理咨询。一个人一旦被人发现去了心理咨询室或心理门诊，就有可能被他周围的人视为有问题的、不正常的人，这对他的就业、晋升、恋爱、交友等等，都会带来严重影响，这是中国的民族习性所致，不是短期内所能改变的。许多大学开设的心理咨询室，实际上是门可罗雀，形同虚设。因此，我们提倡心理咨询，但是至少在短期内，我们不要对它抱太多的希望。

二、中国文化的最高境界是"刚柔相济"

每一种文化，都有它的调节机制。尤其是像中国文化这种世界上最古老、又最有生命力的文化，它的调节机制是很完善的。中国文化的调节机制是什么呢？简而言之，就是刚柔相济，阴阳互补，有张有弛，有进有退。这种文化最大的特点，就是它的韧性，它的伸缩性。例如儒家文化，这是一种"进取型"的文化，一种"知其不可为而为之"的文化，也是一种非常功利的文化。这种文化所培育出来的人，往往带有一种刚性，有强烈的进取心，有坚强的意志，有吃苦耐劳的精神，同时，也有难以抑制的出人头地的思想，或曰功名之念。这种文化的缺点是刚性有余而柔性不足，有张而没有弛，知进而不知退。它的特点就像山，山的峻拔、坚定、强悍是令人尊敬的，但是它的过于质实，缺乏灵性，不能妥协，使它难以避免被斫伤、被摧毁的命运。儒家文化的这个先天性不足是由道家文化来弥补的。道家主张"无为"。这种"无为"当然不是一切都无所为，不是永远都无所为，而是有所为，有所不为，当为则为，能为则为。这是一种柔性的文化。它的特点就像水。水的最终目标是流向大海，它的进取性是不用怀疑的。但是，如果它的前面出现山峰，冲不过去，它就会拐一个弯，迂回曲折地向前。它不会硬着头皮往前撞，它是不会被砍伤的。所以古人说"上善若水"。由水文化培育出来的人，往往既有进取精神，又懂得适当的妥协、迂回与退让；既有原则性，又有灵活性。

儒道互补的中国文化是一种很成熟的文化，世界上还没有哪一种文化能够达到这种刚柔相济、进退自如的境界。所以有学者非常自信地说，以美国文化为代表的西方文化，最终会向以中国文化为代表的东方文化靠拢。以"西部牛仔精神"为核心的美国文化是一种"进取型"的文化，这种文化往往只知进而不知退。这种文化有利于工业化和现代化的建设，但是面对后工业化和后现代化的诸多问题，它是很难拿出一套有效的解决办法的。中国文化则不然。中国的医药、气功、武术、书法、绘画、文学、语言、戏曲、烹调、茶道、哲学、禅宗等等一系列刚柔并济、阴阳互补、有张有弛、有进有退的精神文化，越来越多地受到西方人的喜爱甚至膜拜，就是最好的证明。

三、大学生死于"刚性文化"

不能否认，中国的传统文化有它先天性的不足。儒家文化对人的个体需求的漠视，对自然科学和物质利益的漠视，道家文化的消极、懒散等等，对工业化、现代化的建设是有一定的阻碍作用的。所以改革开放近 30 年来，许多人对中国传统文化的态度总的来讲是否定多过肯定，摒弃多过弘扬。有的人甚至偏激地把中国近一百年来落后挨打的历史，都归咎在中国传统文化的头上。近 30 年来，在中国的城市大受追捧的，其实并不是我们所拥有的刚柔并济、进退自如的优秀的中国传统文化，而是经港台文化筛选过的美国文化。这种文化和"刚性有余而柔性不足，有张而没有弛，知进而不知退"的儒家文化形成怪诞的组合，它的不成熟性是显而易见的。在这样的文化背景之下，"永不言退"、"永不言败"、"永不服输"等等，成了使用频率最高的、也是最受赞扬的大众用语，而"妥协"、"退让"、"等待"、"放弃"等等，往往成了保守、落后、平庸、无能的代名词。只知有进，不知有退；只知有赢，不知有输；只知有取，不知有弃；只知有刚，不知有柔。这是一种竞争性极强、功利性极强、荣誉感极强的文化。在这样的文化环境中，一个城市人的人生目标，往往被锁定在上最好的幼儿园、最好的小学、最好的中学、最好的大学，然后找到最体面、收入最高的工作，找到最合适的伴侣，建立最富有的家庭，然后生下最聪明的孩子，再把孩子送进最好的幼儿园……许多人都在为了这一连串的"最"字而劳碌奔波，甚至心力交瘁。

现在的许多大学生，在很大程度上就是被这样的文化所熏陶、所灌输、所培养出来的。我把这种文化称之为"刚性文化"。这是一种不知疲劳的文化，但实质上，却是一种最容易疲劳的文化。疲劳过度，就是断裂和死亡。大学生的自杀身死，就是死于这种不知退路、不懂迂回、不肯妥协的"刚性文化"。如上所述，选择自杀的大学生中，有44.2%的人是因为恋爱受挫，他（她）不明白爱情原来是可以等待的，可以选择的，甚至是可以放弃的，他（她）所接受的"刚性文化"告诉他（她）：一定要得到她（他）！得不到，宁可死！

"刚性文化"是一种竞争性极强的文化。竞争得有目标，目标的量化，就变成了"指标文化"。我们现在评价一个人，多是用一些人为的指标去衡量。例如什么是最优秀的学生？最常用的指标就是考试的分数；什么是最优秀的老师？最常用的指标就是学历、职称、论文、科研项目、获奖的级别与数量等等。如今的大学校园，实际上就被这种"指标文化"所笼罩、所控制。事实上，有指标，就会有弄虚作假，因为指标不是人人都能达到的。如果人人都能达标的话，还定什么指标呢？但是许多人都想获得最大的利益和荣誉，于是就造假成风，而媒体所披露的造假事件，还只是冰山一角。造假的结果，是那些真正有才华、有能力、有贡献的人，往往玩不过那些并没有真才实学、并没有实质性贡献而擅长于公关行贿的人。这样一种真假莫辨、好坏难分的"指标文化"环境，连那些上了年纪、有些人生阅历的教师都难以承受，那些单纯而脆弱的大学生就更不用说了。选择自杀的大学生中，有29.8％的人是因为所谓"学习压力"。其实，学习是不应该有多大压力的，学习应该是一件快乐的事情。自由自在地吸收人类的知识和智慧，为我所享所用，能不快乐吗？事实上，真正的压力不是来自学习本身，而是来自考试的分数。不少大学生因为研究生入学考试没过关而自杀，因为英语四、六级考试没过关而自杀，说到底就是"指标文化"害了他们。难道考不上研究生，过不了英语四、六级，你就连做人的资格也没有了吗？这个道理原是很简单的，但是"刚性文化"以及由它所派生的"指标文化"导致他（她）不能回头想，也不愿意回头想。他（她）只有一条道走到黑。

四、大学生自杀是人才最大的失败

最后需要说明的是，虽然儒家文化与美国"西部牛仔精神"的怪诞组合即"刚性文化"构成了中国大学生的自杀环境，但是儒家文化本身并不主张自杀。孔子讲："四十、五十而无闻焉，斯亦不足畏也已。"又讲："君子疾没世而名不称焉"（《论语》）。这样的生命价值观对中国人才的影响是极为深远的。司马迁被汉武帝处以"腐刑"，受到非常人所能承受的极大的痛苦和侮辱，但是并没有选择自杀，而是忍辱负重地活了下来。他向自己的朋友表明心迹："所以隐忍苟活，幽粪土之中而不辞者，恨私心有所不尽，鄙没世而文采不表于后世也"（司马迁《报任安书》）。在他的著作还没有写完的时候，他是不能选择自杀的。中国古代的文化人才，遭受排斥、打压、监禁、贬谪、流放、饥寒、病痛、屈辱者可谓多矣，但是真正选择自杀的，似乎只有屈原、卢照邻、李贽等少数几个人，绝大多数都不选择自杀。① 他们珍惜自己有限的生命，他们要让这有限的生命绽

① 屈原选择自杀，不符合儒家的思想。在他那个时代，以孔子为代表的中原儒家思想（包括生命观）在南方的楚国似乎还没有成为主流思想，因而其影响是有限的；卢照邻选择自杀，是因为十余年长期卧病，手足痉挛，根本没法从事写作；明代的李贽，则是一个非毁孔子的人。

放出绚丽的花朵。他们活着要出名，死后要不朽。中国近现代的文化人才选择自杀者要多一点，如王国维、老舍、傅雷、徐迟、顾城、海子等文化名人，最后都选择了自杀，这里面虽然有一些现实的原因，但是在思想上，似乎主要还是受了西方文化的某些影响。

无论受了什么文化的影响而选择自杀，对于人才或潜人才来讲，都是一个最大的失败。人才学绝对反对自杀。现在的问题是，"刚性文化"和"指标文化"渗透了我们的大学校园，这是导致大学生自杀的罪魁祸首。所以我们一定要追究大学生自杀的文化根源，一定要反思和调节现在的文化。要把"刚性文化"和"柔性文化"协调起来，把"指标文化"和"非指标文化"协调起来。只有这样，才能真正扼止大学生自杀率上升的势头。

2006 年 6 月 21 日于广州

中国呼唤真正的心理咨询师

——以广州为例

一、心理咨询师与心理医生的区别

广州有没有真正的心理咨询师？中山大学附属第三医院心理卫生科黄铎香教授的回答是："一个都没有。"我问他："你不就是一个吗？"他说："我不是。我是一个心理医生。"

黄教授的依据是，到 2003 年 6 月为止，广州市内还没有一个人拿到由国家劳动和社会保障部门颁发的心理咨询师执业资格证。2002 年下半年，由国家劳动和社会保障部会同中国心理学会、中国心理卫生学会制订的心理咨询专业标准开始实施。这个标准把心理咨询工作者分为三个技术等级：心理咨询员、心理咨询师和高级心理咨询师。而此前一些单位（例如中国科学院心理研究所）颁发的心理咨询师证，并不被国家所承认。正是从这个意义上讲，黄教授认为，广州还没有一个真正的心理咨询师。

心理咨询师和心理医生是有区别的。所谓心理咨询，就是通过语言、文字等媒介，给咨询对象以帮助、启发和教育的过程。通过心理咨询，可以使咨询对象的认识、情感和态度等有所变化，解决其在生活、学习、工作、疾病和康复等方面出现的问题，从而更好地适应环境，保持和增进身心健康。心理咨询作为一门科学，"始终遵循着教育的模式，而不是临床的、治疗的或医学的模式。咨询对象（不是患者）被认为是在应付日常生活中的压力和任务方面需要帮助的正常人。咨询心理学家的任务就是教会他们模仿某些策略和新的行为，从而能够最大

— 256 —

限度地发挥其已经存在的能力，或者形成更为适当的应变能力……咨询心理学强调发展的模式，它试图帮助咨询对象得到充分的发展，扫除其成长过程中的障碍"（《美国心理学百科全书》）。心理咨询师和心理医生的最大区别就在于：前者遵循教育的模式，后者则遵循临床的、治疗的或医学的模式；前者把咨询对象当作需要帮助的正常人，后者则把这些人当作患者。正是从这个意义上讲，黄教授坦承，他只是一名心理医生，而不是一名心理咨询师。

心理咨询这门职业已经有了近两百年的历史。世界上心理咨询最发达的地方是西欧和北美。在这些地方，心理咨询是一门独立的职业。要想获得心理咨询师这个职位，必须拥有心理学和哲学（或医学、社会学、文学）两个博士学位。心理咨询机构没有一家是医院开办的。心理咨询机构和医疗机构是两回事。

我国的心理卫生事业从20世纪80年代初开始起步，比高等学校恢复心理学课程还要晚一点。由于这方面的人才奇缺，有关部门就把一些医院里的精神科医生找来培训。培训不到一年，中国特色的心理医生就产生了。不少大一点的医院就挂起了心理卫生科或心理门诊的牌子。心理卫生科或心理门诊里的心理咨询，就像中医问诊。问过之后，就开药，就收治。这些心理医生，就是精神病医生，求助他们的人都是患者或者精神病人。

再稍后一点，高等学校的部分心理教师开始关注心理咨询这个应用心理学的领域，开始给那些学习困难或者适应困难的学生做心理辅导。但是，这些搞心理咨询的人，不被那些搞纯理论研究的人所看重，这一点也同别的学科一样，搞理论研究的人自认为比搞应用研究的人高明。还有一些人，例如高校的政治思想工作者，本来不是搞心理学的，但是由于工作的需要，也搞起了心理咨询。在他们那里，心理咨询和政治思想工作差别不大。自从部分高校搞起了心理咨询，部分中小学也开始开设心理咨询室。在某些中学，包括民办学校，开设心理咨询室还成了一个吸引生源的新的卖点。不过这些做心理咨询的人，一般都是学校里的团干、德育老师、年级长、班主任，还有部分发挥余热的退休人士。他们中的多数人，并没有接受过心理学的正规训练。这些人，往往被医院里的那些心理医生看不起，理由之一，就是他们不懂临床，不会用药，没有处方权。

中国的心理咨询虽然历时不长，但已分为两派，一派叫做医院派，一派叫做学院派。医院派的人，汇集在中国心理卫生学会这面旗帜之下。他们本是精神科的医生，习惯于把求助者当作患者。有的求助者只是有点心理不适，并不属于心理疾病，可是一到了医院，看到白色的诊室和病房，看到医生们的白大褂和一张张不苟言笑的脸，还有其他病人的种种痛苦的表现，往往没有病也会吓出病来。所以，不是患有严重精神疾病或心理疾病的人，一般不会去医院看心理医生。学院派的人，则汇集在中国心理学会这面旗帜之下。他们本是大、中学校的教师，长期以来习惯于教学生该怎么做、不该怎么做，所以他们的咨询往往带有浓厚的教训意味。至于不懂临床，不会用药，没有处方权，倒不是什么了不得的事。

无论是医院派，还是学院派，都还不够成熟，都有一些弊端，都还不是真正意义上的心理咨询。国家劳动和社会保障部制定的心理咨询专业标准出台之后，相信会对真正的心理咨询事业的健康发展，对真正的心理咨询师的健康成长，起到一个促进的作用。

二、广州市心理咨询工作的现状

广州市的心理卫生工作，实际上包括三大块，即除了医院这一块和学校这一块，还有社会这一块。先说医院这一块。广州市的众多医院中，开设心理卫生科或心理门诊的有中山大学附属第三医院、暨南大学附属医院、第一军医大学附属南方医院、广州医学院附属第一医院、广州市人民医院、广州市精神病院、广东省精神病研究所等。这些医院所接收的，基本上都是精神病人，或是严重的心理疾患者。这些医院的经济实力其实都不错，但心理卫生科或心理门诊的条件并不怎么好。以天河某家大医院的心理卫生科为例。五六间三四平方米的小诊室一字排开，中间用一道半人高的夹板隔离，门是敞开着的。木椅子都很陈旧，坐在上面吱吱作响。求助者声音很小，生怕被人听见，一有人从门外的走廊里经过，他们便惶惑不安地回头张望。咨询一次，多则十分钟，少则几分钟。有的心理医生一个上午要接待二三十名求助者，常常是求助者还没把话说完，心理医生就叫"下一个"了。有一位主任医生，是我多年的朋友。我问他："人们都说你们医院有钱，怎么你这个心理卫生科这么陈旧？"他说："你是只知其一不知其二。我们医院是有钱，可心理卫生科是全院最穷的科室。为什么呢？因为我们这个科室开的药都是最便宜的，又没什么治疗费。咨询一次，只收七块钱。"我说："心理咨询，首先是要让求助者来你这里尽情地倾诉。倾诉完了，心理压力就减缓了许多。可你这么一个环境，嘈嘈杂杂，大敞大开，时间又短，让人家怎么倾诉？"他说："道理是如此，可市内几家医院也都差不多，不见得比我们强。"

学校这一块，主要集中在高校。像中山大学、暨南大学、华南师范大学、广州大学等等，都有面向学生的心理咨询室。部分有条件的中学，也有这样的机构。由于升学、就业方面的压力，学习上的困难，以及人际关系的不适，青春期的躁动与困惑，多元价值观念的碰撞，理想和现实的冲突，等等，将近四分之三的大、中学生有心理问题。学校开设心理咨询室，对于缓解这些学生的心理压力，帮助他们健康成长，无疑是有积极意义的。但是这里边也有一个问题，就是本校的学生不一定愿意来本校的心理咨询室，不愿意找自己的老师或领导倾诉，尤其是一些涉及个人隐私的问题，更不愿意让熟悉自己的人知道。尽管做心理咨询的老师一再强调，保护学生的隐私，但他们还是不放心。在许多情况下，他们宁可找社会上的心理咨询机构，或者打心理咨询热线电话。

社会上的心理咨询机构，可以说是鱼龙混杂。少数正规一点，多数则是挂羊头卖狗肉。正规一点的难乎为继，挂羊头卖狗肉的在一段时间内却大行其道。两年前，广园东路有一家社会力量投资兴建的心理咨询中心，这个中心不同于医院里的心理门诊或心理卫生科。他们的理念是，心理专家和来访者之间的关系不应该是医生和病人的关系，而是咨询专家和客人之间的关系，是平等的、宽松的。他们不接待有严重精神障碍的人。他们认为，接待有严重精神障碍的人，是精神病院的事。他们只接待有心理问题的正常人，即亚健康状态的人，或称灰色地带的人。因此，他们也不使用药物。由于他们重视来访者的倾诉或宣泄，重视咨询专家和来访者之间的交流，他们把咨询环境布置得宽松、和谐、别致。进门是一个一百多平方米的大厅，大厅的左侧是五个相对封闭的六七平方米的咨询室。大厅里铺有地毯，放有圆桌、藤椅，桌上有鲜花。来访者可以在这里喝茶、听音乐、看书、聊天，也可以找专家交谈。如果涉及个人隐私，不想让别人听见，则可以去左侧的咨询室。咨询室里有一张沙发，一张书桌，一把椅子。来访者坐沙发，专家坐椅子，中间用书桌隔开，可以面对面地交谈。门可开可闭，全由来访者决定。交谈的时间不限，一小时、两小时都可以。这个咨询中心的服务理念和服务环境在同行业中别具一格，市内好几家医院的心理卫生科都有专家来参观。他们认为，这个咨询中心的做法显然受了北美和西欧的影响，又考虑了中国国情，值得借鉴。但是好景不长，因为他们的收费较高。咨询一小时，收费100元，比医院里的心理门诊贵了15倍。而真正做面对面咨询的人并不多，有时候连续几天没有一个客人。人们更倾向于和他们做电话交谈，所以不到一年他们就关门大吉。为什么不能把收费标准降下来呢？这里的负责人说，我们的成本太高，又没有国家的扶持，我们和医院不一样。

有心理问题的人，更倾向于打心理咨询热线电话。一是便宜，一分钟才收一块钱；二是安全，不必面对面地向人家坦露自己的隐私。所以很长一段时间，这种咨询电话可谓大行其道，但是随之就被奸商们钻了空子。这些人打着心理咨询的幌子经营色情电话。他们聘用的所谓心理咨询员，都是从劳务市场上招来的女孩子，连心理咨询的门槛都没摸着，只懂色情心理，只会挑逗客人，引诱客人，让客人付费，自己拿提成。这就搞坏了心理咨询的名声，以至于一个时期只要说到心理咨询，就有人联想到色情。后来，有关部门一声令下，几乎所有的心理咨询电话都被停了。

三、中国呼唤真正的心理咨询师

当今社会，是一个新旧体制交替的社会，一个利益格局发生重大变化的社会，也是一个多元价值观念激烈冲突的社会。这个社会给人们带来了新的机遇，也带来了新的挑战；带来了财富，也带来了失业；带来了宽松、自由和快乐，也带来了困惑、焦虑和沮丧等心理上的消极因素。这些心理上的消极因素，正严重地影响着人们的身心健康和生活质量。

2003 年 2 月，我采访了前来广州讲学的中国心理卫生学会理事、湖南省心理卫生学会会长曹颂尧教授。据曹教授介绍：有人做过统计，心理健康的人只占总人口的 9.5%，有心理疾病的人占 6%，而心理有问题的人，即亚健康状态的人，则占了 84.5%。心理疾病患者需要住院治疗，而亚健康状态的人则需要做心理咨询和心理保健。

亚健康状态的人，又称灰色地带的人。这些人属于有心理问题的正常人，他们一般来讲可以正常地学习、工作和生活，但是心理压力很大，主要是心理失衡，不少人还有心理障碍。如果心理失衡得不到有效的校正，心理障碍得不到有效的排除，就会导致心理疾病，也就是精神病。据世界卫生组织最近公布的数字，全世界的精神病人已经多达 4 亿个。一旦患上精神病，治愈的可能性是很小的，充其量只能是某种程度的控制或稳定，精神病已经成为仅次于癌症的人类第二大杀手。

那么，怎样才能判断自己的心理是不是健康呢？美国著名心理学家马斯洛提出了一个关于心理健康的 10 条标准。① 是否有充分的安全感？② 是否对自己有充分的了解并恰当地评价自己的能力？③ 自己的理想和目标是否切合实际？④ 是否与周围环境保持良好的接触？⑤ 是否保持自身人格的完整与和谐？⑥ 是否具有从经验中学习的能力？⑦ 是否保持良好的人际关系？⑧ 是否能适度地表达和控制自己的情绪？⑨ 在集体允许的前提下，是否能有限度地发挥自己的个性？⑩ 在社会规范的范围内，是否能适度地满足个人的基本需求？我国心理学界结合中国的实际，也制订了一个关于心理健康的八条标准：① 了解自己，满意自己；② 接受他人，善与人处；③ 正视现实，接受现实；④ 热爱生活，乐于工作；⑤ 协调与控制情绪，心境良好；⑥ 人格完整和谐；⑦ 智力正常；⑧ 行为符合年龄特征。按这两套标准中的任何一套来衡量，绝大多数人的心理健康状况都不容乐观。尤其像广州这样一个开放程度比较高、市场经济比较发达、境内外人员往来比较频繁的沿海大城市，各种利益格局并存，各种价值观念相互冲突，人与人之间的竞争异常激烈，人们的心理问题也很突出。

我采访过广州市一家医学院的心理咨询热线的负责人。据他介绍，他们一共开设了 10 多部咨询电话，每部每天要接听 30 个以上的求助电话，一年当中要接听 10 万多个求助电话。这些求助者当中，各个年龄层次、各种社会身份的人都有，尤以都市白领居多。白领阶层的个人期望值很高，心理压力也很大。又据广东省妇联妇女权益部的同志介绍，她们每周二安排一位心理专家来部里做咨询，每次前来造访的妇女都不下 20 人。这些造访者中，又以广州人居多。妇女们除了承受工作、生活、子女教育和人际关系方面的诸多压力之外，还往往受到情感生活方面的困扰，所以有心理问题的人也特别多。广州市妇联每年接到 5000 多名妇女的投诉，都与情感、婚姻和家庭暴力有关。这些妇女的心理状况可想而知。至于青年学生，据团市委的有关同志介绍，由于升学和就业方面的压力，由于学习和适应方面的困难，有心理问题的人在一半以上。

中国人需要心理咨询，需要真正的心理咨询师，这是一个不争的事实。但是在中国做心理咨询，却不是一件容易的事。一是观念问题。绝大多数有心理问题的人，都不习惯去找心理专家。他们不愿意去，不敢去，难为情，生怕泄漏自己的秘密，生怕周围的人发现自己的心理有问题。他们能找到自己的亲人朋友诉说一番，就算不错了，许多人都是自己忍着、憋着。二是求助困难。在广州，除了几家为少数精神病人或是严重的心理疾患者提供服务的心理卫生科或心理门诊，几乎没有一家真正意义上的可以为大多数亚健康状态的人士提供心理咨询和心理保健的机构。就算有人想开办这样的机构，也得不到有关部门的许可。我采访过一位在广州做文化产业的老板，他对心理咨询很有热情。两年前，他想办一个心理咨询中心，去工商局注册时，人家就是不给他办。说你这心理咨询，不就是做做政治思想工作吗？他解释说，心理咨询和政治思想工作是两码事。人家说，那你也得去卫生局开个证明。他去卫生局开证明时，卫生局的人说，心理咨询是不是归我们管，还没接到上面的通知。再说你又不打针吃药，我们怎么管你？他跑了两年，至今还没拿到营业执照。我刚开始不大相信，自己去工商局打听，企业登记处的工作人员对我说："我们有规定，心理咨询，一概不批。"

现在国内一些大城市，如北京、上海、哈尔滨、武汉、郑州、海口等，都零零星星地有了几家非医院办的心理咨询机构。广州只批过一家，设在广园东路，但两年前已经关门了。至于几家家政公司、婚介机构附带开设的心理咨询热线，并没有获得工商局的认可，而且也不正规。

但是，心理咨询是大势所趋，尤其是在我国加入 WTO 之后，社会更加开放，竞争更加激烈，人们的心理问题也会更加突出。心理咨询这个行业在我国会有一个长足的发展。有人预测，在 21 世纪，心理咨询师将是七个最受欢迎的职业之一。中国的心理咨询事业要想走出冰冻期，要想有一个健康的发展，必须做好以下几项工作：

一是要立法。关于心理咨询，迄今为止，从中央到地方，不仅没有相关的法律，连个地方性的法规都没有，甚至连个明确的政策规定都没有。基本上是各行其是，各搞一套。譬如，有的地方可以开设心理咨询热线，有的地方则干脆禁止。广州是改革开放的前沿，群众又有这个需要，应该在这方面有所作为。

二是要有政府的支持和监督。没有政府的支持，连个执照都拿不到。没有政府的有效监督，则往往鱼龙混杂，少数奸商趁机贩黄，既损害了消费者的权益，又败坏了心理咨询的名声。

三是要调整结构。心理咨询，不同于医院的心理门诊；心理咨询师，不同于医院的心理医生。心理咨询机构不要放在医院里，要放在社会上，放在社区里，要为大多数亚健康状态的人士服务。

四是要鼓励和支持社会力量兴办心理咨询事业。心理咨询是一个微利行业，发不了大财。只有对心理咨询、对人民的身心健康有责任感的人，才会热心做这件事。因此，对于真正有志于心理咨询事业的人士，政府要给予支持，给予鼓励，全社会都应该给予关心和帮助。

五是要加强专门人才的培养。中国的心理咨询，起步晚，人才奇缺，要鼓励大学的心理学专业、有关专业学会，根据国家劳动和社会保障部颁布的专业标准，加快心理咨询员和心理咨询师的培养。

六是要注意这方面的正确宣传和引导。要逐步营造一个宽松的社会心理环境，改变讳疾忌医、讳谈心理问题的传统观念，使得有心理问题的人，能够及时地、主动地寻求心理咨询和心理辅导。

心理咨询，不仅关系到人民的身心健康，关系到全民族的科学文化素质的提高，关系到人才的培养，也关系到家庭的幸福，社会的稳定。无论从哪一个角度来讲，都是一件好事。希望引起全社会的重视。

2003 年 6 月 29 日于广州

请不要误解"和谐"与"盛世"

近些年来，在传媒、文艺、学术领域，以及社会生活的其他领域，"和谐"与"盛世"这两个词的使用频率特别高，可以说是处处见"和谐"，天天观"盛世"。其实许多人（包括许多学者）对这两个词的真正含义并没有搞明白。这里姑且做一个简短的辨析。

一、"和谐"不是"乡愿"

"和谐"并不是什么新思想。在《论语》里，有七处讲到"和"字。《述而篇》："子与人歌而善，必使反之，而后和之。"这个"和"，读 huò 音，是"唱和"的"和"。除此之外，其余几处都是在讲"和谐"。如今我们讲"和谐"，应该首先明确孔夫子的著作权。

在《论语》里，"和"字有三层意思：

一曰和睦，团结。如《季氏篇》："均无贫，和无寡，安无倾。"所谓"和无寡"，据杨伯峻《论语译注》的解释，就是"境内和睦、团结，便不会觉得人少"。①

二曰"以他平他"，即彼此相反的意见相互补充，与"同"字相对。如《子路篇》："子曰：'君子和而不同，小人同而不和。'"杨伯峻《论语译注》解释说："'和'如五味的调和，八音的和谐，一定要有水、火、酱、醋各种不同的材料才能调和滋味；一定要有高下、长短、疾徐各种不同的声调才能使乐曲和谐。晏子说：'君臣亦然。君所谓可，而有否焉，臣献其否以成其可；君所谓否，

---

① 杨伯峻：《论语译注》，中华书局，1980 年版，第 172 ~ 173 页。

而有可焉，臣献其可以去其否。'因此史伯也说：'以他平他谓之和。''同'就不如此，用晏子的话说：'君所谓可，据亦曰可；君所谓否，据亦曰否；若以水济水，谁能食之？若琴瑟之专一，谁能听之？"同"之不可也如是。'"① 按：晏子所言，即《左传·昭公二十年》所载晏子面对齐景公批评梁丘据的话；史伯所言，即《国语·郑语》所载史伯的话。

三曰和谐，恰当，恰到好处。如《学而篇》："有子曰：'礼之用，和为贵。先王之道，斯为美，小大由之。'"《礼记·中庸》："喜怒哀乐之未发谓之中，发而皆中节谓之和。"杨遇夫《论语疏证》解释云："事之中节者皆谓之和，不独喜怒哀乐之发一事也。说文云：'和，调也。''盉（和），调味也。'乐调谓之和，味调谓之盉，事之调适者谓之和，其义一也。和今言适合，言恰当，言恰到好处。"②

这三层意思，一层比一层高级，都讲得很恰当。以思想学术为例，如果没有一个和睦的气氛或环境，不同的或相反的意见就难以表达，就不能做到知无不言、言无不尽，就不能做到百家争鸣；如果没有百家争鸣，不同的或相反的意见不能相互补充，相互激发，而千部一腔，千篇一律，就不会形成真正有价值的、恰到好处的认识或者结论，就不能达到真正的"和谐"之境。

而现在许多人讲"和谐"，只是停留在"和谐"这个词的第一个意思层面上，以为"和谐"就只是讲团结，讲和睦，你好我好大家都好，你对我对大家都对，没有分歧，没有争议，动辄一致赞同，一致通过，这恰恰违背了"君子和而不同，小人同而不和"的圣训，是"小人"所为，非"君子"所为也。

我们讲"和谐"，不是不承认矛盾，不是假装一团和气，而是讲如何实事求是地面对矛盾，如何科学地、合理合法地解决矛盾。

不能因为讲"和谐"，就掩盖分歧，掩盖矛盾，就尽说好话，尽唱赞歌。例

---

① 杨伯峻：《论语译注》，中华书局，1980 年版，第 141～142 页。
② 杨伯峻：《论语译注》，第 8 页。

如，现在开学术会议，写书评，写序跋，都没有批评，没有质疑，没有反对或否定的声音，都是认可，都是赞美，都是"创新"，都是"填补空白"，都是"杰出学者"，甚至都是"大师"。于是，不讲他的偏差，不讲他的错误，不讲他的局限，以为这样就达到了"和谐"之境。其实这不叫"和谐"，这叫"乡愿"。而"乡愿"，正是孔子所深恶痛绝的。《阳货篇》："子曰：'乡愿，德之贼也。'"这句话按照杨伯峻先生的翻译，就是："没有真是非的好好先生，是足以败坏道德的小人。"①

真正讲"和谐"，一定要承认多样化，一定要允许反对的声音。"和谐"是矛盾的对立统一，没有多样化，没有反对的声音，有什么"和谐"可言？刘勰讲："异音相从谓之和，同声相从谓之韵。"② 没有"异音"，哪有"和谐"？

二、"盛世"不是"初级阶段"

何为"盛世"？"至圣"孔子没有讲过，"亚圣"孟子也没有讲过，因为他们都是乱世中人，都没有经历过"盛世"，不知道"盛世"是个什么样子。倒是"诗圣"杜甫讲过了。他是亲身经历过"开元盛世"的人，知道"盛世"是个什么样子。他在《忆昔二首》之二里描述道：

> 忆昔开元全盛日，小邑犹藏万家室。
>
> 稻米流脂粟米白，公私仓廪俱丰实。
>
> 九州道路无豺虎，远行不劳吉日出。
>
> 齐纨鲁缟车班班，男耕女桑不相失。
>
> 宫中圣人奏云门，天下朋友皆胶漆。
>
> 百余年间未灾变，叔孙礼乐萧何律。③

---

① 杨伯峻：《论语译注》，中华书局，1980 年版，第 186 页。

② 刘勰：《文心雕龙·声律》，范文澜《文心雕龙注》，人民文学出版社，1958 年版，第 552 页。

③ 杜甫：《忆昔二首》，《全唐诗》，中华书局，1960 年版，第 2325 页。

　　可见"盛世"是有许多条件、许多指标的。一是人口发达，小小的城镇就有上万户人家；二是富裕，而且不仅仅是国富，同时也是民富，无论公家的仓库还是私人的仓库，都是满满的，绝对不是国富民穷；三是境内安宁，道路上既没有抢劫，也没有乱设卡、乱罚款，出门远行不用选择黄道吉日，可谓"天天都是好日子"；四是交通发达而文明，虽然物资运输繁忙，但是车辆行进有序，不插队，不抢道，不闯红灯，当然也不会因为超重而发生交通事故；五是家人团聚，夫妻相守，男女各司其职，各尽其能，很少有家庭暴力，离婚率也不高；六是传统文化（例如像"云门"这样的古典乐舞）能够得到重视和传承；七是人际关系和谐，朋友之间相处融洽，不会为了荣誉、地位、职务、金钱、女人等等而疏远、猜忌、反目成仇；八是一百年间没有大的自然灾害；九是德治（礼乐）与法制并举，有法可依，法律具有权威性、连贯性，不是朝令夕改，更不是政出多门。这九个指标，除了第一个我们早已达到，第八个多少有些苛刻之外，其余的七个，我们都还没有达到。

　　可见"盛世"是不可以随便讲的。据杜甫的介绍，"盛世"应该是国家的经济、社会、文化全面繁荣的一种状态，应该是有法可依、秩序井然、社会安定、人民安居乐业、个人幸福指数很高的一种状态。不能仅仅因为GDP增长了，国家的经济实力有所提高，人民的物质生活条件有所改善，就以为"盛世"到了；更不能因为自己出门有车食有鱼，自己的小日子过得还算滋润，就以为"盛世"到了。

　　讲"盛世"，最好事先综合考察一下国家的综合实力（包括硬实力和软实力）在国际上的地位如何？13亿城乡人民的物质生活与文化生活质量如何？法制如何？吏治如何？社会治安如何？交通秩序如何？民主程度如何？人际关系如何？家庭与个人的幸福指数如何？等等。如果连"盛世"曾经是个什么样子都不知道，如果对现实的政治、经济、文化环境并未做全面的考察，对现实的法制、吏治、治安、环保等问题，以及当前人们最为关心的住房、教育、医疗等问题，并未做全面的考察，或者视而不见，就一口一个"盛世"，这是很有几分幼稚或者荒唐的。

当然，普通人一口一个"盛世"还可以原谅，毕竟他们既不懂历史，不知道历史上曾经有过的"盛世"是个什么样子，也没有能力对现实问题进行综合考察和思考。如果文化人、学者们也跟着一口一个"盛世"，这就很有些令人费解了。究竟是出于无知呢？还是想拍马屁？如果是想拍马屁，那么这个马屁显然拍得不是时候，因为党和国家领导人从来就没有讲过我们已经到了"盛世"。就在我修改这篇文章的前两天，即 2010 年 3 月 14 日，国务院总理温家宝在人民大会堂有一个中外记者招待会。他在回答德新社一个记者的提问时说：

> 中国这些年经济虽然发展很快，但是由于城乡不平衡，地区不平衡，再加上人口多，底子薄，我们确实还处于发展的初级阶段。我经常劝记者多到中国的农村和西部地区看看，你到那里看看就知道上海和北京的发展不能代表整个中国。我们要实现小康目标还需要做艰苦的努力；要建成一个中等发达的国家，至少要到本世纪中期；要真正实现现代化，还要上百年以至更长时间。①

这表明党和国家领导人的头脑还是很清醒很理性的。事实很清楚，一个还处于"发展的初级阶段"的国家，怎么能够称得上"盛世"呢？如果"初级阶段"就叫"盛世"，那么"中级阶段"和"高级阶段"又应该叫什么呢？

在我看来，只有我们的国家像温总理所说的那样"真正实现现代化"，才可以称之为"盛世"。这个标准，可能比杜甫亲身经历过的"开元盛世"的标准要高一些。但唐朝是什么年代？"上百年以至更长时间"以后又是什么年代？100 年以后的中国，绝对有理由远远超过 1300 年以前的盛唐。

三、结语

总之，"和谐"不是"乡愿"，不是表面上的和睦或者团结。"和谐"的内

---

① 《温家宝总理 2010 年 3 月 14 日答中外记者问》，《人民日报》，2010 年 3 月 15 日。

容，也不仅仅是讲人与人的关系之和谐。"和谐"至少应该包括三个层次：一是人与人的关系之和谐，二是人与自然的关系之和谐，三是人自身的身（身体各部分、各系统）心（思想、情感、感觉）关系之和谐。这三个层次，一个比一个高级，而彼此之间又是相互依存的。没有人自身的身心关系之和谐，就没有人与人的关系之和谐，也没有人与自然的关系之和谐；没有人与自然的关系之和谐，就没有人自身的身心关系之和谐，也没有人与人的关系之和谐。当然，没有人与人的关系之和谐，就没有人自身的身心关系之和谐，也没有人与自然的关系之和谐。三者互为前提，互为因果。只有这三个层次的和谐都达到了，才能称之为"和谐"。

"盛世"不是"初级阶段"，不只是 GDP 的增加，不只是国家的经济实力有所提高，不只是人民的物质生活条件有所改善。真正的"盛世"，必须是国家的硬实力和软实力都很强大，法制和民主都很健全，全体人民的物质生活和精神生活的质量都很高，社会达到真正的和谐，每个人的个性和才能都能得到自由而全面的发展。只有达到这个程度，才能称之为"盛世"。

"和谐"与"盛世"是两个概念，前者讲"关系"，后者讲"程度"。如果"关系"没有理顺，没有健全，"程度"就达不到。反之，如果没有达到相应的"程度"，"关系"也难以理顺，难以健全。从这个意义上讲，"和谐"与"盛世"，又是两个密切联系的概念。所以我把它们放在一起讨论。未尽或不当之处，敬请方家补正。

2010 年 3 月 16 日于广州

美国学者谈中国的"文化大革命"

——马斯特教授演讲录①

1988 年 11 月 4 日晚，美国康涅狄克大学历史系副主任马斯特教授在中南民族学院历史系就中国的"文化大革命"发表演讲。经马斯特教授同意，现将他的演讲记录整理出来，供我国研究"文化大革命"的专家学者参考。

一、美国人理解和分析"文化大革命"的六种模式

美国人理解和分析中国的"文化大革命"，主要有六种模式。

1. 心理学模式

这种模式认为，毛泽东发动"文化大革命"的动机在于故意制造一种个人崇拜。其目的是：第一，想让他的思想世世代代传下去；第二，想在年青人中塑造一代接班人。不过，我认为这种模式没有什么说服力。

2. 两条路线斗争模式

这种模式就是我所要重点讲的，也是在中国最为流行的一种模式。首先，我们得分析一下毛泽东路线同刘少奇路线的差别。在西方人看来，刘少奇路线在 20 世纪 60 年代的努力，就是要把中国从基本的路线上扭转过来。我们称刘少奇的路线为工业和农业路线。就工业来说，刘少奇没有处理好重工业和轻工业的关系。为了加强重工业的建设，他比较注重科技人员。由于注重城市里的科技人员和其他知识分子，从而，就忽视了那些住在农村的人。1965 年，中国出现了东

---

① 本演讲由林志鹏现场翻译，曾大兴记录整理。

欧学者所说的新的官僚阶级。新的官僚阶级成为"文化大革命"攻击的目标。在农村，刘少奇推行的路线完全不同于大跃进时期。他鼓励农民种自留地，鼓励记分制。这种记分制，也就是鼓励农民按劳获酬。这个政策有好的一面，也有不好的一面。60 年代的工业农业有得有失。此时，中国出现了新的不平等。城市中出现了新的官僚阶级，农村中出现了新的富农。其后果是使城乡差别不断扩大。农民的医疗和其他社会福利条件都很差。

毛泽东主张另一种现代化的模式，主张两条腿走路的方针。他认为重工业要发展，轻工业和农业同时也要发展。强调发展重工业的同时，不要忘记中国是世界上农村人口最多的国家。

但是毛泽东和刘少奇之间的差别，并不像"文化大革命"初期所说的那样。他们之间有分歧，但这种分歧还不至于要通过发动"文化大革命"来解决。

3. 不断革命模式

我们现在回顾一下毛泽东在 1937 年、1938 年和 1939 年的著作，如《矛盾论》、《实践论》。毛泽东认为，尽管一个国家开始了社会主义的转变，但是还存在着非对抗性的矛盾。不过这种矛盾同对抗性的矛盾有区别。对抗性矛盾，如阶级和阶级的对抗，中国和美国、苏联的对抗。当社会主义转变完成之后，这种矛盾便趋于缓和。

但是毛泽东的思想有很多奇怪的地方，譬如社会主义转变已经完成的 60 年代，为什么还要发动这种暴力的"文化大革命"呢？又譬如毛泽东说过，百分之九十五的干部都是好的，不好的只有百分之五，但是"文化大革命"却将这个百分比颠倒过来了。

1945 年以来，中国充满了运动。1951 年，1953 年，1957 年，1961 年，还有"文化大革命"等等。解放以来的历史是一条波浪线，"文化大革命"则是一个高潮。1949 年以来，运动的目标是不平等和新的官僚阶级。

4. 权力斗争模式

从"文化大革命"中，可以看出是一个权力的斗争。毛泽东同刘少奇、林彪之间的斗争,"文革"干部同军队干部之间的斗争,"四人帮"同周恩来之间的斗争,等等。

5. 结构模式

西方有些研究现代化的学者,他们自认为知道所有国家的现代化是一种什么道路。他们对中国现代化方针的认识和对刘少奇的认识差不多。他们认为"文化大革命"相当极端,认为"文化大革命"是浪费时间。现在中国回到刘少奇的路线上来了,这证明这些西方的学者是对的。

6. 外交模式

这种模式在政治学和国际关系学的学者当中比较流行。他们强调,从60年代开始,中国曾受到外来的压力。他们提到60年代有几万美军驻在越南,还提到1969年的中苏边界冲突。根据这种解释,中国是一个被人争夺的国家。外来的压力加上内部的压力,导致"文化大革命"的爆发。

二、答学生问

问:美籍华人费正清教授认为,"文化大革命"的结束,标志着一个非毛泽东化时代的开始。如果是这样的话,你对这个时代的前景如何评价?

答:我并不认为中国完全开始了非毛泽东化的历史。中国现在还要下决心来作出对毛泽东的评价。我认为对毛泽东的理解,在中国和西方是差不多的。在中国,人们认为毛泽东是一个伟大的民族主义者,在西方也是这样。非毛泽东化时代的开始,这种说法太早了。

问:马先生看过严家其著的《文化大革命十年史》没有?你对这本书有何评价?

答:我有这本书,我已经读过了三分之二。这本书有些长处,也有些不足之处。他的政治观点是非常有道理的,但有些分析还不够。在很多问题上,他没有提出有分析的意见。

问:你认为"文化大革命"是否会重演?

答：这是一个很难回答的问题。文化大革命令我失望的地方，是中国的道德不如从前了。至于将来，我说不清楚。美国有些中国留学生是 1977 年、1978 年毕业的工农兵学员，他们认为"文化大革命"不会重演。我不知道他们是否有这个能力阻止"文化大革命"重演。我认为，社会道德是你们这代人面临的一个重要问题。

问："文化大革命"在中国进行期间，在国外有何影响？国外对此有何看法？

答：美国的年轻人，在中国"文化大革命"进行之际，并未完全了解它。当时也没有多少材料介绍它。现在越来越多的关于"文化大革命"的书正在完成。当有的教授在历史系讲这门课时，有学生问："文化大革命"是好的还是坏的？美国的年青人没有一个标准来看"文化大革命"的好坏。他们没有尝到"文化大革命"的苦头。

问：你为什么对中国的"文化大革命"这样感兴趣？你对中国当前的改革感兴趣么？

答：我对"文化大革命"感兴趣，是因为我对中国历史感兴趣。我对中国的改革也很感兴趣。我对中国知识分子在改革中的处境很关心。我刚刚为我们州的报纸写完一篇文章，我认为中国知识分子处于一种不利的地位，特别是经济地位。这个问题看来在短时间内不会解决。

1988 年 11 月 5 日于武汉

文化的意识形态化是制约
我国文化产业发展的瓶颈
——在广州市第二届文化战略发展研讨会上的发言

　　文化产业在我国尚属起步阶段，所创造的经济价值在国民生产总值中的比重甚微。在美国，文化信息产业作为头号产业，其产值占美国国内生产总值的10%以上。美国的影视产品的出口值超过了航天工业的出口值，体育经济收入超过了石油工业收入与证券交易收入。我国的文化产业则要落后得多。例如我国的外贸出口量，在1996年已居世界第11位，而我国的图书出口量仅为1700万美元，只占当年世界图书市场0.1%的份额。

　　事实上，我国的文化产业拥有很大的市场潜力。改革开放以来，我国的经济建设取得了巨大的成就，人民的经济收入有了显著的提高。尤其在沿海地区，消费者在基本物质生活方面的支出比例越来越低，而文化（诸如教育、旅游、休闲、体育健身、文艺娱乐）方面的支出比例则越来越高。随着社会主义市场经济体制的逐步建立和信息时代的到来，精神文化因素在物质产品中的附加值也越来越高，这就形成了一个非常广阔的文化市场。

　　市场如此广阔，潜力如此巨大，而文化产业的产值却不容乐观。至于经营规模、生产能力、设计水平、资源配置、生产经营者的素质、文化市场的有效管理等等，从总的来看，更是无法同美国、日本等国家相比。现在大家都在谈论文化产业，可是谁也无法否认，我国的文化产业其实是处于初级阶段的初级阶段。这样的发展水平，不仅不能同发达国家相比，就是同我国自身的经济发展水平相比，同广大人民群众日益增长的精神文化需要相比，也是极不相称的。

我国的文化产业发展水平的滞后，是由许多原因造成的。有观念方面的原因，也有体制和政策方面的原因，而观念方面的原因是主要的。因为观念上的偏差，导致了体制和政策方面的落后与僵化。

不能说我们国家不重视文化，恰恰相反，我们国家非常重视文化，甚至可以说，重视得有些过头。长期以来，我们把文化当成了在意识形态领域里同资产阶级作斗争的一块重要阵地，文化，几乎成了意识形态的同义语。而文化的意识形态化，则导致了我们在文化体制和文化政策方面一系列"左"的失误。

事实上，文化的形态是多方面的，文化的功能也是多方面的，有国家意识形态的功能，有化育的功能，更有娱乐的功能。国家的意志、法律、政策，执政党的宗旨、纲领、主张等等，是文化的重要组成部分，这种形态的文化功能主要是国家意识形态的功能；而科学、学术、教育等形态的文化，则主要具有化育的功能，对于培养人民的科学精神和人文精神，对于提高民族的科学文化素质和创新能力，具有极为重要的意义；还有一种文化，即娱乐形态的文化，这种文化的功能主要是休闲和娱乐，它可以是国家意识形态和科学、学术、教育等严肃文化的一种世俗形态或大众形态，也可以不含国家意识形态和严肃文化的因子，而纯粹是一种休闲，一种娱乐，一种游戏。文化的三种形态，决定了它的三种不同的功能。而我们所说的文化产业，仅仅是就娱乐形态的文化而言。通常我们所说的公益型文化，诸如义务教育、科技馆、图书馆、博物馆等等，由于它的公益性质和文化的传承、化育功能，不可能产生多少利润，更不可能形成产业；而旅游、体育健身、文艺娱乐、大众报刊、影视等等，由于满足了人们的娱乐、休闲与游戏的需要，是完全可以产生利润的，也是完全可以形成产业的。

我们过去的失误在于，把文化的国家意识形态功能绝对化，把文化的功能等同于国家意识形态功能，以为一切文化都是"团结人民，教育人民，打击敌人，消灭敌人的有力武器"，是"帮助人民同心同德地和敌人作斗争的有力武器"，把所有的文化领域都当成是"思想斗争的阵地"，以为"无产阶级不去占领，资产阶级就一定会去占领"。党的十一届三中全会以后,我们在经济领域和社会生活领域里的阶级斗争的那根弦绷得不是那么紧了,但是在文化领域里的阶级斗争的那根弦依然还是紧紧地绷着,尽管不再提阶级斗争这个口号。

由于把文化的国家意识形态功能绝对化,我们忽视了文化的娱乐功能、休闲功能和游戏功能。我们在制定文化政策、设置文化管理机构、配备文化干部乃至设立各种奖励的时候,更多地是从政治的角度出发,很少从经济的角度出发。对于真正的文化产业,我们更多的是防、堵、关、停、卡,而不是扶持、引导和开绿灯。我们虽然也讲引导,但是这种引导主要是往国家意识形态的方向去引导,而不是往娱乐、休闲、游戏的方向去引导,更不是往市场经济和产业化的方向去引导。我们文化行政管理部门的主要工作职能似乎就是文化稽查,就是扫黄打非,就是扑火,至于扶持的工作、建设的工作、蓄水养鱼的工作,则无暇顾及,或者懒得去管。一家歌舞厅开业了,经营环境的优劣、经营者素质的高低、经营业绩的好坏,文化行政部门一般不去过问,可是一旦出了什么问题,文化行政部门的官员很快就来了,罚款、封门,或是吊销执照。在这一点上,文化行政部门的表现还不如经济管理部门。经济管理部门多多少少还过问一下企业的经营状况和经营业绩,有的还相当热心地帮助立项,帮助引资,牵线搭桥,出谋划策,甚至为企业排忧解难。当然,扫黄打非是必要的,问题是除了扫黄打非,你还得做点扶持的工作呀,还得做点建设性的工作呀,还得做点排忧解难的工作呀!

同样是政府的主管部门,为什么经济管理部门的态度是做"护花使者",而文化行政部门的态度是做"消防队员"呢?区别在于,两家所管的企业不一样,前者管的是经贸企业,后者管的是文化企业。在有些人看来,既是文化企业,就要睁大眼睛,就要十倍的警惕。我这里绝对没有贬低文化官员的意思。我相信,文化官员一旦被调到经济管理部门去管企业,也会当一个"护花使者",也会很有爱心,因为对象不一样了。

同样是经国家工商管理部门注册批准的企业,同样照章纳税,同样是祖国母亲的孩子,为什么一个文化企业的产生,要经过那么多的主管部门的批准?要盖上那么多的公章？要有那么多的部门、那么多的婆婆去管它？为什么不能多一些呵护而少一些监管呢？问题的症结在于观念，在于我们从建国以来甚至从延安时期就形成的观念，这种观念认为文化这一块最容易出问题，最容易出乱子，认为文化是思想斗争的重要阵地，文化就是意识形态。

事实上，文化好比是一把菜刀。菜刀可以杀人，但更多的时候是用来切菜。如果有人拿菜刀去杀人，你当然应该管；如果人家只是拿菜刀去切菜，你还那么紧张干什么？如果你是担心他切了自己的手指，那么，这种担心就大可不必了。文化企业如果不能照章经营和依法纳税，如果不小心而切了他自己的手指，自有工商部门和税务部门去治他；如果违反国家的法律，或者说，拿了菜刀去杀人，自有公安部门去治他。既是这样，你还设上这么多的卡子，究竟所为何来？

没有必要管的，管了；可以少管的，管得太多了。这是问题的一个方面。问题的另一个方面是，该管的，又往往管不好。

在我们国家，改革开放以前一律是政府拿钱办文化。文化本身只产生社会效益，不产生经济效益。改革开放以后，政府逐步认识到，文化是可以既产生社会效益又产生经济效益的。文化单位经营得好，不仅可以减轻中央和地方政府的财政负担，还可以改善员工的福利，可以安排更多的人就业。于是，在一些文化部门或单位开始有了经营行为。应该说，这是一种历史的进步。我们通常所说的文化产业，主要分布在新闻、出版、广播、电视、电影、艺术表演、旅游和广告美术等部门。这些部门，除了旅游和广告美术之外，绝大部分都属于政府主管的事业单位。由于有政府这一块金字招牌，这些部门在注册、经营和纳税方而享有政府的许多优惠待遇。但是，这些部门的经营状况如何呢？这是我们应该认真加以研究的问题。

以报刊为例。就经济效益而言，一般来讲，党政部门办的报刊比行业办的报刊要好。这些办得好一点的报刊，与其说是经营得法，不如说是垄断得力。由于有党政部门的权威，这些报刊不用花多少脑筋和精力去开辟市场，只要有关部门下几道文件，开几次动员会，定一个征订指标，发行量就上来了，发行量上来之后，广告便是题中应有之事。如果没有党政部门的权威，同样是这些人来经营这些报刊，恐怕多数都玩不转了。那些经营得不怎么好的报刊，比较而言，不就是因为权威还不够大，不够有力，虽然也下了文，也开了会，也定了指标，但下面不怎么给面子造成的么？

没有了党政部门的权威，没有了党政部门强有力的支持，许多报刊、出版社、电影公司、艺术院团就牛不起来。于是，我们看到了许多办得不死不活的报刊、出版社、电影公司和艺术院团；于是，我们听到了许多改革的呼声，可是改来改去，多数还是玩不转；于是，我们又听到了许多关于改不好的理由，体制啦，观念啦，政策啦，人的素质啦，外部环境啦，历史包袱啦，承受力啦，文化自身的特殊性啦，等等。

我认为，在这众多的原因当中，人的素质是关键性的。人的素质，主要不是指群众的素质，而是指干部的素质。我们国有文化企业的干部，多数是在计划经济体制下培养出来的。这些人，有许多原本就是文化行政管理部门的干部。他们要么视文化为国家意识形态，只习惯于监管文化，不适宜于经营文化；要么没有经过市场经济的洗礼，缺乏最起码的市场感觉，虽然认识到文化也可以赚钱，但是没有党和政府的权威，没有行政的指令和摊派，这个钱他是赚不来的。这种人，如果在民营企业或外资企业里，那很好办，炒掉就是了。但是，他们是在国有文化单位里，是国家干部，有级别，有资历，还有背景，其奈他何？而且，这种人绝非一个两个，多得很，炒不胜炒。

中国的文化企业，如果是民营的，由于受到文化的国家意识形态化观念的影响，要受到许许多多的限制；如果是国营的，又大都掌握在许多没有市场感觉的、不懂得经营管理的干部手中，多数办得不死不活。

为什么国有的文化单位或企业大都掌握在没有多少市场感觉的、不懂经营的官员手中呢？说到底，还是由文化的意识形态化这个观念所决定的。因为我们认为文化就是国家意识形态，所以我们的文化单位或企业的领导权就只能交给所谓政治上可靠的干部手中，至于这些人有没有市场感觉，懂不懂经营管理，这个并不重要，重要的是政治上不惹麻烦、不出乱子。

因此，要发展我国的文化产业，首先要解放思想，要实事求是，要真正搞清楚文化的不同形态和不同功能。承认文化的意识形态功能，但是不要意识形态化。20 年来的改革实践告诉我们，观念上每前进一步，经济就会上一个大台阶；观念保守，经济就会停滞不前，甚至倒退。

1999 年 12 月 11 日于广州

从大文化的角度兴办文化事业

——"肇庆市七星岩牌坊广场文化活动"再认识

　　这里所说的大文化，也就是广义的文化，指的是人类所创造的物质文明和精神文明的总和；文化事业，则是狭义的文化，仅就精神文明而言，包括思想、道德、风尚、文学、艺术等等，以及与之相适应的制度和组织形式。所谓从大文化的角度兴办文化事业，也就是说，不是就文化事业谈文化事业，不是就精神文明谈精神文明，而是从人的全面发展和社会的全面进步的高度来兴办文化事业，从物质文明和精神文明同步协调发展的高度来搞精神文明建设。

　　在社会主义市场经济条件下，如何兴办文化事业？如何有效地满足人们不断增长的精神生活需求？如何为人的全面发展和全面进步营造一个良好的文化环境或文化氛围？如何以这个良好的文化环境或文化氛围为依托来促进国民经济的持续、快速、健康发展？也就是说，如何从大文化的角度来兴办文化事业？"肇庆市七星岩牌坊广场文化活动"给了我们许多有益的启示。

　　"肇庆市七星岩牌坊广场文化活动"，在全国来讲不是唯一的。上海、大连有不定期举办的"广场音乐会"，北京有"夏日文化广场活动"，深圳有"大家乐文化广场活动"，广州有"天河城文化广场活动"，等等。然而，"肇庆市七星岩牌坊广场文化活动"却是较早出现的，而且规模最大，参加人数最多。据介绍，"从 1996 年 11 月开始，每到周末和节假日夜晚，肇庆市成百上千的工人、学生、干部和业余文艺团体就会来到七星岩牌坊广场登台献演，截止 1997 年 12 月，共演出 69 场，参演单位 370 个，演出人员达 9000 多人，表演节目 740 个，免费入场观众达数 10 万人次。""每次进场的观众少则几千人，多则上万人，最多的时候竟达 4 万人。"①"七星岩牌坊广场文化活动"愈来愈红火，社会各界好评如潮，现已成为肇庆市广大市民日常生活中一道不可缺少的"文化菜"，成为中外游客的一个必选内容，成为这个著名的旅游城市的一道独特的文化景观。

这个以"星湖之夜"命名的广场文化活动最显著的特点，就是它的广泛的参与性。一方面，由于不收门票，免费演出，所有的人都可以轻轻松松地前来观看；另一方面，由于打破了专业和非专业的界限，只要是具备一定的表演能力，都可以有组织、有计划地登台亮相，可谓"自荐、自演、自娱、同乐"。除此之外，市里还特别规定，"市直机关 14 个系统、大中小学、幼儿园、武警部队和各县（市）区的业余文艺队，以及市属各专业文艺团体等单位都要轮流登台为群众免费演出"。②

广大群众不仅兴趣盎然地参加表演，还相当主动地参与节目的创作，可谓"自己唱，唱自己"。据统计，在参演的 740 个节目中，近 50% 的节目是肇庆人自己创作或改编的，其中如大合唱《端州之歌》、舞蹈《七星岩之夜》以及一批厂歌、店歌、行业歌等等，都达到了相当高的艺术水准。

这种"自编自演，人人参与，个个登台"的广场文化活动，产生了一系列积极效果。首先是丰富了人民群众的业余文艺生活，使得每个人都有一个娱人和自娱的机会，有一个通过艺术审美活动来调适心态的机会，有一个发挥自己的艺术潜质、表现自己的创造才能的机会，有一个平等地实现自我价值的机会。艺术起源于劳动，起源于游戏，起源于广大人民群众的社会实践，艺术不是少数人的专利。马克思主义的创始人早就说过，我们的理想，是要让每个人的个性和才能都得到自由而全面的发展。这个理想不可能在一个等级森严的社会里实现，也不可能在一个贫穷落后的社会里实现，只有在一个既消灭了阶级的不平等、又初步走上了富裕之路的社会里，这个理想才有可能一步一步地实现。从这个角度上

---

①② 冯志斌：《以立为本，虚功实做，铸造杠杆，切实推进社会文化建设——肇庆市广场文化活动调查》，打印稿。

讲，"肇庆七星岩牌坊广场文化活动"同上述北京、上海、大连、深圳和广州等地的广场文化活动一样，其意义是不容低估的。

人们有了一个健康文明的足以引导自己的灵魂向上的文化娱乐场所，有了一个可以自由地平等地发挥自己艺术才能的机会，自然就会和那些落后、愚昧、有损于身心健康的消闲方式告别。人们的思想道德素质和科学文化素质得到明显提高，赌博吸毒卖淫嫖娼打架斗殴一类的丑恶现象开始减少，城市社会治安状况也随之好转起来。从这个意义上讲，广场文化活动的社会教化功能也是不容低估的。

广场文化活动的意义还远远不止这些。除了文化生活或精神文明建设本身的意义，还有大文化的意义，即通过兴办文化事业，通过精神文明建设，强化了整个城市的文明素质，净化、优化和美化了城市的文化环境，打造了城市的形象，提高了城市的知名度，从而有效地促进了城市的经济发展和社会进步，加快了城市的现代化进程。

肇庆市是国家历史文化名城。在社会主义现代化建设的新的历史时期，如何让这座古老的城市焕发出新的生机、活力和魅力？如何有效地开发和利用旅游资源、文化资源以及作为一个历史文化名城的无形资产？如何做好"以文化带经济"这篇大文章？这是"七星岩牌坊广场文化活动"的策划者们从一开始就着力考虑的问题，可以说，这既是他们策划这个活动的出发点，也是他们一系列努力的落脚点。他们把这个活动概括为肇庆市的"形象工程"。这个工程的程序是，通过主办广场文化活动来带动全市的精神文明建设，通过精神文明建设来优化城市的生活环境、工作环境、旅游环境和投资环境，推介城市的文明形象，提高城市的知名度，从而促进城市社会经济的全面发展。

形象工程包括两个层次：一是市内各单位各系统各行业通过在文化广场表演自己创作的节目，宣传本单位、本系统、本行业的有关法律、法规、服务宗旨和品牌，推介自身的形象，如1997年上半年的"全市厂、店、行业歌竞赛"，就推出了一批各具特色的厂歌、店歌、行业歌，收到了良好的宣传和推介效果。二是多数进场演出的单位、节目都有一个明确的主题——"演肇庆，唱肇庆"，如大合唱《端州之歌》、大型舞蹈《七星岩之梦》一类节目，就生动形象地宣传了肇庆优美的自然风光和丰富的旅游资源，讴歌了肇庆淳朴的民风民俗与祥和的社会环境，推介了肇庆两个文明建设的辉煌成就，在政府和市民之间、肇庆人和外地游客之间架起了一座座"连心桥"。现在，凡是来肇庆观光旅游的中外人士都要特意安排时间到这个广场去参观参观，感受感受；没有来过肇庆的人士，一旦知道有这么一个广场之后，也在计划着什么时候去那里看一看，体验体验。肇庆的旅游业越来越兴旺，外商投资越来越踊跃。"种瓜得瓜，种豆得豆"。应该说，决策者的良苦用心终于得到了令人欣慰的回报。

肇庆的做法表明，文化事业或精神文明建设不应该是单项进行的，更不应该是孤立进行的。文化事业或精神文明建设是整个社会运行大系统中的一个子系统，必须和整个的社会运行系统联系起来，和经济建设联系起来，做到"以经济带文化，以文化促经济"。搞文化事业或精神文明建设要有大系统的观念，要有大文化的眼光，要有大手笔的气魄。没有这种观念、眼光和气魄，不仅不能做到文化与经济的互相促进协调发展，而且连文化事业本身也搞不好。不少专业性文艺团体的改革历时近 20 年而至今难见成效，就是一个典型的例子。

"肇庆七星岩牌坊文化广场"的演出可谓场场爆棚，少则几千人，多则上万人，最多时竟达 4 万余人。仅仅从这一点来讲，就比某些专业性文艺团体的那种剧院式的演出强多了。我们现在有不少的专业性文艺团体，一方面在那里感叹没有市场，没有观众，呕心沥血排练出来的节目得不到应有的回报和效益，或者说，只有专家和有关领导的赞扬，没有广大群众的喝彩，只有奖状没有票房；另一方面又把门票卖得老高老高，少则几十元，多则几百元，让普通观众为之咋舌，为之却步，满心以为可以收回成本，乃至可以赢利，殊不知演一场赔一场，少演则少赔，多演则多赔。因此，他们不仅没有经济效益可言，连起码的社会效益都谈不上。没有观众，自然就没有市场；没有市场，自然就没有效益。没有效益，反过来就没有了节目，没有了演出，就走失了人才，日子就不好过，而且越来越不好过。

如果像肇庆人那样，从大文化的角度来兴办文化事业，情形也许就不一样了。在肇庆市七星岩牌坊文化广场，照样也有专业性文艺团体来演出，这种演出不仅拥有观众，而且还相当火爆。这里的原因其实相当简单，就是不收门票，免费演出。有人会说，专业性文艺团体的演出不收门票，何来效益？没有效益，谁来养剧团？不错，这样做，确实没有直接的经济效益可言，但是它的社会效益以及由此而产生的间接经济效益却是巨大的。广场上的专业性文艺团体的演出，一方面提高了广场文化的格调和品位，从较高的层次上满足了广大观众的审美需求，激活了广大群众的艺术创造热情，吸纳了大量的观众，增强了广场的魅力和凝聚力，提高了广场的知名度；另一方面，又使得专业文艺工作者可以直接收到来自人民群众的反馈信息，直接感受到他们的心声，了解到他们的愿望、要求和审美情趣，从而进一步丰富、改进和提高自己的艺术创造，更好地为城市的建设和发展服务，更好地为人民服务。广大人民群众则通过与专业文艺工作者的直接接触，提高自己的艺术修养、艺术品味和表演水平。文化广场成了专业文艺工作者和广大人民群众共同拥有的艺术阵地，成了高雅艺术和大众艺术交融汇合的地方。两支队伍互相融合，互为补充，共同建设和繁荣广场文化，共同提高城市的文化建设或精神文明建设水平。城市的文化建设或精神文明建设水平上台阶之后，经济建设水平也会随之上台阶。经济发展了，人民富裕了，政府的财力雄厚了，又会加大对文化的投入，加大对专业性文艺团体的投入。这样的话，专业性文艺团体就可以一门心思地去搞艺术了，还用得着为了钱的问题而煞费苦心吗？再者，艺术自有艺术的规律，金钱自有金钱的法则，把艺术和金钱这两根藤强行扭在一块，无论如何也结不出好的果子。到头来，要么是抓不到金钱，要么是牺牲了艺术。

让专业性文艺团体走出靠自身力量找钱的误区，使之融入到广场文化活动中来，融入到城市的精神文明建设中来，融入到塑造城市文化形象、改善城市文化环境的行列中来，城市发展了，进步了，其运作才能进入良性循环。如果缺乏大文化的眼光，缺乏大系统的观念，缺乏大手笔的气魄，头痛医头，脚痛医脚，就事论事，对专业性文艺团体作单向度的投资，单向度的改革；如果专业性文艺团体关在象牙之塔里搞所谓高、精、尖的东西，售高价票，拒普通观众于千里之外，脱离实际，脱离群众。那么，投得越多，则亏得越多，搞来搞去，专业性文艺团体就被搞死了。

肇庆市七星岩牌坊文化广场的做法是值得借鉴和推广的，尽管这些做法还有待于进一步完善。但是，只要我们认定"从大文化的角度兴办文化事业"这条路，并且坚定不移地探索下去，我们就会有收获！

1998 年 3 月 3 日于广州

旅游设施和景点的命名问题

　　旅游设施和景点的命名问题，属于旅游文化建设的重要组成部分，不是一个小问题。现在全国各地都很重视新的旅游设施和景点的建设，修路、搭桥、造亭台楼阁等，花了不少钱，费了不少人力。可是路、桥、亭台楼阁等建成之后，是不是能够给它们取一个合适的好的名字呢？不一定。纵观改革开放二十多年来各地新建的一些旅游设施和景点，可以说，相当一部分在命名上存在问题，主要表现在以下几个方面：

　　一是把没有的说成有的。例如，许多地方的人喜欢把自己的旅游宾馆叫做山庄，可是放眼望去，方圆几十里，连个山的影子都没有。还有的人，喜欢把自己的旅游餐厅叫做渔港，可是，那个地方别说没有港，就连一条小水沟都没有。还有的地方，把自己新建的园子叫做御园。御是什么？御是和皇帝有关的东西，例如御驾，是指皇帝曾经坐过的车；御道，是指专门为皇帝出行修的一条路；御水，是指皇宫里的水流，或者皇帝曾经走过或光临过的一条水流。有些人以为，只要带一个御字，就显得尊贵无比，于是就把一个跟皇帝一点边都沾不上的建筑赋予一个御字。类似这种没有山的山庄，没有港的渔港，没有皇帝到过的御园，还有许多许多，例如没有竹的翠竹园，没有梅的梅花苑，没有松的松涛宾馆，没有水的观澜阁，没有水也看不到月的水月轩，等等，真是多得不胜枚举。

　　旅游设施和景点的命名，首先要做到实事求是，有就是有，没有就是没有，不能凭空捏造。有人说，名字不就是一个符号嘛，就像一个人，叫他张三他就是张三，叫他李四他就是李四。我们认为，旅游设施和景点的命名，与人的命名不一样。人的命名，可以寄托命名者的一种愿望，例如叫他冠军，只是希望他今后在某个方面出类拔萃，成为第一流的人物，至于他今后是不是真的如此，谁也不会在意；叫她佳丽，只是希望她今后长得美丽一点，逗人喜爱，至于她后来究竟是丑小鸭，还是白天鹅，谁也不会较真。旅游设施和景点却不一样，它们是为游客服务的，或是供游客登临观赏的，它们不是人，是商品。既是商品，就会要求游客付费，游客也有权要求它们名实相符，不能货不对板，张冠李戴，以次充好。因此，不是叫它张三它就是张三，而是首先要搞清楚，它究竟是不是张三？是张三就叫张三，不是张三就不能叫张三。说得专业一点，你叫它什么，首先得看它是不是具备这个自然或人文方面的特征，是不是拥有这方面的品质或内涵。不能为了谋利，为了招徕游客而随心所欲地乱叫一气。

二是把平庸无奇的说成天下第一。这个毛病，可以说是古已有之，今天则愈演愈烈。我们的古人，由于视听有限，又好夸大其词，往往把自己喜欢的山水说成是天下第一、举世无双。"华夏第一峰"，"天南第一泉"，"观止"，等等，要有尽有，不一而足。这些命名，虽然幼稚可笑，但由于不是受利益的驱动而出笼的，还不至于可恶。今天就不一样了，许多人明知这座山，高不到两千米，却要称它是"第一峰"；明知这眼泉，水质一般，却要称它是"第一泉"；明知这个去处，别的地方并不少见，却要自诩为"观止"。为什么？除了没有见识、没有文化，恐怕主要还是受利益的驱动，因而就不仅仅是幼稚可笑，而是可恶了。

在《广告法》里，是不允许商家把自己的产品或服务随随便便称第一、称最好的，你得拿出证据来，证明你是第一，你是最好。事实上，谁也拿不出证据来，所以我们在一般性商品或服务方面，是难以看到这种虚矫无边、霸气十足的字眼的。但是在旅游景点，这种字眼真是随处可见。有些是古人题写的，可以不去追究，但是有些明明是今人写上去的，却没有人出来纠正一下。

三是把有序的说成杂乱无章的。在湖南中部某市，有个地下溶洞，叫做"西游记宫"，据说是当年电视连续剧《西游记》剧组在这里拍过几场戏，当地人为了吸引游客，就取了这个名字。如今洞里还保留着当年拍戏时做的孙悟空的一个宝座，一面旗幡，一根金箍棒；宝座后面的石林被命名为花果山，花果山上有一渗水的孔，被命名为水帘洞。游客到了这里，导游小姐总要撺掇大家上去照个相，过一把齐天大圣的瘾。可是照过相，见过花果山和水帘洞之后，再往前走，所见到的各种造型别致的石柱、石笋，就跟《西游记》没有半点关系了，它们的命名全变了，有的叫王母娘娘，有的叫桃园结义，有的叫维吾尔族小姑娘，还有的叫维纳斯，等等。以"西游记宫"命名洞子，等你真正进了洞，才发现用《西游记》的人物或故事情节命名的景点非常少，多数都与《西游记》无关。"西游记宫"如此，其他地方的旅游景点又何尝不是这样？往往是导游小姐指着一路的奇峰异石，一会说它是唐僧取经，一会说它是五指山；一会说它是母抱子，一会又说它是八仙过海；一会是神话人物，一会是现实人物；一会是佛教人物，一会是道教人物；一会是中国人，一会是外国人。古今中外，仙界凡尘，随意命名，杂乱无章。稍稍有点文化常识的游客，听到这些乱七八糟的介绍，大多嗤之以鼻。有时候，导游小姐在那里眉飞色舞地讲解，游客反倒不好意思起来，就好像自己犯了错误一样，只有不听她的，自己看，赶快看完，赶快走。

　　一个旅游景点的命名，尤其是奇峰异石之类的系列性自然景观的命名，应该要有系统性。例如上面讲过的"西游记宫"，既然以《西游记》中的孙悟空、花果山、水帘洞等来命名洞里的部分景观，那就要坚持下来，一律按照《西游记》里的有关人物或场景来命名其他的石柱、石笋。因为《西游记》故事本身是有序的，有系统的，不得掺杂别的东西。这样做，不仅可以让那些造型各异、鬼斧神工的自然景观具有某些人文色彩，而且可以让游客俨然进入一个《西游记》的人物画廊和艺术境界。这种体验是自然的，也是人文的，是片断的，也是连贯的，符合艺术欣赏的一般规律。如果前面是花果山，后面又是桃园结义，一会西游，一会三国，东扯西拉，不成系统，游客一会被导向这个境界，一会又被导向那个领域，被动接受，疲于应对，不仅体验不到人文之美，连原有的自然之美也不能做连贯的欣赏了。与此同理，如果你这个地方是个佛教圣地，你在命名的时候就不要随随便便地把道教人物扯进来，反之，如果是个道教圣地，就不要随随便便地把佛教人物扯进来（虽然在某些寺庙里，出现过佛道同堂的景象，但是，这原本就是一班没有文化的人搞出来的，不足为据）；如果你这个地方是歌仙刘三姐的故乡，这里流行着许多关于她的故事或传说，你就应该按照这一类的故事或传说来命名景观，而不要随心所欲地把维吾尔族小姑娘或维纳斯等拉扯进来，她们和刘三姐并无任何关系。刘三姐的故事本身就是有序的，是一个系统，不要把这个系统搞得杂乱无章。

四是把雅的说成俗的。有些地方的自然景观本来是很脱俗的，但是名字却不脱俗，不仅不脱俗，有的还流入恶俗。例如，有的山谷林木葱郁，云雾变幻，花鸟成趣，泉石俱佳，原是人们摆脱俗务、洗去风尘、回归自然的好地方，可是偏偏要给它一个聚宝盆、情人谷之类的俗名，这岂不是叫人再次回到财富的困扰、陷入儿女恩怨的泥潭吗？还有的旅游景区，美其名曰为人们提供一个忘却名利、回归自身的世外桃源，可是一旦进入那里的餐馆，看看那些一字排开的包房，全是一些充满着人事纷扰和名利瓜葛的大城市的名字：东京、伦敦、华盛顿、曼谷等等，不一而足。这样的命名，令游客所产生的心理反应，与其回归自然的初衷相比，真是适得其反。

有人说，名字俗一点，大众化一点，有什么不好？为什么一定要雅？一定要有那么多的文人色彩？不错，俗一点，大众化一点，是没有什么不好，而且还可以招徕更多的游客。在这里，我们并无那种崇雅斥俗的意思，但是，你既然如此，又何必要打出一个回归自然、回归自我的雅性招牌呢？雅的就是雅的，俗的就是俗的，谁也不会要求你把一个大排档或一个菜市场挂上世外桃源的牌子，但是，你也不应该把一个山水清嘉、韵味深长的地方，弄得俗不俗，雅不雅，既糟蹋林泉，又恶心游客。

无论是把没有的说成有的，把平庸无奇的说成天下第一的，还是把有序的说成杂乱无章的，把雅的说成俗的，都体现了旅游设施和景点命名上的混乱状态。这种混乱状态的出现，一是源于利益的驱动，二是源于文化的缺失，三是源于管理的不到位。

利益的驱动，使得一部分投资者或经营者故意虚构优美环境，夸大景点或设施的文化含量，蒙骗消费者。这个问题，同市场上某些人的以假乱真、以次充好一样，实际上是损害了消费者的合法权益，违反了国家的有关法律法规，原是应该坚决地予以制止的。但是直到今天，并没有几个消费者出来指责一下，更没有哪一家媒体出来批评一下。许多消费者或媒体从业人员，走进那些没有竹的翠竹园，没有水的观澜阁，或是看见不到两千米的"第一峰"，喝到水质平平的"第一泉"，也就笑一笑，皱一皱眉，骂一句"扯蛋"完事。这是什么原因？恐怕主要是大家都没有把名称问题当回事。不就是一个名称嘛，叫什么不可以？有一位哲人说过，有什么样的群众，就会产生什么样的领袖。我这里再套用一下，就是有什么样的消费者，就会催生出什么样的投资者、经营者和命名者。国人对名称问题的无所谓心态，使得旅游设施和景点命名上的造假行为大行其道，日甚一日。

文化的缺失，使得一部分命名的人把美的说成丑的，把雅的说成俗的，把有序的说成杂乱无章的，亵渎山水，污染视听，传播了一种低俗的文化，贻误了本来就素质不高的普通消费者。古人给一处山水景观命名，虽有夸大其词的一面，但是就名字本身来讲，绝大多数还是很雅致的，意思不错，字也写得好，因而许多年后，就成了一处人文景观，供后人观摩、欣赏。这些命名的人，多数都是著名的文人学士，或是文化修养很高的官员，再不济，也是一个虽然没有功名却有真才实学的读书人。一般的人，哪敢率尔操觚？今人却不一样，胆子大得很。认得几个汉字，就敢给旅游景点取名字了，就敢到处留下墨宝了。这些胆子大的人，无所顾忌的人，当然不是真正的文人学士，而是某些附庸风雅的地方要员，或是一知半解的投资者与经营者。他们贵了，富了，还不够，还要像古人那样，弄个身后名，供后人瞻仰凭吊。

所有的一切，都应该归咎于管理工作的不到位。旅游设施和景点的命名，属于旅游行业的软件建设。多年来，大家对旅游工作的服务质量、价格、安全、信誉等软件方面的建设比较重视，至少是在理论上比较重视，但是对于命名问题，却从来没有当回事。有人常常讲旅游文化的建设，可是作为旅游文化建设的一个重要组成部分的命名问题，却从来无人问津。这就导致有关部门在旅游设施和景点的命名问题上疏于管理。文字工作部门不管，文化部门不管，旅游部门不管，工商部门更不管。这就出现一个管理的真空。只要自己喜欢，只要可以招徕游客，什么名字都敢叫。只要不盗用人家的注册商标，不侵犯人家的知识产权，或者说，盗用了，侵权了，只要没有人出来举报，也就不去管。民不告官不究，多一事不如少一事。前一段时间，有学者对一些商业楼盘的命名提出严肃批评，指出它们动不动就是"翰林阁"、"帝景苑"、"伊丽莎白花园"等等，封建色彩和殖民地色彩太浓，污染了社会文化环境，要求有关方面予以重视。可是，对于旅游设施和景点命名的问题，却一直无人关注。实际上，无论是商业楼盘的命名，还是旅游设施和景点的命名，其商业欺骗性和文化愚昧性，在本质上都是一样的，都应该好好地管一管。

谁来管？如何管？我认为，这个问题，还是应该由旅游部门和工商部门共同来管。因为这两个部门是负责给有关的旅游设施和景点发放牌照的。别的部门，例如文字工作部门、文化部门虽然可以管，但他们不是执法主体，要管也没有力度。至于如何管的问题，我认为，应该有一套名称审核要求和程序，要看看有关投资者或经营者申报的名称有没有侵权行为，有没有名不符实，有没有封建色彩或殖民地色彩，有没有愚昧无知的地方，有没有污染社会文化环境的地方，等等。如果有，就不能发放牌照。当然，管的人自身要懂法律，更要有文化，不能以其昏昏，使人昭昭，糊涂官打糊涂百姓。

如果我们对旅游设施和景点的命名问题加以重视，加强管理，用不了太长的时间，旅游设施和景点的命名问题就会有一个改观。那时候，一个好的旅游设施和景点，配上一个既合适、又优美的名字，不仅可以加强其人文色彩，不仅可以吸引更多的游客，还能起到传播健康文化的作用，对于企业，对于游客，对于民族文化建设，都是一件有百利而无一害的事情。

2005 年 6 月 17 日于广州

今天的广州还是"花城"吗？

——"广州培育世界文化名城"笔谈之一

"广州，又名羊城，花城。"几乎所有介绍广州的工具书、教科书和宣传片都这样讲。"花城"这个名称究竟起于何时，难以详考，但是有几件事情值得我们注意。1961年，著名作家秦牧发表了一篇名叫《花城》的散文，热情洋溢地介绍当年广州的"年宵花市"。秦牧被称为"中国当代散文三大家"之一，他的作品有着广泛的读者。1979年，大型文学杂志《花城》在广州创刊。在20世纪80年代和90年代初期，这本杂志的发行量是很可观的。1981年，"花城出版社"在广州成立，这家出版社以出版文学类书籍为主，它的发行量也是很可观的。一篇文学散文，一本文学杂志，一个文学类出版社，为"花城"这个名字在当代的广泛而迅速的传播起到了任何现代媒体所无法替代的作用。这是文学为城市建立的又一个功勋。

虽然"花城"这个名字起于何时不可详考，但是可以肯定地说，广州自古以来就有种花、卖花、买花、赠花、插花、戴花、行花街的习俗，也是源于文学作品的记载。唐、宋、元、明、清以来的诗词文赋里，描写广州花卉的作品多得无法统计。许多著名作家到了广州，发现这里的花卉和内地不一样，她是四季常开的，所谓"三冬不雪，四时常花"。于是，他们怀着惊诧和欣喜的心情，写下自己的所见与所感，寄回内地与亲朋好友分享。由于他们本来就是知名度很高的作家，写的又是来自岭南的奇异之事，因此作品很快就传播开来。唐代著名诗人张籍的《送侯判官赴广州从军》一诗写道："海花蛮草连冬有，行处无家不满园。"两句诗，一句从时间上讲，一句从空间上讲。时间上讲是四季都有，空间上讲是无处不多。广州的花卉具有这样两个鲜明的特点，不是"花城"又是什么呢？所以我认为，"花城"这个名称起于何时虽不可详考，但是"花城"给人们留下美丽而深刻的印象，应该说是最晚始于唐代。

重温张籍的这两句诗，我们不得不佩服古人的形象概括能力。也就是说，"花城"之所以为"花城"，在时间上讲是四季都有，在空间上讲是无处不多。可是我们回过头来看看广州的现实又如何呢？"四季都有"，这是不会改变的，因为这是大自然对广州的特别眷顾；"无处不多"就要大打折扣了，因为我们要想在广州看到"满园"的鲜花，一般只有寥寥几个去处：一个是每年春节的"迎春花市"，一个是荔湾区龙溪路的"广州花卉博览园"，一个是花都区新华镇的"南方花卉交易中心"，一个是市内的部分公园，一个是市内的个别广场。

在今天的广州，拥有"满园"花卉的人家是十分稀罕的，因为绝大多数的人家根本就没有"园子"，哪里会有"满园"的花？绝大多数的广州人都住在"小区"里。"小区"是开发商做的并且由物业公司来管理的。他们能够在"小区"里栽点树、铺点草，已经是很不简单了，谁能指望他们再种上一点花呢？所以在广州的"小区"，鲜花是很少见的。那些爱花的广州居民，最多只能在自家狭窄的阳台上摆上几盆而已，哪里会有"满园"的感觉？

除了上述这些地方，我们就只能在部分人行天桥上，看到一点菊花或者三角梅了，依然没有"满园"的感觉。在大大小小的街道两旁，以及马路的绿化带上，我们只能看到绿树和青草，连鲜花的影子都很难寻觅。

在今天的广州，不仅看花不易，买花也不易。广州市内的花店既少又小。有时候想买一束鲜花送人，你得穿大街走小巷奔波老半天，好不容易找到一家花店，才发现那里摆卖的花实在是寒碜得很，品种少，数量少，而且还卖得很贵。花店里稀稀落落几个人，买花的少于卖花的。

买花的人，除了那些还有一点浪漫情调的青年情侣，其他的主要是一些去医院里看望亲友的人。可是在大大小小的医院附近，绝大多数是没有花店的。在医院附近，有的是药店，花店却十分稀罕。如果偶然在医院附近发现一个花店，人们往往难以抑制内心的欢喜和感动：终于碰到一个懂感情的老板了！

所以广州的居民一般不会去花店买花，而是去菜市场。那里的花要便宜一点，也新鲜一点。可是菜市场毕竟是一个卖蔬菜瓜果鸡鸭鱼肉的地方，一个小小的花店挤在这样一个乱轰轰、脏兮兮的场所，看上去总有几分寒碜，一点浪漫的气息都没有。

说到这里，让我想起清朝人描写广州的两首《竹枝词》：

看月人谁得月多？湾船齐唱浪花歌。

花田一片光如雪，照见卖花人过河。

——何梦瑶《珠江竹枝词》

四时不断卖花声，十月绯桃照眼明。

浪说扬州风景好，春光怎及五羊城？

——黄绮云《羊城竹枝词》

在古代的广州，"卖花女"是街头一道亮丽的风景。她们从"花田"（今广州市海珠区境内）出发，挑着花担，趁着如雪的月光渡过珠江河，天亮时到达城里，沿着巷子，"花来"！"花来！"声音清脆地亲切叫卖。"乍睡乍醒"的广州市民，听到她们的声音，就立刻翻身下床，打开大门，走到街上，从她们的手里接过带露的鲜花，同时不忘看一眼她们苗条的身材和略带羞涩的笑靥。

"卖花女"和她们的花担，诗化了广州四季的早晨，也诗化了广州人的心情。他们不觉得扬州的风景比广州好，广州有四季常开的鲜花和"四时不断"的"卖花声"，扬州有吗？他们通过"四时不断"的鲜花和"卖花声"，从内心深处认可了自己的城市。

而今天的广州，可以说是满城绿色，绿化工作确实做得不错，但是鲜花很少见到，"卖花女"也消失了她们的身影。所以今天的广州，实际上是个"绿城"，而"花城"只是个虚名。缺少了鲜花和"卖花女"的城市，也就缺少了一分诗意和浪漫。

最近，广州市政府提出"绿上添花"。按照我的理解，就是要通过充实"花城"的内涵，来恢复"花城"的本色，使"花城"成为诗人和市民心中真正的"花城"，而不是徒有虚名。应该说，这个决策很有针对性，也很有战略眼光。

我认为，要把广州培育和建设成为一个世界文化名城，一定要发挥自身的优势，尤其是要利用好古人留下的无形资产。"花城"这个称号，就是古人留下的一笔价值连城的无形资产。这个称号在中国绝无仅有，在世界文化名城中，也只有法国的巴黎拥有类似的称号。

广州要充实"花城"的内涵，首先必须扩大花卉的种植面积，增加花卉的花色品种，加强花卉的研究，壮大花卉的生产和营销力量，提高花卉的生产和销售水平，把花卉这样的传统产业当作现代产业来发展，真正做大、做强、做好，使之成为广州市的重点产业之一。

在此基础上，要用鲜花装点广州的每一条街道，每一座桥梁，每一个小区，每一个部门、学校、企业、医院和商店，装点每一个家庭和每一间办公室，装点每一个阳台和每一个窗口。

"花城百花开，花开朋友来，鲜花伴美酒，欢聚一堂抒情怀。"广州要改进服务方式，提高服务水平。要用美丽的鲜花迎接来自全国各地和世界各地的新老朋友，让他们在广州的任何地方都可以观赏到或者买到自己中意的鲜花。

只有这样，"花城"才是真正的"花城"，"花城"的美誉才能由中国传遍全世界。

2011 年 10 月 6 日

广州可以是一座"水城"吗？

——"广州培育世界文化名城"笔谈之二

广州不但濒海，而且境内河流水系发达，大小河流（涌）众多，湖泊密布，水域面积广阔。据有关资料介绍，广州的水域面积达 7. 44 万公顷，占全市土地面积的 10%；集雨面积在 100 平方公里以上的河流有 22 条，老八区主要河涌有 231 条，总长约 913 公里。这些河流（涌）、湖泊不仅构成了独特的岭南水乡特色，也对改善城市景观、维护城市生态环境的平衡起到了重要的作用。

历史上的广州，其实就是一座水城。在宋代的羊城八景（扶胥浴日、石门返照、海山晓雾、珠江秋色、菊湖云影、蒲涧濂泉、光孝菩提、大通烟雨）中，竟有七处是水景。在元代的羊城八景（扶胥浴日、石门返照、大通烟雨、蒲涧濂泉、粤台秋月、景泰僧归、白云晚望、灵州鳌负）中，也有五处是水景。在明、清两代的羊城八景中，虽然水景只有三两处，但是我们从古人的诗歌中依然可以感觉到这座城市灵动的水性。例如：［清］谭敬昭的《珠江竹枝词》："珠海珠江是妾居，柳阴停棹晚晴初。水头潮长卖花去，水尾潮来人卖鱼。"［清］王士禛的《广州竹枝》："潮来濠畔接江波，鱼藻门边静绮罗。两岸画栏红照水，蛋船争唱木鱼歌。"平时我们总是羡慕苏州的水景，所谓"君到姑苏见，人家尽枕河。古宫闲地少，水港小桥多。夜市卖菱藕，春船载绮罗。遥知未眠月，乡思在渔歌"（杜荀鹤《送人游吴》）。事实上，古代广州的水景并不逊于苏州。苏州人家背水而居，广州人家临水而居，可以说是各有风情。

遗憾的是，建国以来，尤其是改革开放以来，随着城市人口的激增与城市建设的迅猛，广州的水景越来越少，也越来越黯淡。在 2002 年评出的羊城八景（云山叠翠、珠水夜韵、越秀新晖、天河飘绢、古祠流芳、黄花皓月、五环晨曦、莲峰观海）中，真正的水景只有江景（珠水夜韵）和海景（莲峰观海），古时的湖景（菊湖云影、药洲春晓）、泉景（蒲涧濂泉）、河涌之景（大通烟雨、荔湾渔唱）都看不到了。

令人欣慰的是，近年来，广州逐渐恢复了对于水城的记忆。以筹办第 16 届亚运会为契机，全市上下花大力气治理大小河涌，激浊扬清，培红植绿。于是，在 2011 年评选的羊城新八景中，我们除了看到传统的江景（珠水流光），还看到了久违的河涌之景（荔湾胜景），甚至还看到了过去未曾见过的、具有时代气息的湿地之景（湿地唱晚）。在这一届羊城新八景的评选中，一共有三处水景入选，可以说，今天的广州人对于水城的记忆和追寻，已经越过 600 年的时间隧道，走到了明朝的城市胜境。

恢复广州的"水城"特色，无论是就保护城市生态、改善市民的生活与工作环境而言，还是就培育和建设世界文化名城而言，都是极为重要的。我曾经对全球 30 个世界文化名城做过初步考察，在这些世界文化名城中，濒海的城市有11 个（奥斯陆、雅典、哥本哈根、斯德哥尔摩、赫尔辛基、威尼斯、纽约、洛杉矶、大阪、东京、名古屋）；濒河的城市有 17 个（巴黎、伦敦、波恩、柏林、慕尼黑、罗马、米兰、比萨、阿姆斯特丹、布鲁塞尔、布拉格、苏黎世、维也纳、莫斯科、开罗、首尔、京都）；濒湖的城市有 1 个（多伦多）；真正既不滨海、也不滨河、也不滨湖的内陆城市只有日本的奈良，但是它本身离海的距离不远，本质上还是一个海岛城市。

这 30 座城市之所以能成为世界文化名城，从地理环境的角度来看，无一不拜江河湖海之赐。其中就有一些极为著名的水城，例如意大利的威尼斯，建在离岸 4 公里的海边浅水滩上，平均水深 1.5 米，由铁路、公路、桥梁与陆地相连。全城由 118 个小岛组成，并由 177 条水道、401 座桥梁连成一体，以河为街，以船代车，因而有"水上都市"、"百岛城"、"桥城"之称；又如瑞典的斯德哥尔摩，分布在14个岛屿和一个半岛上，70余座桥梁将这些岛屿连为一体，因此享有"北方威尼斯"的美誉；荷兰的阿姆斯特丹有100多条运河，也享有"北方威尼斯"的美誉；芬兰的赫尔辛基三面环海，在大海的衬托下，无论是夏日还是冬季，这座港口城市总是显得美丽洁净，被世人赞为"波罗的海的女儿"。

也许有人不赞成把广州称为"水城"，而只赞成把她称为"花城"，甚至以为我是在标新立异。殊不知"花"和"水"本来就是相互映衬的两种美，古人的名句："疏影横斜水清浅，暗香浮动月黄昏。"（林逋《山园小梅》）"日出江花红胜火，春来江水绿如蓝。"（白居易《忆江南》）不正好揭示了二者之间的依存关系吗？古人看花，不但要看它的形，还要看它的影。花影如何呈现？除了月下，不就是水面吗？

没有"水城"做依托的"花城"，是一座没有灵气的"花城"；没有"花城"来装点的"水城"，是一座没有色彩的"水城"。"花城"、"水城"相得益彰，相映成趣。在这个问题上，我倒觉得根本无须标新立异，只要好好体会广州先辈的用心就够了。

今天的广州，"水城"的特色诚然不够明显。但是，如果广州把集雨面积在100平方公里以上的22条河流，以及老八区的231条河涌全部疏通，把搭盖在河涌上的商铺全部迁走，把河里的脏水全部冲掉，把清流引进来，让所有的河流（涌）接通珠江，再把两岸的房屋、店铺整饰一番（如果是古迹则不要动，或者修旧如旧），在岸边植上绿树，栽上鲜花；在河涌所经行的空旷之处铺设绿道，有间隔地修建若干个驿站，在驿站的门外、窗外摆上一些鲜花。以上的工作完成之后，再把尘封或者沉埋许久的"花艇"、"龙舟"清洗出来，放进河里。等岸上和水上的工作都做好之后，我们就可以看到休闲的广州人，或者来此旅游的外地人，或在岸边徜徉，或在水上放舟，"河水清且涟猗"，鲜花照眼，乐声悠扬。到了这个时候，我们还有理由说广州不是一个真正的"水城"吗？不是一个真正的"花城"吗?

当广州成为一座真正的"水城"、一座真正的"花城"的时候,她离世界文化名城的目标还会遥远吗?

2011 年 10 月 5 日于广州

擦亮"食在广州"的品牌

——"广州培育世界文化名城"笔谈之三

"食在广州"这句话，既不知起于何时，也不知源于何处。它是民间的一种讲法，与另外三句组成一个排比句："生在苏州，玩在杭州，食在广州，死在柳州。"不过，正由于它是民间的一种讲法，反倒彰显了它的价值，因为有关衣、食、住、行、生、老、死、葬一类的问题，还是民间的声音最有代表性。

"生在苏州"，是因为那里的环境优美，园林精致，而且苏州的丝绸也很有名，用丝绸做衣服，既舒适又华丽。但是这话到了今天，恐怕要打些折扣。苏州的环境固然优美，园林固然精致，但是苏州的丝绸却非一种时尚的衣料。中国人的衣料大约经历了五个时代。最早是"麻"，然后是"棉"，然后是"丝绸"，然后是"化纤"，但是到了现在，又似乎回归到"棉"了。"棉"成了时尚的衣料，而"丝绸"仍然有些过时。

"玩在杭州"，是说杭州的风景优美，有西湖，还有西溪。不过这话到了今天，也要打些折扣。20 世纪 90 年代以来，尤其是"许三多"先后担任西湖区的代区长、区长、区委书记、西溪湿地公园管委会主任和杭州市主管城市建设的副市长以来，在西湖和西溪的周围建了太多的楼房，破坏了这两个景区的整体感。周围的楼房太多，景区的主景观就显得很逼仄。南宋人讲"一勺西湖水"，就当时来讲可能有些危言耸听，就现在来讲，可以说是不幸而言中了。如今我们到了西湖，一眼就能望到它的尽头，再也没有那种烟水迷茫之感了。

"死在柳州"，是说柳州的木材好，可以打造上好的棺材。棺材是人生的最后归宿，有一口上好的棺材陪伴到地府，实在是人生最后的诱惑。但是这话到了今天就不现实了。因为棺材是土葬时代的产物，而今早已是火葬时代了，尸体都烧成一把灰了，撒在水里、山里、庄稼地里或者放在骨灰盒里都行，再好的棺材也没有什么用处。

"食在广州"，是说广州的食肆林立，用料广博奇杂，四季饮食丰富多彩，味道清、鲜、爽、滑、嫩，而且服务周到。比较起来，还是这句话是一句大实话，直到今天，不仅没有打折扣，还丰富了它的内涵。

"生在苏州、玩在杭州、食在广州，死在柳州"这四句话，原是农业社会的中国人的人生愿景，与林语堂的名言相映成趣。林语堂说：人生最大的幸福，莫过于娶一个日本的太太，嫁一个美国的丈夫，找一个法国的情人，雇一个中国的厨师。这四句话，可以说是地球人的愿景。

中国已经由农业社会进入工业社会、商业社会和信息社会，随着社会的发展和环境的改变，这四句话中的另外三句已经打了折扣，有的甚至完全过时了，只有"食在广州"这一句还在充分地彰显着它的意义。这是因为社会虽然变了，但是中国人的饮食和口味并没有发生太大的变化，而以勤劳、务实著称的广州人，又一直都在精心呵护着这一块金字招牌。

"食在广州"无疑是广州培育和建设世界文化名城的一笔无法估量的无形资产。在我初步考察过的30个世界文化名城中，就有以独具特色的饮食文化著称的城市，被称为"日本厨房"的大阪就是一个很好的例子，意大利的米兰也是一个著名的饮食之都。许多人只知道"米兰时装周"引领世界时装潮流，其实，意大利面包、意大利调味饭、圣诞节的点心——巴内多内，以及带泡沫的饮料——卡普奇诺，也是出自米兰而名闻全球的食物。

在今天，"食在广州"这句话已经被赋予了一些新的内涵。过去讲"食在广州"，是因为它以中国八大菜系之一的"粤菜"为背景，"粤菜"虽然包含了广州菜、潮州菜和东江（客家）菜，但通常是以广州菜为代表。今天的广州，不仅汇集了中国所有的菜系，也汇集了外国的许多名菜，例如美国波士顿龙虾、意大利薄饼、德国咸猪手、葡国蛋挞、西班牙龙利鱼、日本寿司、韩国料理、泰国冬阴功汤、澳大利亚鲍鱼、新西兰牛扒等等，在广州都能吃到。

餐馆多得不计其数，中外名菜、名点纷至沓来，食客像潮水般地涌进涌出。今天的广州，除了忙着待客，忙着收银，同时还在忙一件大事，就是对来自全省各地、全国各地、全世界各地成千上万的食品和食材进行严格的监管。尤其是在外地的大米、食油、陈醋、白酒、饮料、月饼、猪肉、香肠、鸡蛋、黄瓜、豆芽、大闸蟹等等接连不断地传来坏消息的时候，广州实在不敢有丝毫的麻痹。道理很简单：广州不能出问题。如果广州也出了轰动全国乃至全世界的食品安全事故，如果中、外食客对广州的饮食也心存疑虑，那么"食在广州"的牌子就砸了。

俗话说，人怕出名猪怕壮。"食在广州"这块金字招牌给广州带来了滚滚财源，也给广州带来了巨大的压力。我们相信，广州在食品监管方面比我们想象的还要周到和精细。但是，要想把广州建设成为一个享誉中外的"饮食之都"，仅仅具备食品的安全仍然是远远不够的。"饮食之都"的建设是一个系统工程，涉及饮食环境、饮食文化等诸多问题。

以饮食环境而论，许多餐馆的选址就不是很好，装修设计也缺乏个性。在这个问题上，广州的许多餐馆不仅不能和世界文化名城的餐馆相比，甚至不能和台湾的餐馆相比。2009年暑假，笔者所在的广州大学人文学院70多名教师去台湾旅游，来去7天，先后吃了20多家餐馆。我们发现，没有一家餐馆的装修设计是雷同的，都是别具一格，并且清新、自然，不俗气，也无雕琢之感。我们津津有味地享受台湾的各种美食，同时也兴致盎然地欣赏和品评餐馆的装修设计，以及各种盆景、摆设、字画和对联等等，真是既饱口福又饱眼福。

广州的一些高档餐馆，从装修来讲，堪称豪华，但是与豪华相伴的，就是俗气和雷同，千篇一律的对联，拙劣的字画，令人啼笑皆非的房间命名，一年四季都不更换的盆景，等等，令人感到来这个地方也就是吃个饭而已，吃完就走人，没有别的东西可供欣赏和留恋的。当然，政府用来做接待的餐馆要好一些，不可一概而论。

至于一些中低档餐馆，主要的问题就是不太卫生。不是说它的食品不卫生，而是进餐环境不卫生。在这些餐馆里，厨房是不能看的，看了就吃不下去；卫生间也是不能进的，进了回来就不想再吃了。

其实，餐馆的高、中、低档应该是指它们在地段、装修和价格方面可以分为高、中、低档，不是指它们在进餐环境和饮食文化方面也要分个高、中、低档。诚然，广州也有一些进餐环境很好的中档餐馆。往往就是这些餐馆，不仅菜式、味道有特色，在装修设计等方面也是值得称道的。

总之，广州不仅要保住"食在广州"这个品牌，还要擦亮这个品牌；不仅要严把食品安全卫生这一关，还要在饮食环境、饮食文化方面多做文章。只有这样，"食在广州"这个品牌才会不断升值，广州才有可能成为一个享誉中外的"饮食之都"。

2011 年 10 月 6 日于广州

建设"音乐之都"
培育具有世界声誉的音乐家

人是文化的创造者，也是文化的主体。一个城市之所以能成为世界文化名城，归根结底，还是因为这个城市拥有世界文化名人。

所谓世界文化名人，是指享有世界声誉的文化艺术界人士，包括文学家、戏剧家、音乐家、美术家，还有人文学者，以及少数宗教领袖。戏剧家是指戏剧文学作家，不是指导演和演员，所以戏剧家实际上就是文学家。歌星、影视明星、体育明星，都不算文化名人。少数具有人文思想的科学家可以算文化名人，例如创立了进化论的生物学家达尔文，创立了相对论的物理学家爱因斯坦，设立了诺贝尔奖的化学家诺贝尔等。

一个城市的文化名人，就其和这个城市的关系来讲，可以分为三种。一是在这个城市出生、成长，并且在这里从事创作或研究，在这里完成了他的代表作的文化名人；二是在这个城市出生、成长，但是不在这里从事创作或研究的文化名人；三是不在这里出生和成长，但是有一段时间是在这里从事创作或研究，并且在这里完成了他的代表作的文化名人。

文化名人是城市的骄傲，也是城市的名片。文化名人是无价的。一个城市，只要有一个世界级的文化名人，就足以让这个城市享誉全世界。例如：一个童话作家安徒生，就足以让丹麦的哥本哈根享誉全世界；一个戏剧作家易卜生，就足以让挪威的奥斯陆享誉全世界。

几乎每一座世界文化名城，都有自己的世界级的文化名人。例如：法国的巴黎，有文学家巴尔扎克，音乐家肖邦，画家毕加索，人文学者萨特、波伏娃等；英国的伦敦，有戏剧家莎士比亚、萧伯纳，小说家狄更斯等；德国的波恩，有音乐家贝多芬；意大利的米兰，有画家达芬奇等；奥地利的维也纳，有音乐家舒伯特、老约翰·施特劳斯、小约翰·施特劳斯等；希腊的雅典，有人文学者苏格拉底、柏拉图和亚里士多德。……

文化名人不是政府或者别的什么机构"打造"出来的，是城市优良的自然和人文环境培育出来的。一个城市能不能出现文化名人，是衡量一个城市的自然和人文环境之优劣的重要指标。

根据中国的国情、广州的历史与现实以及文化名人的特点来判断，广州要想在三五十年内，在文学、美术、人文学科和宗教方面出现具有世界声誉的文化名人，似乎是不可能的。但是在音乐方面则有可能。同文学、美术、人文学科和宗教相比，音乐比较抽象，更具普世性，意识形态色彩也不强。更重要的是，近百年来，广州出现过像严老烈、何柳堂、何大傻、吕文成、冼星海、马思聪、李海鹰等一批杰出的音乐家，他们的代表作《旱天雷》、《赛龙夺锦》、《雨打芭蕉》、《孔雀开屏》、《步步高》、《平湖秋月》、《黄河大合唱》、《思乡曲》、《弯弯的月亮》、《七子之歌——澳门》等，在海内外具有广泛的影响与持久的生命力。严老烈、何柳堂、何大傻、吕文成等人是"广东音乐"的杰出代表，冼星海和马思聪是中国现代音乐的杰出代表，李海鹰则是中国当代流行音乐的杰出代表。他们分别属于广州百年音乐的三代人。就他们的音乐作品的价值、意义与影响力而言，他们同世界文化名人的距离实际上并不遥远。

文化名人的成长以及相关代表作的产生，需要相应的自然和人文环境。"广东音乐"的特点是旋律清新，明快流畅，悠扬动听，被外国人称为"透明的音乐"，这与广州及珠江三角洲山清水秀的自然环境是有关系的。"广东音乐"的直接源头是清末在广州及珠江三角洲一带流行的民间"谱子"和"过场曲"，它们是广府粤剧戏班演出戏文时的气氛音乐和过场音乐。这种音乐本是中原古乐、昆曲牌子和江南小曲小调与广东民歌民谣相结合的产物，在后来的发展过程中，它又吸收了其他民间音乐以及西洋音乐的某些养料。在中国民乐中，它是最早使用小提琴、萨克管等西洋乐器的一个乐种。"广东音乐"这种兼收并蓄的特点，充分体现了广州文化的多元性、包容性、开放性与创新性。

广州文化既有清新、明快的一面，又有刚健、雄直的一面。在承平年代，清新、明快是它的主旋律；在战争年代，刚健、雄直又成了它的主旋律。所以在广州的土壤上，既能产生何柳堂这样的音乐家，也能产生冼星海这样的音乐家，他们的代表作品体现了广州文化的两种不同的风格。我们丝毫不怀疑抗战时期的延安文化对冼星海的影响，但我们要强调的是，冼星海的文化底蕴或者文化之根是广州文化。

改革开放以来，以李海鹰的作品为代表的广东当代流行音乐，成就了中国当代流行音乐的半壁江山。广州是中国当代流行音乐的一片热土，许多在海内外有影响的曲作家、词作家和歌唱家，都是在广州这片土地上成长起来的。李海鹰的作品继承了广州音乐文化的优良传统，同时更具多元性。他能创作像《弯弯的月亮》、《我不想说》、《我的爱对你说》这样清新、明快的作品，又能创作像《实心的汉子》、《走四方》以及《亮剑》主题歌这样刚健、雄直的作品。他的作品既有岭南风格，又有中原风格和东北风格。他是一位兼容并包的音乐家。正因为他的作品具有多重元素和广泛的代表性，所以20多年来一直受到海内外的热烈欢迎。

广州音乐文化的希望在于传统深厚，多元并存，名家辈出，名作如林，而且后继有人。也许正是由于这些因素，由中国文联、中国音协主办的中国音乐界的最高奖——"金钟奖"永久落户于广州。这表明，广州在音乐文化方面的诸多优势，已经得到全国音乐界的高度认可。也正是因为已经具备了这些基础，我才提出要把广州建设成为一个"音乐之都"。

只有具有世界影响的"音乐之都"，才能产生具有世界影响的音乐文化名人。文化名人是在相应的自然环境和人文环境中自然而然地成长起来的，从来不是政府用行政手段或者经济手段"打造"出来的。政府可"打造"的事情很多，例如可以多建一些不同层次的音乐学校，多建一些大小不同的音乐广场和音乐厅，多举办一些规格不同的音乐会和歌咏会，但是最好不要去考核、评选音乐人才，不要去给音乐人才划等级，也不要时不时拿金钱去刺激他们。真正的音乐人才视音乐为生命，他们会自觉自愿地从事创作，冷暖自知，甘苦自得。在对待专业人才的问题上，政府不妨来点无为而治，既不"打压"他们，也不"打造"他们，让他们在优美的自然和人文环境中自由地创作，自然地成长。

2011 年 10 月 5 日于广州

广州的世界文化名城定位

为把广州培育和建设成为世界文化名城，首先必须了解世界文化名城的基本内涵与基本要素，了解广州的优势与不足，并从世界文化名城的建设中获得某些经验与启示，在这个前提下，再给广州一个准确的定位。有了准确的定位，它才能得到合乎规律的发展。

一、世界文化名城的基本内涵

什么是世界文化名城？中外学术界并没有一个明确的定义。我认为，要给世界文化名城下一个明确的定义，有两个概念可供参考：一是"历史文化名城"，二是"世界遗产城市"。

1. "历史文化名城"

什么是"历史文化名城"？2007 年 12 月 29 日公布的《中华人民共和国文物保护法》第 14 条规定："保存文物特别丰富并且具有重大历史价值或者革命纪念意义的城市，由国务院核定公布为历史文化名城。"据此，"国家历史文化名城"必须具备下列要素：① 保存文物特别丰富；② 具有重大历史价值或者革命纪念意义；③ 经过中华人民共和国国务院核定并公布。

那么，是不是在"历史文化名城"的前边加上一个定语，即"具有世界影响的历史文化名城"，就可以作为世界文化名城的定义呢？似乎可以，但也没有这么简单。第一，"历史文化名城"是由中华人民共和国国务院核定并公布的，而世界文化名城则无须那一个世界性的组织来核定和公布，它只是一个国际性的口碑，一个国际性的认可。第二，"历史文化名城"只包含物质文化遗产，没有包含非物质文化遗产。

"历史文化名城"虽然不能等同于世界文化名城，但是在中国，如果还不是一座"历史文化名城"，那是很难进入世界文化名城之列的。广州是国务院公布的首批"历史文化名城"。像这样的城市，在中国是屈指可数的。正是因为具有这种条件和资格，使得它离世界文化名城的距离并不遥远。

2."世界遗产城市"

"世界遗产城市"（World Heritage City or Town）是世界文化遗产的特殊类型，是指某一类历史地区（Historic Area）。这类历史地区代表了它们的历史生活特征，记录了某一时期明确的文明特征，以及文化、区域和社会活动的多样性。世界遗产城市，是联合国教科文组织认定的，是人类赋予具有重要历史和文化价值的城市的最高荣誉。

世界文化遗产是什么呢？1972年10月17日至11月21日，联合国教科文组织在巴黎举行第十七届会议，通过了《世界文化和自然遗产保护公约》，明确了文化遗产的定义：

（1）文物：从历史、艺术或科学角度看，具有突出、普遍价值的建筑物、雕刻和绘画，具有考古意义的成分或结构，铭文、洞穴、住区及各类文物的综合体；

（2）建筑群：从历史、艺术或科学角度看，因其建筑的形式、同一性及其在景观中的地位，具有突出、普遍价值的单立或相互联系的建筑群；

（3）遗址：从历史、美学、人种学或人类学角度看，具有突出、普遍价值的人类工程或自然的共同杰作以及若干考古遗址地带。

由此看来，所谓"世界遗产城市"，就是拥有世界级的文化遗产或自然遗产的城市。

1993年9月8日，"世界遗产城市联盟"在摩洛哥成立，这是联合国教科文组织的一个下属机构，目前已有228座被列入"联合国教科文组织世界遗产名录"的城市作为它的会员，另有7座城市为其观察员。中国成为这个组织的会员和观察员的城市有 5 座，分别是：承德、丽江、澳门、平遥、苏州（观察员）。

3. 世界文化名城的内涵

无论是中国国务院核定和公布的"历史文化名城"，还是联合国教科文组织核定和公布的"世界遗产城市"，都有一个明显的缺陷，即只包含物质文化遗产，而不包含非物质文化遗产。我们理解的世界文化名城，其内涵要比"历史文化名城"和"世界遗产城市"丰富得多。

虽然直到今天，无论是中国的学术界还是外国的学术界，都没有对世界文化名城下一个明确的定义，但是，世界文化名城是客观存在的。参照"历史文化名城"和"世界遗产城市"的定义，我们可以尝试为世界文化名城下一个初步的定义，这就是：拥有丰富的物质文化遗产和非物质文化遗产，从历史、美学或科学的角度来看，这些遗产既有鲜明的特色，又有突出、普遍的价值，在世界上具有广泛而深远的影响。

二、世界文化名城的基本要素与广州的条件

那么，什么样的城市才会拥有世界文化名城的上述内涵呢？换句话说，既有鲜明特色，又有突出、普遍价值的物质文化遗产和非物质文化遗产，是由什么样的城市所培育的呢？这就涉及世界文化名城的基本要素了。

为了回答这个问题，我对全球四大洲（欧洲、美洲、非洲、亚洲）20 个国家的 30 座世界文化名城做了一个初步的考察。这 30 座文化名城是：法国的巴黎，英国的伦敦，德国的柏林、波恩和慕尼黑，意大利的罗马、米兰、威尼斯和比萨，荷兰的阿姆斯特丹，挪威的奥斯陆，瑞士的苏黎世，奥地利的维也纳，比利时的布鲁塞尔，希腊的雅典，丹麦的哥本哈根，瑞典的斯德哥尔摩，捷克的布拉格，俄罗斯的莫斯科，芬兰的赫尔辛基（以上欧洲），加拿大的多伦多，美国的纽约和洛杉矶（以上美洲），埃及的开罗（以上非洲），日本的京都、大阪、奈良、东京和名古屋，韩国的首尔（以上亚洲）。我发现，这 30 座城市，虽然各有特色，但是也有一些共同的要素，具体来讲，它们至少具备下列 13 个要素中

的三至五个。我把这些共同的要素称为世界文化名城的基本要素。

1. 世界文化名城的基本要素

（1）优越的地理位置

一座城市所处的地理位置会影响城市的发展空间和历史走向，甚至影响它的命运。上述 30 个世界文化名城，绝大多数要么滨海，要么滨湖，要么滨河，要么既滨海又滨河，要么有河流穿城而过。其中：滨海的城市有挪威的奥斯陆，希腊的雅典，丹麦的哥本哈根，瑞典的斯德哥尔摩，芬兰的赫尔辛基，意大利的威尼斯，美国的纽约和洛杉矶，日本的大阪、东京、名古屋等 11 座；有河流穿城而过的城市有法国的巴黎，英国的伦敦，德国的波恩和慕尼黑，意大利的罗马，荷兰的阿姆斯特丹，瑞士的苏黎世，奥地利的维也纳，俄罗斯的莫斯科，埃及的开罗，韩国的首尔等 11 座；滨河的城市有德国的柏林，意大利的米兰和比萨，比利时的布鲁塞尔，捷克的布拉格，日本的京都等 6 座；滨湖的城市有加拿大的多伦多。真正既不滨海又不滨河、也不滨湖的内陆城市，只有日本的奈良，但是它本身离海的距离不远，本质上还是一座海岛城市。

（2）优良的气候条件

气候条件好不好，同样会影响一座城市的命运。气候的要素有两点，一是温度，二是降雨量。一座城市的温度适宜，降雨量适中，就说明这座城市的气候环境优良。反之，如果极冷，或者极热，或者长年干旱少雨，或者长年多雨，这样的城市，都不可能成为世界文化名城。

上述 30 座世界文化名城，绝大多数的气候条件都很优良，或者四季如春、气候温和，或者四季分明、寒冷适度。其中，夏无酷暑，冬无严寒，全年气候温暖适宜的城市有：法国的巴黎，荷兰的阿姆斯特丹，挪威的奥斯陆，意大利的罗马、米兰、威尼斯和比萨，德国的慕尼黑和波恩，比利时的布鲁塞尔，瑞士的苏黎世，希腊的雅典，丹麦的哥本哈根，瑞典的斯德哥尔摩，美国的洛杉矶等 15 座；气候四季分明的城市有：德国的柏林，奥地利的维也纳，捷克的布拉格，加拿大的多伦多，美国的纽约，日本的奈良、名古屋、京都、大阪和东京，韩国的首尔等11座。气候条件比较差一点的只有埃及的开罗、俄罗斯的莫斯科和芬兰的赫尔辛基。但只是差一点,并不是很差。例如,开罗虽然长夏无冬,夏季炎热干燥,但是春、秋两季气候宜人;俄罗斯虽然冬季寒冷而漫长,但是夏季凉爽,春、秋两季气候宜人;赫尔辛基虽地处北纬60°,但因受海洋影响,气候也比较温和。伦敦的气候比较特殊,它属于温带海洋性气候,由于日照少,湿度大,因此雾气比较重,有"雾都"之称,给城市的生活带来不便。不过后来由于工厂大量外迁,雾罩全城的状况有所改变,天气变得宜人。

（3）优美的自然环境

城市的自然环境由山、水、树木、花草等组成,多数是天然的,少数是人工培育的。城市环境需要人工的装饰,但必须与自然融为一体。上述30个城市要么滨海,要么滨湖,要么滨河,或者有河流穿城而过,有的还依山,所谓依山傍水,自然环境本来就很优美,加之长期以来的植树造林、栽花种草,使得它们的自然环境美上加美。例如法国的巴黎,位于美丽的塞纳河两岸,公园、绿地星罗棋布,有32座大桥横跨河流,使河上风光更加妩媚多姿。香榭丽舍大街是世界上最美丽的林阴大道。整个城市,到处都有盛开的鲜花及其散发的芳香,所以又叫"花都"。又如意大利的威尼斯,建在离岸4公里的海边浅水滩上,平均水深1.5米,由铁路、公路、桥梁与陆地相连。全城有118座小岛,并由177条水道、401座桥梁连成一体,以河为街,以船代车,有"水上都市"、"百岛城"、"桥城"之称。再如瑞典的斯德哥尔摩,分布在14个岛屿和一个半岛上,70余座桥梁将这些岛屿连为一体,因此享有"北方威尼斯"的美誉;荷兰的阿姆斯特丹有100多条运河,也有"北方威尼斯"的美誉;芬兰的赫尔辛基三面环海,在大海的衬托下,无论是夏天,还是冬季,这座港口城市总是显得美丽洁净,被世人誉为"波罗的海的女儿";德国的波恩,森林面积占全市总面积的1/3以上,平均每个市民占有森林面积140平方米,占有公园绿地17平方米,整个城市被一片绿色的海洋所包围,到处都可以见到郁郁葱葱的树木和绚丽缤纷的花草,被誉为"绿色的城市",显得非常清新和宁静,没有那些大城市常有的嘈杂和车多人挤的现象；俄罗斯的莫斯科有 11 个自然森林区，96 个公园，14 个大花园，400 个街心花园，160 条林阴道，是世界上绿化最好的城市之一；加拿大多伦多市的公共绿地上有 300 万棵树，每一棵都受到法律保护，全城有 2 万公顷公园绿地，包括绿化带、沙滩、自然保护区，以及一个音乐花园。

（4）悠久的历史

西方有一句谚语："罗马不是一日建成的。"这表明，成熟的文化需要长期的创造和积淀，成熟的城市需要长期的建设和养护。上述 30 个世界文化名城多数都有 1000 年以上的历史。例如：法国的巴黎，英国的伦敦，德国的波恩，意大利的罗马、威尼斯和比萨，挪威的奥斯陆，瑞士的苏黎世，奥地利的维也纳，比利时的布鲁塞尔，希腊的雅典，日本的京都、大阪、奈良，其建城历史都在 1000 年以上。历史最长的是希腊的雅典，长达 3011 年；其次是埃及的开罗，长达 3000 年；再次是意大利的罗马，长达 2764 年。在 30 个世界文化名城中，建城历史在 500 年以下的只有芬兰的赫尔辛基、加拿大的多伦多、美国的纽约和洛杉矶，日本的东京和名古屋等 6 座城市，不到总数的 20%。建城历史在 200 年以下的只有美国的洛杉矶，仅 161 年。美国的发展本身就是一个奇迹，洛杉矶作为最年轻的世界文化名城，人们早已不感到奇怪。

（5）享誉世界的名胜古迹

名胜古迹是重要的物质文化遗产，它形象地见证了城市的历史。世界上也有一些城市，建城的历史并不短，但是地面上没有名胜古迹保留下来，人们只能通过地下或者水下发掘出来的文物来证明它的历史，甚至只能通过文字资料来描述它的历史，这样的城市不能称为文化名城，因为地面上没有名胜古迹保留下来，就说明它的文化遗产保护得不好。一个不能很好地保护自己的文化遗产的城市，不可能成为世界文化名城。

上述 30 座城市，每一座城市都有许多名胜古迹。城市的历史越悠久，名胜古迹就越多，知名度也就越高。例如巴黎的凯旋门、埃菲尔铁塔、卢浮宫、巴黎圣母院、凡尔赛宫、爱丽舍宫，伦敦的白金汉宫、威斯敏斯特宫、圣保罗大教堂、伦敦塔桥、温莎古堡，罗马的万神庙、斗兽场，比萨的斜塔，雅典的帕尔特农神庙、雅典娜胜利神庙、酒神剧场遗址，哥本哈根的美人鱼铜像，莫斯科的克里姆林宫、红场，开罗的金字塔，等等，都有着悠久的历史和极高的知名度。有的名胜古迹历史并不很悠久，但是知名度很高，如纽约的自由女神像，可以说是享誉全世界。这是因为她所彰显的文化价值被全世界普遍接受的缘故。

（6）享誉世界的文化设施

文化设施是开展文化活动的场所或者空间，包括大学、图书馆、博物馆、影剧院、音乐厅、画廊、文化艺术研究院（所）等等。文化设施的知名度高不高，取决于在这里举行的文化活动的水平高不高，文化活动的影响大不大，开展文化活动的历史长不长，等等，而不在于设施本身先进不先进、豪华不豪华，正所谓"山不在高，有仙则名"。世界上许多著名的文化设施，在使用之初可能是很先进、很豪华的，但是几百年、上千年之后，就说不上先进、豪华了，但是它们的影响力却与日俱增，这只能归功于在这里举行的文化活动的水平之高、影响之大和历史之悠久。正是这样的文化设施，提高了城市的知名度和影响力。上述30座城市，每一座都有享誉世界的文化设施。例如：斯德哥尔摩的瑞典皇家歌剧院、斯德哥尔摩公共图书馆，奥斯陆的奥斯陆大学、海盗博物馆，莫斯科的莫斯科大学、国家大剧院，波恩的大学城，维也纳的金色大厅、维也纳歌剧院，阿姆斯特丹的梵高美术馆、荷兰国家博物馆，巴黎的泰尔特尔艺术广场、沙特莱广场，米兰的布雷拉画廊、米兰音乐学院，纽约的百老汇、林肯中心等等。

（7）享誉世界的标志性建筑

标志性建筑往往就是一处名胜古迹，或者就是一处文化设施，因此这一个要素的内涵与第五、第六两个要素有交叉重合之处。标志性建筑是城市的一张精美名片。人们通过一座城市的标志性建筑来认识一个城市的文化。标志性建筑在宣传、推介一座城市的文化方面，起着不可替代的作用。

多数的标志性建筑的历史都很悠久。少数历史并不长的建筑之所以能够成为标志性的建筑，是因为它的文化内涵和审美形式得到全世界的广泛认同。标志性建筑不是自封的。

每一座世界文化名城都有自己的标志性建筑，例如：巴黎的埃菲尔铁塔、卢浮宫、凯旋门，伦敦的大笨钟（威斯敏斯特宫）、伦敦塔桥、白金汉宫，柏林的勃兰登堡门，波恩的德国邮政大厦，慕尼黑的圣母教堂，罗马的斗兽场，米兰的大教堂，威尼斯的圣马可广场和圣马可教堂，比萨的斜塔，阿姆斯特丹的瘦桥，奥斯陆的市政厅，苏黎世的格罗斯穆斯特大教堂之双塔，维也纳的斯特凡大教堂，布鲁塞尔的大广场，雅典的帕特农神庙，哥本哈根的美人鱼雕像，斯德哥尔摩的市政厅，布拉格的布拉格广场，莫斯科的克林姆林宫和红场，赫尔辛基的大教堂，多伦多的市政厅，纽约的帝国大厦和自由女神，洛杉矶的图书大厦和好莱坞，开罗的金字塔和狮身人面像，大阪的天守阁，奈良的唐招提寺，东京的东京塔，名古屋的港船楼，首尔的昌德宫，等等。

（8）影响深远的文化活动

文化活动本身既是文化的一个创造过程，也是文化成果的一种展示和交流。它高度集中地体现了人类的智慧和才华，体现了一个城市的文化底蕴、创新能力和影响力，其意义是多方面的。

每一座世界文化名城都有自己独特的、高规格的、高水平的、影响深远的文化活动。这些活动一般都是以所在城市或者所在城市的文化名人冠名的节日或展览，这些节日或展览也就成了享誉世界的文化盛会和文化品牌。例如：在法国的巴黎，有"巴黎服装展览会"；在德国的柏林，有"柏林国际电影节"；在德国的波恩，有"波恩狂欢节"、"贝多芬音乐节"、"莱茵焰火节"；在意大利的威尼斯，有"威尼斯电影节"、"威尼斯狂欢节"。尤其是意大利的米兰，它是世界上展览、展会最多的城市之一，曾承办过1906年的世界博览会，并即将主办2015年的世界博览会。米兰展览馆是世界最大的展览中心。"米兰设计周"、"米兰家具设计展"、"米兰建筑双年展"等固定展览在世界上具有重要影响，全世界各地的展品源源不断地在米兰展出。一年一度的"米兰国际博览会"是世界第四大博览会。在奥地利的维也纳，有"维也纳新年音乐会"；

在丹麦的哥本哈根，有"哥本哈根爵士音乐节"；在挪威的奥斯陆，有两年一度的"易卜生戏剧节"；在瑞典的斯德哥尔摩，有一年一度的"诺贝尔奖颁奖仪式"；在捷克的布拉格，有"布拉格之秋国际音乐节"、"布拉格国际图书展"、"布拉格国际作家笔会"；在日本的东京，有"东京音乐节"和"东京国际电影节"。

（9）作为城市名片的文化名人

人是文化的创造者，也是文化的主体。名胜古迹、文化设施、文化活动之所以有名，首先是因为它的创造者和主体有名。一座城市之所以成为世界文化名城，归根结底，还是因为这座城市拥有世界文化名人。

所谓世界文化名人，是指具有世界声誉的文化艺术界人士，包括文学家、音乐家、戏剧家、美术家，还有人文学者以及少数宗教领袖。戏剧家是指戏剧文学作家，不是指导演和演员，所以戏剧家实际上就是文学家。歌星、影视明星、体育明星都不算文化名人。少数导演可以算文化名人。少数具有人文思想的科学家可以算文化名人，如创立了进化论的生物学家达尔文、创立了相对论的物理学家爱因斯坦及设立了诺贝尔奖的化学家诺贝尔等。

一座城市的文化名人，就其和这个城市的关系来讲，可以分为三种：一是在这个城市出生、成长，并且在这里从事创作或研究，在这里完成了他的代表作的文化名人；二是在这个城市出生、成长，但是不在这里从事创作或研究的文化名人；三是不在这里出生和成长，但是有一段时间是在这里从事创作或研究，并且在这里完成了他的代表作的文化名人。

文化名人是无价的。一座城市，只要有一个世界级的文化名人，就足以让这座城市享誉全世界。例如一个童话作家安徒生，就让丹麦的哥本哈根享誉全世界；一个戏剧作家易卜生，就让挪威的奥斯陆享誉全世界。

文化名人不是政府或者别的什么机构"打造"出来的，是城市优良的自然环境和人文环境培育出来的。一座城市有没有出现文化名人，是衡量一座城市的自然环境和人文环境之优劣的一个重要指标。

文化名人是城市历史和文化的一个代表，是城市的骄傲，也是城市的名片。几乎任何一座世界文化名城，都有自己的世界级的文化名人。例如：法国的巴黎，有文学家巴尔扎克、音乐家肖邦、画家毕加索、人文学者萨特、波伏娃等；英国的伦敦，有戏剧家莎士比亚、萧伯纳，小说家狄更斯等；德国的波恩，有音乐家贝多芬；意大利的米兰，有画家达芬奇等；奥地利的维也纳，有音乐家舒伯特、老约翰·施特劳斯、小约翰·施特劳斯等；希腊的雅典，有人文学者苏格拉底、柏拉图和亚里士多德。

（10）世界经济重镇

经济是文化建设、发展的基础和保障，没有相应的经济条件，文化建设无从谈起，这是一个常识。经济发达的城市，文化不一定发达；文化发达的城市，经济一定发达。这也是一个常识。

任何一座世界文化名城，都有发达的经济。不仅发达，而且在某些领域还是世界的重镇或者中心，某些产品和服务驰名全球。例如：巴黎是法国的经济和金融中心。巴黎的纺织、电器、汽车、飞机等工业都非常发达，时装和化妆品工业更是举世闻名；伦敦是世界上最重要的经济中心之一，也是欧洲最大的经济中心，大约有一半以上的英国百强公司和 100 多个欧洲 500 强企业在伦敦设有总部，全球大约 31% 的货币业务在伦敦交易，伦敦证券交易所是世界上最重要的证券交易中心之一；苏黎世不仅是瑞士最大的金融中心，而且是西欧重要的金融中心，集中了数百家银行，其中半数以上是外国银行，故享有"欧洲百万富翁都市"的称号；纽约是世界的经济中心，也是世界三大金融中心之一（另外两个为伦敦和东京），控制着全球 40% 的财政资金。纽约证券交易所拥有全球最大上市公司总市值，有超过 2800 家公司在此上市。世界 500 强企业中有 56 家位于纽约；东京是亚洲第一大城市、世界第二大城市，是全球最大的经济中心之一，除了长期作为亚洲金融、贸易等经济活动的要地，也是各种物资与各类信息的巨大集散地。其他一些世界文化名城，也多是本洲、本国的经济中心或者经济最发达的城市。例如：柏林是欧洲的经济中心，罗马是意大利的经济中心，阿姆斯特丹是荷兰的金融中心，洛杉矶是美国石油化工、海洋、航天工业和电子业的最大基地。

（11）消费时尚之都

这里所讲的消费，主要是指衣食住行方面的消费。衣食住行也是文化的重要组成部分。一座城市的消费质量高不高，消费能力强不强，消费用品和消费服务先进不先进，消费观念和消费方式时尚不时尚，不仅体现了一座城市的经济实力与人民的富裕程度，也体现了一座城市的文化创新能力与影响力的大小。

大凡世界文化名城，同时也是享誉世界的消费之都。它们在某一项、某几项消费品或者消费服务方面，不仅质量一流，而且非常时尚，能够引领时代潮流。例如法国巴黎，就是世界闻名的时尚之都，每年都举行许多服装展览会。另外法国可能是唯一能和中国齐名的美食之国。法国的许多美食，就集中在它的首都巴黎。英国的伦敦，是全球最著名的四大时尚城市之一（另外三个是巴黎、纽约、米兰），世界闻名的哈洛德百货公司就坐落在这里。意大利的米兰，是公认的世界时尚和设计之都，居世界四大时尚之都首位，是全球设计师向往的地方。这里拥有世界半数以上的著名品牌，世界所有著名时装都在此设立机构，半数以上时装大牌的总部设在米兰。这里是阿玛尼、范思哲、PRADA、杜嘉班纳、华伦天奴、MOSCHINO 等世界顶级服装的大本营。米兰时装周影响着世界时尚。蒙特拿破仑大街上的时装商店举世闻名，埃马努埃莱二世长廊被认为是世界上最古老的购物中心。在饮食方面，米兰拥有独特的料理，例如意大利面包和意大利调味饭，圣诞节的点心巴内多内则是米兰另一个著名的特产。而卡普奇诺，则是米兰特有的一种带泡沫的饮料，现在可谓风靡全球。日本的大阪号称"日本厨房"。大阪南部地区过去曾是剧场集中区，也是大阪人所谓"吃趴下"的饮食文化的发源地。道顿崛（Dunton Street）是一条长长的餐饮街，街道两旁的各色餐馆和酒吧鳞次栉比，许多著名的小吃，像金龙拉面、章鱼烧、旋转寿司、河豚鱼等，在这儿都可以吃得到。道顿堀背面则是历史悠久的法善寺小巷，遍布富有日本传统特色的酒馆。

（12）国际政治活动中心

世界文化名城多因其优越的地理位置、优良的气候条件、雄厚的经济实力和强大的文化软实力，成为国际政治的活动中心。当一座城市成为国际政治活动中心之后，它就可以凭借这个优势，使自己在全球政治、经济、军事等各项事务中发挥更重要的作用和影响，也使自己在文化方面更有话语权。这是一个良性循环。

国际政治活动中心的形成，主要有三种形式：一是许多著名的国际性组织在这里设立总部，二是许多重要的国际性会议在这里举行，三是许多重要的国际性文件在这里签署或者发布。例如在法国的巴黎，设有联合国教科文组织（UNES-KO）、经济合作与发展组织（OEKD）、国际商会（IKC）、巴黎俱乐部（Paris Club）等国际组织的总部。在德国的波恩，从1996年起就有了"莱茵河畔的联合国城"的称号，联合国13个机构的600名工作人员在此办公，今后还会上升到1000人。联合国的落户，使得许多其他国际机构和非政府机构也乐于在波恩安家。奥地利的维也纳被定位为国际会议和解决国际冲突的城市。这里设有维也纳国际中心即"联合国城"，也就是联合国的第三个驻地。维也纳也是许多其他国际组织的所在地，如欧盟基本权利机构、国际出版局（IPI）、保护多瑙河国际委员会（IKSD）、石油输出国组织（OPEC）、欧洲安全合作组织（OSZE）、国际原子能机构（IAEA）、联合国工业发展组织（UNIDO）、联合国毒品和犯罪办公室（UNODC）、联合国难民署（UNHCR）、全面禁止核试验条约组织筹备委员会（CTBTO PrepCom）、联合国宇宙空间问题办公室（UNOOSA）、联合国原子射线影响委员会（UNSCEAR）等等。比利时的布鲁塞尔，是欧洲联盟的主要行政机构所在地。欧洲联盟的三个主要机构当中，欧盟委员会和欧盟部长理事会位于布鲁塞尔，另一个重要机构欧洲议会则在布鲁塞尔设有分处；北大西洋公约组织的总部也设在布鲁塞尔，另有200多个国际行政中心及超过1000个官方团体也都在此设立了办事处。此外，名目繁多的国际会议也常在此召开。因此，布鲁塞尔被人称为"欧洲首都"。捷克的布拉格也是一个重要的国际会议中心，自2000年以来，在该市举行的重要会议就有 2000 年国际货币基金组织和世界银行首脑会议、2002 年北约首脑会议、2003 年国际奥委会第 115 次全会等。美国的纽约，则因为联合国总部设立于此而被世人誉为"世界之都"。埃及的开罗，则是阿拉伯联盟所在地。

（13）世界级的体育赛事举办地

世界级的体育赛事是一项很重要的国际间的交流活动，它的意义是多方面的，绝非限于体育这一方面。它实际上是各个国家的硬实力和软实力的一个大展演。一座城市有没有能力或者资格举办世界级的体育赛事，可以说是从一个很重要的方面体现了它的国际地位。

世界级的体育赛事，一般都由不同的城市轮流举办，但是我们发现，大凡举办这种赛事的城市，多数都是在文化上享有很高声誉的城市，其中有许多就是世界文化名城。例如意大利的米兰，是著名的足球之城，两支著名的球队——"AC 米兰"和"国际米兰"，全世界闻名。米兰曾承办过 1990 年"世界杯"，著名的圣西罗球场是各地球迷心目中的圣地。希腊的雅典，则因为是奥运会的发源地而享誉全球。这方面的例子还有许多，这个道理也是一个常识，故不多讲。

2. 广州的优势与不足

对照世界文化名城的 13 个基本要素，我发现，广州既有自己的优势，也有明显的不足。我认为，客观地认识这些优势和不足，对于把广州培育和建设成为世界文化名城，无疑具有重要的意义。

先看优势：

（1）地理位置优越

广州濒临南海，是中国通往世界的南大门。北部和东北部是山区，中部是丘陵、台地，南部是珠江三角洲冲积平原。中国的第三大河流珠江从市区缓缓流过。

广州滨海的地理优势，可以和挪威的奥斯陆，希腊的雅典，丹麦的哥本哈根，瑞典的斯德哥尔摩，芬兰的赫尔辛基，意大利的威尼斯，美国的纽约和洛杉矶，日本的京都、大阪、东京和名古屋，韩国的首尔等 13 座城市媲美；有河流穿城而过的地理优势，又可以和法国的巴黎，英国的伦敦，德国的波恩和慕尼黑，意大利的罗马，荷兰的阿姆斯特丹，瑞士的苏黎世，奥地利的维也纳，俄罗斯的莫斯科，埃及的开罗等 10 座城市媲美。可以说，广州兼有这 23 座城市之长。

这样的地理优势，为广州建设世界文化名城提供了先决条件。

（2）气候优良

广州属于亚热带海洋性季风气侯，夏季平均气温为 21.8℃，最热月（7 月）平均气温为 28.1℃，最冷月（1 月）平均气温为 13.3℃，冬夏温差不大；年降水量达 1600 毫米以上，可以说是热量充足，雨量丰沛，三冬无雪，四季常青。

广州既不太热也不太冷的气候优势，在中国的大城市中是数一数二的；在世界上，则可以和法国的巴黎、荷兰的阿姆斯特丹、挪威的奥斯陆、瑞士的苏黎世、德国的柏林和波恩、比利时的布鲁塞尔、希腊的雅典、丹麦的哥本哈根、美国的洛杉矶、日本的奈良和名古屋等 12 个城市媲美。

（3）自然环境优美

由于热量充足，雨量丰沛，广州的热带和亚热带植物随处可见，植物种类达数千种。广州自古以来就有种花、卖花、买花、赠花、插花、戴花、行花街的习俗，在唐、宋、元、明、清历代的诗词文赋里，描写广州花卉的作品更是多得无法统计。唐代著名诗人张籍的《送侯判官赴广州从军》一诗写道："海花蛮草连冬有，行处无家不满园。"两句诗，一句从时间上讲，一句从空间上讲。时间上讲是四季都有，空间上讲是无处不多。广州的花卉具有这样两个鲜明的特点，所以自古以来就有"花城"的美誉。

作为一个举世闻名的"花城"，广州在国内是独一无二的，在国外也只有一个素有"花都"之称的巴黎可以与之媲美。

（4）历史悠久

广州建城始于公元前 214 年，至今已有 2226 年的历史。周代的城名叫"楚庭"，秦朝初年叫"任嚣城"。秦始皇 33 年（前 214 年）统一岭南后建南海郡，郡治"番禺"，即今天的广州。公元 226 年，孙权从交州中分出广州，广州即由此得名。

广州在秦汉时期就是一个繁华的商业都会，汉唐以来是海上"丝绸之路"的始发港。宋元时期，意大利旅行家鄂多立克说广州已经比当时世界著名的商贸城市威尼斯大三倍。元代的广州为仅次于泉州的全国第二大港，海上贸易非常繁荣，航道通往亚、欧、非各国，来广州贸易的国家达到 140 余个。清朝闭关锁国时，广州是中国唯一的对外开放的港口，史称"一口通商"。"一口通商"使得当时的广州（欧洲商人称 Canton）得以独揽全国外贸，国际知名度迅速提高，成为世界第三大城市（仅次于当时的北京和英国伦敦），这是广州历史上最辉煌的时期之一。

广州历史之悠久，在国内仅次于西安、北京等少数几座大城市；在国外仅次于希腊的雅典、埃及的开罗、意大利的罗马等少数几座世界文化名城。

（5）经济发达

广州自汉代以来就是中国最著名的对外贸易城市，拥有 2220 多年的贸易史。20 世纪 70 年代后期，中国实行改革开放后，广州的经济发展迅速，其经济总量连续 13 年在全国各主要城市中位居第三。根据国务院 2005 年发表的一份报告，广州成为中国第一个进入"发达"状态的城市。2010 年，广州的生产总值达到 10604.48 亿元，成为继上海、北京之后第三个进入"万亿元俱乐部"的城市，也是首个经济总量过万亿的省会城市。

广州的经济发达程度，在上述 30 个世界文化名城中居于中等水平。

（6）饮食消费引领时尚

作为中国最富裕的城市之一，广州在衣食住行方面，尤其是在饮食消费方面，一直引领时尚。广州的饮食驰名中外，自古享有"食在广州"的美誉。

广州的饮食文化主要有三大特点：一是饮食业发达。全市饮食企业多达 10 万家，其中绝大多数都经营"三茶两饭一宵夜"（即早茶、下午茶、夜茶、午饭、晚饭、宵夜），全天供应不中断，食客络绎不绝。二是食品用料丰富多样。三是风格特色多样。这里不仅汇集了中国所有的菜系，也汇集了日本菜、韩国菜、越南菜、泰国菜、印度菜、意大利菜等许多外国菜系，美国波士顿龙虾、意大利薄饼、德国咸猪脚、葡国蛋挞、西班牙龙利鱼、日本寿司、韩国料理、泰国冬阴功汤、澳大利亚鲍鱼、新西兰牛扒等许多外国名菜，也都能在广州吃到。

广州饮食的多样性与丰富性在中国首屈一指，在世界屈指可数。尤其是"食在广州"这块金字招牌，无疑是一笔无法估量的无形资产。在上述 30 个世界文化名城中，只有被称为"日本厨房"的大阪可以与之相比。

再看不足：

同世界文化名城相比，广州的优势主要体现在上述六个方面，广州的不足之处则主要体现在以下七个方面。

（1）文物古迹众多，但缺乏世界性的影响

据统计，截至 2012 年，广州拥有各级文物保护单位 530 处，其中"全国重点文物保护单位" 24 处，"省级文物保护单位" 45 处，"市级文物保护单位" 253 处，区县级文物保护单位 208 处，新查出有价值的文物线索 4533 条。广州的文物古迹与全国各省会城市相比是较多的，但是缺乏世界性的影响，不能和国内的西安、北京等大城市相比，更不能和国外的巴黎、伦敦、罗马、雅典、莫斯科等世界文化名城相比。

（2）文化场所的规格不够高，影响不够大

广州现有的、比较有名的文化场所，有建于南宋的玉岩书院，建于清代的万木草堂和陈家祠，建于民国的中山纪念堂和中山大学等，还有建于 1949 年以后的中山图书馆、广州图书馆、广东省博物馆、广东美术馆、广州美术馆、星海音乐学院、广州美术学院、星海音乐厅、亚运村、奥体中心、天河体育中心、友谊剧院、蓝宝石电影院、大学城等。不过这些文化场所的规格都不够高，影响也不够大，不能和北京相比，更不能和国外的斯德哥尔摩、奥斯陆、莫斯科、波恩、维也纳、阿姆斯特丹、巴黎、米兰、纽约等城市相比。

（3）标志性建筑的历史不长，影响不够大

广州的标志性建筑，在过去是镇海楼，现在可以说是广州塔。广州塔建成于 2010 年，历史既短，文化底蕴也不足，在国际国内还没有什么影响。

（4）文化活动的级别不够高，影响不够大

广州最有名的文化活动之一是粤剧演出。早在清代，粤剧艺人就在广州黄沙成立了"八和会馆"，此后广州便逐渐成为粤剧活动的中心之一。不过粤剧只是流传于两广、港澳和海外华人社区的一个地方剧种，由于所使用的是粤方言，它的影响不及京剧。近年，粤剧被联合国教科文组织列为"人类口头与非物质文化遗产"，它的影响可能还会更大一些，但需要时日。

20 世纪 90 年代以来，由中国文联、中国音协和广州市政府共同主办的"中国音乐金钟奖"永久落户广州，至今已举办了八届。"金钟奖"是中国音乐界的最高奖，也是中国最有影响的音乐盛会，在国内的影响很大。但是到目前为止，它还不具备世界性的影响。

（5）文化名人的级别不够高，影响不够大

广州历代的文化名人虽然较多，但是真正具有世界影响的文化名人却很少，六祖惠能、康有为、梁启超、孙中山、鲁迅是具有一定的世界影响的人物，但他们都不是地道的广州人，只是在广州生活、工作过一段时间，他们的主要活动地或主要作品的产生地也不在广州。

真正具有某些世界影响的广州文化名人，包括在广州出生、成长，以及在广州生活、工作过的文化名人有：画家高剑父、陈树人、赵少昂、黎雄才、关山月、赖少其，音乐家何柳堂、何大傻、吕文成、冼星海、马思聪，以及诗人李金发、梁宗岱等。但是，他们在世界上的地位和影响还远远不能和达芬奇、梵高、贝多芬、莫扎特、拜伦、普西金、歌德这些人相比。

（6）国际政治活动较少，影响也不够大

广州是"世界城市和地方政府联合组织"的创始会员，曾于 2009 年 11 月成功举办"世界城市和地方政府联合组织的世界理事会议"。这个活动有一定的国际影响。不过总的来讲，在广州举办的国际活动还比较少，影响也不够大。广州的国际化程度还不高，在国际政治舞台上发挥的作用还很有限。在这一方面，广州不仅不能和巴黎、波恩、奥斯陆、维也纳、布鲁塞尔、布拉格、赫尔辛基、纽约、开罗等世界文化名城相比，也不能和国内的北京、上海相比。

（7）国际性体育赛事较少，影响也不够大

广州于2010年成功举办了第十六届亚运会。这是广州举办的一次级别最高、影响最大的体育盛会。不过，亚运会只是亚洲的一个体育赛事，在世界其他地区虽然也有影响，但不是很大。

三、世界文化名城建设的基本经验与广州的定位

世界文化名城的建设积累了许多宝贵的经验，也有许多深刻的教训，值得我们认真的总结和吸取。这里结合广州的实际，只讲其中的一点，即世界文化名城各有"说得清"的特色，并非面面俱到。

1. 各有"说得清"的特色，并非面面俱到

前文总结了30座世界文化名城的13个基本要素，同时也指出了广州的6条优势与7条不足。这里有两点需要特别说明：

第一，这13个基本要素是就这30座城市而言，并不是就每一座城市而言。也就是说，并不是每一座城市都具备这13个基本要素或者优势。事实上，它们都是各有所长，也各有所短，没有哪一座城市没有缺陷，没有哪一座城市可以称得上完美。

第二，对照这30座世界文化名城，广州具有六大优势，但也有七个不足。这是事实，但是广州不必气馁，更没有必要在短时间内把这七个不足全都弥补，并且转化为优势，而且事实上也很难做到。因为这七个不足，不是三五十年就能够弥补的。例如国际性的政治活动与国际性的体育赛事，能不能在广州主办，主办之后又能产生多大的影响，这都与整个国家在世界上的地位、影响和话语权有关，不是广州所能左右的。又如具有世界影响的文化名人，原是优越的自然环境

与人文环境所长期孕育的，是自然生长的，不是某个政府"着力打造"出来的。再如标志性的建筑，既是建筑上的标志，更是文化上的标志，它需要长期的、丰富的人文积淀，不是今天建了"广州塔"，明天就可以成为标志性建筑的。

既然世界上没有一座文化名城是完美的，广州又何必追求完美呢？广州完全没有必要盲目攀比任何城市，更没有必要面面俱到。广州只需找出自己的特色或者亮点，然后把它发扬光大。

一座城市之所以被称为世界文化名城，关键在于有自己鲜明的特色，而不在于完美，不在于面面俱到。例如：奥地利的维也纳被称为"音乐城"，美国的洛杉矶被称为"电影城"，德国的柏林被称为"戏剧城"，还有德国的斯图加特被称为"图书城"，爱沙尼亚的塔林被称为"歌咏城"，墨西哥的墨西哥城被称为"画城"，也就因为它们或在音乐、或在电影、或在戏剧、或在图书、或在歌咏、或在绘画方面在世界上是最有特色的，并不是因为它们同时具有音乐、电影、戏剧、图书、歌咏和绘画方面的优势，并不是因为它们的完美或者面面俱到。

世界文化名城的要点在于特色。那么，特色要特到什么程度才能被人们在成千上万个城市中一下子识别出来，并且过目不忘呢？只有三个字："说得清"。

"说得清"的城市，就是有特色的城市；"说不清"的城市，就是没有特色的城市。例如水上之都威尼斯、港口之都鹿特丹、旅游之都夏威夷、建筑之都罗马、音乐之都维也纳、雕塑与绘画之都佛罗伦萨、电影之都洛杉矶、时装之都巴黎、啤酒之都慕尼黑、博彩之都拉斯维加斯、狂欢之都里约热内卢、汽车之都沃尔茨堡、会议之都日内瓦、金融之都苏黎世、大学之都海德堡、论坛之都达沃斯、会展之都汉诺威、钟表之都伯尔尼、文学与艺术之都爱丁堡、赛车博彩邮票之都摩纳哥、体育与酒店业管理之都洛桑、软件之都硅谷、新艺术之都毕尔巴鄂等等，都是"说得清"的城市，也都是世界文化名城。反观国内一些城市，本来是"说得清"的，后来由于不断的"打造"，反倒"说不清"了。例如苏州，因拆毁、填埋城内的街道与河涌，破坏了统一的古城水系、街巷、城墙格局以及与此相联系的名胜古迹，尽管还存有一些古典园林，但是连"世界遗产城市"

的正式资格都没有，只能以一个"观察员"的名义厕身其间。又如北京，由于明清古城被长期破坏，致使一座曾经享誉中外的历史文化名城居然连一个"世界遗产城市"的"观察员"都当不上。今天的广州也被"打造"得很厉害，它的特色正在一天一天地丧失，以至于许多人说起广州都有"说不清"的感觉。

广州有关部门主持起草的《关于推进文化引领工程，培育世界文化名城的实施意见》提出："力争到2050年，把广州建设成为城市文化精神充分彰显、城市文化标识突出鲜明、地域文化特色浓郁深厚、文化创新活动高度活跃、文化对外影响覆盖全球、市民文化生活丰富多彩，具有浓郁岭南文化特色、鲜明商贸文化特征、深厚创新文化特质、广泛国际文化影响的世界文化名城。"为了实现这一目标，建议实施以"四大工程"（市民素质提升工程、城市文化名片工程、文化遗产传承工程、文化产业振兴工程）、"三大平台"（国际文化节庆交流平台、文化名家大师活动平台、城市文化对外传播平台）和"三个提升"（提升城市文化形象、提升城市规划建设的文化品位、提升公共文化服务）为基本内容的33项行动计划。且不说这33项行动计划很难全面同步实施，即便全面同步实施了，恐怕也是一座面面俱到而没有特色的城市，一座"说不清"的城市。为此，我建议这个《实施意见》要加以修改。

总之，我们没有必要把所有的世界文化名城的基本要素都集中起来，再把它变成广州培育和建设世界文化名城的硬性指标，并要求在不长的时间内全面地同步地实现。事实上，广州不可能集所有的世界文化名城之长，更不可能成为世界文化名城的集大成者。广州只能是借鉴世界文化名城的某些成功经验，从自己的传统和现实出发，发挥自己的优势，建设一个有自己鲜明特色的世界文化名城。

所有的世界文化名城都不曾面面俱到，广州没有必要面面俱到，也不可能面面俱到。面面俱到的城市，就是没有特色的城市，这样的城市不可能成为世界文化名城。

建设世界文化名城不可能面面俱到，讨论建设世界文化名城的文章和书籍，也没有必要面面俱到。我们总结世界文化名城建设的经验与教训，以及它们对广州的启示，同样没有必要面面俱到。记住"特色"，记住"说得清"，就够了。

2. 广州的定位："世界花城"

广州有很多珍贵的文化遗产，例如有南越王墓、南海神庙、光孝寺、陈家祠、西关大屋、竹筒楼、骑楼这样的物质文化遗产，也有岭南绘画、广东音乐、粤剧、粤曲、"三雕一彩"这样的非物质文化遗产，还有"花城"、"食在广州"这样的金字招牌。但是，这些文化遗产是不是都可以成为这座城市的文化名片，进而成为一座文化名城的定位呢？我认为，只有"花城"这个金字招牌才有这种可能，其他的都不能。理由是：

第一，南越王墓、南海神庙、陈家祠、岭南绘画、广东音乐、粤剧、粤曲、"三雕一彩"等等，都只是这座城市的一个文化遗产或者一个文化元素，它们不是广州的文化名片，不足以体现这座城市的基本特色，而"花城"则可以。长期以来，人们不称广州为建筑城、雕塑城、绘画城、音乐城，而称它为"花城"，这就说明只有鲜花才是广州的文化名片，才能代表广州的基本特色。"食在广州"是一块金字招牌，但是人们并没有因此而称广州是一座饮食城，可见同是金字招牌，但是"食在广州"的文化价值还是不及"花城"。

第二，广州作为一座举世闻名的"花城"，在国内是独一无二的，在国外也只有一个素有"花都"之称的巴黎可以与之媲美。

第三，广州作为一座"花城"的历史，可以说是由来已久。早在西汉时期，陆贾出使南越国，就发现这里的人爱种花、插花、戴花，房前屋后、厅堂房内都摆满了花，因而称赞这里都是"彩缕穿花"之人。至唐代，广州的花卉已经闻名全国。唐代著名诗人张籍的《送侯判官赴广州从军》一诗写道："海花蛮草连冬有，行处无家不满园。"两句诗，一句从时间上讲，一句从空间上讲。时间上讲是四季都有，空间上讲是无处不多。可见唐代的广州，已是一座名副其实的"花城"。广州的花卉品种繁多，尤以茉莉花、指甲花和素馨花最为知名。五代南汉时，珠江南岸的庄头村一带就有许多素馨花田。清代中叶，广州已形成国内首创、海外知名的"迎春花市"。每年除夕前三天，广州的藩署前（今北京路省财厅前）一带即形成花市，数里长街，争芳吐艳，人潮涌动。几百年来，广州的花市延绵不绝，而且规模越来越大。每到春节前一周，广州及其所属各区、县（市）同时举办"迎春花市"，形成花街总长数十里、几百万人同游花街的壮观景象。今天的广州，是全国最大的花卉主产区，全国盆栽观赏植物的生产、供应中心，全国花卉主要集散地和进口花卉调运中心，种植面积近 10 万亩，传统品种及近年引进、开发的新品种多达 2000 多个，花卉年产值 20 多亿元，占全国的 15% 以上，远超上海、昆明、北京等国内花卉大市。广州的花卉贸易居全国第一，左右着全国的价格。新引进的红掌、蝴蝶兰、一品红等盆景不仅成为全国性的生产基地，而且远销欧美等海外市场。

第四，广州的"花城"这个品牌，已经成为一个无法估量的无形资产。从唐代开始，历宋、元、明、清各代，描写广州花卉的诗文作品，可谓不计其数。清代诗人黄绮云的《羊城竹枝词》写道："四时不断卖花声，十月绯桃照眼明。浪说扬州风景好，春光争及五羊城？"在古代的广州，"卖花女"是街头一道亮丽的风景。"卖花女"和她们的花担，诗化了广州四季的早晨，也诗化了广州人的心情。他们不觉得扬州的风景比广州好，广州有四季常开的鲜花和"四时不断"的"卖花声"，扬州有吗？没有。这就是广州的特色。1961 年，著名作家秦牧发表一篇名叫《花城》的散文，热情洋溢地介绍当年广州的"年宵花市"。秦牧被称为"中国当代散文三大家"之一，他的作品在海内外拥有广泛的读者。1979 年，大型文学杂志《花城》在广州创刊。在 20 世纪 80 年代和 90 年代初期，这本杂志的发行量是很可观的。1981 年，"花城出版社"在广州成立，这家出版社以出版文学类书籍为主，它的发行量也是很可观的。一篇文学散文，一本文学杂志，一个文学类出版社，为"花城"这个名字在当代的广泛而迅速的传播，起到了任何现代媒体所无法替代的作用。任何一个品牌，只有当它成为文学作品的常见题材，进入千千万万读者的阅读和欣赏视野之后，它才是无价的。广州的"花城"这个品牌是无价的，就像杭州的西湖、洛阳的牡丹一样，它是一个品牌，更是一个文化符号，一个文学意象。像"花城"这样价值连城的品牌，广州找不出第二个。

"终日寻春不见春，芒鞋踏破岭头云。归来偶把青梅嗅，春在枝头已十分。"许多人都在寻找广州的文化品牌，有的人甚至还想重新"打造"广州的文化品牌，殊不知广州的文化品牌早在两千年前就已经有了，这就是"花城"。这是古人为我们留下的一笔无法估量的无形资产。

虽然今天的广州只有一年一度的"迎春花市"，只有在专业的花卉种植基地和花卉交易市场才能看到满园的花卉，而在大大小小的街道两旁，在马路的绿化带和居民生活区，在各个政府部门和企事业单位的院子里，往往只能看到绿树和青草，而很少看到花卉，已经不再是一座"花城"，而是一座"绿城"。但是我注意到，广州市政府已经提出了"绿上添花"的主张。按照我的理解，就是要通过充实"花城"的内涵，来恢复"花城"的本色，使"花城"成为诗人和市民心中的真正的"花城"，而不是徒有虚名。

我认为，要把广州培育和建设成为一座世界文化名城，一定要发挥自身的优势，一定要抓住自己的特色，一定要利用好古人留下的无形资产，而古人留下的最有价值的无形资产无疑就是"花城"。"花城"就是广州的特色，"花城"就是广州的优势。

我相信，只要广州市政府真正认识到"花城"的品牌价值，只要广州市政府决定把"花城"作为世界文化名城的定位，那么凭借广州人民的聪明和勤奋，不出三五年，广州就可以重新成为一座名副其实的"花城"。

过去的"花城"是中国的，今后的"花城"是世界的。当"中国花城"成为"世界花城"的时候，广州就是一座世界文化名城了！

3. 主打"花城牌"，协调打好三张牌

要把广州恢复重建为一座名副其实的"花城"，必须主打"花城牌"，同时要协调打好三张牌，一是"水城牌"，二是"美食牌"，三是"音乐牌"。

（1）突出花卉的岭南特色

过去的广州之所以是一座"花城"，不仅仅是因为它的四季花开，不仅仅是因为它的花多、花美，还因为它的花有自己的特色，即岭南特色。今天的广州花卉市场，可以说是来自全国各地乃至世界各地的花都有，体现了丰富性与多样性，这固然是很重要的，但是还不够，广州还必须着力恢复自己原有的花卉品种，突出自己的岭南特色。屈大均在《广东新语·木语》里，记载了广州及附近地区的梅、桂、木棉、夹竹桃、牡丹、木芙蓉、夜合、木樨、月贵、茉莉、贝多罗、杜鹃花、丁香、山丹、佛桑、瑞香、合欢、指甲花、南烛、四种花、九里香等20多个花卉品种；在《广东新语·草语》里，又记载了兰、菊、素馨、西洋莲、秋海棠、凤尾花、凤仙花、露头花、水仙、换锦、夜落金钱、雁来红等10多个花卉品种，这些花卉品种，多数是岭南本土的，少数是从内地或海外引进的，但是自从它们生长在岭南的土地，就有了岭南的特点。广州的市政园林部门，应该组织专家从事这方面的调研，尽可能地恢复岭南本土花卉的种植和经营。

在屈大均所列举的30多个花卉品种中，最为知名的是素馨。他介绍说："珠江南岸，有村曰庄头，周里许，悉种素馨，亦曰花田。"根据他的描述，此花有三个突出的特点：一是香气馥郁。《南中行纪》云："南越百花无香，惟素馨香特酷烈。"二是通人性。"花宜夜，乘夜乃开，上人头髻乃开，见月而益光艳，得人气而益馥。竟夕氤氲，至晓萎，犹有余味。"三是可以用来避暑。"谚曰：槟榔辟寒，素馨辟暑。故粤人以二物为贵。献客者先以槟榔，次以素馨。素馨贵而茉莉贱。"由于此花特点突出，弥足珍贵，故"城内外买者万家，富者以斗斛，贫者以升。其量花若量珠然。"据他考证，"素馨之名，在（陆）贾时已著。广南多花木，贾未尝言，惟言罗浮山桃、杨梅，及茉莉、素馨。素馨因陆大夫而有。"屈大均又在《广东新语·墓语》中介绍说：广州的花田，又名素馨斜，"在广州城西四十里角市，南汉葬美人之所也。有美人喜簪素馨，死后遂多种素馨于冢上，故曰素馨斜，至今素馨酷烈，胜于他处，以弥望悉是此花。方信孺诗：'千年艳骨掩尘沙，尚有余香入野花。何似原头美人草，风前犹作素馨花。'予诗：'花田旧是内人斜，南汉风流此一家。千载香销珠海上，春魂犹作素馨花。'"由此可见,素馨花在广州不仅有悠久的种植历史,而且还有着一段美丽的传说。素馨花的文化内涵是很丰富的。

岭南本地的花多数有色而无香,但素馨却香气馥郁,而且此花还有一个特点,就是佩之可以避暑。所以我们建议,为了重现广州花卉的岭南特色,最好复种、多种素馨花,就像洛阳人种牡丹那样。

(2)协调打好"水城牌"

过去的广州不仅是一座"花城",同时也可以说是一座"水城",只是不以"水城"闻名而已。我们看宋代的羊城八景(扶胥浴日、石门返照、海山晓雾、珠江秋色、菊湖云影、蒲涧濂泉、光孝菩提、大通烟雨)中,竟有七处是水景。元代的羊城八景(扶胥浴日、石门返照、大通烟雨、蒲涧濂泉、粤台秋月、景泰僧归、白云晚望、灵州鳌负)中,也有五处是水景。明、清两代的羊城八景中,虽然只有三、两处水景,但是我们从古人的诗歌中,依然可以感觉到这个城市的灵动的水性。例如清代诗人谭敬昭的《珠江竹枝词》写道:"珠海珠江是妾居,柳阴停棹晚晴初。水头潮长卖花去,水尾潮来人卖鱼。"清代诗人王士禛的《广州竹枝》写道:"潮来濠畔接江波,鱼藻门边静绮罗。两岸画栏红照水,蛋船争唱木鱼歌。"平时我们总是羡慕苏州的水景,所谓"君到姑苏见,人家尽枕河。古宫闲地少,水港小桥多。夜市卖菱藕,春船载绮罗。遥知未眠月,乡思在渔歌"(杜荀鹤《送人游吴》)。事实上,古代广州的水景并不逊于苏州。苏州人家背水而居,广州人家临水而居,可以说是各有风情。

遗憾的是,建国以来,尤其是改革开放以来,随着城市人口的激增与城市建设的迅猛,广州的水景越来越少,也越来越黯淡。我们看2002年评出的羊城八景(云山叠翠、珠水夜韵、越秀新晖、天河飘绢、古祠流芳、黄花皓月、五环晨曦、莲峰观海)中,真正的水景只有江景(珠水夜韵)和海景(莲峰观海)两处,古时的湖景(菊湖云影、药洲春晓)、泉景(蒲涧濂泉)、河涌之景(大通烟雨、荔湾渔唱)都看不到了。令人欣慰的是,近年来,广州逐渐恢复了对于水城的记忆。以筹办第16届亚运会为契机,全市上下花大力气治理大小河涌,激浊扬清，掀盖复流。于是，我们在 2011 年评选的羊城新八景中，除了看到传统的江景（珠水流光），还看到了久违的河涌之景（荔湾胜景），甚至还看到了过去未曾见过的、具有时代气息的湿地之景（湿地唱晚）。在这一届羊城新八景的评选中，一共有三处水景入选，可以说，今天的广州人对于水城的记忆和追寻，已经越过 600 年的时间隧道，走到了明朝的胜境。

治理广州的大小河涌，重现广州的"水城"环境，无论是就保护城市生态、改善市民的生活与工作环境而言，还是就培育和建设以"花城"为定位的世界文化名城而言，都是极为重要的。如前所述，在 30 座世界文化名城中，濒海的城市有 11 个，濒河的城市有 17 个，濒湖的城市有 1 个；真正既不滨海也不滨河同时也不滨湖的内陆城市只有日本的奈良，但是它本身离海的距离不远，本质上还是一个海岛城市。可以说，没有哪一座世界文化名城不与优越的水环境有着密切关系。

也许有人不赞成把广州称为"水城"，而只赞成把她称为"花城"，这个没有关系，只要认识到"花"与"水"相互映衬、相得益彰的关系就可以了。古人的名句："疏影横斜水清浅，暗香浮动月黄昏"（林逋《山园小梅》）；"日出江花红胜火，春来江水绿如蓝"（白居易《忆江南》），不正好揭示了二者之间的依存关系吗？古人看花，不但要看它的形，还要看它的影。花影如何呈现？除了月下，不就是水面吗？

没有"水城"做依托的"花城"，是一座没有灵气的"花城"；没有"花城"来装点的"水城"，是一座没有色彩的"水城"。"花城"、"水城"相得益彰，相映成趣。叫不叫"水城"并不重要，重要的是要治好"花城"的水环境。如果水环境不好，"花城"的光彩是难以充分显现的。

（3）协调打好"食在广州牌"

"食在广州"，也是一块金字招牌。过去有这样一个说法，"生在苏州、玩在杭州、食在广州、死在柳州"。这就是说：苏州的园林好，杭州的风光好，柳州的棺材好，广州的饮食好。

在今天，"食在广州"这句话，已经被赋予了一些新的内涵。过去讲"食在广州"，是因为它以中国八大菜系之一的"粤菜"作背景，"粤菜"虽然包含了广州菜、潮州菜和东江（客家）菜，但通常是以广州菜为代表。今天的广州，不仅汇集了中国所有的菜系，也汇集了外国的许多名菜，如美国波士顿龙虾、意大利薄饼、德国咸猪手、葡国蛋挞、西班牙龙利鱼、日本寿司、韩国料理、泰国冬阴功汤、澳大利亚鲍鱼、新西兰牛扒等等，在广州都能吃到。

广州的餐馆多得不计其数，中外名菜、名点纷至沓来，食客像潮水般地涌进涌出。为把广州培育和建设成为一座以"花城"为定位的世界文化名城，就要协调打好"食在广州"这张牌：一是高度注意饮食卫生，二是注意饮食的多样性与国际性，三是弘扬它的本土特色，四是提升就餐环境的文化水准，使世界各地的朋友来到广州，既能欣赏或购买到第一流的花卉，还能够品味到世界第一流的美食。这个道理不须多讲。

（4）协调打好"金钟奖牌"

文化名城的核心在文化。文化有物质文化，更有精神文化。"花城"、"水城"、"食在广州"这三张牌所体现的是一种物质文化，但是作为一座世界文化名城，仅仅有发达的物质文化是不够的，更要有发达的精神文化。根据中国的国情、广州的历史与现实、精神文化的特点和规律来判断，广州要想在三五十年内，在文学、美术、历史、哲学等精神文化领域取得世界第一流的成就，似乎不太可能，但是在音乐方面则有可能。同文学、美术、历史、哲学相比，音乐是比较抽象的，它的意识形态色彩并不强，而且更具有普世价值。更重要的是，广州具有音乐文化的优良传统。

广州是"广东音乐"的发源地。近百年来，广州出现过像严老烈、何柳堂、何大傻、吕文成、冼星海、马思聪、李海鹰等一批杰出的音乐家，他们的代表作《旱天雷》、《赛龙夺锦》、《雨打芭蕉》、《孔雀开屏》、《步步高》、《平湖秋月》、《黄河大合唱》、《思乡曲》、《弯弯的月亮》、《七子之歌——澳门》等，在海内外具有广泛的影响与持久的生命力。严老烈、何柳堂、何大傻、吕文成等人是传统的"广东音乐"的杰出代表，冼星海和马思聪是中国现代音乐的杰出代表，李海膺则是中国当代流行音乐的杰出代表。他们分别属于广州百年音乐的三代人。

广州文化既有清新、明快的一面，又有刚健、雄直的一面。在承平年代，清新、明快是它的主旋律；在战争年代，刚健、雄直又成了它的主旋律。所以在广州的土壤上，既能产生何柳堂这样的音乐家，也能产生冼星海这样的音乐家，他们的代表作品，体现了广州文化的两种不同风格。我们丝毫不怀疑抗战时期的延安文化对冼星海的影响，但我们要强调的是，冼星海的文化底色或者文化之根还是广州文化。

改革开放以来，以李海鹰的作品为代表的广东当代流行音乐，成就了中国当代流行音乐的半壁江山。广州是中国当代流行音乐的一片热土，许多在海内外有影响的曲作家、词作家和歌唱家，都是在广州这片土地上成长起来的。李海鹰的作品继承了广州音乐文化的优良传统，同时更具多元性。他能创作像《弯弯的月亮》、《我不想说》、《我的爱对你说》这样清新、明快的作品，又能创作像《实心的汉子》、《走四方》以及《亮剑》主题歌这样刚健、雄直的作品。他的作品既有岭南风格，又有中原风格和东北风格。他是一位兼容并包的音乐家。正因为他的作品具有多重元素和广泛的代表性，所以二十多年来一直受到海内外的热烈欢迎。

广州音乐文化的希望在于传统深厚，多元并存，名家辈出，名作如林，而且后继有人。也许正是由于这些因素，由中国文联、中国音协主办的中国音乐界的最高奖——"金钟奖"永久落户于广州。这表明，广州在音乐文化方面的诸多优势，已经得到全国音乐界的高度认可。

为此，需要协调打好"金钟奖牌"，建议每年举行一次小型的"广州国际音乐花会"，每五年举行一次大型的"广州国际音乐花会"。以音乐为突破口，加强广州的精神文化建设，丰富广州的精神文化内涵，提高广大市民的精神文化素质，让广州发达的物质文化与精神文化达到和谐统一。让世界各地的朋友来到广州，既能观赏或采购到最美的鲜花，也能品味到最美的饮食，更能欣赏到最美的音乐。视觉、味觉、听觉，都能在这里得到最大的满足，请问这里不是一座世界文化名城，又是什么呢？

当然，世界文化名城的建设是一个系统工程，除了主打"花城牌"，协调打好"水城牌"、"饮食牌"和"音乐牌"，还要做好其他的相关工作。例如保护、传承与合理地利用文化遗产，提高全体市民的人文素质，加强城市的现代文化建设，使现代文化与传统文化相承续与相协调，以及推进文化引领工程，促进新型城市化的发展，等等。关于这些问题，有关学者已有论述，此不赘言。

2012 年 7 月于广州

广州培育世界文化名城总体思路

广州培育世界文化名城的总体思路，就是以"世界花城"为定位，主打"花城牌"，协调打好"水城牌"、"食在广州牌"和"金钟奖牌"，充分挖掘、保护与合理利用岭南文化及广府文化的资源，充实城市的人文内涵，彰显城市的特色与个性。同时注意借鉴、吸收世界先进文化的精华，精心培育现代都市文化，使传统文化与现代文化相衔接与相协调，提高全体市民的文化素质，拓展对外文化交流与宣传的渠道，着力提升城市的知名度和美誉度，使之在 40 年之内成为一座国际化程度较高的世界文化名城。

一、走出文化建设的误区，明确文化名城建设的目标

为实现培育和建设世界文化名城的目标，必须首先走出某些观念的误区。

1. "罗马不是一日建成的"：明确文化与文化产业的联系与区别

文化和文化产业，是两个既有联系又有区别的概念。文化和文化产业的关系，如同母子关系。文化可以孕育出文化产业，文化产业也可以反哺于文化。但是，文化的功能是多样的，它的某些元素可以孕育出文化产业，某些元素则只能作为一种观念或者精神来影响人们的思想和行为，就像母亲可以生育但其职能并非只有生育一样。所以，文化不能等同于文化产业，就像母亲不能等同于子女一样。

文化需要在特定的自然环境和人文环境中慢慢地养成。文化养成之后，才能孕育出文化产业，就像一棵树，需要在相应的生态环境中慢慢地生长，树长大之

后，才能结出果实；文化产业只需从文化母体中吸收某些养分或者元素，和市场的需要结合起来，就可以快速地成长。

文化产业在我国的兴起，是在20世纪90年代以后。20多年来，许多人对文化产业的认识存在两个误区。最初是把所有的文化都当做意识形态，把文化事业与文化产业等同起来。也就是说，文化的意识形态化，成为制约我国文化产业发展的瓶颈。21世纪以来，文化产业开始得到发展，但随之又产生了另一个误区，即把文化和文化产业等同起来，以为一切文化都可以当做产业来经营。这两个误区，都是由于不了解文化与文化产业的区别，把文化与文化产业等同起来所致。

现在全国各地都在讲文化的大繁荣、大发展，这句话已经成了当前文化建设的一个预定目标。事实上，文化产业是可以在一个预定的时期内大繁荣、大发展的，而文化则不可能。西方有一句流行很广的谚语——"罗马不是一日建成的"，可以说是道出了文化发展的一般规律。罗马城的建设，从古罗马共和时期一直延续到19世纪，前后用了近3000年时间。罗马城的古建筑数量众多，各个历史时期都有丰富的遗存，有古罗马时期的断壁残柱，有中世纪的简朴建筑，有文艺复兴时期的贵族庄园，也有巴洛克、洛可可和新古典时期的各式喷泉、广场和纪念碑。中国的古建筑也是这样，都不是一天建成的。例如龙门石窟，从北魏孝文帝时期就开始开凿，历经东魏、西魏、北齐、隋、唐、五代等朝代，才有了我们今天所见到的规模和水平。物质形态的文化需要足够的时间来慢慢打磨，精神形态的文化更是如此。曹雪芹的《红楼梦》写了10年，马克思的《资本论》则写了40年。

现在国内许多地方的领导，由于受一种急功近利的政绩观的驱动，往往用抓经济建设的思路来抓文化建设，三两年之内就要求搞出所谓的在国内外有较大影响的文化精品，完全不顾文化自身的生成规律。这样做的结果，是花费了大量的人力、物力和财力，最后搞出一些粗制滥造的东西。不仅没有搞出文化精品，没有带来文化的发展和繁荣，反倒破坏了自然环境，破坏了文化生态，降低了文化的格调和水准。

广州建设文化强市，培育世界文化名城，首先应该走出观念上的误区，要把文化和文化产业区别开来，不要用搞经济建设的思路来搞文化建设，不要指望在10年或者20年之内就有一个文化强市或者世界文化名城在这里崛起。《广州建设文化强市培育世界文化名城规划纲要（2011—2020）》提出：力争到2015年，把广州建设成为在国内具有领先优势的文化强市；到2020年，把广州培育建设成为国际化程度较高的世界文化名城。也就是说，用3年时间建成国内文化强市，用8年时间建成世界文化名城。这个目标显然是不切实际的。对此，《关于推进文化引领工程，培育世界文化名城的实施意见》在汲取有关人士的意见之后，做了某些修订，提出到2020年把广州建成文化强市，到2050年把广州建设为世界文化名城。也就是说，用8年时间建成文化强市，用38年时间建成世界文化名城。我们认为，这个目标要切合实际一些。

广州培育世界文化名城的根本目标，在于为新型城市化发展提供不竭的精神动力，在于满足全体市民的高品质的精神文化生活之需要，在于提高全体市民的文化素质和文化境界。广州培育世界文化名城的工作，不能仅仅理解为一种政府行为，而要理解为政府和全体市民的共同行为；也不能理解为一种短期行为，而是一种长期行为。因此，广州培育世界名城的工作，必须得到全体市民的高度认同，必须通过立法的方式确定下来。只有这样，广州培育世界文化名城的工作，才有可能成为以后各届政府和全体市民的共同愿景与长期目标，才有可能避免朝令夕改和短期行为。

2. 保护文化遗产：守卫城市文化基因

《中华人民共和国文物保护法》第十四条规定："保存文物特别丰富并且具有重大历史价值或者革命纪念意义的城市，由国务院核定公布为历史文化名城。"作为国务院公布的第一批"国家历史文化名城"，广州的文化遗产是特别丰富并且具有重大历史价值的。

文化遗产包括物质文化遗产和非物质文化遗产。物质文化遗产包括"不可移动文物"、"馆藏文物"和"民间收藏文物"。《中华人民共和国文物保护法》第三条规定："古文化遗址、古墓葬、古建筑、石窟寺、石刻、壁画、近代现代重要史迹和代表性建筑等不可移动文物，根据它们的历史、艺术、科学价值，可以分别确定为全国重点文物保护单位，省级文物保护单位，市、县级文物保护单位。"广州的"不可移动文物"是很多的。据统计，截至2012年，广州所拥有的各级文物保护单位多达530处，其中全国重点文物保护单位24处，省级文物保护单位45处，市级文物保护单位253处，区县级文物保护单位208处，新查出有价值的文物线索4533条，还有国家级历史文化名镇和名村各一个。这个数字是很可观的。广州的"馆藏文物"则多达146266件，这个数字也是很可观的。①

广州的非物质文化遗产也很丰富。据统计，截至2011年，广州被列入"国家级非物质文化遗产名录"的项目有18个，被列入"省级非物质文化遗产名录"的项目有42个，被列入"市级非物质文化遗产名录"的项目有70个。②

文化遗产是城市的文化基因。一座文化遗产不丰富或者虽然丰富但是保护不好的城市，是不可能成为世界文化名城的。近年来，广州为保护文化遗产做了大量的工作。例如：完成了全市范围内的文物普查工作，出版了大型图书《广州市文物普查汇编》，落实了530处国家级、省级、市级和区县文物保护单位，确定国家级非物质文化遗产项目代表性传承人9名、省级19名、市级61名，并开始按照有关政策实施保护。但是，为了培育世界文化名城，广州在文化遗产的保护方面，还有一些非常紧迫的工作需要做好。

一是在"馆藏文物"的保护方面，广州需要加强博物馆的建设。广州的馆藏文物多达146266件，但是公共博物馆只有49家，展出面积也很有限，平均每

---

① 沈奎主编：《广州新城市化发展的实践与探索》，广州出版社，2012年版，第87~88页。

② 沈奎主编：《广州新城市化发展的实践与探索》，广州出版社，2012年版，第88页。

家只能展出 3000 件文物，即便是建筑面积达 58500 平方米的广州博物馆新馆建成后，也只能展出一万余件文物。广州市民参观博物馆的热情和主动性还不高，据统计，广州各家博物馆的年接待总人数只有 400 万人，平均每家的年接待人数只有 8 万多人。为此，广州应该切实加强博物馆的建设，尤其是要制定相关政策，鼓励民间力量投资建设和管理各种规格、各种主题的博物馆。同时还要注意培养和提高市民参观博物馆的自觉意识。

二是在"非物质文化遗产"的保护方面，广州还需要做更多的工作。广州作为一座有着 2226 年悠久历史的"国家历史文化名城"，它所拥有的"非物质文化遗产"不仅在广东省内首屈一指，就是在全国来讲，也是名列前茅的。但是就目前的情况来看，广州对"非物质文化遗产"的调查、挖掘、整理和保护的力度还不够。广州应该组织专门力量对市域内的"非物质文化遗产"进行全面、细致而深入的田野调查，然后制订切实可行的保护方案。"非物质文化遗产"不同于"馆藏文物"，对"非物质文化遗产"的保护，不是放在博物馆里保护，而是进行活态保护和生产性保护。例如对于广东音乐、古琴艺术、广州咸水歌、黄阁麒麟舞、舞貔貅、粤剧、广州乞巧节、波罗诞、沙湾飘色、扒龙舟、迎春花市等民间艺术和民间信仰，只能是活态保护；而对于广绣、牙雕、玉雕、木雕、灰塑等传统美术，还有广彩瓷烧制、广式硬木家具制作等传统技艺，则只能是生产性保护。广州一方面要增强对"非物质文化遗产"的保护意识和保护力度，一方面也要积极引导非物质文化遗产的传承人突破自身的局限，努力做到推陈出新。要让在农业社会产生的"非物质文化遗产"逐步适应现代信息社会的审美需要与生活需要，让它们通过创新得到有效的传承和保护。

3. 呵护历史建筑：留住城市历史年轮

就"不可移动文物"来讲，广州对文化遗址（如南越王宫署遗址）、古墓葬（如南越王墓）、石窟寺（如光孝寺等）以及近现代重要史迹（如黄花岗烈士陵园、大元帅府等）的保护还是比较好的。广州的不足之处是，对历史建筑缺乏整体性保护，尤其是对"历史文化街区"保护得不够好。

"历史文化街区"是指经省、自治区、直辖市人民政府核定公布的、保存文物特别丰富、历史建筑集中成片、能够较完整和真实地体现传统格局和历史风貌，并有一定规模的区域。我国从 1986 年开始正式提出"历史文化街区"的保护。截止 2011 年，广州已划定市级历史文化保护区 16 片，登记历史文化保护区 21 片。① 遗憾的是，广州对"历史文化街区"的保护仍然不到位，以至直到今天，广州还没有一片国家级"历史文化街区"。这一事实，与广州作为国务院公布的第一批国家历史文化名城的地位是很不相称的。

按照国内外的成功经验，"历史文化街区"重在保护外观的整体风貌，即不但要保护具有历史风貌的文物古迹、历史建筑，还要保护构成整体风貌的所有要素，如道路、街巷、院墙、小桥、溪流、驳岸乃至古树等。"历史文化街区"是一个成片的地区，有大量的居民生活其间，有活态的文化遗产，有特有的社区文化。保护"历史文化街区"，既要保护那些历史建筑，更要保护它所承载的文化，包括物质文化遗产与非物质文化遗产，保护文化的多样性。按照这一标准，广州对"历史文化街区"的保护是很不到位的。广州拥有最具岭南建筑特色的含有极为丰富的物质文化遗产与非物质文化遗产的骑楼街区，包括大新路至海珠南路骑楼街区、西关骑楼街区、北京路至万福路骑楼街区、同福路至南华路骑楼街区，等等，但是，1949 年以来，尤其是改革开放以来，广州为了修马路、地铁，为了房地产开发，为了主办亚运会而实施"穿衣戴帽"工程，对这些骑楼街区造成了相当严重的破坏，这是非常令人痛心的。广州要培育世界文化名城，必须严格遵守《中华人民共和国文物保护法》，必须制定严格而细致的条例和法规，坚决制止任何人、任何机构以任何理由破坏"历史文化街区"。

广州对历史建筑的保护也不够好。历史建筑包括"古建筑"，也包括近现代

---

① 沈奎主编：《广州新城市化发展的实践与探索》，广州出版社，2012 年版，第 87 页。

建筑。近现代建筑中既包括与"重大历史事件、革命运动或者著名人物有关"的"代表性建筑"，也包括其他建筑。保护城市的历史建筑，就是留住城市的历史年轮。事实上，凡是历史建筑，都有它的特点和价值，无论有没有被国家列入文物保护的范围，都应该加以保护。例如许多旧民居、旧工厂、旧商店、旧学校、旧机关等等，既不属于"古建筑"，也不属于与"重大历史事件、革命运动或者著名人物有关"的"代表性建筑"，但是它们具有较高的艺术和科学价值，应该受到保护。可是事实上，由于它们暂时还未被国家列入文物保护的范围，多数都遭到了不同程度的破坏，甚至被拆毁。这是非常可惜的。作为一座"国家历史文化名城"，广州应该自觉增强历史责任感和使命感，应该适度地扩大文物保护的范围，应该珍惜和呵护所有的历史建筑，而不是等到历史建筑成了"古建筑"或者"文物"之后才去加以被动地保护。

4. 培育文化名片：扩大文化影响力

城市文化名片，是城市文化形象的集中体现。城市文化名片可以是重要的物质文化遗产，也可以是重要的非物质文化遗产，或者是重要的无形资产。每一座世界文化名城都有自己的文化名片，例如：巴黎的文化名片是凯旋门和埃菲尔铁塔，罗马的文化名片是斗兽场，哥本哈根的文化名片是美人鱼铜像，开罗的文化名片是金字塔，维也纳的文化名片是金色大厅，洛杉矶的文化名片是迪士尼和好莱坞，波士顿的文化名片是哈佛大学和麻省理工学院，莫斯科的文化名片是克里姆林宫和红场，北京的文化名片是故宫和八达岭长城，洛阳的文化名片是牡丹。那么广州的文化名片又是什么呢？

事实上，今天的广州文化可以说是什么都有，就是没有文化名片，就像一桌宴席，什么菜都有，就是没有招牌菜。换句话说，广州的文化就是只有星星，没有月亮。过去有人把越秀山上的五羊雕塑当作广州的文化名片，可是这个五羊雕塑既不气派，也缺乏特色，它所体现的是一种内陆型的农业文化，与广州作为一个滨海型的商业之都的文化特点并不相符。现在有人试图把广州塔当作广州的文化名片，广州塔诚然高大和气派，但是它的历史实在是太短了，没有积累足够的文化内涵，在世界上并无影响。

没有文化名片的城市是不能成为世界文化名城的。现在国内许多城市都在着力打造自己的文化名片，例如长沙，在按照它的欢乐城市的定位，打造"田汉大剧院"这张名片；桂林，在按照它的旅游城市的定位，打造"刘三姐印象"这张名片。广州应该打造一张什么样的文化名片？我建议：除了每年举办一次"迎春花市"，每五年再举办一次大型的"广州国际音乐花会"，并把它作为广州的城市文化名片。当然这个建议能不能被采纳，还有待于全体市民的讨论与有关部门的研究。不过我认为，"广州国际音乐花会"作为广州的一张文化名片，既体现了广州作为一座"花城"的基本特点，又体现了广州的音乐文化传统。有了这张名片，对于宣传广州的城市文化、增强广州的文化影响力，无疑是有重大意义的。

5. 传承生活方式：彰显文化性格与品质

生活方式是一个内容很丰富的概念，它包含人们的衣食住行、工作、学习、社交等方方面面。生活方式的形成，与人们所处的自然和人文环境密切相关。透过生活方式，可以看到人们所持的价值观、道德观和审美观等等。

广州是亚热带南端的一座滨海商贸城市。由于滨海，使它有条件成为中国最早和最大的对外贸易港口，成为海上丝绸之路的起点，使得这里的人们普遍重商，并且在日常生活与价值观、审美观方面，很容易接受海外文化的影响，显得比较开放。由于地处亚热带南端，高温多雨，气候湿热，使得人们的衣食住行等，必须充分考虑到这里的气候特点，因而显得比较务实。更由于它是中国的一座滨海商贸城市，早在2200多年前，就被正式纳入中国的版图，因此它又不可避免地接受中原儒家文化的影响，使得这里的人们在重商的同时，又很重视儒家的道德伦理；在开放的同时，又必须考虑到中国的国情，也显得比较务实。所以重商和重德，开放和务实，就成了这座城市的最基本的文化性格和文化品质。例如广州人普遍地信奉财神，这是重商的一个突出表现；由于广州的商业活动多数都与海外贸易有关，为了祈求海上行船的安全，因此人们又普遍地信奉妈祖。由于商业行为需要良好的人际关系，需要讲信用，讲道德，所以人们在信奉财神和妈祖的同时，又信奉关公。广州人的信仰是多元的，但是这种多元的信仰又是出于现实生活的需要，所以又是很务实的。

广州培育世界文化名城，必须注意几千年以来的生活方式的传承。有些生活方式随着时代的变化在形式上会有所变化，但是它所体现的价值观、道德观和审美观，也就是它的文化性格与文化品质并没有改变。如果广州的生活方式完全变了，例如不信财神、不信妈祖、不信关公了，或者不养花了，不吃海鲜了，不上茶楼了，或者不过冬至节、不过端午节、不过重阳节了，过春节也不送"利市"了，或者不听粤曲、不听讲古、不赛龙舟了，那么广州的文化性格和品质就变了，广州也就不再是广州了。

二、把握城市文化之魂，统领广州文化建设事业

广州的文化建设事业涉及方方面面，工作量既大，要求也高。如何做好广州的文化事业？这是需要有一个城市文化之魂来统领的。广州的城市文化之魂早已客观存在，只是我们如何认识、如何把握的问题。

1. 广州文化之魂：基于滨海商贸而生

广州既傍珠江，又濒南海，这种得天独厚的地理位置，使它成为我国历史最悠久、地位最独特的商业都会。正是这种独特的自然环境和人文环境，培育了独特的广州文化。广州文化以岭南土著文化为原始基因，一方面继承了中原农耕文化的优良传统，一方面又吸收了海外商贸文化的先进要素，从而形成了既重商又重德、既开放又务实的文化性格与品质。正是这种性格与品质，铸成了广州的文化之魂：多元性与包容性。

作为一个滨海的商贸之城，开放性、重商性是它的基本特征。但是，它的开

放又是有条件的，重商也是有原则的。第一，它不是无限度、无选择、无理性地开放。它的开放必须符合自身的历史传统和现实需要，它的开放是与务实结合在一起的。第二，它重商，在商言商，但不唯利是图，更不见利忘义。它对商业利润的追求，既不以牺牲人与环境之间的和谐关系为代价，更不以牺牲人与人之间的和谐关系为代价，它的重商是与重德相统一的。

广州文化开放与务实相结合的性格和品质，使得广州乐于借鉴和吸收古今中外一切有利于自身发展的先进文化，从而构成了广州文化的多元性。重商与重德相统一的文化性格和品质，则使得广州对古今中外的一切文化传统、文化观念和文化样式，包括某些自身存在缺陷的传统、观念和样式，均取理性的态度，既不全盘吸收，也不一味苛求，从而铸成了广州文化的包容性。

正确地认识广州文化的性格与品质，把握广州的城市文化之魂，对于培育世界文化名城是至关重要的。世界上的文化名城远远不止一个，广州要建成什么样的文化名城呢？我认为，结合它的独特的地理位置和悠久的文化传统，以及它在中国和世界各大城市中所具备的优势与特点，最好能够定位为"世界花城"。

把广州定位为"世界花城"，是基于"滨海"的地理位置与悠久的商贸传统。由于濒临南海，常年日照充足，雨量充沛，海洋性气候明显，使得这座城市四季常青，花木繁茂；由于濒临南海，海外贸易发达，世界各地的花卉都可以引进，都可以出售，所谓"海花蛮草连冬有"，使它成为一座闻名遐迩的"花城"。

2. 基于滨海商贸视角的文化样态和文化遗产解释

"滨海商贸都市"的自然和人文环境，形成了广州开放与务实相结合、重商与重德相统一的文化性格与品质，形成了以多元性和包容性为内涵的广州文化之魂。正是这种性格、品质与灵魂，决定了广州丰富多彩的文化样态与琳琅满目的文化遗产。

广州自古以来就活跃着世界上各大宗教人士的身影，这里既有他们从事各种宗教活动的寺庙、宫观和教堂，也有作为他们最后安息之地的各式宝塔和墓园。

在广州从事贸易、旅游、学习和工作的国外人士来自全球五大洲的几乎每一个国家，不同的语言、服饰、饮食和宗教习俗构成了城市的斑斓色彩。广州的大小园林和新旧民居，既有中国北派建筑的精华，也有西洋建筑的元素，最后呈现为独具特色的岭南建筑。发源于广州及珠江三角洲一带，流行于广东、港澳及海外广府华侨聚居区的广东音乐，更是中国南北音乐和中西音乐有机结合的一个艺术典范。

在广州，无论是作为物质文化遗产的古文化遗址、古墓葬、古建筑和石窟寺，还是作为非物质文化遗产的民间文学、传统音乐、传统舞蹈、传统美术、传统技艺、传统医药和民俗，都体现了滨海文化与商贸文化的基本特点，体现了中国南北文化与中西文化交融互摄，体现了文化的多元性与包容性，体现了广州文化之魂。

3. 大力建设和培育基于滨海商贸而生的文化及其物化形态

广州培育世界文化名城，一定要注意体现广州文化的性格与品质，体现广州的文化之魂。以建筑为例，广州的地铁、马路、街道、桥梁、河涌护栏、园林、民居、各种楼堂馆所、学校、医院乃至厂房等等，都应该尽量体现岭南建筑的基本特点和基本风格，至少应该包含岭南建筑的某些元素，因为独具一格的岭南建筑，本身就是中国南北建筑与中西建筑相融合的一个典范。当今中国的 600 多个城市，为什么给人一种"千城一面"的印象？就是因为丧失了自己的文化性格与品质，丧失了自己的文化之魂。广州的建筑，直到近现代都是很有特色的，例如沙面建筑群、广东咨议局大楼、粤海关大楼、广东邮务管理大楼、广东财政厅大楼、嘉南堂、永安堂、广州中山纪念堂、广州市府合署大楼、爱群大厦等楼宇建筑，还有西关大屋、竹筒屋、华侨洋房等广府民居，都是广州近现代建筑史上的经典之作，它们以自己各具特色的风姿，最好地诠释了岭南文化和广府文化。但是，半个多世纪以来，尤其是改革开放以来，广州的建筑就不再有自己的特色，成千上万的楼宇建筑，与全国各大城市的楼宇建筑没有任何区别，尤其是那些聚满了"握手楼"的城中村，实在令人惨不忍睹。广州的建筑走到今天，政府规划部门和建筑部门应该反思。建筑是城市文化形象的集中体现。如果广州的建筑继续丧失岭南风格和广府风格，那么广州培育世界文化名城的工作就永远只能停留在口头上或者书面上。

广州的精神文化建设，如音乐、美术、戏曲、舞蹈、文学等，都应该充分体现广州文化的性格与品质，体现广州的文化之魂。事实上，发源于广州的广东音乐、岭南画派、粤剧、古琴艺术，还有广绣、广彩、象牙雕刻、玉雕、砖雕、广州榄雕、灰塑等等，之所以能够走出广州，走出岭南，扬名天下，就因为它们充分地体现了广州文化的性格与品质，体现了广州文化之魂。现在这些珍贵无比的非物质文化遗产全都处于濒危状态。例如：广州粤剧团由于编剧和导演人才奇缺，居然要请内地的不懂粤语的编剧来写剧本，然后再请内地的不懂粤语的演员来做导演。广州的精神文化建设，首先必须切实抓好非物质文化遗产的传承问题。如果非物质文化遗产得不到很好的传承，广州的精神文化建设就成了无源之水，无本之木。

许多广州人不了解广州的传统文化。尤其是许多公务员、媒体从业人员、文艺工作者和教育工作者，无论是广州本地出生的，还是从外地引进的，对广州的传统文化往往一知半解。他们不了解广州的文化家底，不了解广州文化的性格与品质，不了解广州的文化之魂。广州要培育世界文化名城，首先必须对这些人进行传统文化的教育和启蒙。世界文化名城只能靠有文化的广州人来建设。如果广州人不了解自己的传统文化，不热爱自己的传统文化，那么广州就不可能建设和培育基于滨海商贸而生的文化及其物化形态，就不可能把广州培育和建设成为世界文化名城。

三、弘扬滨海文化精神，铸造广州精气神

中共广州市委、市政府提出，要铸造广州精气神。所谓广州精气神，就是新

时期的广州精神。事实上，广州的精气神，是与广州的滨海文化精神相通的。要铸造广州的精气神，必须认识、把握和弘扬广州的滨海文化精神。

1. 弘扬滨海文化精神

所谓滨海文化精神，是与内陆文化精神相对而言的。什么是滨海文化精神？不同的学者有不同的表述。但是我认为，还是以广府前辈学者、中国现代地理学的奠基人梁启超先生的表述最为准确，也最为经典。梁先生指出："海也者，能发人进取之雄心者也。陆居者以怀土之故，而种种之系累生焉。试一观海，忽觉超然万累之表，而行为思想，皆得无限自由。彼航海者，其所求固在利也。然求利之始，却不可不先置利害于度外，以性命财产为孤注，冒万险而一掷之。故久于海上者，能使其精神日以勇猛，日以高尚。此古来濒海之民，所以比于陆居者活气较胜，进取较锐。"① 广州就是一座濒海城市，广州人就是"濒海之民"，广州人和其他内陆城市的人相比，其特点正在"活气较胜，进取较锐"。事实上，过去的广州人正是凭借这种"活气较胜，进取较锐"的滨海文化精神，把广州由一个"蛮荒之地"，建设成为一个年生产总值超万亿元、人均生产总值近 10 万元的"国家中心城市"，一个"国家历史文化名城"。今天的广州人必须进一步弘扬这种滨海文化精神，推进新型城市化发展，把广州培育和建设成为世界文化名城。

2. 铸造广州精气神

所谓广州精气神，就是新时期的广州精神。广州精气神必须与广州的滨海文化精神相统一。我认为，广州精气神可以参考梁启超先生的上述言论加以提炼，这就是：思想活跃，想象丰富，不满足现状，不墨守成规，敢于冒险，锐意进取。

可以说，正是这种精气神，创造了广州过去的辉煌。但是，今天的广州人正

---

① 梁启超：《地理与文明之关系》，《饮冰室合集》，中华书局，1989 年版，第 2 集，第 108 页。

面临着新的挑战。据有关材料显示，广州与世界先进城市相比，存在以下三个差距：一是城市核心竞争力方面的差距，二是城市文化软实力方面的差距，三是城市国际影响力方面的差距。这三个方面的差距，也就是广州培育世界文化名城所面临的挑战。

如何缩短这三个方面的差距？如何迎接培育世界文化名城所面临的挑战？关键在于走出文化建设的误区，在于把握城市的文化之魂，在于弘扬滨海文化精神，铸造广州的精气神。

今天的广州人同改革开放前期的广州人相比，在精气神方面是有些欠缺的。主要表现为：已经有所成就的人，往往小富即安，不思进取；正在努力争取有所成就的人，往往受到体制、机制和既得利益集团的诸多限制，较难有所作为。这是应该引起高度重视的问题。如果这个问题得不到解决，广州培育和建设世界名城的计划最后可能成为一句空话。

2012 年 7 月于广州

广东不是"文化沙漠"

——曾大兴教授访谈

《广州青年报》记者　伍彦谚　潘燕萍

　　曾大兴，广州大学中文系教授、系主任，广州大学一级特聘岗位教授，中国词学研究会常务理事，广州市民间艺术家协会副主席……主要研究词学和文学地理。他的作品在学界有很大影响。《柳永和他的词》是国内第一部也是迄今唯一一部全面、系统、深入地研究柳永的学术专著；《中国历代文学家之地理分布》被公认为我国第一部文学地理学方面的专著，获得国家社会科学基金赞助；《英雄崇拜与美人崇拜》则被认为是国内第一部从文化学的角度研究当代流行歌曲的专著，也是第一部从南北文化比较的角度研究中国古代民歌的专著。

　　午后，一场大雨把世纪绿洲小区里的草木洗得青绿青绿的。穿过幽静的小道，我们敲开了曾大兴教授家的大门。迎接我们的正是曾教授本人。身着黑色唐装的他非但没有给人一种严肃感，反而因为嘴角的微微笑意而更显得平易近人。正式采访之前，曾教授带领记者参观他的书房，书房里只有长四米的书架，里面摆满了文学类书籍。屋内的墙壁上多处挂着充满中国文化味道的画和饰品，到处渗透着一位中文系教授的文学气息。

一、四方面佐证广东不是"文化沙漠"

一直以来，广东被认为是"经济很发达，文化很落后"的地方，更有甚者称之为"文化沙漠"。

"在一个文化落后的地区，怎么可能会有经济的发达？经济由人创造，如果人没有必要的文化素质，不可能创造经济奇迹。再者，经济也不过是大文化的一种嘛！"曾教授反驳外界认为广东是"文化沙漠"的说法。

"广东不是文化沙漠。相反，广东应该是全国文化相对先进的省份。"为了支撑自己的观点，曾教授十多年来奔赴全省各地考察，收集有关资料和重要数据，研究广东文化的发展情况。他认为，可以通过各省份的文化人才、文化教育机构、文化遗产和非物质文化遗产这四个方面的发展情况的统计数据来考察广东文化在全国的地位。

"文学家是在相应的文化土壤上成长起来的。一个地方诞生多少文学家和这些文学家有多大的影响力，都与这个地方的自然环境和人文环境有着绝大的关系。"曾教授对《中国文学家大辞典》（谭正璧编）中收录的，自先秦至辛亥革命期间的6388个文学家的出生地进行统计，发现广东排在全国第15位，居全国中上水平。

"另外，书院是中国古代的高等学府，书院的数量既反映了当地的办学能力，又反映了当地的学术文化发展水平。"说到这里，曾教授走进书房拿出一本《中国古代书院》，这本书由国家图书馆馆长任继愈主编，王炳照著，商务印书馆出版，属文化界的权威著作。由书中的一个统计表可以看出，广东书院的数量在宋代排第四，元代排第九，明代排第三，清代排第五。"广东古代高等教育机构的数量从全国来讲名列前茅，怎么能说它是一个'文化沙漠'呢？"

名胜古迹作为一种文化积累，包含丰富的文化内容，既有人类物质文化的成果，更有人类精神文化的沉淀。大凡文化发达的地区，名胜古迹相对就多。曾教授指出，据国家文物局主编的《中国名胜词典》所载，广东现存名胜古迹在包括台湾在内的 31 个省、市、自治区中排位第八。

曾教授还提到，在非物质文化遗产方面，国务院公布的第一批、第二批国家级非物质文化遗产名录共 1028 项，其中广东占有 74 项，占全国的 7.2%，是全国平均数的两倍多。①

提到近代以来的广东文化，曾教授认为是最先进的，这里得时代风气之先，出现了孙中山、康有为和梁启超等伟大人物。改革开放之后，广东更是依靠经济上的优势吸引无数人才，引进人才的力度和规模在全国至少排第三位。一个汇集了这么多人才的地方，怎么会是"文化沙漠"呢？

二、广东人要学会"晒"文化

2010 年 7 月 16 日，中共广东省委第十届七次全会召开，专题研究建设文化强省的问题，会议讨论并通过了《广东建设文化强省规划纲要》。在一次省委全会上，将"建设文化强省"作为一个专题来讨论，在全国属罕见。广东的文化建设也因此引起前所未有的关注，许多人认为广东"文化建设的春天到来了"。

在曾教授看来，广东要建设文化强省，必须先摘掉"文化沙漠"的帽子，而要做到这一点，"广东人要了解自己的文化传统，要学会和别人'晒'文化，不是一味地夸自己好，而是将广东放在全国的大背景下进行比较，看广东处于什么地位，作出了什么贡献。"

在与曾教授交谈的过程中，大概是出于职业习惯，他时常会冒出几句古语来解析他的观点。当谈到非物质文化遗产的保护时，他引用了"礼失而求诸野"这句古话，在他看来，广东虽然处于边缘地区，但是中原地区因为长期战乱，很多东西都消亡了，非物质文化遗产反而没有边缘地区保护得好。例如山东曲阜的祭孔大典有一些仪式失传，但这些失传的仪式在广东的德庆学宫还保留着，因此

---

① 曾按：详细情况请参考拙著《文学地理学研究》之附录三：《从文化要素的地理分布看广东在全国的文化地位》，商务印书馆，2012 年版，第 368—384 页。

他们要到德庆来学习。

广东的流行文化和商业文化比较发达，曾教授说这是好事，但是除了这些，还有学术文化，要关注学术文化。"不能让人家提到广东，就只知道《喜羊羊》和《潜伏》啊。"曾教授开玩笑地说。

三、名师讲堂

记者：中国的《诗经》、《楚辞》、汉乐府、南北朝乐府、唐诗、宋词、元曲等在古代都有乐曲传诵，而且正是依靠乐曲这种形式使得古诗广泛传播，但是到了现代，这些古诗流传下来而其乐曲失传。这给今天的诗词创作造成了什么影响？

曾大兴：中国古代诗乐一体。诗的音乐性有两种，一种是配乐的旋律，一种是本身的格律，而格律包括押韵、平仄和对仗。诗词与音乐脱节是五四运动以后的事。五四以后，人们开始写新诗。新诗不仅不能唱，而且本身缺乏节奏感。新诗不讲平仄、对仗、押韵，不讲格律，所以新诗的传播是有限的。文学要插上音乐的翅膀才能够飞翔。流行音乐为什么能够流行？因为有词有歌。唐代和宋代刚开始是乐工填词，歌妓演唱，但是乐工的词很粗糙，后来就有文人来写词。白居易、刘禹锡等开始写词，提高了词的文学水平，所以才有一代文学的繁荣。现代写词的人是音乐人，音乐人的文学水平不高，写出来的东西比较粗糙。现代诗词与音乐脱节，音乐人填的词文学性不强，诗人写的诗音乐性不强；流行歌曲的文学性不强，诗歌的音乐性不强。最好的办法是诗和音乐结合，诗人和作曲家合作，这样就有可能迎来一个文学繁荣的时代。

记者：教授怎么看待当代音乐与古代诗歌的关系，例如王菲演唱的《明月几时有》，周杰伦的现代流行音乐与方文山带有中国古典诗词味道的歌词结合，您如何评价这种结合体？

曾大兴：这不算是成功。不同时代的音乐有不同的系统。用现代的音乐演绎古代的诗词不是不可以，但是达不到理想效果。因为古人的诗词是声情并茂的，古人的音乐和诗词是和谐的。用现代的音乐谱古代的歌词不一定和谐。

方文山虽然用了古典的元素，歌词中有古典的词语和古典的意象，但是他的词句是支离破碎的，不是完整、和谐的。现在的年轻人对古典诗词太陌生了，他们内心是喜欢古典诗词的，却不愿意去读原作。就像很多人不愿意去读《论语》，而要去读于丹的《论语心得》。很多人爱好古典诗词，但是他们不愿意去读经典，而是愿意去读方文山的作品。他们认为方文山的词很好，是因为他们不了解古代诗词。"秦时明月汉时关，万里长征人未还"；"劝君更尽一杯酒，西出阳关无故人"。这些歌词多么流畅，但方文山的歌词就没有这么流畅。由于不愿意去欣赏古代歌词，所以就去欣赏方文山了。欣赏方文山还有一个原因——演唱者是青春偶像周杰伦。这种流行文化是没有底蕴的，所以都是短命的。

《广州青年报》2010 年 9 月 15 日

附录4:

岭南大儒，不应被遗忘

—— 曾大兴教授采访记

《信息时报》记者　冯钰

　　长久以来，珠江三角洲以发达的经济著称，思维的惯性让"南蛮之地"成为一个不恰当的文化标签。一些人误以为岭南没有人文精神，还有人说：岭南没有文人学者，历史上的文化名人大多是从中原贬谪或迁徙而来的。除了康、梁，除了遭贬谪的苏轼和移居广州的陈寅恪，还有哪些文化鸿儒来自岭南本土？其实，历史上许多响亮的名字都是"土生土长"的广东人。在创造当代广东文化、建立文化自信的同时，应当首先了解先人留给了我们什么样的精神遗产。岭南大儒，不应被遗忘。

一、诗文自成一派：从张九龄到李金发

　　我们所说的"大儒"，指的是知识渊博、有独特思想贡献与文化影响力的人文学者。倡导"文学地理学研究"的广州大学人文学院曾大兴教授在对典籍进行定量分析后得出结论：无论在文学、史学还是在思想领域，岭南向来不乏大儒，而且都是"开宗立派"之人，"在他们所处的学术领域都是中国第一流的人物"。

　　说起文学艺术，曾大兴教授首先提到的岭南人是唐代宰相张九龄，他的家乡在韶州曲江，也就是今天的韶关。除了在政治上协助唐玄宗开创"开元盛世"

之外，张九龄打破了南朝、初唐诗歌界盛行的华丽之风，首开清澹一派，后来王维、孟浩然等人开创"山水田园诗派"，都是得其影响。

张九龄也是岭南诗派的先行者。明代以后，提起中国的诗派划分总是少不了岭南诗派的一席之地。现在广州中山图书馆的馆址在明代是一座名为"南园"的园林。从元末明初到明嘉靖年间，这里先后出现了孙贲等十位诗人，被后人称为"南园前五子"和"南园后五子"。到了明末清初，除了日本汉学家极为推崇的被称为"明代文坛的殿军"的廖燕之外，还有"岭南三大家"屈大均、陈恭尹、梁佩兰，他们诗风雄直，以关切民生疾苦著称。

清末以来，岭南诗人对中国的诗歌发展贡献巨大。被誉为"近代中国走向世界第一人"的黄遵宪是梅州人，他率先反对拟古诗和形式主义，主张以通俗语言书写现实，拉开了"诗界革命"的序幕。近现代闻名遐迩的岭南诗人还有中日混血的"诗僧"苏曼殊，第一个把西方象征主义带入中国的李金发，中国诗歌会的创始功臣蒲风，以及曾翻译《浮士德》等外文作品的诗歌翻译家梁宗岱。他们的影响力都已超出岭南地区，成为中国文学史上必须提到的名字。

二、哲思一脉相承：朱九江和他的弟子们

岭南本地同样产生了不少杰出的史学家和思想家，例如开创江门之学的白沙先生陈献章，以自然为宗，提倡独立思考，反对人云亦云，对后代尤其是对康梁影响巨大。例如甘泉先生湛若水，所建书院遍及四省，仅仅在广东就建书院十多所，弟子四千多人，开创个人讲学、自由择师的学术传统。近代"史界革命"的开创者梁启超就是广东新会人。提到梁启超，就不得不提到他的老师康有为，还有康有为的老师"九江先生"朱次琦。

朱次琦生于南海九江，人称"朱九江"，他是晚清进士，师从著名学者谢兰生，辞官后回到岭南专心讲学二十余年，是著名的教育家和理学家，在岭南的历史中有着重要的地位。朱九江在家乡创办"礼山草堂"讲学，学术上主张清除门户之见，提倡经世之用，这对广东人的务实精神影响巨大。曾大兴告诉我们，

朱九江最了不起的成就是培养了这样两位学生：洪秀全和康有为，这两人也是广东人。能够教出这样的学生，与朱九江"经世致用"的理学主张有密切关系。在太平天国运动中，花都人洪秀全受朱九江的影响，把儒家思想和西方基督教义结合在一起，产生了很强的号召力，不过还没有形成体系；直到太平天国后期，另一位花都人洪仁玕写下《资政新编》，提出了中国最早的资本主义施政纲领，弥补了这种遗憾。

清光绪二年，18岁的康有为乡试落榜，被父亲送到"礼山草堂"拜朱九江为师，潜心学习文史哲知识，为他日后建立中国近代民主启蒙思想体系奠定了基础。康有为不仅继承了朱九江的学问，也继承了朱九江善为人师的特点。他的学生梁启超是"戊戌变法"的领袖，也是一位百科全书式的学者，在"新史学"、"新地理学"、"新图书目录学"等方面都有开创之功。在这一脉相承的学者传承中，我们看到的是务实、革新的学术精神。

文化的特性与其生长的土壤息息相关。用曾大兴的话说，康梁这样的文化大树绝不是突然出现的，必然有其深厚的文化积淀。他说，广东从来就不是文化沙漠，这点可以从历史上有记载的广东书院的数量得到明证。广东自古以来就是中国对外贸易的门户，特别是清政府实行一口通商以后，广州更是全国唯一能与西方沟通的港口。从文学界的黄遵宪、苏曼殊、李金发，到思想界的洪仁玕、康有为、梁启超都受到西方文化的启发，并将之融入本土环境中。开放的文化风尚给岭南大儒融通东西文化精萃的机会，这对于当时的内地来说是难以具备的特质，终于在辛亥革命中让广东发展为近代民主革命的圣地。

曾大兴教授表示，在今天，重新梳理广东曾出现的文学家、思想家、史学家、教育家，是紧迫而重要的工作："如今依然有人，一边说广东是'文化沙漠'，一边对广东曾经有过的文化缺乏了解。我们要建设文化大省，连自己有什么家底都摸不清，怎么行呢？还有一种情况是，说广东过去是文化沙漠，现在文化建设得不错，我认为有些偏颇。"

由于特殊的地理位置，岭南文化在向外传播的途中可能遭到误解和削弱。曾大兴认为这种现象的产生有三方面原因：其一是广东地处中国版图的边缘地区，在文化传播的信息源上缺乏地理优势，广东发出的声音可能会被中心地区发出的声音所淹没；其二是广东方言造成了信息通道的阻碍，虽然年轻人能说普通话的越来越多，但是传统文化信息交流的主体是年长者，他们有人以方言进行思维，说普通话的时侯就会出现思维跟不上表达的"失语"情况；其三是不少人在认知上存在"不了解就否定"的倾向，这种思维惯性是目前最需要克服的东西，至少对于广东人自己来说，"要明白自己的家底"。

《信息时报》2012 年 7 月 12 日

湖北人在广东

——曾大兴教授采访记

《新快报》记者　汪再兴　曹晶晶

　　一位在广州大学任教的湖北籍教授，长期从事文学地理研究，也就是研究文学和地理的关系。据他的研究成果称：在中国古代有影响的6388位文学家里，广东籍的有114位，在全国各省市中排名第15位。

　　一谈起广州是不是"文化沙漠"这个话题，这位从1993年就来到广州工作的湖北籍教授比广州本地人还要激动。他说，说广州是"文化沙漠"的人是对广州的传统文化太缺乏了解。

这位教授叫曾大兴，湖北赤壁人，长期研究词学和文学地理学。

曾大兴说，近年来，广东有些官员、学者在回答媒体和网民提问的时候，虽然不承认现在的广东是"文化沙漠"，却承认"在传统文化方面，广东确有沙漠化的倾向"。他觉得，这是他们对广东的传统文化缺乏了解所致。

　　据曾教授的考察和研究，广东在传统文化方面不仅不是沙漠，甚至在若干领域还是全国少有的绿洲。

广东的文学家比北京还要多，广州又居全省首位

在广东的学术界和文化界，许多人都知道曾教授是坚持为广东文化辩护的学者。说到为什么要为广东文化辩护，曾教授说："我在广东工作了19年。最初的

6 年是在广州市文化局从事文化传播，后来到广州大学教书，又长期兼任广东省'非遗'专家和广州市民间艺术家协会副主席，由于工作关系，几乎跑遍了广东的每一个市县，对广东的物质文化遗产和非物质文化遗产还是比较了解的。就我个人的学术研究来讲，主要是在文学地理学这一块。文学地理学与文化地理学关系密切。为了研究广东的文学地理，也必须对广东的文化地理做深入的考察。根据我的考察结果，广东绝对不是一个'文化沙漠'。作为一个比较熟悉情况的人文学者，我觉得自己有这个责任为广东文化辩护。"

曾教授讲，广东被误读为"文化沙漠"，原因有二，其中之一是广东相对于京畿地区，无疑属于边缘地区。就文化传播的一般规律而言，边缘地区和中心地区的辐射力和影响力是大不一样的。

采访中，曾教授为记者举了一个小小的例子。他说，如果有两篇论文，一篇是"京师大学堂"的教授写的，一篇是"广州学海堂"的教授写的，两篇论文所讨论的是同一个问题（即信息相同），又是同期发表在同一个刊物上（即通道相同），我们把这两篇论文交给同一个博士来参考（即接受者相同），同时规定，只许他引用其中的一篇。我们可以设想一下，通常他会引用哪一篇？很显然，在通常情况下，他会选择"京师大学堂"教授的论文，而放弃"广州学海堂"教授的论文，因为信息源不一样。"京师大学堂"是国立的大学，而且是皇城根下的大学；而"广州学海堂"不过是一个地方性的大学，而且是边缘地区的大学。学校的背景影响了教授的身价，教授的身价影响了论文的引用率，进而影响了学术文化的传播效果。这样的例子在我国文化的各个领域，其实是普遍存在的。其次，广州这边的方言也加剧了传播的困难。"通俗地讲，也就是你说的我听不懂，我也就懒得听你说什么了。"

曾教授是国内知名的文学地理学家，是"中国文学地理学会"的发起人和负责人。文学地理学的研究对象，就是文学与地理环境的关系。他说："一个地方出不出文学家，出多少文学家，与一个地方的自然地理环境和人文地理环境有着直接的关系。一个地方的自然地理环境好，经济发展水平相对较高，社会又比较安定，教育兴盛，民风向学，文化积累深厚，文化传统悠久，加上交通方便，人员往来自由，文化交流不受阻滞，这个地方的土壤就适宜文学家的生长。一个地方的文学家分布数量的多寡，反映了一个地方的自然和人文环境的优劣，也是衡量一个地方的文化发展水平的重要指标之一。"20世纪90年代初期，曾教授以谭正璧编、光明书局1934年出版的《中国文学家大辞典》为对象，对中国古代文学家的地理分布做过一个统计。根据他的统计结果，在中国古代有影响、有籍贯可考的6388位文学家中，广东籍的有114位。这个数量虽然不算多，但是在全国32个省、市、自治区（含台湾，不含香港和澳门）中排第15位。曾教授讲："如果说，天津、重庆、海南作为一个省级行政区的历史都很短，与广东缺乏可比性。那么北京、甘肃等15个省（市、区）的历史应该不算短吧？北京还曾是辽、金、元、明、清五朝的首都，为什么其本土培养的文学家只有65人，还不如广东的多呢？"

依据曾教授的观点，文学家的生长与当地的文化环境的优劣是有直接关系的，所以，这些文学家的数量也证明了广东不是一个"文化沙漠"。

曾教授来广州工作后，对广东历代文学家的地理分布进行了考察。据他的考察结果，从汉代到近代，广东有文集的文学家多达2048人，有籍贯可考的多达1805人，其中广州籍的就有611人。为什么这个数字比之前他统计的广东文学家人数还要多呢？曾教授说，这是因为统计口径不一样了，前者的统计口径较窄，是指在历史上有影响的文学家；后者的统计口径稍宽，是指有文集传世的文学家。后一个数据是他多年在广东调研所获得的成果。

因为广州气候好，人文环境好，所以喜欢这个地方

曾大兴说，自己之所以喜欢广州，是因为广州的气候环境和人文环境都比较好，更加开放，也更有机会。

他于1978年上大学，是恢复高考后的第一批参加全国统考的大学生，在湖北大学读了四年本科和三年研究生，随后在中南民族大学任教。他说，自己在中

南民族大学工作了八年，然后再调入广州。

现在经常有人问他，为什么要来广州？曾大兴总是告诉别人，一个人选择某个地方，最好能有三条理由说服自己，如果能找到三条理由，你就去。在此之前，他选择广州也给自己找了三条理由。

他说，自己是研究文学地理学的，对地理环境、气候环境是比较敏感的。武汉的夏天很热、冬天很冷，使他每年的有效工作时间都要打折扣。他的第一本书《柳永和他的词》就是在中山大学出版社出版的，当时为了出版这本书，他来广州看校样，发现广州的气候环境很好，冬天不冷，夏天有点热但不像武汉那样酷热。于是就对广州有了好的印象。

第二个原因是他到这边来之后的待遇要好一些。他说，"工资确实比我在武汉时要高一些。我毕业之后在中南民族大学待了八年，那八年我的生活比较困难，学术研究也没有什么经费。那时候，我拿到一个国家社会科学基金项目，也就6000块钱，根本不够开支。家里的生活也比较清贫，很多问题都搞不定。我来广州这么多年，虽然没有发财，但是单位给我的工资和津贴足以解决我的衣食住行问题，我不必为生活问题操心，这样就可以专心从事学术研究了。"

来广州还有一个原因，就是这里的人文环境比较宽松。曾大兴说，自己来的时候是1993年，虽然改革开放已经有一段时间了，但是在内地还有一些"左"的东西，不仅仅是武汉，整个内地的人文环境都没有广州这样宽松。这也是一个重要原因。

现在，曾大兴是广州大学的教授，他的课非常受学生欢迎，教学之余的多数时间，他都在从事文学地理学的研究。

现在的歌词文学水平不高，是因为写词的不是诗人

曾教授即将出版的一本书名叫《古今流行歌曲研究》。他所述的流行歌曲，实际上是指流行歌曲的歌词。他是国内最早从事流行歌曲的歌词研究，并把流行歌曲的歌词引进大学课堂的人。他认为"一代有一代之流行歌曲"，而大家所喜爱的唐宋词，就是唐宋时期的流行歌曲。他把古代的流行歌曲与当代的流行歌曲

结合起来进行研究，目的就是为了让人们能够正确地认识当代流行歌曲。

曾教授认为，当代歌词的文学水平总体不高。如果要写好当代的歌词，如果想产生好作品，一定要让那些优秀的诗人来写。如果他们不写，老是音乐人来写，那是很难提高的。

曾教授说，历史的经验也是如此，唐代的歌词最初也是一些乐工写的，写得很粗糙。后来，由李白、白居易、张志和等人来写，那就不一样了。他们是诗人，而且是著名诗人，由他们来写，歌词的文学性就增强了。

曾教授发现，现在的诗人很少写词。他说：第一，诗人不懂音乐，"因为写词也要懂音乐，你不懂音乐怎么给人家配词？"第二，现在的诗人对歌词缺乏认识，"他们好像还很清高，觉得我怎么能给你写那种口水歌？"这就是造成我们现在没有好歌词的原因。

这位教授还向年轻人建议，要多读原著。擅长于打比喻的他说："就像我们现在喝的这个饮料，你说你愿意喝原汁原味的饮料，还是喝人家勾兑了的饮料？你那个由原来的名著改编的电影、电视不就相当于被勾兑了的饮料吗？你看今天的中国人，物质消费的时候，都希望能够吃到原汁原味的食品，都对有勾兑的或者有添加剂的东西很反感，那么在精神消费的时候，为什么就不考虑这个呢？现在，我们中国人对于物质食品的消费已经很精致了，但是对于精神食品的消费还是很粗糙的。"

个人资料

曾大兴，笔名曾非曹，男，1958年6月生，湖北省赤壁市人，现为广州大学中文系教授、文学地理学研究中心主任。所担任的学术职务主要有：中国文学地理学会会长、中国《水浒》学会副会长、中国词学研究会常务理事、广东省"非遗"专家、广东省文化学会常务理事、广州市民间艺术家协会副主席等。

《新快报》2012年10月9日

代后记：在凤雏庵读书的日子

我是湖北省赤壁市赤壁镇人。1971 年 3 月至 1973 年 6 月，我在赤壁中学读初中。当时的赤壁中学就建在金鸾山的山坡上，学校的西边就是凤雏庵。那个时候去凤雏庵是不用买门票的，我们只要没课，就可以去那里转悠。

凤雏庵，是为纪念蜀汉军师庞统（字士元，号凤雏）而建的一座庙宇，在当地又叫"老庙"，而"新庙"则是建在南屏山上的拜风台（又称武侯宫）。凤雏庵始建时间不可考，重建是在清道光二十六年（1846）。据说原为九重大殿，咸丰四年（1854）被太平军烧掉八重，仅剩最上的一重，一共三间，还有一间厨房。西头的一间算是一个殿堂，门楣上用油漆写有"凤雏庵"三个字。殿堂里原来供有庞统的雕像，"文革"期间，雕像被弄走了，只剩下一个神龛。东头的一间连着厨房，厨房的门楣上写着"绝甘分少"四个字。这四个字来自司马迁的《报任少卿书》："愚以为李陵素与士大夫绝甘分少，能得人之死力，虽古名将不过也。"意思是，甘美的食物从来不吃，即便是普通的食物，如果不多，也要与人分享。"文革"初期，这四个字被抹掉，"文革"中期又恢复了。所谓恢复，也就是在原迹上着色。但是这个着色的人不懂"绝甘分少"的意思，居然把"分"字弄成了"兮"字。东头的那间住着两位道姑，年纪都在 50 岁以上，武汉口音，一高一矮。高的姓陈，我们叫她陈师傅；矮的姓王，我们叫她王师傅。中间那一间最小，平时都关着门。我只是偶尔朝里面看过一次，阴暗潮湿，靠北墙放着一张床，床上的被褥、枕头破旧而凌乱。后来我才知道，这是赤壁中学一位炊事员的临时住所。这位炊事员乃是家乡最有学问的人，叫曾祥迪。解放前夕上过林彪在黄冈办的革命大学，解放后在蒲圻一中（今赤壁一中）教书，

1957 年被划为"极右派"，回到赤壁公社（今赤壁镇）教小学。"文革"期间，全国各地都在排演革命样板戏，学校让他扮演《智取威虎山》里的栾平。栾平是个土匪，他又演得很像，观众很满意，但是有关领导不满意，说此人演得太像了，真是江山易改，本性难移，于是就不再让他上讲台，发配到赤壁中学当炊事员。中学里没有他的住处，不知是什么人打了招呼，让他临时住在凤雏庵的这间小屋里。

在凤雏庵的大门口，有两棵据说有 1700 年树龄的白果树，一雌一雄，比肩而立，既高且大，真可谓绿阴遮地，翠叶蔽天。凤雏庵的左前方是一片荷塘，荷塘的西北角有一口古井，据说是庞统先生当年曾经用过的水井。我经常看见高个子的陈师傅去那里打水。

整个凤雏庵，既安宁，又洁净。午饭之后，我常常看见曾先生在白果树下乘凉。这曾先生虽然是个"极右派"，半生穷愁潦倒，但是脸上并无愁苦之色。忙完了食堂的活计，他就回到凤雏庵，在白果树下享受大自然的恩惠。我在读小学的时候就认识曾先生。他在此前虽然没有为我讲过课，但是他教过我念样板戏的道白，那真是有板有眼，抑扬顿挫。有一次，我又看到他一个人在树下乘凉，我就过去问他一些问题。我问他："绝甘兮少"是什么意思？他说：写错了，应该是"绝甘分少"。我又问他一些《三国演义》上的事情，曾先生侃侃而谈。听到曾先生讲"三国"，庵里的两位老道姑就一同出来，一人拿一把椅子，坐在我们的旁边听讲。曾先生讲到有趣的地方，她们还要插两句话。这两位老道姑都是一身乌黑的道服，白色的袜子，干净利落，言谈举止极有修养。

1973 年上半年，也就是初中二年级的最后一个学期，适逢"修正主义教育路线回潮"，学校开始抓教学质量。曾先生回到讲台，不再当炊事员了。恢复了教师的身份，他就不再住凤雏庵，住到学校里去了。也就是这个时候，凤雏庵的西头那间屋被改作赤壁公社的兽医站，中间那间小屋经过收拾就成了兽医站的库房。兽医站有两位兽医，一位姓蔡，是赤壁镇街上的人，吃住在家里，白天则出外行医，较少到站里来。一位就是我的堂兄曾大保，他的家离站上远，必须住在站里。他在西头那间屋里靠西墙摆了一张床，白天出去行医，晚上就在站里休息。

这位兄台有一个弱点，就是怕鬼，胆子特别小。他要我去给他做伴。我的家在东柳村，离学校有十多里路，又没有钱坐公汽，几乎天天迟到。有时候迟到太久了，老师很生气，就让我站在走廊里听课。当时又是抓教学质量的时候，我不想总是迟到，我还想考高中呢！我的胆子本来就比堂兄大一点，加之我又有这样一个认识，这是堂兄所没有的。我认为，庙宇是神居住的地方，鬼是怕神的，我与神同处一室，鬼怎么敢进来呢？于是，我就满口答应了他。

凤雏庵真是一个读书的好地方，安静得很，空气又清新，难怪当年凤雏先生要选择在这里披阅兵书了。每天下午放学之后，我就直接回到庵里读书。堂兄从外面行医回来，就带我去赤壁公社的食堂吃饭。吃完饭就回到庵里，洗漱完毕，接着读书。我的瞌睡比堂兄要少，常常不到六点就醒了。为了不打扰他休息，我就一个人悄悄出来，掩上庵门，去庵堂东南边的树林里读外语。柔和的阳光照进树林，小鸟开始轻轻地歌唱，我一边散步，一边背外语，觉得早上的记忆力要比其他时间强多了。

有时候，堂兄回到村里出诊，或者去县里开会学习，不回庵里住，我就一个人住在那里。晚上看完书，我就静静地望着那个没有神像的神龛，想象凤雏先生究竟是一个什么样的人。《三国演义》说他曾向曹操献"连环计"，又曾在耒阳县"不到半日，将百余日之事，尽断毕了"，可见是一位奇才，可惜36岁就死了。后来，我上了大学，读了陈寿的《三国志》和裴松之的注，才发现所谓"庞统巧授连环计"和"耒阳县凤雏理事"，不过是小说家言，于史无证。尽管如此，凤雏先生的谋略仍然是第一流的。刘备能取益州，就是用了他的"中策"。

我在凤雏庵里前后住了三个月，直到初中毕业。记得那年的毕业考试，我的各门功课都考得很好，总分在全年级第一。在智者看来，考试成绩确实算不了什么，但是对于我来讲，尤其是在"修正主义教育路线回潮"的时候，还是起了很大的作用的。后来赤壁中学的老校长告诉我，当时读高中，是需要大队（也就是现在的行政村）党支部书记同意的。这位书记由于和我家的长辈有矛盾，不同意让我读高中。老校长说："如果曾大兴不能读高中，你们大队没有一个人有资格去读。"书记为了让自己的亲戚去读高中，才勉强同意让我去读。我后来想，如果不读高中，我就不可能接触到那么多具有大学学历的好老师，视野就会受到很大的限制，那么，在1977年恢复高考的时候，我可能连报考的动机都没有。而我之所以能读高中，最主要的原因就是初中毕业考试考得好。我之所以考得好，与凤雏庵的三个月的读书生活是绝对分不开的。

2008年夏天，我应邀回母校讲学。在堂兄曾大保的陪同下重游凤雏庵，我发现山门口新建了一座写有"赤壁古风"的牌坊，殿门口增设了一个小亭子。殿堂里重新安放了凤雏先生的雕像，雕像两侧还挂上了一副对联："造物忌多才，龙凤岂容归一室；先生如不死，江山未必许三分。"在整个赤壁古战场的所有对联中，这副对联可以说是最有见识的。庞统先生的价值，重新得到人们的认可。但是，当年在白果树下为我讲"三国"的曾祥迪先生，还有拿着椅子从庵里出来听"三国"的两位老道姑，都早已作古。我也从一个十四五岁的少年，变成一个"乡音未改鬓毛衰"的半老者。物是人非，世事沧桑。谨以此文纪念曾祥迪先生，纪念两位老道姑，纪念一去不回的青春岁月。

2012年5月30日于广州世纪绿洲寓所

曾大兴主要著作

1. 《诗归》，古籍整理，湖北人民出版社，1985 年版。

2. 《柳永和他的词》，学术专著，中山大学出版社，1990 年初版，2001 年修订版。

3. 《中国古代词曲经典导读》，大学教材，高等教育出版社，2009 年版。

4. 《词学的星空》，学术专著，河北人民出版社，2009 年版。

5. 《20 世纪词学名家研究》，学术专著，中华书局，2011 年版。

6. 《唐诗十二讲》，大学教材，中山大学出版社，2012 年版。

7. 《唐宋词十八讲》，大学教材，中山大学出版社，2012 年版。

8. 《英雄崇拜与美人崇拜》，学术专著，中国文联出版社，1999 年版。

9. 《古今流行歌曲研究》，学术专著，世界图书出版公司，2013 年版。

10. 《中国历代文学家之地理分布》，学术专著，湖北教育出版社，1995 年初版；商务印书馆，2013 年修订版。

11. 《文学地理学研究》，学术专著，商务印书馆，2012 年版。

12. 《文学地理学》（一），中国文学地理学会年刊，主编，人民出版社，2012 年版。

13. 《文学地理学》（二），中国文学地理学会年刊，主编，世界图书出版公司，2013 年版。

14. 《古代文学教学创新与大学生能力建设》，教学研究专著，主编，广东高等教育出版社，2006 年版。

15. 《优婚与天才》，世界图书出版公司，2013 年版。